Die Zwischenstaatlichkeitsklausel des europäischen und deutschen Kartellrechts

Europäische Hochschulschriften
Publications Universitaires Européennes
European University Studies

Reihe II
Rechtswissenschaft

Série II Series II
Droit
Law

Bd./Vol. 3840

PETER LANG
Frankfurt am Main · Berlin · Bern · Bruxelles · New York · Oxford · Wien

Stephan Degen

Die Zwischenstaatlichkeitsklausel des europäischen und deutschen Kartellrechts

PETER LANG
Europäischer Verlag der Wissenschaften

Bibliografische Information Der Deutschen Bibliothek
Die Deutsche Bibliothek verzeichnet diese Publikation in der Deutschen Nationalbibliografie; detaillierte bibliografische Daten sind im Internet über <http://dnb.ddb.de> abrufbar.

Zugl.: Münster (Westfalen), Univ., Diss., 2003

D 6
ISSN 0531-7312
ISBN 3-631-51989-3

www.peterlang.de

Meiner Mutter, meinem Vater, meinem Bruder

Vorwort

Die vorliegende Arbeit wurde im Sommersemester 2003 von der Rechtswissenschaftlichen Fakultät der Westfälischen Wilhelms-Universität in Münster als Dissertation angenommen. Rechtsprechung und Literatur konnten im wesentlichen bis September 2003 berücksichtigt werden.

Die erfolgreiche Beendigung meiner Doktorarbeit möchte ich zum Anlass nehmen, mich bei meinem Doktorvater, Herrn Prof. Dr. Dirk Ehlers, nicht nur für eine schöne und lehrreiche Zeit als Mitarbeiter am von ihm geleiteten Institut für Öffentliches Wirtschaftsrecht, sondern auch für die ausgezeichnete Betreuung der Arbeit bedanken. Ohne die Teilnahme an zwei Doktoranden-Seminaren und einem Kartellrechts-Seminar im Kleinwalsertal, vor allem aber ohne die zahlreichen, stets möglichen Diskussionen hätte mein Dissertations-Projekt nicht verwirklicht werden können. Danken möchte ich auch Herrn Prof. Dr. Wolfram Timm für die Erstellung des Zweitgutachtens.

Dank gebührt auch Herrn Rechtsanwalt Dr. Friedrich Helmert von der Wirtschaftsprüfungsgesellschaft Dr. Schumacher & Partner, der mir die Möglichkeit gab, während der ersten Monate meiner Zeit als Doktorant wertvolle praktische Einblicke in das Wirtschaftsrecht zu erhalten. Ferner danke ich Herrn Dr. Felix Engelsing vom Bundeskartellamt, Bonn. Er gab die entscheidende Anregung, mich in meiner Arbeit auf die Auslegung der europäischen und deutschen Zwischenstaatlichkeitsklausel zu konzentrieren. Schließlich danke ich Frau Rechtsanwältin Dr. Andrea Peters und Herrn Rechtsanwalt Dr. Martin Remmert von der Kanzlei Dres Blase & Remmert für Ihr Verständnis während der Zeit der Vorbereitung auf das Rigorosum.

Meinen ehemaligen Kolleginnen und Kollegen am Institut für öffentliches Wirtschaftsrecht danke ich für zahlreiche entspannende Momente während der Erstellung der Arbeit. Herrn Rechtsreferendar Jan Schröder danke ich für viele kritische Diskussionen.

Besonderen Dank schulde ich schließlich meinen Eltern, Ingeborg und Notker Degen. Ihrer liebevollen, umfassenden Unterstützung habe ich alles zu verdanken. Vor allem bei meinem Vater möchte ich mich für das Korrekturlesen, die damit verbundenen Diskussionen und die schnelle Hilfe bei EDV-Problemen bedanken. Die Arbeit widme ich meinen Eltern und meinem Bruder Matthias.

Münster, im Oktober 2003

Stephan R. N. Degen

Inhaltsverzeichnis

Abkürzungsverzeichnis

Die im Text und in den Fußnoten verwendeten Abkürzungen entsprechen den Angaben bei ***Kirchner**, Hildebert; **Butz**, Cornelie, **Abkürzungsverzeichnis der Rechtssprache**, 5. Aufl., Berlin-New York 2003.* Im Übrigen handelt es sich um bekannte und allgemein gebräuchliche Abkürzungen. Die Titelabkürzungen in den Fußnoten entsprechen den Hinweisen im Literaturverzeichnis. Es gelten weitere Abkürzungen:

ABl.	Amtsblatt der Europäischen Gemeinschaften
a. F.	alte Fassung
AG	Aktiengesellschaft
AöR	Archiv des öffentlichen Rechts (Zeitschrift)
AuR	Arbeit und Recht (Zeitschrift)
BB	Betriebs-Berater (Zeitschrift)
BKartA	Bundeskartellamt
BMWi	Bundesminister für Wirtschaft und Technologie
bzw.	beziehungweise
CDE	Cahiers de droit européen (Zeitschrift)
CMLR	Common Market Law Review (Zeitschrift)
DB	Der Betrieb (Zeitschrift)
Diss.	Dissertation
DPCI	Droit et pratique du commerce international (Zeitschrift)
ECLR	European Competition Law Review (Zeitschrift)
EGV	Vertrag zur Gründung der Europäischen Gemeinschaft vom 25. März 1957 in der Fassung des Amsterdamer Vertrags vom 2.10.1997, BGBl. 1998 II S. 387, ber. BGBl. 1999 II S. 416
ELRep	European Law Reporter (Zeitschrift
ELRev	European Law Review (Zeitschrift)
EuG	Gericht erster Instanz der Europäischen Gemeinschaften

EuGH	Europäischer Gerichtshof
EuR	Europarecht (Zeitschrift)
EuZW	Europäische Zeitschrift für Wirtschaftsrecht (Zeitschrift)
EVU	Energieversorgungsunternehmen
EWGV	Vertrag zur Gründung der Europäischen Wirtschaftsgemeinschaft
EWS	Europäisches Wirtschafts- und Steuerrecht (Zeitschrift)
FG	Festgabe
Fs	Festschrift
GA	Generalanwalt
ggf.	gegebenenfalls
GRUR	Gewerblicher Rechtsschutz und Urheberrecht (Zeitschrift)
GWB	Gesetz gegen Wettbewerbsbeschränkungen (GWB) in der Fassung der Bekanntmachung vom 26. August 1998, BGBl. I S. 2546
Habil.	Habilitation
IBL	International Business Lawyer (Zeitschrift)
JA	Juristische Ausbildung (Zeitschrift)
JDI	Journal du droit international (Zeitschrift)
JuS	Juristische Schulung (Zeitschrift)
JZ	Juristenzeitung (Zeitschrift)
KG	Kammergericht
KOMM	Entscheidung der Kommission
L'AJ	L'actualité juridique (Zeitschrift)
LaVJ	La Vie Judiciaire (Zeitschrift)
LKartB	Landeskartellbehörde
NJW	Neue Juristische Wochenschrift (Zeitschrift)
OLG	Oberlandesgericht

RabelsZ	Rabels Zeitschrift für ausländisches und internationales Privatrecht
RegE	Regierungsentwurf
RevAE	Revue des Affaires Européennes (Zeitschrift)
RevCC	Revue de la concurrence et de la consommation (Zeitschrift)
RIW	Recht der Internationalen Wirtschaft (Zeitschrift)
RTDE	Revue trimestrielle de droit européen (Zeitschrift)
Rs	Rechtssache
Slg.	Sammlung der Rechtsprechung des Gerichtshofs (der Europäischen Gemeinschaften)
SwissRICL	Swiss Review of International Competition Law (Zeitschrift)
VanderbiltJTL	Vanderbilt Journal of Transnational Law (Zeitschrift)
VO	Verordnung
TDJILP	The Denver Journal of International Law and Policy (Zeitschrift)
TJBL	The Journal of Business Law (Zeitschrift)
TJILE	The Journal of International Law and Economics (Zeitschrift)
TLSGazette	The Law Society's Gazette (Zeitschrift)
u. a.	unter anderem
WRP	Wettbewerb in Recht und Praxis (Zeitschrift)
WuW	Wirtschaft und Wettbewerb (Zeitschrift)
WuW/E	Wirtschaft und Wettbewerb/Entscheidungssammlung
z. B.	zum Beispiel
ZHR	Zeitschrift für das gesamte Handelsrecht und Wirtschaftsrecht (Zeitschrift)
ZIP	Zeitschrift für Wirtschaftsrecht und Insolvenzpraxis (Zeitschrift)

Einführung

Das Wettbewerbsrecht ist einer der wichtigsten Bereiche des europäischen Gemeinschaftsrechts[1]. Dies ergibt sich ausdrücklich aus dem Vertrag zur Gründung der Europäischen Gemeinschaft. Artikel 4 Abs. 1 EGV legt fest, dass die Wirtschaftspolitik zur Umsetzung der Ziele der Gemeinschaft dem Grundsatz einer offenen Marktwirtschaft mit freiem Wettbewerb verpflichtet ist. Der freie und wirksame Wettbewerb ist damit unverzichtbar[2], um gem. Art. 2 EGV durch Schaffen eines Binnenmarktes eine harmonische, ausgewogene und nachhaltige Entwicklung der Wirtschaft, der sozialen Lebensbedingungen und der Beziehungen zwischen den Mitgliedstaaten zu erreichen[3]. Das Wettbewerbsrecht hat folglich die Aufgabe, den bestehenden Binnenmarkt gemäß Art. 3 Abs. 1 lit. g) EGV vor Verfälschungen zu schützen, und die Redlichkeit des Wettbewerbs zu garantieren[4].

Innerhalb des europäischen Wettbewerbsrechts nehmen die kartellrechtlichen Vorschriften der Art. 81 ff. EGV eine herausragende Stellung ein[5]. Indem die wirtschaftliche Integration der Mitgliedstaaten fortschreitet, wird der Wettbewerb auf dem Gemeinsamen Markt stärker. Die Zahl der Kooperationen und Fusionen in europäischen Dimensionen steigt auf unabsehbare Weise. Dies gilt vor allem im Hinblick auf die Erweiterung der Gemeinschaft um die mittel- und osteuropäischen Staaten und um den griechischen Teil der Insel Zypern. Ein Unternehmen, welches sich nicht mit Unternehmen anderer Mitgliedstaaten zusammenschließt, kann letztlich auf dem expandierenden europäischen Markt nur schwer bestehen. Angesichts dieser Perspektive hat das Kartellrecht vor allem zwei Funktionen[6]. Erstens ermöglicht es den Unternehmen, ihre Expansionsbestrebungen an klaren rechtlichen Vorgaben auszurichten. Damit fördert es den Wettbewerb zwischen den Unternehmen und garantiert zugleich den Wettbewerb als Institution[7]. Zweitens bedeutet die Vorgabe von rechtlichen Formen immer auch eine Einschränkung des freien Wettbewerbs. Unternehmen haben die Wahl zwischen mehreren

---

1 Bunte in: Langen/Bunte (Hrsg.), Kommentar zum deutschen und europäischen Kartellrecht, 9. Auflage Neuwied Kriftel Berlin 2001, Band 1 Einführung zum EG-Kartellrecht Rn. 37.

2 Dreher, WuW 1998, 656 (658).

3 Schröter in: Groeben/Thiesing/Ehlermann (Hrsg), Kommentar zum EU-/EG-Vertrag, 5. Auflage Baden-Baden 1999, Band 2/I Vorbem. zu den Artikeln 85 bis 94 Rn. 9 ff.

4 Zuleeg in: Groeben/Thiesing/Ehlermann (Hrsg.), Kommentar zum EU-/EG-Vertrag, 5. Auflage Baden-Baden 1997, Band 1 Art. 3 Rn. 7.

5 Die Vorschriften der Art. 81 ff. EGV werden allgemein auch unter dem Begriff des "Kartellrechts" zusammengefasst, vgl. z. B. Rittner, Wettbewerbs- und Kartellrecht, 6. Auflage Heidelberg 2001, Einleitung Rn. 23. Das Kartellrecht ist damit neben dem Beihilferecht und dem – nur rudimentär geregelten – Unlauterkeitsrecht eine Teildisziplin des europäischen Wettbewerbsrechts, vgl. hierzu Oppermann, Europarecht, 2. Auflage München 1999, Rn. 1098; Rittner (Fn. 5), Einleitung Rn. 27 ff.

6 Bunte (Fn. 1), Einführung zum EG-Kartellrecht Rn. 33.

7 Schröter (Fn. 4), Vorbem. zu den Artikeln 85 bis 94 Rn. 14.

rechtlich zulässigen Handlungsweisen. Sie müssen jedoch diejenigen Handlungsverbote beachten, welche das europäische Kartellrecht vorschreibt[8]. Das Kartellrecht beschränkt somit die unternehmerische Betätigung und dient auf diese Weise dem Schutz des Binnenmarktes gegen Wettbewerbsverfälschungen[9]. Es ist daher ein wichtiges Regulativ des Wettbewerbs in der Europäischen Gemeinschaft.

A. Problemstellung

Im Sinne der regulierenden Funktion des Kartellrechts legen die Gemeinschaftsorgane die kartellrechtlichen Tatbestandsmerkmale im Lichte des Ziels gem. Art. 2, Art. 3 Abs. 1 lit. g) EGV aus, den Binnenmarkt und die Unternehmen gegen wettbewerbsschädliche Handlungen zu schützen[10]. Diese zielorientierte Auslegung[11] hat den Zweck, möglichst viele Lebenssachverhalte unter die Tatbestände der Art. 81 und 82 EGV subsumieren zu können. Dahinter steht die einfache Erkenntnis, nur wenn möglichst viele Lebenssachverhalte in den Anwendungsbereich dieser Normen fallen, kann das Kartellrecht seine regulative Funktion voll entfalten.

Dementsprechend ist nach dem Urteil des EuGH in der Rechtssache "Aktiengesellschaft Brasserie de Haecht/Herrn Oscar Wilkin und Frau Marie Janssen" Artikel 81 EGV selbst dann anwendbar, wenn an einer rechtlichen Vereinbarung nur Unternehmen eines Mitgliedstaats beteiligt sind[12]. Folglich kann gem. Art. 81 EGV eine Vereinbarung verboten sein, die zwei belgische Unternehmen getroffen haben, ohne dass englische, französische oder andere europäische Unternehmen daran beteiligt sind.

Ein weiteres Beispiel ist das Urteil in der Rechtssache "Bureau National Interprofessionnel de Cognac/Yves Aubert"[13]. Der EuGH hatte zu prüfen, ob eine Vereinbarung zwischen französischen Unternehmen über Erzeugungsquoten für Brannt-

---

8 Schröter (Fn. 4), Vorbem. zu den Artikeln 85 bis 94 Rn. 10.

9 Emmerich in: Dauses (Hrsg.), Handbuch des EU-Wirtschaftsrechts (Stand März 2002), München, Band 2 H.I § 1 Rn. 4.

10 EuGH, Slg. 1973, 215 – Europemballage und Continental Can Company Inc./Kommission, Rn. 24 f; Coing, ZHR 125 (1963), 271 (277); Emmerich in: Immenga/Mestmäcker (Hrsg.), EG-Wettbewerbsrecht, München 1997, Band I Art. 85 Abs. 1 Rn. 7.

11 Zur Bedeutung der zielorientierten/teleologischen Auslegung des Gemeinschaftsrechts gegenüber den anderen Auslegungsmethoden, vor allem im historischen Kontext, vgl. Braxator, Die Zwischenstaatlichkeitsklausel in den Wettbewerbsvorschriften des EWG-Vertrages und des Freihandelsabkommens Schweiz-EWG, Bern Frankfurt am Main 1982, S. 131.

12 EuGH, Slg. 1967, 544 (554 f) – Aktiengesellschaft Brasserie de Haecht/Herrn Oscar Wilkin und Frau Marie Janssen; Gleiss, WuW 1968, 206 (206 f); Rabels, EuR 1968, 221 (225, 227), der dieses Urteil als Ausdruck einer "extensiven Rechtsprechung" bezeichnet.

13 EuGH Slg. 1987, 4789 ff – Bureau National Interprofessionnel de Cognac/Yves Aubert; Scholl, Europäisches und nationales Wettbewerbsrecht, Bern Zürich 1998, S. 38 f.

wein gem. Art. 81 Abs. 1 EGV verboten war[14]. Die Besonderheit des Falls lag darin, dass der Branntwein nur auf dem französischen Markt gehandelt wurde[15]. Der Branntwein war jedoch ein Zwischenerzeugnis für Cognac[16]. Der Cognac wurde zwischenstaatlich gehandelt[17]. Nach Ansicht des EuGH war die Vereinbarung gem. Art. 81 Abs. 1 EGV verboten[18]. Zwar betreffe die Vereinbarung ein Zwischenerzeugnis, das nicht außerhalb Frankreichs gehandelt werde. Jedoch sei der Branntwein der Ausgangsstoff für ein anderes Erzeugnis, den Cognac, welches in der Gemeinschaft vertrieben werde[19]. Folglich sei die Vereinbarung geeignet, den zwischenstaatlichen Handel zu beeinträchtigen[20].

Die zielorientierte Auslegung der Normen des Gemeinschaftsrechts wird insbesondere im Zusammenhang mit der Auslegung der Zwischenstaatlichkeitsklausel der Art. 81 f. EGV kritisiert[21]. In der Literatur wird immer wieder darauf hingewiesen, dass die zielorientierte Auslegung zu einer "Ausuferung", "extrem weiten Interpretation"[22], "interprétation extensive"[23], "conception extensive"[24], "absolutist interpretation"[25] und damit zu einer "laschen Handhabung" der Zwischenstaatlichkeitsklausel führe[26]. Die tatbestandlichen Voraussetzungen der Zwischenstaatlichkeitsklausel seien so gut wie in jedem Sachverhalt erfüllt[27].

Die Kritik ist vor allem im Hinblick auf das Urteil in der Rechtssache "Bureau National Interprofessionnel de Cognac/Yves Aubert" nachvollziehbar. Das Urteil zeigt, dass eine Vereinbarung, die sich auf eine ausschließlich innerstaatlich gehandelte Ware bezieht, dennoch zur Beeinträchtigung des zwischenstaatlichen Handels geeignet sein kann. Wenn sich aber die Vereinbarung nicht einmal auf eine zwischenstaatlich gehandelte Ware beziehen muss, um den zwischenstaatli-

---

14 EuGH Slg. 1987, 4789 – Bureau National Interprofessionnel de Cognac/Yves Aubert, Rn. 1, 7.

15 EuGH Slg. 1987, 4789 – Bureau National Interprofessionnel de Cognac/Yves Aubert, Rn. 18.

16 EuGH Slg. 1987, 4789 – Bureau National Interprofessionnel de Cognac/Yves Aubert, Rn. 18.

17 EuGH Slg. 1987, 4789 – Bureau National Interprofessionnel de Cognac/Yves Aubert, Rn. 18.

18 EuGH Slg. 1987, 4789 – Bureau National Interprofessionnel de Cognac/Yves Aubert, Rn. 19.

19 EuGH Slg. 1987, 4789 – Bureau National Interprofessionnel de Cognac/Yves Aubert, Rn. 18.

20 EuGH Slg. 1987, 4789 – Bureau National Interprofessionnel de Cognac/Yves Aubert, Rn. 18.

21 Die Zwischenstaatlichkeitsklausel des Art. 81 Abs. 1 EGV hat folgenden Wortlaut:"...welche den Handel zwischen den Mitgliedstaaten zu beeinträchtigen geeignet sind...". Die Zwischenstaatlichkeitsklausel des Art. 82 Abs. 1 EGV hat folgenden Wortlaut:"...soweit dies dazu führen kann, den Handel zwischen den Mitgliedstaaten zu beeinträchtigen.".

22 Hübner, JZ 1987, 461 (462).

23 Vgl. Vajda, CDE 1982, 263 (292) zu EuGH Slg. 1980, 3125 ff – Heintz van Landewyck u. a./Kommission: "En dernier lieu, il faut retenir de l'arrêt FEDETAB la volonté de la Cour de soutenir une interprétation extensive de la notion de l'affectation du commerce entre Etats membres.".

24 Hermitte, JDI 1989, 432 (432).

25 Forrester, ECLR 1992, 5 (9),

26 Vgl. zuletzt die Nachweise bei Stockenhuber in: Grabitz/Hilf (Hrsg.), Das Recht der Europäischen Union (Stand Februar 2002), München, Band I EGV Art. 81 Rn. 206.

27 So auch Forrester, ECLR 1992, 5 (8 f).

chen Handel zu beeinträchtigen, scheinen in der Tat nur wenige Vereinbarungen oder Ausnutzungen einer marktbeherrschenden Stellung denkbar, die nicht unter die Tatbestandsmerkmale der Zwischenstaatlichkeitsklausel subsumiert werden können.

Die zielorientierte Auslegung bringt somit für Unternehmen ein hohes Maß an Rechtsunsicherheit mit sich, da aufgrund der extensiven Auslegung eine präzise Abgrenzung zwischen Sachverhalten, die den Tatbestand der Zwischenstaatlichkeitsklausel erfüllen, und Sachverhalten, die den Tatbestand der Zwischenstaatlichkeitsklausel nicht erfüllen, nur schwer möglich erscheint. Hieraus folgt nicht nur, dass das Unternehmen im Zweifel davon ausgehen muss, dass der Sachverhalt den Tatbestand der Zwischenstaatlichkeitsklausel erfüllt. Aus der zielorientierten Auslegung folgt auch, dass es mit In-Kraft-Treten der Kartellverfahrensordnung Nr. 1/2003 des Rates[27a] nicht eindeutig bestimmen können wird, ob die Kommission für die Beurteilung der Vereinbarung oder der missbräuchlichen Ausnutzung einer marktbeherrschenden Stellung sachlich zuständig sein wird. Nach Art. 3 f. der VO Nr. 1/2003 wird die Kommission für die Anwendung der Art. 81 f. EGV sachlich zuständig sein, wenn die Vereinbarung oder die missbräuchliche Ausnutzung einer marktbeherrschende Stellung den Tatbestand der europäischen Zwischenstaatlichkeitsklausel erfüllt, d. h. zur Beeinträchtigung des zwischenstaatlichen Handels geeignet ist.

Ein vergleichbar hohes Maß an Rechtsunsicherheit besteht bei der Auslegung der deutschen Zwischenstaatlichkeitsklausel, die in § 48 Abs. 2 S. 1 GWB geregelt ist[28]. Ein Beispiel ist die Auslegung des Tatbestandsmerkmals "Marktbeeinflussung" gem. § 48 Abs. 2 S. 1 GWB. Rechtsprechung und Verwaltung sprechen hier von der "Wirkung einer Marktbeeinflussung"[29], der Wirkung der "Marktbeeinflussung eines Vertrags" gem. § 1 GWB[30] oder der "marktbeeinflussenden Wirkung eines Kartellvertrags"[31]. Jedoch führen sie nicht weiter aus, worin die Marktbeeinflussung oder die marktbeeinflussende Wirkung des Kartellvertrags besteht[32]. Ferner wird von der "durch ein Verhalten verursachten Wirkung der Marktbeein-

---

27a VO Nr. 1/2003 des Rates vom 16.12.2002 zur Durchführung der in den Art. 81 und 82 des Vertrages niedergelegten Wettbewerbsregeln, ABl. 2003 Nr. L 1/1 ff.; Die VO Nr. 1/2003 tritt am 01.05.2004 in Kraft.

28 Paragraf 48 Abs. 2 S. 1 GWB hat folgenden Wortlaut:" Weist eine Vorschrift dieses Gesetzes eine Zuständigkeit nicht einer bestimmten Kartellbehörde zu, so nimmt das Bundeskartellamt die in diesem Gesetz der Kartellbehörde übertragenen Aufgaben und Befugnisse wahr, wenn die Wirkung der Marktbeeinflussung oder des wettbewerbsbeschränkenden oder diskriminierenden Verhaltens oder einer Wettbewerbsregel über das Gebiet eines Landes hinausreicht.".

29 Vgl. z. B. OLG München WuW/E OLG 2738 (2739); LKartB Hessen WuW/E LKartB 28 (30).

30 BKartA WuW/E DE-V 209 (211), insoweit bestätigt in den nachfolgenden Instanzen KG Berlin WuW/E DE-R 628 (628) und BGH WuW/E DE-R 919 ff.

31 LKartB Baden-Württemberg WuW/E LKartB 22 (23); LKartB Bayern WuW/E LKartB 14 (15).

32 So auch Lutz, WRP 2002, 47 (47, Fußnote 6).

flussung"[33] oder der "durch eine kartellvertragliche Pflicht" verursachten marktbeeinflussenden Wirkung[34] gesprochen, wobei das Verhalten bzw. die Pflicht in einer Vereinbarung gem. § 1, 5 GWB festgelegt worden war. Auch hier wird nicht weiter ausgeführt, aus welchem Grund das Verhalten oder die Pflicht eine Marktbeeinflussung darstellt.
Rechtsprechung und Verwaltung geben also keine genaue Definition der Marktbeeinflussung gem. § 48 Abs. 2 S. 1 GWB. Die einzige für die Definition verwertbare Erkenntnis, die den Urteilen und Beschlüssen entnommen werden kann ist, dass eine Marktbeeinflussung nur in Bezug auf Kartellverträge gem. §§ 1 ff. GWB angenommen wird, nicht aber in Bezug auf die Vorschriften der §§ 19 ff. und §§ 24 ff. GWB[35]. Die Verwertbarkeit dieser Erkenntnis zur Definition der Marktbeeinflussung wird indessen dadurch abgeschwächt, dass die Rechtsprechung die §§ 1 ff. GWB in Einzelfällen auch unter das Tatbestandsmerkmal "wettbewerbsbeschränkendes Verhalten" gem. § 48 Abs. 2 S. 1 GWB subsumiert[36]. Verträge gem. § 106 Abs. 2 GWB i. V. m. §§ 1 ff. GWB a. F. wurden z. B. in einem Beschluss des Bayerischen Obersten Landesgerichts unter das Tatbestandsmerkmal des "wettbewerbsbeschränkenden Verhaltens" subsumiert[37]. Schließlich werden nicht nur die §§ 1 ff. GWB, sondern vereinzelt auch Diskriminierungen gem. § 37a Abs. 3 GWB a. F.[38] (§ 20 Abs. 1 GWB) unter die "Marktbeeinflussung" gem. § 48 Abs. 2 S. 1 GWB subsumiert[39]. Insgesamt ist daher festzuhalten, dass Rechtsprechung und Verwaltungspraxis keine präzise Definition des Tatbestandsmerkmals "Marktbeeinflussung" entnommen werden kann.

---

33 LKartB Baden-Württemberg WuW/E LKartB 43 (44).

34 LKartB Bayern WuW/E LKartB 71 (74).

35 Vgl. z. B. zu § 1 GWB: KG Berlin WuW/E OLG 709 (712); BKartA WuW/E DE-V 209 (211), insoweit bestätigt durch KG Berlin WuW/E DE-R 628 ff und BGH WuW/E 919 ff; BKartA WuW/E BKartA 2297 (2304); LKartB Baden-Württemberg WuW/E LKartB 43 (43); LKartB Baden-Württemberg WuW/E LKartB 22 (23); LKartB Bayern WuW/E LKartB 14 (15); Zu § 5 GWB: LKartB Bayern WuW/E LKartB 71 (74); LKartB Baden-Württemberg WuW/E LKartB 43 (43); LKartB Baden-Württemberg WuW/E LKartB 22 (23); LKartB Bayern WuW/E LKartB 14 (15); Zu § 103 GWB a. F.: LKartB Hessen WuW/E LKartB 28 (30).

36 Vgl. z. B. BKartA WuW/E DE-V 599 (602); BKartA Beschluss v. 09.08.2001, Az. B1-63/00, Ziffer B. 1. der Gründe; BKartA WuW/E BKartA 60 (63); LKartB Nordrhein-Westfalen WuW/E LKartB 49 (50: "wettbewerbsbeschränkende Wirkung").

37 BayObLG WuW/E OLG 344 (345).

38 § 37a Abs. 3 GWB in der Fassung der Bekanntmachung vom 24.09.1980, BGBl. I 1761. Vgl. zu dieser Vorschrift Emmerich in: Immenga/Mestmäcker (Hrsg.), GWB, München 1981, § 37a Rn. 7a ff mwN.

39 OLG München WuW/E OLG 2783 (2739) zu § 37a Abs. 3 GWB in der Fassung der Bekanntmachung vom 24.09.1980, BGBl. I S. 1761 ff.

B. Zielsetzung der Arbeit

I. Bestimmung des Sinngehalts der europäischen Zwischenstaatlichkeitsklausel

Die Kritik an der Auslegung der europäischen Zwischenstaatlichkeitsklausel wirft die Frage auf, ob die Auslegung der Art. 81 und 82 EGV tatsächlich so extensiv ist, dass die tatbestandlichen Voraussetzungen nahezu bei jedem Sachverhalt erfüllt sind. Ziel der vorliegenden Arbeit ist daher, den Sinngehalt der europäischen Zwischenstaatlichkeitsklausel zu ermitteln. Dabei ist vor allem die Frage zu beantworten, unter welchen tatbestandlichen Voraussetzungen keine Eignung zur Beeinträchtigung des zwischenstaatlichen Handels gem. Art. 81 f. EGV gegeben ist.

II. Bestimmung des Sinngehalts der deutschen Zwischenstaatlichkeitsklausel

Die Rechtsprechungs- und Verwaltungspraxis zur deutschen Zwischenstaatlichkeitsklausel wirft die Frage auf, unter welchen Voraussetzungen die Tatbestandsmerkmale des § 48 Abs. 2 S. 1 GWB erfüllt bzw. nicht erfüllt sind. Ziel der vorliegenden Arbeit ist daher auch, den Sinngehalt der deutschen Zwischenstaatlichkeitsklausel zu ermitteln.

III Konkretisierung der Auslegung der europäischen Zwischenstaatlichkeitsklausel durch Rechtsvergleich mit deutscher Zwischenstaatlichkeitsklausel

Schließlich stellt sich die Frage, ob ein Rechtsvergleich zwischen europäischer und deutscher Zwischenstaatlichkeitsklausel zur Konkretisierung der Auslegung der europäischen Klausel beitragen kann. Zwar ist Gemeinschaftsrecht nach autonomen, vom mitgliedstaatlichen Recht unabhängigen Grundsätzen auszulegen[40]. Dennoch greift der EuGH bei der Auslegung des Gemeinschaftsrechts auch auf die rechtsvergleichende Auslegung zurück[41]. Der EuGH legt hierbei das Gemeinschaftsrecht in systematischem Zusammenhang mit dem mitgliedstaatlichen Recht aus. Dabei verfolgt er das Ziel, den Sinngehalt des Gemeinschaftsrechts durch mitgliedstaatliche Grundsätze zu konkretisieren, d. h. dem mitgliedstaatlichen Recht Hinweise für die Auslegung des gemeinschaftlichen Rechts zu

40 Oppermann (Fn. 5), Rn. 681 mwN.
41 Oppermann (Fn. 5), Rn. 684 mwN.

entnehmen[42]. Beispielsweise hat der Generalanwalt Jacobs in seinen Schlussanträgen in der Rechtssache "Albany International BV/Stichting Bedrijfspensioenfonds Textielindustrie" einen umfangreichen Rechtsvergleich zwischen Art. 81 Abs. 1 EGV und mitgliedstaatlichem Kartellrecht angestellt, um zu prüfen, ob Tarifverträge als Vereinbarungen gem. Art. 81 Abs. 1 EGV zu qualifizieren sind[43].
Der Rechtsvergleich zwischen europäischer und deutscher Zwischenstaatlichkeitsklausel setzt die Ähnlichkeit der zu vergleichenden Normen voraus[44]. Die Ähnlichkeit zwischen Art. 81 f. EGV und § 48 Abs. 2 S. 1 GWB ist zu bejahen, wenn die Klauseln hinsichtlich ihres Tatbestands (vgl. 1.)[45] und ihrer Funktion (vgl. 2.)[46] vergleichbar sind.

1. Vergleichbarkeit von europäischer und deutscher Zwischenstaatlichkeitsklausel hinsichtlich des Tatbestands

Sowohl Art. 81 f. EGV als auch § 48 Abs. 2 S. 1 GWB setzen in tatbestandlicher Hinsicht voraus, dass die Wirkung des kartellrechtsrelevanten Sachverhalts über ein Mitgliedstaat bzw. ein Bundesland hinausreicht.
Nach Vorstellung der Gründerstaaten sollen die tatbestandlichen Voraussetzungen der gemeinschaftsrechtlichen Zwischenstaatlichkeitsklausel dann nicht erfüllt sein, wenn die örtliche Wirkung einer Vereinbarung oder der Ausnutzung einer marktbeherrschenden Stellung auf das Gebiet eines Mitgliedstaats begrenzt ist[47].

---

42 Dass mitgliedstaatliches Recht – jedenfalls mittelbar – der Klärung der Auslegung des Gemeinschaftsrechts dienen kann, ist seit Gründung der Europäischen Gemeinschaften allgemein anerkannt, vgl. die umfangreichen Nachweise bei Daig in: Bernstein/Drobnig/Kötz (Hrsg.), Festschrift für Konrad Zweigert, Tübingen 1981, S. 395 (400, 411 ff); Lorenz in: Dietz/Hübner (Hrsg.), Festschrift für Hans Carl Nipperdey, München und Berlin 1965, Band II S. 797 (800); Der Rechtsvergleich dient dazu, die Auslegung des europäischen Rechts zu konkretisieren, vgl. die Nachweise bei Daig in: Bernstein/Drobnig/Kötz (Fn. 42), S. 395 (400, 411 ff); Lorenz in: Dietz/Hübner (Fn. 42), Band II S. 797 (800).

43 Schlussanträge des GA Jacobs, EuGH Slg. 1999, I-5751 – Albany International BV/Stichting Bedrijfspensioenfonds Textielindustrie, Rn. 80 ff.

44 Zur Ähnlichkeit zwischen der Zwischenstaatlichkeitsklausel und der US-amerikanischen interstate commerce clause vgl. Steckhan, Die "Zwischenstaatlichkeitsklausel" des Art. 85 Abs. 1 EWG im Lichte der amerikanischen Handelsklauselrechtsprechung, Hannover-Kirchrode 1962/1963, S. 13 ff.

45 Steckhan (Fn. 44), S. 13 ff.

46 Zweigert/Kötz, Einführung in die Rechtsvergleichung, Tübingen 1984, Band I (Grundlagen) § 3 II S. 34.

47 Vgl. Bericht der Delegationsleiter des von der Konferenz von Messina eingesetzten Regierungsausschusses an die Außenminister vom 21.4.1956, sog. Spaak-Bericht, S. 57 in: Schulze/Hoeren (Hrsg.), Dokumente zum Europäischen Recht, Berlin Heidelberg New York 1999, Band 1: Gründungsverträge S. 785: "Die gemeinsamen Regeln und Verfahren können sich auf die Praktiken beschränken, die den zwischenstaatlichen Handel beeinträchtigen. Es könnte den einzelnen Staaten überlassen bleiben, Diskriminierungen oder Absprachen mit örtlicher

Damit soll der zwischenstaatliche Handel beeinträchtigt sein, wenn die Wirkung der Kartellabsprache oder der Ausnutzung einer marktbeherrschenden Stellung über das Gebiet eines Mitgliedstaats hinauswirkt[48].
Die deutsche Zwischenstaatlichkeitsklausel beurteilt die Zuständigkeit des BKartA bzw. der LKartB ausdrücklich danach, ob die Wirkung der kartellrechtlichen Verhaltensweise über das Gebiet eines Landes hinausreicht. Paragraf 48 Abs. 2 S. 1 GWB stellt fest: "Weist eine Vorschrift dieses Gesetzes eine Zuständigkeit nicht einer bestimmten Kartellbehörde zu, so nimmt das Bundeskartellamt die in diesem Gesetz der Kartellbehörde übertragenen Aufgaben war, wenn die Wirkung der Marktbeeinflussung oder des wettbewerbsbeschränkenden oder diskriminierenden Verhaltens oder einer Wettbewerbsregel über das Gebiet eines Landes hinausreicht.". Demzufolge sind die gemeinschaftsrechtliche und die deutsche Zwischenstaatlichkeitsklausel auch hinsichtlich der konkreten tatbestandlichen Ausformung miteinander vergleichbar.
Auch das BKartA geht von der Vergleichbarkeit der Tatbestandsmerkmale des § 48 Abs. 2 S. 1 GWB mit den Tatbestandsmerkmalen der gemeinschaftsrechtlichen Zwischenstaatlichkeitsklausel aus. In der Rechtssache "Puttgarden" hat es das Hinausreichen der Wirkung gem. § 48 Abs. 2 S. 1 GWB i. V. m. § 19 GWB mit der Begründung bejaht, die Ausnutzung einer marktbeherrschenden Stellung wirke sich auf den deutsch-dänischen Fährverkehr aus[49]. Folglich sei die Ausnutzung einer marktbeherrschenden Stellung gem. § 19 GWB auch gem. Art. 82 EGV geeignet, den Handel zwischen den Mitgliedstaaten zu beeinträchtigen[50]. Das BKartA schließt also von der grenzüberschreitenden Wirkung gem. § 48 Abs. 2 S. 1 GWB auf die Beeinträchtigung des zwischenstaatlichen Handels. Somit definiert es die Beeinträchtigung des zwischenstaatlichen Handels in der Rechtssache "Puttgarden" durch die Wirkung gem. § 48 Abs. 2 S. 1 GWB.

Wirkung zu verhindern."; Zur Zustimmung der sechs Gründerstaaten zu dem Bericht vgl. Küsters, Die Gründung der Europäischen Wirtschaftsgemeinschaft, 1. Auflage Baden-Baden 1982, S. 268, 335, 364, 367 f; EuGH Slg. 1979, 1869 – Hugin Kassaregister AB u. a./Kommission, Rn. 17: "Dagegen fallen Verhaltensweisen, deren Auswirkungen sich auf das Gebiet eines einzigen Mitgliedstaats beschränken, unter den Geltungsbereich der nationalen Rechtsordnung."; Le Tallec, RIW 1966, 437 (439); Le Tallec, RTDE 1966, 611 (617), der zu EuGH, Slg. 1966, 322 (389) – Consten GmbH u. a./Kommission, feststellt: "Par contre, cette jurisprudence laisse en dehors de l'empire du droit communautaire des accords <<locaux>> qui n'auraient d'effets qu'à l'intérieur d'un seul Etat membre ou des accords qui ne concerneraient que le commerce entre un Etat membre et des Etats tiers.".

48 Bunte (Fn. 1), Band 1 Art. 81 Rn. 117 unter Bezugnahme auf Schröter (Fn. 4), Band 2/I Artikel 85 Absatz 1 Rn. 163.

49 BKartA WuW/E DE-V 253 (255). Der Beschluss des BKartA wurde durch Beschluss des OLG Düsseldorf, WuW/E DE-R 569 ff, aufgehoben. Das BKartA hat gegen den Beschluss Rechtsbeschwerde vor dem BGH erhoben. Die Rechtsbeschwerde wurde durch den BGH zugelassen, BGH WuW/E DE-R 703 (704), und mit Beschluss vom 24.09.2002 die Beschwerdeentscheidung aufgehoben und die Sache an das Beschwerdegericht zurückgewiesen, BGH WuW/E DE-R 977 (978).

50 BKartA WuW/E DE-V 253 (255 in Fussnote 11).

2. Vergleichbarkeit von europäischer und deutscher Zwischenstaatlichkeitsklausel hinsichtlich der Funktion

Paragraf 48 Abs. 2 S. 1 GWB hat für das Rechtsverhältnis zwischen Bundesländern und Bund ebenfalls die Funktion einer Kollisionsnorm[51]. Nach § 48 Abs. 2 S. 1 GWB ist das BKartA zur Beurteilung eines kartellrechtsrelevanten Sachverhaltes sachlich zuständig, wenn die Wirkung z. B. eines Kartells über das Gebiet eines Bundeslandes hinausreicht. Damit grenzt § 48 Abs. 2 S. 1 GWB die sachliche Zuständigkeit des BKartA gegenüber der sachlichen Zuständigkeit der Landeskartellbehörden ab. Dementsprechend grenzt die Zwischenstaatlichkeitsklausel in Art. 81 f. EGV den Anwendungsbereich des Gemeinschaftsrechts gegenüber dem Anwendungsbereich des mitgliedstaatlichen Rechts, folglich die sachliche Zuständigkeit der Kommission gegenüber der sachlichen Zuständigkeit der nationalen Kartellbehörden ab[52].
Somit ist § 48 Abs. 2 S. 1 GWB hinsichtlich seiner Funktion mit Art. 81 f. EGV vergleichbar[53].

C. Themenbegrenzung

I. Zwischenstaatlichkeitsklausel als Kollisionsnorm

Die Zwischenstaatlichkeitsklausel dient nach allgemeiner Ansicht dazu, den Geltungsbereich des gemeinschaftlichen Kartellrechts gegenüber dem Geltungsbereich des deutschen Kartellrechts abzugrenzen[54]. Auf Kartelle und Missbräuche marktbeherrschender Stellungen ist europäisches Kartellrecht anwendbar, wenn diese zur Beeinträchtigung des zwischenstaatlichen Handels geeignet sind[55]. Dagegen unterfallen Kartelle und Missbräuche allein dem deutschen Kartellrecht,

---

[51] Koch, DB 1969, 1541 (1545).

[52] Vgl. Koenigs in: Gamm/Raisch/Tiedemann (Hrsg.), Strafrecht, Unternehmensrecht, Anwaltsrecht, Fs. Pfeiffer Köln Berlin Bonn München 1988, S. 569 (569 f); Vgl. auch Art. 3 f. der VO Nr. 1/2003 des Rates vom 16.12.2002 zur Durchführung der in den Art. 81 und 82 des Vertrages niedergelegten Wettbewerbsregeln, ABl. 2003 Nr. L 1/1 ff, nach denen die Kommission sachlich zuständig ist, wenn die tatbestandlichen Voraussetzungen der europäischen Zwischenstaatlichkeitsklausel erfüllt sind, siehe oben, Einführung, 1..

[53] Aufgrund dieser Vergleichbarkeit wird § 48 Abs. 2 S. 1 GWB teilweise sogar als Maßstab für die Auslegung des Gemeinschaftsrechts herangezogen, so Van Miert in: Gerken (Hrsg.), Europa zwischen Ordnungswettbewerb und Harmonisierung, Berlin Heidelberg New York 1995, S. 219 (225 f) zu § 44 Abs. 1 Nr. 1 lit. d) GWB a. F. Diese Ansicht geht jedoch zu weit, da mitgliedstaatliches Recht allenfalls Hinweise für die Konkretisierung der Auslegung des Gemeinschaftsrechts geben kann, siehe oben Einführung, 2.

[54] EuGH Slg. 2001, I-8089 – Firma Ambulanz Glöckner/Landkreis Südwestpfalz, Rn. 47; Aus der Literatur statt vieler Schröter in: Groeben/Thiesing/Ehlermann (Fn. 3), Band 2/I Artikel 85 Absatz 1 Rn. 163; Gamm, NJW 1997, 1555 (1556).

[55] Rehbinder in: Immenga/Mestmäcker (Fn. 10), Band I Einleitung E. II. Rn. 8.

wenn die Eignung zur Beeinträchtigung zu verneinen ist[56]. Zu beachten ist, dass die Anwendbarkeit des europäischen Kartellrechts die Anwendbarkeit des deutschen Kartellrechts nicht ausschließt. Vielmehr sind europäisches und deutsches Kartellrecht parallel anwendbar[57]. Die Zwischenstaatlichkeitsklausel hat damit die Funktion einer Kollisionsnorm[58].
Beispielsweise wird für Vereinbarungen, die Deutscher Fußballbund und Ligaverband miteinander getroffen haben, angenommen, dass die Vereinbarungen in der Regel den Tatbestand der Zwischenstaatlichkeitsklausel gem. Art 81 Abs. 1 EGV erfüllen dürften[59]. Sie enthielten z. B. Bestimmungen über die Verwertung der Übertragungsrechte an Bundesligaspielen. Da immer mehr ausländische Spieler in deutschen Bundesligaclubs spielten, werde die Verwertung der Übertragungsrechte immer häufiger durch ausländische Unternehmen nachgefragt[60]. Somit seien diese Vereinbarungen zur Beeinträchtigung des zwischenstaatlichen Handels geeignet und fielen daher in den Geltungsbereich des europäischen Kartellrechts[61].
Die Funktion der europäischen Zwischenstaatlichkeitsklausel als Kollisionsnorm wurde bereits in einer jüngeren Untersuchung in extenso untersucht[62]. Die Arbeit geht daher nicht weiter auf diese Funktion ein.

II. Spürbarkeit

Aufgrund der weiten Auslegung der Zwischenstaatlichkeitsklausel wird angenommen, dass Fälle, in denen keine Beeinträchtigung des zwischenstaatlichen Handels gegeben ist, eher selten seien[63]. Der Tatbestand der Zwischenstaatlichkeitsklausel sei deshalb in erster Linie durch das Erfordernis der Spürbarkeit

---

56 Rehbinder in: Immenga/Mestmäcker (Fn. 10), Band I Einleitung E. II. Rn. 8.

57 Lanz, Wettbewerbsbeeinträchtigung, Zwischenstaatlichkeitsklausel & De Minimis, Linz 2002, S. 71 ff; Bunte in: Langen/Bunte (Fn. 1), Art. 81 Rn. 117 mwN.

58 Schröter in: Schröter/Jakob/Mederer (Hrsg.), Kommentar zum Europäischen Wettbewerbsrecht, Baden-Baden 2003, Artikel 81 Absatz 1 Rn. 192; Bunte in: Langen/Bunte (Fn. 1), Band 1 Art. 81 Rn. 117; Emmerich in: Dauses (Fn. 9), Band 2 H.I § 1 Rn. 31; Schröter in: Groeben/Thiesing/Ehlermann (Fn. 3), Band 2/I Artikel 85 Absatz 1 Rn. 163; Zur Kritik an dieser Funktion vgl. Lanz (Fn. 57), S. 70 ff.

59 Heermann, RabelsZ 2003, 106 (128 f).

60 Heermann, RabelsZ 2003, 106 (129).

61 Heermann, RabelsZ 2003, 106 (129 mwN): Heermann ist der Ansicht, dass bei Anwendbarkeit des Art. 81 EGV der im deutschen Recht einschlägige § 31 GWB nicht anwendbar sei. Er verkennt hier, dass die Anwendbarkeit des europäischen Kartellrechts nicht die Anwendbarkeit des deutschen Kartellrechts ausschließt, vielmehr europäisches und deutsches Kartellrecht in diesem Fall parallel anwendbar sind, siehe oben Fn. 57 mwN.

62 Vgl. Mayer, Die Zwischenstaatlichkeitsklausel als Abgrenzungskriterium zwischen europäischem und nationalem Kartellrecht, Mannheim 1999/2001.

63 Beispielsweise Rehbinder in: Immenga/Mestmäcker (Fn. 10), Band I Einleitung E. II. Rn. 9.

inhaltlich begrenzt[64]. Die Spürbarkeit wird als ungeschriebenes Tatbestandsmerkmal in Art. 81 f. EGV qualifiziert[65].
Die vorliegende Arbeit zielt darauf ab, den Sinngehalt der Zwischenstaatlichkeitsklausel in Art. 81 f. EGV zu ermitteln. Hierzu sind die Tatbestandsmerkmale der Zwischenstaatlichkeitsklauseln auszulegen. Daher geht die vorliegende Arbeit auf die Auslegung ungeschriebener Tatbestandsmerkmale der Art. 81 f. EGV, wie der Spürbarkeit, nicht ein.

III. Zwischenstaatlichkeitsklausel und Wettbewerbsbeschränkung

Zum Teil wird angenommen, dass der EuGH die tatbestandlichen Voraussetzungen der Zwischenstaatlichkeitsklausel bereits im Rahmen der Prüfung des Tatbestandsmerkmals der Wettbewerbsbeschränkung bejaht[66]. Folglich habe die Zwischenstaatlichkeitsklausel als Sachnorm in Art. 81 Abs. 1, Art. 82 EGV keine eigenständige Bedeutung mehr[67]. Dies wird aus Urteilen gefolgert, in welchen der EuGH die Beeinträchtigung des zwischenstaatlichen Handels dann bejaht, wenn die Ausnutzung einer marktbeherrschenden Stellung zu einer Veränderung der Wettbewerbsstruktur führt[68]. Da die Veränderung der Wettbewerbstruktur eine Wettbewerbsbeschränkung darstelle, die im Rahmen des Missbrauchstatbestands gem. Art. 82 EGV geprüft werde, sei aufgrund der Feststellung des Missbrauchs zugleich die Beeinträchtigung des zwischenstaatlichen Handels zu bejahen[69].
Der EuGH begründet in der Tat in einigen Urteilen die Beeinträchtigung des zwischenstaatlichen Handels mit der Veränderung der Wettbewerbsstruktur[70]. Dies ändert jedoch nichts daran, dass der EuGH in ständiger Rechtsprechung die Tatbestandsmerkmale der Zwischenstaatlichkeitsklausel als eigenständige Tatbestandsmerkmale nach dem Tatbestandsmerkmal der Wettbewerbsbeeinträchtigung prüft, folglich davon ausgeht, dass die Zwischenstaatlichkeitsklausel als Sach-

---

64 Schröter in: Schröter/Jakob/Mederer (Fn. 58), Artikel 81 Absatz 1 Rn. 209 ff; Bunte in: Langen/Bunte (Fn. 1), Band 1 Art. 81 Rn. 124.

65 So z. B. Niebel, WRP 2003, 482 (486); Bunte in: Langen/Bunte (Fn. 1), Band 1 Art. 81 Rn. 124.

66 Schröter in: Groeben/Thiesing/Ehlermann (Fn. 3), Band 2/I Artikel 85 Absatz 1 Rn. 168.

67 Schröter in: Groeben/Thiesing/Ehlermann (Fn. 3), Band 2/I Artikel 85 Absatz 1 Rn. 168.

68 Schröter in: Groeben/Thiesing/Ehlermann (Fn. 3), Band 2/I Artikel 85 Absatz 1 Rn. 168 mwN; Dazu Eichler, Handelsbeeinträchtigung und Wettbewerbsbeschränkung, Bern Frankfurt a. M. 1972, S. 35 ff.

69 Schröter in: Groeben/Thiesing/Ehlermann (Fn. 3), Band 2/I Artikel 85 Absatz 1 Rn. 168 mwN; Zum Vergleich zwischen den Tatbestandsmerkmalen Wettbewerbsbeschränkung und Zwischenstaatlichkeitsklausel Lanz (Fn. 57) und Eichler (Fn. 68).

70 Z. B. EuGH Slg. 1974, 223 – Istituto Chemioterapico Italiano S.p.A. u. a./Kommission, Rn. 33.

norm eine eigenständige Bedeutung hat[71]. In Übereinstimmung mit der Rechtsprechung wird daher in der vorliegenden Arbeit davon ausgegangen, dass die Zwischenstaatlichkeitsklausel der Art. 81 f. EGV als Sachnorm eine eigenständige Bedeutung hat.

D. Vorgehensweise

Entsprechend der Zielsetzung der Arbeit ist zunächst die europäische (vgl. Teil 1), danach die deutsche Zwischenstaatlichkeitsklausel (vgl. Teil 2) auszulegen. In einem dritten Schritt ist die europäische mit der deutschen Zwischenstaatlichkeitsklausel zu vergleichen (vgl. Teil 3).

---

[71] Vgl. zuletzt EuGH Slg. 2001, I-8089 – Firma Ambulanz Glöckner/Landkreis Südwestpfalz, Rn. 44 ff.

Teil 1:

Die Eignung zur Beeinträchtigung des zwischenstaatlichen Handels als Anwendungsvoraussetzung des gemeinschaftlichen Kartellrechts

In Teil 1 sind die Tatbestandsmerkmale der Zwischenstaatlichkeitsklausel gem. Art. 81 und 82 EGV auszulegen (vgl. A.). Das Ergebnis dieser Auslegung ist das erste Zwischenergebnis für den Rechtsvergleich (vgl. B.).

A. Die Auslegung des Tatbestandsmerkmals "Eignung zur Beeinträchtigung des zwischenstaatlichen Handels" in Art. 81 und 82 EGV

Zuerst wird geprüft, unter welchen tatbestandlichen Voraussetzungen die Eignung zur Beeinträchtigung des zwischenstaatlichen Handels zu bejahen ist (vgl. I.). Es folgt die Prüfung, unter welchen Voraussetzungen die Eignung zur Beeinträchtigung des zwischenstaatlichen Handels zu verneinen ist (vgl. II.).

I. Vorliegen der Eignung zur Beeinträchtigung des zwischenstaatlichen Handels

Der Vergleich der Tatbestände der Zwischenstaatlichkeitsklauseln in Art. 81 und Art. 82 EGV zeigt, dass ihr Wortlaut nicht vollständig übereinstimmt. Der Unterschied besteht darin, dass Art. 81 Abs. 1 EGV die "Eignung" zur Beeinträchtigung verlangt, während Art. 82 EGV davon spricht, dass die marktbeherrschende Stellung zu einer Beeinträchtigung führen "kann". Jedoch sind diese Unterschiede nur als Sprachnuancen zu betrachten, die an der tatbestandlichen und funktionellen Identität der Klauseln in Art. 81 und Art. 82 EGV nichts ändern[72]. Aufgrund dieser Identität sind diese Klauseln einheitlich auszulegen[73]. Auch der EuGH ist der Ansicht, dass Art. 81 Abs. 1 EGV und Art. 82 EGV einheitlich auszulegen sind[74]. Die vorliegende Arbeit unterscheidet daher nur dann in der Darstellung zwischen der Klauseln in Art. 81 EGV und der Klausel in Art. 82 EGV, wenn nach Ansicht von Rechtsprechung und Kommission für die Auslegung ausnahmsweise unterschiedliche Grundsätze gelten. Soweit für die Auslegung ein-

---

72 Jung in Grabitz/Hilf (Fn. 26), Band I EGV Art. 82 Rn. 261; Scholl (Fn. 13), S. 30; Norton, TDJILP 1979, 379 (411).

73 Jung in Grabitz/Hilf (Fn. 26), Band I EGV Art. 82 Rn. 261; Norton, TDJILP 1979, 379 (411).

74 EuGH Slg. 1973, 215 – Europemballage Corporation u. a./Kommission, Rn. 25.

heitliche Grundsätze gelten, wird in der vorliegenden Arbeit nicht zwischen Art. 81 und 82 EGV unterschieden.
Die Zwischenstaatlichkeitsklausel enthält drei Tatbestandsmerkmale. Zunächst muss ein "zwischenstaatlicher Handel" vorliegen (vgl. 1.). Außerdem muss die Vereinbarung oder die Ausnutzung einer marktbeherrschenden Stellung den zwischenstaatliche Handel "beeinträchtigen" (vgl. 2.) oder zumindest zu dessen Beeinträchtigung "geeignet" sein (vgl. 3.).

1. Zwischenstaatlicher Handel

Der Begriff des "zwischenstaatlichen Handels" ist in Art. 81 f. EGV nicht definiert. Unter "Handel" wird gemeinhin das Zusammentreffen von Angebot und Nachfrage verstanden[75]. Rechtsprechung und Literatur gehen davon aus, dass "zwischenstaatlicher" Handel den gesamten wirtschaftlichen Verkehr umfasst, der durch die Grundfreiheiten geschützt ist[76]. Der Handel muss damit grenzüberschreitend sein, d. h. zwischen mindestens zwei Mitgliedstaaten bestehen[77]. Demzufolge wird unter "zwischenstaatlicher Handel" Angebot und Nachfrage im Schutzbereich des Warenverkehrs, des Personenverkehrs[78], des Kapital- und Zahlungsverkehrs sowie des Dienstleistungsverkehrs verstanden[79].

2. Beeinträchtigung

Die Art. 81 f. EGV setzen eine "Beeinträchtigung" des zwischenstaatlichen Handels voraus. Fraglich ist zunächst, unter welchen Voraussetzungen eine Beeinträchtigung vorliegt (vgl. a)). Weiter sprechen Art. 81 f. EGV von der Beeinträchtigung "des" zwischenstaatlichen Handels. Dem Wortsinn nach muss sich die Beeinträchtigung damit auf den zwischenstaatlichen Handel beziehen. Fraglich ist, unter welchen Voraussetzungen dieser Bezug zu bejahen ist (vgl. b)).

---

75 Stockenhuber in: Grabitz/Hilf (Fn. 26), Band I EGV Art. 81 Rn. 209.

76 EuGH Slg. 1981, 2021 – Gerhard Züchner/Bayerische Vereinsbank AG, Rn. 18; Bunte in: Langen/Bunte (Fn. 1), Band 1 Art. 81 Rn. 121; Roth/Ackermann in: Glassen/ v. Hahn/Kersten/Rieger (Hrsg.), Frankfurter Kommentar zum Kartellrecht (Stand Mai 2002), Köln, Band VI Grundfragen Art. 81 Abs. 1 EG-Vertrag Rn. 311.

77 Bunte in: Langen/Bunte (Fn. 1), Band 1 Art. 81 Rn. 127.

78 EuGH Slg. 1997, I-7119 – Job Centre coop. arl., Rn. 37

79 Zu den Grundfreiheiten umfassend Ehlers (Hrsg.), Europäische Grundrechte und Grundfreiheiten, Berlin 2003.

a) Tatbestand

Zunächst ist der Begriff der Beeinträchtigung zu definieren (vgl. aa)). Im Anschluss ist zu prüfen, auf welche Weise das Vorliegen einer Beeinträchtigung festzustellen ist (vgl. bb)).

aa) Begriff

Der Begriff der Beeinträchtigung wird im Sinn einer Auswirkung[80] verstanden.
Die Auswirkung kann in einer Abschwächung oder Verstärkung des Handelsvolumens bestehen[81]. So haben EuGH[82] und EuG[83] darauf hingewiesen, dass selbst eine beträchtliche Ausweitung des Handelsvolumens aufgrund einer Vereinbarung es nicht ausschließe, dass diese Vereinbarung den Handel zwischen den Mitgliedstaaten in nachteiliger Weise beeinträchtigen könne[84]. Auch die Kommission hat festgestellt, dass die Verstärkung des Warenaustausches zwischen Mitgliedstaaten die Annahme der Beeinträchtigung des zwischenstaatlichen Handels nicht ausschließe[85].
Entscheidend für das Vorliegen einer Beeinträchtigung ist folglich nicht, ob die Auswirkung als schädlich oder günstig zu beurteilen ist[86]. Vielmehr kommt es

---

80 EuGH Slg. 1991, I-1979 – Klaus Höfner u. a./Macotron GmbH, Rn. 33; Gamm, NJW 1997, 1553 (1556); Deringer, NJW 1966, 1585 (1589): "Hier zeigt sich wieder die Denkweise des EuGH, mehr auf die materiellen Auswirkungen als auf die formale Rechtsverletzung zu achten."; Statt des Begriffs der Auswirkung werden synonym auch die Begriffe der "Beeinflussung" (EuGH Slg. 1966, 282 (303) – Société Technique (LTM)/Maschinenbau Ulm GmbH (MBU)), der "Veränderung" (EuGH Slg. 1979, 1869 – Hugin Kassaregister AB u. a./Kommission, Rn. 17) oder der "Wirkung" (KOMM ABl. 1997 Nr. L 258/1 – Irish Sugar, Rn. 158) verwendet.

81 Zur Abschwächung des Handels: KOMM ABl. 1971 Nr. L 134/15 – GEMA, Entscheidungsgrund D.; Zur Verstärkung des Handels: Kirschstein, WuW 1966, 777 (782). Die Kommission definiert den Begriff der Beeinträchtigung in diesem Sinn als positive oder negative Wirkung, KOMM ABl. 1999 Nr. L 76/1 – British Sugar pls u. a./Kommission, Rn. 122; Stockenhuber in: Grabitz/Hilf (Fn. 26), Band I EGV Art. 81 Rn. 208; Roth/Ackermann in: Glassen/ v. Hahn/Kersten/Rieger (Fn. 76), Band VI Grundfragen Art. 81 Abs. 1 EG-Vertrag Rn. 312; Rehbinder in: Immenga/Mestmäcker (Fn. 10), Band I Einleitung E. II. R. 12; Mailänder, BB 1966, 836 (838); Zur ehemals umstrittenen Frage, ob das Wort Beeinträchtigung im Sinn einer negativen Beeinflussung zu verstehen ist, ausführlich Hildebrandt, Die Beeinträchtigung des zwischenstaatlichen Handels, eine Untersuchung nach Art. 85 EWG-Vertrag, Berlin 1965, S. 102 ff.

82 EuGH Slg. 1966, 322 (389) – Consten GmbH u. a./Kommission; Baardman, CDE 1966, 669 (674); Würdinger, EuR 1966, British Sugar u. a., Rn. 155; So auch Bunte in: Langen/Bunte (Fn. 1), Band 1 Art. 81 283 (285).

83 EuG Slg. 1995, II-791 – Tréfileurope Sales SARL/Kommission, Rn. 57.

84 EuG Slg. 1995, II-791 – Tréfileurope Sales SARL/Kommission, Rn. 57.

85 KOMM ABl. 1985 Nr. L 35/35 – Milchförderungsfonds, Rn. 31.

86 Tessin, DB 1966, 1261 (1262).

darauf an, ob die wettbewerbswidrige Verhaltensweise geeignet ist, die Freiheit des Handels in einer Weise zu gefährden, die den wettbewerbsrechtlichen Zielen des EGV widersprechen[87]. Die Beeinträchtigung setzt damit eine Auswirkung auf den zwischenstaatlichen Handel voraus, die gegen die wettbewerbsrechtlichen Ziele des EGV verstößt.

bb) Vergleich von tatsächlicher mit hypothetischer Situation

Ob die Beeinträchtigung vorliegt, ist durch einen Vergleich der tatsächlichen mit der hypothetischen Situation des zwischenstaatlichen Handels festzustellen[88]. Wie dieser Vergleich vorzunehmen ist, wird nachfolgend an einem kurzen Beispiel verdeutlicht. Der EuGH hat in der Rechtssache "Société Technique (LTM)/Maschinenbau Ulm GmbH (MBU)" zu Art. 81 Abs. 1 EGV festgestellt, die Beeinträchtigung liege vor, wenn sich anhand einer Gesamtheit objektiver rechtlicher und tatsächlicher Umstände mit hinreichender Wahrscheinlichkeit voraussehen lasse, dass eine Vereinbarung unmittelbar oder mittelbar, tatsächlich oder der Möglichkeit nach den Warenverkehr zwischen Mitgliedstaaten beeinflussen lasse[89]. Dies sei zu bejahen, wenn durch die Vereinbarung auf dem Markt für bestimmte Waren Handelsschranken errichtet und so die vom Vertrag gewollte gegenseitige wirtschaftliche Durchdringung erschwert werde[90].
Die Feststellung, dass eine Vereinbarung die wirtschaftliche Durchdringung auf einem Markt erschwert, setzt voraus, dass ohne die Vereinbarung keine Handelsschranken gegeben sind, folglich die Durchdringung des Markts möglich ist. Der EuGH vergleicht also in der Rechtssache "Société Technique (LTM)/Maschinenbau Ulm GmbH (MBU)" die tatsächliche Situation mit der hypothetischen Situation des zwischenstaatlichen Handels, d. h. die Situation mit der Vereinbarung mit der Situation ohne Vereinbarung[91].
Die vorliegende Arbeit folgt dem methodischen Vorgehen des EuGH. Zunächst wird die tatsächliche Situation des zwischenstaatlichen Handels untersucht (vgl. (1)). Dabei ist darauf hinzuweisen, dass die Art. 81 f. EGV keine tatsächliche Beeinträchtigung erfordern, sondern die Eignung zur Beeinträchtigung ausreichen lassen. Jedoch soll die Frage, wann die Eignung vorliegt, aus Gründen der Übersichtlichkeit in einem eigenen Abschnitt behandelt werden. Im Anschluss an die

---

[87] Bunte in: Langen/Bunte (Fn. 1), Band 1 Art. 81 Rn. 122; Schröter, WRP 1967, 110 (114), Pfeifer, JZ 1966, 677 (678).

[88] Schröter in Groeben/Thiesing/Ehlermann (Fn. 3), Band 2/I Artikel 85 Absatz 1 Rn. 165 ff.

[89] EuGH Slg. 1966, 282 (303) – Société Technique (LTM)/Maschinenbau Ulm GmbH (MBU).

[90] EuGH Slg. 1966, 282 (303) – Société Technique (LTM)/Maschinenbau Ulm GmbH (MBU); Schröter, WRP 1967, 110 (114); Deringer, CMLR 1966/67, 220 (224); Deringer, NJW 1966, 1585 (1587).

[91] EuGH Slg. 1966, 282 (303) – Société Technique (LTM)/Maschinenbau Ulm GmbH (MBU); Dazu Deringer, CMLR 1966, 220 (224).

Analyse der tatsächlichen Situation sind die Grundsätze zur Bestimmung der hypothetischen Situation des zwischenstaatlichen Handels darzustellen (vgl. (2)). Der Vergleich der tatsächlichen mit der hypothetischen Situation zeigt, ob zwischen den beiden Situationen eine Abweichung besteht. Nur wenn eine Abweichung vorliegt, ist eine Beeinträchtigung des zwischenstaatlichen Handels gegeben.

(1) Tatsächliche Situation

Die tatsächliche Situation des zwischenstaatlichen Handels ist durch das Vorliegen der Beeinträchtigung gekennzeichnet. Die Beeinträchtigung setzt zunächst eine Auswirkung auf den zwischenstaatlichen Handel voraus. Somit sind die Arten von Auswirkungen zu untersuchen, die bisher Gegenstand von Rechtsprechungs- und Entscheidungspraxis waren (vgl. (a)). Des Weiteren muss die Auswirkung gegen Ziele des EGV verstoßen, um als Beeinträchtigung qualifziert zu werden (vgl. (b)).

(a) Arten der Auswirkung

Die Gemeinschaftsorgane haben bisher die Auswirkungen eines Kartells oder einer marktbeherrschenden Stellung in mehreren hundert Urteilen und Entscheidungen auf unterschiedliche Weise begründet. Zur Vereinfachung der Darstellung dieser sehr umfangreichen Rechtsprechung werden im nachfolgenden Fallgruppen gebildet, mit deren Hilfe die Rechtsprechung analysiert werden kann. Hierzu sind zunächst in einer Bestandsaufnahme die durch Rechtsprechung und Kommission anerkannten Arten der Auswirkung darzustellen (vgl. (aa)). In einem zweiten Schritt sind diese Arten zu systematisieren und unterschiedlichen Fallgruppen zuzuordnen (vgl. (bb)).
Weiter geht der Gerichtshof davon aus, dass nicht unbedingt eine unmittelbare Auswirkung auf den zwischenstaatlichen Handel gegeben sein muss. Vielmehr reiche es aus, dass eine Vereinbarung sich unmittelbar "oder mittelbar," tatsächlich "oder der Möglichkeit nach" auf den zwischenstaatlichen Handel auswirke[92]. Zu prüfen ist damit, unter welchen Voraussetzungen die Auswirkung in Form einer unmittelbaren, mittelbaren, tatsächlichen oder der Möglichkeit nach gegebenen Auswirkung vorliegt (vgl. (cc)).

---

[92] Ständige Rechtsprechung seit EuGH Slg. 1966, 282 (303) – Société Technique (LTM)/Maschinenbau Ulm GmbH (MBU); Schröter in: Groeben/Thiesing/Ehlermann (Fn. 3), Band 2/I Artikel 85 Absatz 1 Rn. 165.

(aa) Bestandsaufnahme

Die Rechtsprechung und die Kommission haben bisher drei Arten von Auswirkungen von Vereinbarungen oder marktbeherrschenden Stellungen festgestellt, die Veränderung der Richtung von Handelsströmen (vgl. (aaa)), die Marktabschottung (vgl. (bbb)) und die Veränderung der Wettbewerbsstruktur (vgl. (ccc)). Als Sonderfall wird in der Literatur die Auswirkung von Vereinbarungen und marktbeherrschenden Stellungen mit Drittstaatenbezug geprüft (vgl. (ddd)).

(aaa) Veränderung der Richtung der Handelsströme

Zur Analyse der Begründung der Auswirkung eines wettbewerbsschädlichen Verhaltens mit der Veränderung der Richtung von Handelsströmen ist zunächst als Beispiel das Urteil in der Rechtssache "Heintz van Landewyk u. a./Kommission" anzuführen[93]. In dieser Rechtssache hatte der EuGH darüber zu urteilen, ob Beschlüsse und Empfehlungen eines Berufsverbands gegenüber seinen Mitgliedern den Handel zwischen den Mitgliedstaaten beeinträchtigen. Gegenstand der Beschlüsse und Empfehlungen war die Festsetzung von Handelsspannen, Jahresabschlussvergütungen und Zahlungsfristen auf dem Tabaksektor[94]. Der EuGH hat geurteilt, dass diese Beschlüsse und Empfehlungen geeignet seien, die Handelsströme auf dem Tabaksektor in eine andere Richtung abzulenken, die sie andernfalls genommen hätten[95]. Aufgrund der Veränderung der Richtung der Handelsströme sei die Beeinträchtigung des zwischenstaatlichen Handels zu bejahen[96].
Der Begriff der "Handelsströme" entstammt der volkswirtschaftlichen Außenhandelstheorie[97]. Der EuGH definiert also das Tatbestandsmerkmal Beeinträchtigung mit Hilfe eines wirtschaftswissenschaftlichen Begriffs. Damit folgt er der im Wettbewerbsrecht gängigen Praxis, zur Definition von Tatbestandsmerkmalen des Kartellrechts wirtschaftswissenschaftliche Begriffe zu verwenden[98]. Dementspre-

---

[93] EuGH Slg. 1980, 3125 ff – Heintz van Landewyck u. a./Kommission.

[94] EuGH Slg. 1980, 3125 – Heintz van Landewyck u. a./Kommission, Rn. 164, 165.

[95] EuGH Slg. 1980, 3125 – Heintz van Landewyck u. a./Kommission, Rn. 172.

[96] EuGH Slg. 1980, 3125 – Heintz van Landewyck u. a./Kommission, Rn. 172.

[97] Ströbele/Wacker, Außenwirtschaft, 2. Auflage München 2000, S. 3; Matthes, Handelsströme, München 1991, S. 4 ff.

[98] So schon EuGH Slg. 1966, 282 (303) – Société Technique Minière (LTM)/Maschinenbau Ulm GmbH (MBU), der in diesem Urteil im Rahmen der Zwischenstaatlichkeitsklausel die ökonomischen Auswirkungen der wettbewerbwidrigen Verhaltensweise auf den Gemeinsamen Markt prüft, vgl. Catalano, CDE 1967, 20 (31); Ferner Everling, WuW 1990, 995 (996); Schapira, JDI 1967, 323 (341, 342) spricht in diesem Zusammenhang von einem "bilan économique général", in den sämtliche relevanten quantitativen und statistischen Tatsachen eines Sachverhalts aufzunehmen seien, und der die Feststellung erlaube, ob der Wettbewerb durch eine Verhaltensweise gem. Art. 81 Abs. 1 oder Art. 82 EGV beschränkt sei; Le Tallec, RTDE

chend bietet eine ökonomische Definition des Begriffs der Handelsströme und der Bestimmung ihrer Richtung einen ersten Anhaltspunkt dafür, was unter Veränderung der Richtung der Handelsströme im Sinne der Rechtsprechung zu verstehen ist (vgl. (α)). Danach ist die Definition der Veränderung der Richtung der Handelsströme in Rechtsprechungs- und Entscheidungspraxis zu untersuchen (vgl. (β)). Schließlich ist zu prüfen, inwiefern Rechtsprechung und Kommission die ökonomische Definition der Veränderung der Richtung der Handelsströme zur Auslegung der Beeinträchtigung übernehmen (vgl. (γ)).

(α) Ökonomische Definition der Veränderung der Richtung der Handelsströme

Der Begriff der Handelsströme wird in der Außenhandelstheorie als die Summe der Transaktionen definiert, die sich auf Güterbewegungen zwischen Ländern und Regionen beziehen[99]. Handelsströme sind damit grenzüberschreitende Güterbewegungen. Dabei wird synonym zum Begriff der Handelsströme auch von "Außenhandelsströmen" oder "Güter- und Kapitalströmen" gesprochen[100]. Beispielsweise liegt eine grenzüberschreitende Güterbewegung dann vor, wenn eine Ware von einem Mitgliedstaat in einen anderen Mitgliedstaat geliefert wird[101]. Grenzüberschreitende Güterbewegungen sind damit als Importe und Exporte von Gütern zwischen den Mitgliedstaaten der Gemeinschaft zu definieren.
Eine der Aufgaben der Außenhandelstheorie ist es, die Richtung der Handelsströme zu bestimmen[102]. Um den Rahmen einer juristischen Dissertation nicht zu sprengen, beschränkt sich die vorliegende Arbeit nachfolgend darauf, die relevanten Faktoren zu benennen und den Einfluss dieser Faktoren auf die Bestimmung der Richtung darzustellen. Zur mathematischen Berechnung der Faktoren und zur mathematischen Bestimmung der Richtung der Handelsströme wird jeweils auf die einschlägige volkswirtschaftliche Literatur verwiesen[103].

1966, 611 (620 ff); Zur ökonomischen Analyse der marktbeherrschenden Stellung in Art. 82 EGV beispielsweise Baden Fuller, ELRev 1979, 423 (428 ff); Ebenso werden im deutschen Kartellrecht wirtschaftswissenschaftliche Begriffe zur Definition von Tatbestandsmerkmalen verwendet, dazu Maasch, ZHR 150 (1986), 354 (357).

99 Ströbele/Wacker (Fn. 97), S. 3; Matthes (Fn. 97), S. 4 ff mit Hinweisen zur mathematischen Berechnung.

100 Borchert, Außenwirtschaftslehre, 7. Auflage Wiesbaden 2001, S. 26: "Außenhandelsströme" und S. 143: "Güterströme", S. 165: "Güter- und Kapitalströme".

101 Borchert (Fn. 100), S. 26 f.

102 Rose/Sauernheimer, Theorie der Außenwirtschaft, 13. Auflage München 1999, S. 372 ff.

103 Zur Bedeutung mathematischer Aussagen im Wettbewerbsrecht (GWB) Sandrock, Grundbegriffe des Gesetzes gegen Wettbewerbsbeschränkungen, München 1968, S. 29 ff: "Was sagen uns die aus den Modellkonstruktionen abgeleiteten "exakten" Gesetze der Wirtschaftstheorie? Können sie auch für die spezifisch juristische Auslegung des GWB relevant sein? Müssen wir etwa durch dieses Hinterpförtchen auch die Mathematik in das Wettbewerbsrecht einschleusen? Die Vorstellung von der Existenz mathematischer Aussagen erscheint uns natürlich als

Zunächst wird in der reinen Außenhandelstheorie das Vorliegen von Handelsströmen auf einen konkreten Markt bezogen geprüft[104]. Die räumlichen Grenzen des Markts definieren zugleich die räumliche Ausdehnung der Handelsströme der gehandelten Güter[105].
Nach der reinen Außenhandelstheorie sind zur Bestimmung der Richtung der Handelsströme mehrere ökonomische Faktoren zu analysieren. Zu den wichtigsten Faktoren zählen Produktionskosten, Boden (Rohstoffe), Kapital und Unternehmer, Nachfrage und Preis[106]. Als weiterer Faktor wird der technische Fortschritt genannt, da dieser die Faktoren Produktionskosten und Preis beeinflusst[107]. Schließlich werden die Handelsströme durch die Transportkosten[108] und, hinsichtlich der Kapitalströme, durch Kostenvorteile wie z. B. der Höhe der Steuern oder der Zinserträge ausgerichtet[109].
Die Berechnung der Richtung der Handelströme ist durch Analyse dieser Faktoren zu bestimmen. Beispielsweise wird angenommen, dass Exporte eines bestimmten Erzeugnisses aus dem Staat mit den niedrigsten Produktionskosten in den Staat mit den höchsten Produktionskosten stattfinden können[110]. Folglich finden Handelsströme in Richtung des Staats mit den höchsten Produktionskosten statt. Ferner hat eine starke Nachfrage nach kapitalintensiven Erzeugnissen zur Folge, dass diese Erzeugnisse in den Staat mit der starken Nachfrage exportiert werden[111]. Die Handelsströme finden also in Richtung des Staats statt, in welchem die starke Nachfrage besteht. Des Weiteren wird ein Staat, in dem ein Produkt einen hohen Preis hat, dieses Produkt aus einem anderen Staat, in dem der Preis niedriger ist, importieren[112]. Die Handelsströme finden somit in Richtung des Staats statt, in dem die Produkte sehr teuer sind. Da in der Realität immer eine Vielzahl von Faktoren zur Berechnung der Richtung der Handelsströme verwendet werden, ist zu beachten, dass die genannten Faktoren sich gegenseitig teilweise oder vollständig kompensieren können und damit die Richtung der Handelströme wieder verändert wird[113].

---

fremd. Wenn wir gleichwohl die Ansicht vertreten, dass die modelltheoretischen Gesetze der Wirtschaftstheorie bei der Auslegung des GWB zu berücksichtigen sind, so ist dies in eingeschränktem Sinne gemeint." Nach Sandrock (S. 29) sind die modelltheoretischen Gesetze insoweit zu berücksichtigen, als "[...] die Auslegung und Anwendung des GWB nicht zu unerträglichen Widersprüchen zu den wirtschaftstheoretischen Gesetzen führen [...]" darf.

104 Borchert (Fn. 100), S. 136 ff, 140 f.
105 Borchert (Fn. 100), S. 140, stellt fest, dass zwischen räumlichen Märkten, die vollständig getrennt sind, kein Wettbewerb, folglich kein Handel stattfindet.
106 Ströbele/Wacker (Fn. 97), S. 18, 36 f.
107 Borchert (Fn. 100), S. 122 ff mit mathematischer Begründung.
108 Ströbele/Wacker (Fn. 97), S. 45 ff mwN.
109 Borchert (Fn. 100), S. 384 ff mwN.
110 Borchert (Fn. 100), S. 26 ff mit Beispiel für mathematische Berechnung.
111 Borchert (Fn. 100), S. 73, 75.
112 Borchert (Fn. 100), S. 75, 137 ff mwN.
113 Vgl. beispielsweise Borchert (Fn. 100), S. 90, 110 ff mwN.

Demzufolge liegt aus ökonomischer Sicht eine Veränderung der Richtung von Handelsströmen vor, wenn durch Veränderung der ökonomischen Faktoren Importe oder Exporte zwischen Mitgliedstaaten erweitert, eingeschränkt oder unterbunden werden.

(β) Rechtsprechungs- und Entscheidungspraxis

Die Gemeinschaftsorgane begründen die Auswirkung sowohl bei Art. 81 Abs. 1 EGV als auch bei Art. 82 EGV mit der Veränderung der Richtung der Handelsströme.
Im Rahmen der Prüfung des Art. 81 Abs. 1 EGV hat der EuGH in der Rechtssache "Heintz van Landewyck u. a./Kommission" die Veränderung der Richtung der Handelsströme mit der Verhinderung von Importen von Tabakerzeugnissen aus anderen Mitgliedstaaten nach Belgien begründet[114]. Der EuGH hatte Empfehlungen eines belgischen Herstellerverbands für Tabakerzeugnisse, der "Fedetab", und Vereinbarungen zwischen der Fedetab und anderen Berufsverbänden zu beurteilen. Gegenstand der Empfehlung und der Vereinbarungen war u. a. die Abstimmung über die Gewährung von festen Handelsspannen (Gewinnspannen), Jahresabschlussvergütungen und Zahlungsfristen. Diese wurden zugunsten derjenigen Zwischenhändler für den Weiterverkauf der eingeführten Erzeugnisse auf dem belgischen Markt gewährt, die durch die Fedetab anerkannt waren[115]. Aufgrund der Vereinbarung und der Empfehlung sei den Zwischenhändlern von Tabakerzeugnissen der Anreiz genommen worden, Erzeugnisse nach Belgien zu importieren, die der Fedetab durch Nicht-Mitglieder angeboten würden[116]. Somit wurde die Nachfrage nach den Importen von Tabakerzeugnissen abgeschwächt. Zugleich werde es den Nicht-Mitgliedern der Fedetab erschwert, ihre Tabakerzeugnisse an Zwischenhändler zu verkaufen, die durch die Fedetab anerkannt seien[117]. Folglich werde durch die Empfehlung und die Vereinbarung die Richtung der Handelsströme verändert[118]. Demzufolge begründet der EuGH die Veränderung der Richtung der Handelsströme damit, dass aufgrund fehlenden Anreizes die Importe von Tabakerzeugnissen auf den belgischen Markt beschränkt werden[119].

---

114 EuGH Slg. 1980, 3125 – Heintz van Landewyck u. a./Kommission, Rn. 172; so auch EuGH Slg. 1975, 563 – Nederlandse Vereniging voor de Fruit en Groentenimporthandel en Nederlandse Bond van Grossiers in Zuidvruchten en ander geimporteerd Fruit "Frubo"/Kommission u. a., Rn. 37/38; KOMM ABl. 2002 Nr. L 239/18 – Zitronensäure, Rn. 172.

115 EuGH Slg. 1980, 3125 – Heintz van Landewyck u. a./Kommission, Rn. 172, 95 ff.

116 EuGH Slg. 1980, 3125 – Heintz van Landewyck u. a./Kommission, Rn. 172; Vajda, CDE 1982, 263 (289).

117 Vajda, CDE 1982, 263 (288).

118 EuGH Slg. 1980, 3125 – Heintz van Landewyck u. a./Kommission, Rn. 172.

119 Die Kommission hat als verbotene Folge eines Exportverbots die Schließung von Ausgangsmärkten und den Schutz von Bestimmungsmärkten bezeichnet, KOMM ABl. 1996 Nr. L

Darüber hinaus kann die Veränderung der Richtung der Handelsströme auch auf die Stärkung der Marktposition eines Unternehmens zurückzuführen sein. In der Rechtssache "Continental/Michelin" hatte die Kommission eine Vereinbarung zu beurteilen, in der zwei Unternehmen die gemeinsame Entwicklung eines neuen Reifensystems verabredet hatten[120]. Durch die gemeinsame Entwicklung, so die Kommission, hätten sich die Unternehmen einen Wissensvorsprung gegenüber anderen Unternehmen verschafft[121]. Die hierdurch bewirkte Stärkung der Marktposition der beteiligten Unternehmen führe dazu, dass die beiden Unternehmen das neue Reifensystem vor anderen Unternehmen auf den Markt bringen könnten[122]. Hierdurch könnten die Unternehmen auf dem Gemeinsamen Markt Endverbraucher binden[123]. Hieraus folge weiter, dass Endverbraucher andere Reifensysteme, die von Wettbewerbern später auf den Gemeinsamen Markt gebracht werden, nicht nachfragen würden[124]. Aufgrund der fehlenden Nachfrage würden Wettbewerber auf dem Gemeinsamen Markt in dem Verkauf anderer Reifensysteme eingeschränkt[125]. Die Kommission kommt zu dem Ergebnis, dass die Vereinbarung zu einer Einschränkung von Importen und Exporten anderer Reifensysteme führt. Folglich begründet sie die Veränderung der Richtung der Handelsströme wie der EuGH in der Rechtssache "Heintz van Landewyck u. a./Kommission" mit der Einschränkung von Importen und Exporten zwischen Mitgliedstaaten[126].

201/1 – ADALAT, Rn. 198. Der EuGH hat ferner festgestellt, dass die Festsetzung von Preisen einer bestimmten Ware zur Veränderung der Richtung von Handelströmen führt, EuGH Slg. 1999, I-4539 – Montecatini SpA/Kommission, Rn. 171, 44 mit Bestätigung der Vorinstanz EuG Slg. 1992, II-1155 – Montedipe SpA/Kommission, Rn. 250, 253 f und der angefochtenen Entscheidung der Kommission ABl. 1986 Nr. L 230/1 – Polypropylen, Rn. 94; So auch KOMM ABl. 2002 Nr. L 100/1 – Graphitelektroden, Rn. 111 mit Verweis auf EuGH Slg. 1980, 3125 – Heintz van Landewyck u. a./Kommission, Rn. 170; Deringer, CMLR 1966/67, 220 (228), der im Rahmen der Kommentierung der Rechtssache EuGH Slg. 1966, 322 ff – Consten GmbH u. a./Kommission feststellt: "Grundig and Consten are simply forbidden to enforce any rights they may have under such agreements where the effect may be to prevent exports to France.".

120 KOMM ABl. 1988 Nr. L 305/33 – Continental/Michelin, Rn. 20.

121 KOMM ABl. 1988 Nr. L 305/33 – Continental/Michelin, Rn. 13, 20.

122 KOMM ABl. 1988 Nr. L 305/33 – Continental/Michelin, Rn. 20.

123 KOMM ABl. 1988 Nr. L 305/33 – Continental/Michelin, Rn. 20.

124 Zur Beeinträchtigung des zwischenstaatlichen Handels durch Veränderung der Nachfrage auf einem Markt vgl. EuG Slg. 1995, II-289 – Vereniging van Samenwerkende Prijsregelende Organisaties in de Bouwnijverheid u. a./Kommission, Rn. 226-228.

125 KOMM ABl. 1988 Nr. L 305/33 – Continental/Michelin, Rn. 20.

126 Rechtsprechung und Kommission begründen die Einschränkung von Importen und Exporten auch mit der Veränderung von Marktanteilen, EuG Slg. 2002, II-1647 – KE KELIT Kunststoffwerk GmbH/Kommission, Rn. 59; KOMM ABl. 1985 Nr. L 35/1 – Peroxyd-Produkte, Rn. 51; Die Kommission spricht in diesen Fällen auch von der Aufrechterhaltung starrer Marktstrukturen aufgrund der Vereinbarung fester Marktanteile, KOMM ABl. 1991 Nr. L 152/16 – Soda-Solvay und CFK, Rn. 13

Wird die Beschränkung, Verstärkung oder Unterbindung der Importe oder Exporte ausdrücklich vereinbart, steht aus Sicht von Rechtsprechung und Kommission die Beeinträchtigung des zwischenstaatlichen Handels außer Zweifel[127].
Im Rahmen der Prüfung von Art. 82 EGV hat die Kommission in der Rechtssache "De Post – La Poste" die Veränderung der Richtung der Handelsströme ebenfalls mit der Beschränkung von Importen und Exporten eines Erzeugnisses begründet[128]. Das marktbeherrschende belgische Unternehmen La Poste gewährte Unternehmen einen Preisvorteil durch Vorzugstarife für eine Dienstleistung (Business-to-consumer-Post)[129]. Voraussetzung für die Gewährung des Vorteils war, dass diese Unternehmen im Rahmen des Dokumentenaustauschsystems zugleich eine andere Dienstleistung von La Poste (Business-to-business-Post) in Anspruch nahmen[130]. Gegenstand des Dokumentenaustauschsystems waren Importe und Exporte von Dokumenten zwischen Belgien und anderen Mitgliedstaaten[131]. Durch die Koppelung verhindere La Poste, so die Kommission, dass seine Kunden andere Dokumentenaustauschsysteme ausländischer Anbieter in Anspruch nehmen[132]. Somit verhindere La Poste die Erbringung grenzüberschreitender Dienstleistungen in Form des Dokumentenaustausches[133]. Aus Sicht der Kommission hat die Kopplung dazu geführt, dass die Nachfrage nach Dienstleistungen ausländische Anbieter abgeschwächt wurde. Die ausländischen Anbieter konnten somit ihre Dienstleistungen nicht mehr nach Belgien exportieren. Die Kommission begründet folglich die Veränderung der Richtung der Handelsströme mit der Unterbindung von Exporten von Dienstleistungen zwischen Mitgliedstaaten.
Auch der EuGH hat im Rahmen der Prüfung des Art. 82 EGV die Veränderung der Richtung von Handelsströmen mit der Verhinderung von Importen begründet. In der Rechtssache "N. V. Nederlandsche Banden – Industrie – Michelin/Kommission" hat er als Ursache der Verhinderung von Importen die Bindung von Händlern an ein Rabattsystem anerkannt[134]. Aus der Bindung folgte, dass

---

127 EuGH Slg. 1985, 363 – BAT Cigaretten-Fabriken GmbH/Kommission, Rn. 37; EuGH Slg. 1984, 19 – De Vereeniging ter Bevordering van het vlaamsche Boekwezen u. a./Kommission, Rn. 6, 48; EuGH Slg. 1975, 1663 – Coöperatieve Vereniging "Suiker Unie" u. a./Kommission, Rn. 193. In diesem Sinn hat die Kommission festgestellt, dass Exportverbote und Importverbote dem "Wesen" nach geeignet seien, den zwischenstaatlichen Handel zu beeinträchtigen, KOMM ABl. 1988 Nr. L 78/34 – Konica, Rn. 46; KOMM ABl. 1985 Nr. L 19/17 – Grohe Vertriebssystem, Rn. 18; So auch Hamon, L'AJ 1994, 637 (641): "Et il serait difficile de prétendre qu'une interdiction d'importer n'est pas, en raison même de son objet, une mesure restrictive de la concurrence.".

128 KOMM ABl. 2002 Nr. L 61/32 – De Post – La Poste, Rn. 74 ff.

129 KOMM ABl. 2002 Nr. L 61/32 – De Post – La Poste, Rn. 54 f.

130 KOMM ABl. 2002 Nr. L 61/32 – De Post – La Poste, Rn. 54 f.

131 KOMM ABl. 2002 Nr. L 61/32 – De Post – La Poste, Rn. 55, 63, 75.

132 KOMM ABl. 2002 Nr. L 61/32 – De Post – La Poste, Rn. 75.

133 KOMM ABl. 2002 Nr. L 61/32 – De Post – La Poste, Rn. 75.

134 EuGH Slg. 1983, 3461 – N. V. Nederlandsche Banden – Industrie – Michelin/Kommission, Rn. 85, 104.

Händler ihre Bezugsquellen für Waren auf dem Gemeinsamen Markt nicht mehr frei wählen konnten[135]. Das Fehlen der freien Wahl führte dazu, dass die Händler Waren nicht mehr aus dem Ausland auf den niederländischen Markt importierten[136].

Rechtsprechung und Kommission begründen also im Rahmen des Art. 82 EG ebenso wie im Rahmen des Art. 81 Abs. 1 EGV die Veränderung der Richtung der Handelsströme mit der Einschränkung oder Unterbindung von Exporten und Importen.

(γ) Übernahme der ökonomischen Definition zur Auslegung der Beeinträchtigung

Zunächst ist grundsätzlich zu klären, inwiefern ökonomische Definitionen zur Auslegung von Rechtsvorschriften herangezogen werden können (vgl. (αα)). Danach ist zu untersuchen, ob der EuGH in Übereinstimmung mit der ökonomischen Definition die Veränderung der Richtung der Handelsströme auf den relevanten Markt bezieht (vgl. (ββ)). Schließlich ist zu analysieren, in welchem Ausmaß der EuGH bei der Auslegung der "Beeinträchtigung" die ökonomische Definition der Veränderung der Richtung der Handelsströme übernimmt (vgl. (γγ)).

(αα) Grundsatz: Ökonomische Definition von Rechtsvorschriften

Es entspricht gängiger Praxis des EuGH, bei der Auslegung kartellrechtlicher Tatbestände wirtschaftswissenschaftliche Begriffe und Definitionen zu verwenden. Die ihnen zugrunde liegenden wirtschaftswissenschaftlichen Theorien beinhalten Erfahrungssätze, die Kriterien zur Beurteilung wirtschaftlicher Sachverhalte bereitstellen[137]. Beispielsweise können durch wirtschaftswissenschaftliche Erfahrungssätze Veränderungen in der Marktstruktur eines relevanten Markts beurteilt werden. Durch die Analyse können Erkenntnisse über das Bestehen von Marktzutrittsschranken auf diesem relevanten Markt gewonnen werden[138].

---

135 EuGH Slg. 1983, 3461 – N. V. Nederlandsche Banden – Industrie – Michelin/Kommission, Rn. 85, 104.

136 EuGH Slg. 1983, 3461 – N. V. Nederlandsche Banden – Industrie – Michelin/Kommission, Rn. 85, 104; Importe können auch durch Kontingentierung von Einfuhren in einen Mitgliedstaat verhindert werden, EuGH Slg. 1997, I-4411 – Ferriere Nord SpA/Kommission, Rn. 17-21; So auch EuG Slg. 1995, II-867 – Usines Gustave Boel SA/Kommission, Rn. 8, 102.

137 Günther in: Forschungsinstitut für Wirtschaftsverfassung und Wettbewerb e. V. Köln (Hrsg.), Wettbewerbsordnung im Spannungsfeld von Wirtschafts- und Rechtswissenschaft, Fs. Hartmann Köln Berlin Bonn München 1976, S. 123 (126).

138 Schmidt, Wettbewerbspolitik und Kartellrecht, 7. Auflage Stuttgart 2001, S. 55 ff.

Ebenso wie die wirtschaftswissenschaftlichen Theorien sind die kartellrechtlichen Tatbestände dazu bestimmt, wirtschaftliche Sachverhalte zu beurteilen. Indem der EuGH wirtschaftswissenschaftliche Begriffe und Definitionen verwendet, macht er sich die dahinter stehenden wirtschaftswissenschaftlichen Erfahrungssätze und Kriterien auch für die Auslegung der kartellrechtlichen Tatbestandsmerkmale nutzbar[139]. Der Nutzen besteht darin, dass die Erfahrungssätze und Kriterien ein wenn auch abstraktes Bild des Marktgeschehens einer Volkswirtschaft zeichnen[140]. Durch Heranziehen der Erfahrungssätze und Kriterien bei der Auslegung wirtschaftswissenschaftlicher Begriffe kann sich der Jurist eines Wissens bedienen, welches durch langjährige wirtschaftshistorische Analysen gewonnen wurde[141]. Die Begriffe dienen dem EuGH somit als Auslegungshilfe für die Tatbestandsmerkmale[142]. Mit anderen Worten kann der EuGH die kartellrechtlichen Tatbestandsmerkmale mit Hilfe wirtschaftswissenschaftlicher Erfahrungssätze und Kriterien konkretisieren[143]. Ein Beispiel hierfür ist die Anwendung wirtschaftswissenschaftlicher Kriterien zur Definition des Tatbestandsmerkmals "marktbeherrschende Stellung" gem. Art. 82 EGV[144]. EuGH und Kommission greifen hier zur Bestimmung der Marktbeherrschung auf ökonomische Analyse-Methoden zurück[145]. Im Vordergrund steht dabei die Analyse der Marktstruktur[146]. Im Rahmen dieser Analyse wird in erster Linie die Verteilung der Marktanteile auf dem relevanten Markt untersucht. Die Marktanteile werden als wichtiger Indikator für den Wettbewerb und die Marktzutrittschancen marktexterner Unternehmen betrachtet[147]. Die Marktzutrittschancen lassen dann einen Rückschluss auf die Stärke des marktbeherrschenden Stellung des Unternehmens zu[148]. Ein weiteres Beispiel ist die Ableitung der rechtlichen Definition der Begriffe "Wettbewerb" und "Wettbewerbsbeschränkung" aus deren jeweiligen wirtschaftswissenschaftlichen Definition[149].

---

139 Günther in: Forschungsinstitut für Wirtschaftsverfassung und Wettbewerb e. V. Köln (Fn. 137), S. 123 (127).

140 Sandrock (Fn. 103), S. 27.

141 Sandrock (Fn. 103), S. 27 ff, vgl. insbesondere S. 28 Fn. 99: "Leffson (an der unten S. 29 Anm. 100 zit. Stelle S. 380) weist in einer Besprechung der oberlandesgerichtlichen Judikatur zu den Preistreibereibestimmungen des Wirtschaftsstrafgesetzes nach, dass einige Urteile einem Irrtum erlegen sind, der in der Wirtschaftstheorie bereits vor 150 Jahren (!) als solcher erkannt und dort seitdem längst ausgeräumt ist.".

142 Günther in: Forschungsinstitut für Wirtschaftsverfassung und Wettbewerb e. V. Köln (Fn. 137), S. 123 (128).

143 Günther in: Forschungsinstitut für Wirtschaftsverfassung und Wettbewerb e. V. Köln (Fn. 137), S. 123 (128); Raisch, JZ 1965, 625 (628).

144 Zu diesem Tatbestandsmerkmal Jung in: Grabitz/Hilf (Fn. 26), Band I EGV Art. 82 Rn. 26 ff.

145 Jung in: Grabitz/Hilf (Fn. 26), Band I EGV Art. 82 Rn. 78.

146 Jung in: Grabitz/Hilf (Fn. 26), Band I EGV Art. 82 Rn. 78.

147 Jung in: Grabitz/Hilf (Fn. 26), Band I EGV Art. 82 Rn. 78.

148 Jung in: Grabitz/Hilf (Fn. 26), Band I EGV Art. 82 Rn. 78.

149 Sandrock (Fn. 103), z. B. S. 76, 78 ff, S. 102 ff, S. 334 ff, S. 362 ff, S. 395 ff, S. 400 ff mwN.

Der EuGH ist jedoch bei der Auslegung der kartellrechtlichen Tatbestandsmerkmale nicht an die wirtschaftswissenschaftliche Definition des Begriffs gebunden[150]. Nach den Grundsätzen der juristischen Methodenlehre sind Begriffe, die in Tatbestandsmerkmalen verwendet werden, ausschließlich nach juristischen Methoden auszulegen[151]. Dies erklärt sich aus den Unterschieden, die zwischen der juristischen und der wirtschaftswissenschaftlichen Auslegung bestehen. Bei der Auslegung nach juristischen Methoden wird ein Begriff eines Tatbestandsmerkmals wertend ausgelegt. In erster Linie ist für die Auslegung des Begriffs der Zweck der ausgelegten Norm entscheidend[152]. Ferner ist das Ziel der juristischen Auslegung, für einen bestimmten Sachverhalt feststellen zu können, ob dieser unter ein Tatbestandsmerkmal subsumiert werden kann[153]. Somit dient die juristische Auslegung dazu, im Einzelfall über das Vorliegen der tatbestandlichen Voraussetzungen einer Norm eine klare Entscheidung zu treffen[154].
Dagegen wird bei der Anwendung wirtschaftswissenschaftlicher Methoden die wertende und logische Betrachtung der juristischen Methode durch eine Betrachtungsweise ersetzt, die den Begriffsinhalt aus wirtschaftlichen Gesetzmäßigkeiten herleitet. Diese Gesetzmäßigkeiten beruhen auf Erfahrung[155] und Intuition[156]. Sie bestehen damit nicht notwendigerweise aus logischen Schlussfolgerungen[157]. Ferner steht bei der Auslegung eines Begriffs nach wirtschaftswissenschaftlichen Methoden die Darstellung ökonomischer Zusammenhänge im Vordergrund, nicht jedoch die Entscheidung darüber, ob der Begriffsinhalt im Einzelfall erfüllt ist[158]. Statt dessen sollen durch Entwicklung und Anwendung wirtschaftswissenschaftli-

---

150 Rinck in: Ule/Schwab/Nipperdey/Ulmer/Seidl-Hohenveldern (Hrsg.), Recht im Wandel, Fs. Hundertfünfzig Jahre Carl Heymanns Verlag KG Köln Berlin Bonn München 1965, S. 361 (372 ff).

151 Nach Pfeiffer in: Forschungsinstitut für Wirtschaftsverfassung und Wettbewerb (Hrsg.), Schwerpunkte des Kartellrechts 1978/79, Köln Berlin Bonn München 1980, S. 1 (5) sind unbestimmte Rechtsbegriffe im deutschen Kartellrecht die Regel – eine Feststellung, die auch auf die Begriffe in kartellrechtlichen Normen des EGV, wie beispielsweise auf die Begriffe "Wettbewerb", "Markt" oder "Beeinträchtigung" des zwischenstaatlichen Handels, zutrifft; Rinck in: Ule/Schwab/Nipperdey/Ulmer/Seidl-Hohenveldern (Fn. 150), S. 361 (363).

152 Rinck in: Ule/Schwab/Nipperdey/Ulmer/Seidl-Hohenveldern (Fn. 150), S. 361 (367).

153 Börner in: Forschungsinstitut für Wirtschaftsverfassung und Wettbewerb e. V. Köln (Hrsg.), Wettbewerbsordnung im Spannungsfeld von Wirtschafts- und Rechtswissenschaft, Fs. Hartmann Köln Berlin Bonn München 1976, S. 77 (82 f).

154 Rinck in: Ule/Schwab/Nipperdey/Ulmer/Seidl-Hohenveldern (Fn. 150), S. 361 (368).

155 Erlinghagen in: Forschungsinstitut für Wirtschaftsverfassung und Wettbewerb e. V. Köln (Hrsg.), Wettbewerbsordnung im Spannungsfeld von Wirtschafts- und Rechtswissenschaft, Fs. Hartmann Köln Berlin Bonn München 1976, S. 95 (98 ff).

156 Sandrock (Fn. 103), S. 27.

157 Börner in: Forschungsinstitut für Wirtschaftsverfassung und Wettbewerb e. V. Köln (Fn. 153), S. 77 (83-85).

158 Rinck in: Ule/Schwab/Nipperdey/Ulmer/Seidl-Hohenveldern (Fn. 150), S. 361 (368).

cher Modelle allgemeingültige Aussagen für eine Vielzahl von Fällen getroffen werden[159].

Aufgrund der Unterschiede zwischen der juristischen und der wirtschaftswissenschaftlichen Methode und den unterschiedlichen Zielen der beiden Methoden kann die Auslegung eines wirtschaftswissenschaftlichen Begriffs anhand der einen Methode zu einem anderen Begriffsinhalt führen als die Auslegung anhand der anderen Methode. Da der Jurist bei der Auslegung eines wirtschaftswissenschaftlichen Begriffs ausschließlich die juristischen Methoden anwenden darf, ist er nicht daran gebunden, die wirtschaftswissenschaftliche Auslegung des Begriffs zu übernehmen[160]. Das bedeutet, dass die juristische Definition des übernommenen Begriffs sich von der wirtschaftswissenschaftlichen Definition unterscheiden kann[161].

Die Auslegung des übernommenen Begriffs mit juristischen Methoden kann indessen auch zu dem Ergebnis führen, dass eine wirtschaftswissenschaftliche Definition teilweise oder sogar vollständig übernommen wird[162]. Ob und inwieweit eine wirtschaftswissenschaftliche Definition für die rechtswissenschaftliche Definition übernommen werden kann, hängt letztlich von Sinn und Zweck der auszulegenden Rechtsnorm an[163]. Demzufolge kann sich die wirtschaftswissenschaftliche Definition des Begriffs der Handelsströme im Rahmen der Auslegung der Art. 81, 82 EGV von der juristischen Definition unterscheiden. Der EuGH kann, obgleich er den Begriff der Handelsströme im Rahmen der Auslegung der Zwischenstaatlichkeitsklausel verwendet, die wirtschaftswissenschaftliche Definition inhaltlich verändern.

Aufgrund der möglichen unterschiedlichen Auslegungsergebnisse je nach Anwendung der juristischen oder der wirtschaftswissenschaftlichen Methoden wird teilweise davon gesprochen, dass wirtschaftswissenschaftliche Begriffe durch die Rechtsanwendung in rechtliche Denkkategorien übersetzt würden[164]. Weitergehend wird angenommen, dass wirtschaftswissenschaftliche Begriffe, die in Gesetzesform oder in Vertragsform gefasst wurden, Teile der Rechtsordnung geworden sind[165].

---

159 Treffend dazu die Feststellung von Börner in: Forschungsinstitut für Wirtschaftsverfassung und Wettbewerb (Fn. 153), S. 77 (86): "Damit bleibt die Volkswirtschaft im Bereich des Möglichen, während das Gesetz sich dem Wirklichen zuwendet."; Ferner Rinck in: Ule/Schwab/Nipperdey/Ulmer/Seidl-Hohenveldern (Fn. 150), S. 361 (368).

160 Immenga in: Immenga/Mestmäcker (Fn. 10), Band I Einleitung Rn. 67; Maasch, ZHR 150 (1986), 354 (357); Rittner, Wirtschaftsrecht mit Wettbewerbs- und Kartellrecht, Heidelberg Karlsruhe 1979, S. 290 f; Rinck in: Ule/Schwab/Nipperdey/Ulmer/Seidl-Hohenveldern (Fn. 150), S. 361 (367, 374).

161 Rinck in: Ule/Schwab/Nipperdey/Ulmer/Seidl-Hohenveldern (Fn. 150), S. 361 (367 f, 374 f).

162 Rinck in: Ule/Schwab/Nipperdey/Ulmer/Seidl-Hohenveldern (Fn. 150), S. 361 (368).

163 Rinck in: Ule/Schwab/Nipperdey/Ulmer/Seidl-Hohenveldern (Fn. 150), S. 361 (374).

164 Lukes in: Coing/Kronstein/Mestmäcker (Hrsg.), Wirtschaftsordnung und Rechtsordnung, Fs. Böhm Karlsruhe 1965, S. 199 (201, 208, 213 ff).

165 Rittner (Fn. 160), S. 291.

(ββ) Veränderung der Richtung der Handelsströme auf relevantem Markt

Rechtsprechung und Kommission stellen in den dargestellten Urteilen und Entscheidungen nicht ausdrücklich fest, dass die Veränderung der Richtung der Handelsströme in Übereinstimmung mit der ökonomischen Definition auf dem relevanten Markt eintritt.
In der Regel prüft der EuGH den relevanten Markt im Rahmen des ungeschriebenen Tatbestandsmerkmals der "Spürbarkeit"[166]. In der Rechtssache "Hoffmann-La Roche und Co. AG/Kommission" hat er jedoch den relevanten Markt im Rahmen der Prüfung der Beeinträchtigung des zwischenstaatlichen Handels bestimmt, ohne auf die Frage der Spürbarkeit einzugehen[167]. Der EuGH hat die Prüfung der Beeinträchtigung mit der Feststellung eingeleitet, dass der Markt der Erzeugnisse, auf die sich die Vereinbarungen der klagenden Unternehmen bezogen, sich auf das gesamte Gebiet der Mitgliedstaaten erstrecke[168]. Somit ist aus Sicht des EuGH der relevante Markt nicht erst im Rahmen des ungeschriebenen Tatbestandsmerkmals der Spürbarkeit, sondern schon im Rahmen des Tatbestandsmerkmals "Beeinträchtigung" zu bestimmen[169]. Die Beeinträchtigung des zwischenstaatlichen Handels liegt damit immer auf dem relevanten Markt vor.
In diesem Zusammenhang ist zu beachten, dass nach der Rechtsprechung des EuGH eine Beeinträchtigung des zwischenstaatlichen Handels auch dann vorliegt, wenn der räumlich relevante Markt nur auf das Gebiet eines Mitgliedstaats begrenzt ist. Beispielsweise hat der EuGH in der Rechtssache "Merci Convenzionali Porto di Genova SpA/Siderurgica Gabrielli SpA" die Beeinträchtigung des zwischenstaatlichen Handels bejaht, und zugleich den räumlich relevanten Markt als Gebiet definiert, welches auf den Hafen von Genua begrenzt war[170]. Dementsprechend nimmt der EuGH an, dass der räumlich relevante Markt der Art. 81 f. EGV sich auf das gesamte Gebiet der Gemeinschaft[171], auf das Gebiet mehrerer Mitgliedstaaten[172], auf das Gebiet eines Mitgliedstaats[173] oder auf das Gebiet des Teils eines Mitgliedstaats erstrecken kann[174]. Auch in der Literatur wird angenommen,

---

166 Schröter in: Groeben/Thiesing/Ehlermann (Fn. 3), Band 2/I Artikel 85 Absatz 1 Rn. 179 ff.; Zum ungeschriebenen Tatbestandsmerkmal der Spürbarkeit siehe oben, Einführung, 3. b).

167 EuGH Slg. 1979, 461 – Hoffmann-La Roche und Co. AG/Kommission, Rn. 124.

168 EuGH Slg. 1979, 461 – Hoffmann-La Roche und Co. AG/Kommission, Rn. 124.

169 Vgl. EuGH Slg. 1979, 461 – Hoffmann-La Roche und Co. AG/Kommission, Rn. 125 f; So auch White, TLSGazette 1980, 246 (247), der feststellt, dass die Beeinträchtigung des zwischenstaatlichen Handels zu bejahen sei, wenn der relevante Markt sich über das gesamte Gebiet des Gemeinsamen Markts erstrecke.

170 EuGH Slg. 1991, I-5889 – Merci Convenzionali Porto di Genova SpA/Siderurgica Gabrielli SpA, Rn. 15, 20; Brinker in: Schwarze (Fn. 409), Artikel 82 EGV Rn. 10.

171 EuGH Slg. 1979, 461 – Hoffmann-La Roche und Co. AG/Kommission, Rn 124.

172 EuGH Slg. 1978, 207 – United Brands Company u. a./Kommission, Rn. 36/38, 45/56.

173 EuGH Slg. 1995, I-3477 – Bundeskartellamt/Volkswagen AG u. a., Rn. 9, 25.

174 EuGH Slg. 1991, I-5889 – Merci Convenzionali Porto di Genova SpA/Siderurgica Gabrielli SpA, Rn. 15, 20; Bekanntmachung der Kommission über die Definition des relevanten Mark-

dass die Beeinträchtigung des zwischenstaatlichen Handels unabhängig davon zu beurteilen sei, ob der räumlich relevante Markt über das Gebiet eines Mitgliedstaats hinausreiche[175]. Zwar wird vereinzelt angenommen, dass die Beeinträchtigung des zwischenstaatlichen Handels in jedem Fall zu bejahen sei, wenn der relevante Markt sich auf das Gebiet aller Mitgliedstaaten erstrecke[176]. Jedoch wird hieraus nicht der Schluss gezogen, dass die Beeinträchtigung des zwischenstaatlichen Handels zu verneinen ist, wenn der räumlich relevante Markt sich nur auf das Gebiet eines Mitgliedstaats erstreckt[177].
Demzufolge ist in Übereinstimmung mit der ökonomischen Definition auch bei Art. 81 f. EGV die Veränderung der Richtung der Handelsströme auf dem relevanten Markt zu prüfen.

(γγ) Ökonomische Definition der Beeinträchtigung

Die Rechtsprechung definiert die Handelsströme in Übereinstimmung mit der ökonomischen Definition als Import und Export eines bestimmten Erzeugnisses oder einer Dienstleistung[178]. Unter Richtung der Handelsströme verstehen Rechtsprechung und Kommission demnach die Richtung der Importe und Exporte der durch die Grundfreiheiten geschützten Güter.
Bei der Begründung der Veränderung der Handelsströme sind zwei Fälle zu unterscheiden. Ist ein Import- oder Exportverbot in einer Vereinbarung ausdrücklich vereinbart, ist nach Rechtsprechungs- und Entscheidungspraxis keine weitere Analyse der Veränderung der Richtung der Handelsströme erforderlich. Die Handelsströme sind hier ausdrücklich begrenzt, so dass eine Veränderung ihrer Richtung unproblematisch gegeben ist.
Liegt durch die Vereinbarung oder die Ausnutzung der marktbeherrschenden Stellung kein ausdrückliches Import- oder Exportverbot vor, begründen Rechtsprechung und Kommission in den dargestellten Urteilen die Veränderung der Richtung der Handelsströme durch eine Analyse der ökonomischen Faktoren Nachfrage und technischer Fortschritt. So haben EuGH und Kommission in den

---

tes im Sinne des Wettbewerbsrechts der Gemeinschaft, ABl. 1997 Nr. C 372/5, Rn. 51; Garner, TJILE 1980, 485 (490).

175 So auch Teichmann, WuW 1969, 671 (681):"Für die Anwendbarkeit des Art. 85 Abs. 1 EGV ist nicht erforderlich, dass sich die Marktgrenzen mit den Landesgrenzen der Mitgliedstaaten decken oder sie gar überschreiten.".

176 White, TLSGazette 1980, 246 (247) stellt zum Urteil des EuGH in der Rechtssache "Hoffmann-La Roche und Co. AG/Kommission" fest: "One ist left to draw the conclusion that where, as is in this case, a relevant product market extends over the whole Common Market, an anti-competitive abuse of dominant position will always have an effect on the trade between Member States.".

177 White, TLSGazette 1980, 246 (247).

178 Siehe oben Teil I, A. I. 1.

Rechtssachen "Heintz van Landewyck u. a./Kommission", "Continental/Michelin" und "De Post – La Poste" die Veränderung der Richtung der Handelsströme mit der Beschränkung oder Einschränkung von Importen oder Exporten begründet. Zur Begründung der Einschränkung prüfen sie, inwiefern der ökonomischen Faktor Nachfrage durch die Vereinbarung oder die Ausnutzung der markbeherrschenden Stellung verändert wurde. Außerdem begründet die Kommission in der Rechtsache "Continental/Michelin" die Veränderung der Richtung der Handelsströme damit, dass die Vereinbarung zwischen den Unternehmen einen technischen Fortschritt mit sich bringt, der es ermöglicht, dass die Unternehmen ihre Reifensysteme vor anderen Unternehmen auf den Markt bringen. Somit führt die Kommission die Veränderung der Richtung der Handelsströme durch die Vereinbarung auch auf die Veränderung des ökonomischen Faktors technischer Fortschritt zurück.
Rechtsprechung und Kommission begründen daher die Veränderung der Richtung der Handelsströme mit einer Veränderung der ökonomischen Faktoren, die in der Außenhandelstheorie zur Analyse der Richtung von Handelsströmen untersucht werden. Demzufolge übernehmen sie die ökonomische Definition, um die Auslegung des Tatbestandsmerkmals Beeinträchtigung gem. Art. 81 f. EGV zu konkretisieren.

(bbb) Marktabschottung

(α) Abschottung eines nationalen Markts

Eine weitere Art der Auswirkung ist die Abschottung eines nationalen Markts bzw. der Märkte auf nationaler Ebene.
Unter Abschottung versteht der Gerichtshof die vollständige Unterbindung von Importen und Exporten[179]. Beispielsweise ist das an deutsche BMW-Händler erteilte Verbot, BMW-Kraftfahrzeuge an nicht anerkannte Händler weiterzuverkaufen, als Ausfuhrverbot für ein Markenerzeugnis einzustufen, das die Abschottung der nationalen Märkte verursacht[180]. Durch das Verbot wurden Exporte von BMW-Kraftfahrzeugen vollständig unterbunden. Ferner stellt die Verpflichtung, einen bestimmten Farbstoff ausschließlich im Inland zu beziehen, ein Importverbot dar, welches ebenfalls zur Abschottung der Märkte auf nationaler Ebene führt[181]. Des Weiteren qualifiziert der EuGH die Verpflichtung einer niederländi-

[179] EuGH Slg. 1981, 851 – Coöperatieve Stremsel – en Kleurselfabriek/Kommission, Rn. 9, 15 (Einfuhrverbot); EuGH Slg. 1979, 2435 – BMW Belgium SA u. a./Kommission, Rn. 22, 32 (Ausfuhrverbot).
[180] EuGH Slg. 1979, 2435 – BMW Belgium SA u. a./Kommission, Rn. 17 ff, 32.
[181] EuGH Slg. 1981, 851 – Coöperatieve Stremsel – en Kleurselfabriek, Rn. 3, 15.

schen Gemeinde, Strom ausschließlich von einem niederländischen Stromlieferanten zu beziehen, als Verbot des Bezugs von Strom ausländischer Lieferanten[182].

(β) Abschottung dem "Wesen" nach

Kartelle, die sich auf das gesamte Gebiet eines Mitgliedstaats erstrecken, sind nach Ansicht der Rechtsprechung schon ihrem "Wesen" nach geeignet, die Abschottung der Märkte auf nationaler Ebene zu verursachen. Ein Beispiel für derartige Vereinbarungen sind Vertriebssysteme, die zwischen der Konzernspitze und allen Vertriebshändlern eines nationalen Markts geschlossen werden und den Vertriebshändlern untersagen, bestimmte Erzeugnisse des Konzerns, z. B. BMW-Fahrzeuge, an Händler außerhalb des nationalen Vertriebssystems zu verkaufen[183]. Der EuGH erklärt in diesen Fällen nicht, was er unter "Wesen" versteht. Daher stellt sich die Frage, worin bei derartigen Vereinbarungen die Auswirkung auf den zwischenstaatlichen Handel liegt.
Zunächst ist festzustellen, dass die Formulierung, eine Vereinbarung sei dem Wesen nach zur Abschottung eines Markts geeignet, eine Leerformel ohne Begründungsinhalt ist. Schon der Begriff des "Wesens" kann nicht eindeutig definiert werden.
Die Rechtsprechung argumentiert in erster Linie bei Vertriebsvereinbarungen mit dem "Wesen" der Vereinbarung. Sie begründet die Wirkung der Marktabschottung in der Regel damit, dass die Vereinbarung zwischen den Parteien eine Bindung schaffe, die sich auf das gesamte Gebiet eines Mitgliedsstaats erstrecke[184]. Folglich müssen zwei Voraussetzungen erfüllt sein, damit eine Vereinba-

---

182 EuGH Slg. 1994, I-1477 – Gemeente Almelo u. a./NV Energijbedrijf Ijsselmij, Rn. 6, 39; EuGH Slg. 1988, 5987 – Alsatel Société Alsacienne et Lorraine de Télécommunications et d'Electronique/S. A. Novasam, Rn. 11; Zur Rechtssache "Gemeente Almelo u. a./NV Energijbedrijf Ijsselmij" vgl. Ebel, EWS 1994, 241 (242); Vgl. zur Spürbarkeit der Beeinträchtigung des zwischenstaatlichen Handels die Feststellung des EuGH in der Rechtssache "Gemeente Almelo u. a./NV Energijbedrijf Ijsselmij", Slg. 1994, I-1477, Rn. 37, die wettbewerbsbeschränkende Vereinbarung gem. Art. 85 EGV sei in ihrem wirtschaftlichen und rechtlichen Gesamtzusammenhang zu prüfen, wobei eine kumulative Wirkung zu berücksichtigen sei; Zu Prüfung im Gesamtzusammenhang auch Hancher, CMLR 1995, 305 (314) und Rapp-Jung, EuZW 1994, 464 (465), mit Verweis auf die Kriterien der sog. "Bündeltheorie".

183 EuGH Slg. 1995, I-3439 – Bayerische Motorenwerke AG/ALD Auto-Leasing D GmbH, Rn. 2, 7, 20.

184 So auch die Begründung der Abschottung in EuGH Slg. 1972, 977 – Vereeniging van Cementhandelaren/Kommission, Rn. 28/30; EuGH Slg. 1985, 2545 – Remia B.V. u. a./Kommission, Rn. 22 f; EuGH Slg. 1995, I-3477 – Bundeskartellamt/Volkswagen AG u. a., Rn. 20, 26. In prozessualer Hinsicht wird aus der Formulierung "dem Wesen nach geeignet" darauf geschlossen, dass aus Sicht des Gerichtshofs im Fall der Bindung aller Vertragshändler auf einem nationalen Markt durch eine Vereinbarung eine unwiderlegbare Vermutung dafür spreche, dass diese Vereinbarung den zwischenstaatlichen Handel beeinträchtige, so Wertheimer, CMLR 1973, 386 (419 f) zu EuGH Slg. 1972, 977 – Vereeniging van Ce-

rung dem "Wesen" nach zur Abschottung eines nationalen Markts geeignet ist. Erstens muss die Vereinbarung die beteiligten Unternehmen binden. Zweitens muss sich die Bindung auf das gesamte Gebiet eines Mitgliedstaats erstrecken.
Ob eine Bindung der Vertriebshändler besteht, richtet sich nach dem Inhalt des Vertrags. Die Bindung kann zum einen rechtlicher Natur sein, d. h. durch vertragliche Verbote verursacht sein. Beispiele hierfür sind das vertraglich vereinbarte Ausfuhrverbot in der Rechtssache "Bayerische Motorenwerke AG/ALD Auto-Leasing GmbH"[185] oder die vertragliche Pflicht, sich an vorgeschriebene Verkaufspreise zu halten[186]. Zum anderen kann die Bindung wirtschaftlicher Natur sein, d. h. durch Versprechen wirtschaftlicher Vorteile zugunsten der Vertragspartner begründet sein. Ein Beispiel hierfür gibt das Urteil in der Rechtssache "Groupement des Fabricants de Papiers Peints de Belgique u. a./Kommission". Der EuGH hat hier die Abschottung des belgischen Markts für Tapeten aufgrund einer Vereinbarung bejaht, die zwischen einem Zusammenschluss belgischer Hersteller und Tapetenhändlern bestand[187]. Die Vereinbarung sah vor, dass die Tapetenhändler Kooperationsprämien erhalten sollten[188]. Die Höhe der Prämie richtete sich nach der Menge der Tapetenerzeugnisse, welche die Tapetenhändler von den Herstellern jährlich abnahmen[189]. Der EuGH hat die Marktabschottung damit begründet, dass durch die Gewährung einer Kooperationsprämie für Tapetenhändler der Anreiz geschaffen wurde, weiterhin Tapeten von dem Zusammenschluss von Herstellern zu beziehen[190]. Die Tapetenhändler würden somit durch die Prämie davon abgehalten, Tapetenerzeugnisse von ausländischen Herstellern zu beziehen[191]. Der EuGH begründet die Bindung der Tapetenhändler auf zweifa-

---

menthandelaren/Kommission : "In particular the Court's declaration that by their very nature nation-wide agreements create an isolation of national markets establishes the irrefutable presumption that practices of that description are being caught by Article 85 (I). [...] Once the nation-wide scope of the operation of the agreement has been established the condition that "trade between member States is affected" is obviously held to be fulfilled automatically.".

185 EuGH Slg. 1995 I-3439 – Bayerische Motorenwerke AG/ALD Auto-Leasing D GmbH, Rn. 20.

186 EuGH Slg. 1972, 977 – Vereeniging van Cementhandelaren/Kommission Rn. 28/30 mit Bezugnahme auf KOMM ABl. 1972 Nr. L 13/34 – Vereeniging van Cementhandelaren, Entscheidungsgründe I.2., I.4.

187 EuGH Slg. 1975, 1491 – Groupement des Fabricants de Papiers Peints de Belgique u. a./Kommission, Rn. 25/27, 28 mit Bezug auf KOMM ABl. 1974 Nr. L 237/3 – Papiers Peints de Belgique, Entscheidungsgründe I. A. 35 ff, II. B.

188 EuGH Slg. 1975, 1491 – Groupement des Fabricants de Papiers Peints de Belgique u. a./Kommission, Rn. 28.

189 EuGH Slg. 1975, 1491 – Groupement des Fabricants de Papiers Peints de Belgique u. a./Kommission, Rn. 28.

190 EuGH Slg. 1975, 1491 – Groupement des Fabricants de Papiers Peints de Belgique u. a./Kommission, Rn. 25/27, 28, mit Bezug auf KOMM ABl. 1974, Nr. L 237/3 – Papiers Peints de Belgique, Entscheidungsgründe II. B. 4.

191 EuGH Slg. 1975, 1491 – Groupement des Fabricants de Papiers Peints de Belgique u. a./Kommission, Rn. 28.

che Weise. Zunächst stellt er auf die Vereinbarung zwischen den Tapetenhändlern und dem Zusammenschluss von Herstellern ab. Damit verweist er auf die rechtliche Bindung der Tapetenhändler durch die Vereinbarung. Vor allem aber verweist er auf den wirtschaftlichen Vorteil in Gestalt der Kooperationsprämie. Die Bindung der Tapetenhändler ist somit auch wirtschaftlicher Natur. Ein weiteres Beispiel für die Bindung von Unternehmen durch Schaffung eines wirtschaftlichen Anreizes ist die Vereinbarung des ausschließlichen Rechts zum Verkauf von Neufahrzeugen auf dem deutschen Markt, die Vereinbarung des privilegierten Zugangs zu einem Vertriebsnetz von potentiellen Kunden[192] und die Einrichtung eines Systems von Richtpreisen, das eine sichere Vorhersage der Preispolitik der nicht kartellbeteiligten Unternehmen ermöglicht[193]. Insgesamt ist das Vorliegen einer Bindung nach der relativen Bedeutung des Kartells auf dem Markt des fraglichen Erzeugnisses zu beurteilen[194]. Dabei sind insbesondere die Marktanteile der beteiligten Unternehmen und der gesamtwirtschaftliche Zusammenhang zu beurteilen[195].

Nachdem geklärt wurde, dass die Bindung rechtlicher und wirtschaftlicher Natur sein kann, ist zu prüfen, unter welchen Voraussetzungen sich die Bindung auf das gesamte Gebiet eines Mitgliedstaats erstreckt. Zum einen bejaht der EuGH die Erstreckung auf das Gebiet eines Mitgliedstaats, wenn durch die Vereinbarung Unternehmen auf dem gesamten geographischen Gebiet eines Mitgliedstaats gebunden werden. Beispielsweise begründet er in der Rechtssache "Bayerische Motorenwerke AG/ALD Auto-Leasing GmbH" die Erstreckung der Bindung auf das gesamte Gebiet Deutschlands damit, dass sämtliche BMW-Händler in Deutschland durch die wettbewerbsschädliche Vereinbarung gebunden seien[196]. Zum anderen bejaht er die Erstreckung der Bindung auf das gesamte Gebiet eines Mitgliedstaats, wenn eine Vereinbarung ein Import- oder Exportverbot vorsieht, welches für den gesamten nationalen Markt eines Erzeugnisses gilt. So das Urteil des EuGH in der Rechtssache "Remia B. V. u. a./Kommission". Hier waren die kartellbeteiligten niederländischen Unternehmen durch die Vereinbarung rechtlich

---

192 EuGH Slg. 1995, I-3477 – Bundeskartellamt/Volkswagen AG u. a., Rn. 22 f.; EuGH Slg. 1995, I-3439 – Bayerische Motorenwerke AG/ALD Auto-Leasing D GmbH, Rn. 19.

193 EuGH Slg. 1972, 977 – Vereeniging van Cementhandelaren/Kommission, Rn. 18/22, 28/30.

194 EuGH Slg. 1975, 1491 – Groupement des Fabricants de Papiers Peints de Belgique u. a./Kommission, Rn. 25/27, 29.

195 EuGH Slg. 1975, 1491 – Groupement des Fabricants de Papiers Peints de Belgique u. a./Kommission, Rn. 25/27, 29.

196 EuGH Slg. 1995, I-3439 – Bayerische Motorenwerke AG/ALD Auto-Leasing D GmbH, Rn. 20: "Was die Beeinträchtigung des innergemeinschaftlichen Handels betrifft, so ist die streitige Vereinbarung insofern, als sie Erzeugnisse die Fahrzeuge der Marke BMW betrifft, die Gegenstand eines umfangreichen internationalen Warenaustauschs sind, in zweifacher Hinsicht geeignet, den Handel zwischen Mitgliedstaaten zu beeinträchtigen. Erstens bindet diese Vereinbarung sämtliche BMW-Händler in einem wesentlichen Teil des Gemeinsamen Marktes (Deutschland) und trägt damit zur Abschottung des deutschen Marktes bei."; ebenso EuGH Slg. 1995, I-3477 – Bundeskartellamt/Volkswagen AG u. a., Rn. 26.

gebunden. Die Bindung bestand aufgrund eines Wettbewerbsverbots[197]. Dieses sah vor, dass die Unternehmen inländisch hergestellte Soßen auf dem gesamten niederländischen Markt weder direkt noch indirekt verkaufen oder herstellen durften[198]. Das Wettbewerbsverbot, so der EuGH, impliziere auch das Verbot für die kartellbeteiligten Unternehmen, im Ausland hergestellte Soßen auf den niederländischen Markt zu importieren[199]. Folglich erstreckte sich die rechtliche Bindung der Unternehmen auf den gesamten niederländischen Markt.
Erstreckt sich die Bindung auf den gesamten Markt eines Mitgliedstaats, ist es nach dem Urteil des EuGH in der Rechtssache "Vereeniging van Cementhandelaren/Kommission" nicht erforderlich, dass durch die Vereinbarung sämtliche Unternehmen gebunden werden, welche auf dem nationalen Markt eines bestimmten Erzeugnisses vertreten sind[200].
Insgesamt ist festzuhalten, dass unter Marktabschottung die Unterbindung von Importen oder Exporten zwischen Mitgliedstaaten zu verstehen ist. Vereinbarungen, die dem "Wesen" nach dazu geeignet sind, die Märkte auf nationaler Ebene abzuschotten, haben ebenfalls die Wirkung der Unterbindung von Importen oder Exporten. Das besondere "Wesen" dieser Vereinbarungen begründet der EuGH zum einen mit der Bindung der beteiligten Unternehmen. Die Bindung kann rechtlicher und wirtschaftlicher Natur sein. Zum anderen begründet er das "Wesen" der Vereinbarung damit, dass sich die Bindung auf das gesamte Gebiet eines Mitgliedstaats erstreckt. Dies ist der Fall, wenn entweder Unternehmen auf dem gesamten nationalen Markt gebunden werden oder die Bindung für den gesamten nationalen Markt gilt.

(γ) Übernahme der ökonomischen Definition zur Auslegung der Beeinträchtigung

Zunächst ist nach dem Urteil in der Rechtssache "Hoffmann-La Roche und Co. AG/Kommission" die Marktabschottung bezogen auf einen bestimmten relevanten Markt zu prüfen[201]. Der EuGH hat in dem Urteil die Definition des relevanten Markts der Prüfung der Marktabschottung vorangestellt[202]. Somit gilt auch für die Auswirkung in Gestalt der Marktabschottung, dass die Beeinträchtigung des zwischenstaatlichen Handels auf dem relevanten Markt zu prüfen ist[203].

---

197 EuGH Slg. 1985, 2545 – Remia B. V. u. a./Kommission, Rn. 23.
198 EuGH Slg. 1985, 2545 – Remia B. V. u. a./Kommission, Rn. 23.
199 EuGH Slg. 1985, 2545 – Remia B. V. u. a./Kommission, Rn. 23.
200 EuGH Slg. 1972, 977 – Vereeniging van Cementhandelaren/Kommission, Rn. 26/27.
201 EuGH Slg. 1979, 461 – Hoffmann-La Roche und Co. AG/Kommission, Rn. 124.
202 EuGH Slg. 1979, 461 – Hoffmann-La Roche und Co. AG/Kommission, Rn. 126.
203 Auch hier ist zu beachten, dass eine Beeinträchtigung des zwischenstaatlichen Handels auch dann vorliegt, wenn der räumlich relevante Markt auf das Gebiet nur eines Mitgliedstaats begrenzt ist, siehe oben Teil I, A. 2. (1) (a) (aa) (aaa) (γ) (ββ).

Rechtsprechung und Kommission begründen die Marktabschottung mit der Unterbindung von Importen und Exporten damit, dass Unternehmen davon abgehalten werden, Waren oder Dienstleistungen aus anderen Mitgliedstaaten zu importieren[204]. Folglich führt die Marktabschottung die Unterbindung zwischenstaatlicher Handelsströme. In ökonomischer Hinsicht werden die Unternehmen davon abgehalten, auf dem Markt als Nachfrager dieser Waren oder Dienstleistungen aufzutreten. Somit prüfen Rechtsprechung und Kommission, ob durch die Bindung der Faktor Nachfrage verändert wird. Sie begründen folglich die Marktabschottung mit der Veränderung der ökonomischen Faktoren zur Bestimmung der Richtung der Handelsströme.
Demzufolge übernehmen Rechtsprechung und Kommission die ökonomische Definition der Veränderung der Richtung der Handelsströme auch zur Definition der Marktabschottung. Die ökonomische Definition dient also dazu, die Auslegung des Tatbestandsmerkmals Beeinträchtigung gem. Art. 81 f. EGV zu konkretisieren.

(ccc) Veränderung der Wettbewerbsstruktur

Die Gemeinschaftsorgane begründen die Auswirkung auf den zwischenstaatlichen Handel auch mit der Veränderung der Wettbewerbsstruktur.
Dieser Begründungsansatz wirft zunächst die Frage auf, was unter der Wettbewerbsstruktur zu verstehen ist und wodurch die Wettbewerbsstruktur verändert wird. Der Begriff der Wettbewerbsstruktur entstammt der Volkswirtschaftslehre. Aus diesem Grund werden der Begriff der Wettbewerbsstruktur und die Voraussetzungen der Veränderung der Wettbewerbsstruktur zuerst in ökonomischer Hinsicht definiert (vgl. (α)). Danach ist die Definition der Veränderung der Wettbewerbsstruktur durch Rechtsprechung und Kommission zu analysieren (vgl. (β)). Schließlich ist zu prüfen, inwieweit die ökonomische Definition der Veränderung der Wettbewerbsstruktur zur Auslegung des Tatbestandsmerkmals Beeinträchtigung übernommen wird (vgl. (γ)).

(α) Ökonomische Definition der Veränderung der Wettbewerbsstruktur

In der Wettbewerbstheorie dient der Begriff der Wettbewerbsstruktur zur Definition des Wettbewerbs im Rahmen des Konzepts des funktionsfähigen Wettbewerbs (workable competition)[205]. Nach diesem Konzept ist der Wettbewerb entweder durch ein wettbewerbliches Verhalten, dem sog. Wettbewerbsprozess,

---

204 Z. B. EuGH Slg. 1994, I-1477 – Gemeente Almelo u. a./NV Energijbedrijf Ijsselmij, Rn. 6, 39.
205 Herdzina, Wettbewerbspolitik, 5. Auflage Stuttgart 1999, 33 ff.

oder durch eine wettbewerbliche Struktur, d. h. der sog. Wettbewerbsstruktur, zu erklären[206]. Der Unterscheidung zwischen Wettbewerbsprozess und Wettbewerbsstruktur liegt die These zugrunde, dass Wettbewerb erstens bestimmte Wirkungen zeigt, d. h. zu Marktergebnissen führt, zweitens sich in einem bestimmten Verhalten der Wettbewerber äußert, d. h. sich in einem Marktverhalten zeigt, und drittens eine bestimmte Wettbewerbsstruktur erfordert, die aus bestimmten Marktstrukturen besteht und die Wettbewerbsfreiheit voraussetzt[207]. Der Begriff der Wettbewerbsstruktur steht damit für die Definition des Wettbewerbsbegriffs durch eine Analyse der Marktstruktur.

Fraglich ist, unter welchen Voraussetzungen eine Veränderung der Wettbewerbsstruktur nach dem Konzept des funktionsfähigen Wettbewerbs gegeben ist. Nach dem Konzept des funktionsfähigen Wettbewerbs setzt der Wettbewerb erstens das Bestehen eines Systems dezentraler Planungskompetenz voraus[208]. Unter System dezentraler Planungskompetenz ist eine Marktstruktur zu verstehen, welche die Handlungs- und Wahlfreiheit der Marktteilnehmer garantiert[209]. Zweitens ist funktionsfähiger Wettbewerb dadurch gekennzeichnet, dass weder ein Staat noch ein anderer Marktteilnehmer den Handlungsspielraum und die Wahlmöglichkeiten von Marktteilnehmern unangemessen einschränken darf[210]. Drittens setzt der funktionsfähige Wettbewerb voraus, dass sich die Marktteilnehmer an dem Wettbewerb aktiv beteiligen[211].

Ziel des Konzepts des funktionsfähigen Wettbewerbs ist, mit Hilfe von Kriterien und Normen festzustellen, ob diese Voraussetzungen erfüllt sind[212]. Hierzu beurteilt dieses Konzept den bestehenden Wettbewerb mit Hilfe von Wettbewerbstests[213]. Die Durchführung eines Wettbewerbstests erfordert zunächst die Ermittlung des relevanten Markts in sachlicher, räumlicher und zeitlicher Hinsicht[214]. Die Analyse ist bezogen auf einen bestimmten Markt durchzuführen. Gegenstand der Wettbewerbstests ist erstens die Analyse der Marktstruktur, zweitens die Analyse des Marktverhaltens und drittens die Analyse des Marktergebnisses anhand bestimmter Kriterien[215].

Unter dem Begriff der Marktstruktur werden alle Kriterien zusammengefasst, die einen Einfluss auf die Art des Wettbewerbs und der Preisgestaltung auf einem bestimmten Markt haben. Die Marktstrukturkriterien sind zugleich unternehmens-

---

[206] Herdzina (Fn. 205), S. 8.
[207] Herdzina (Fn. 205), S. 10 f.
[208] Herdzina (Fn. 205), S. 33.
[209] Herdzina (Fn. 205), S. 33.
[210] Herdzina (Fn. 205), S. 33 f.
[211] Herdzina (Fn. 205), S. 34, 60 ff.
[212] Olten, Wettbewerbstheorie und Wettbewerbspolitik, 2. Auflage München 1998, S. 84.
[213] Herdzina (Fn. 205), S. 47.
[214] Schmidt (Fn. 138), S. 49 ff; Herdzina (Fn. 205), S. 73 ff mwN.
[215] Olten (Fn. 212), S. 85; Schmidt (Fn. 138), S. 55, verwendet die Begriffe "Merkmale" und "Faktoren" statt des Begriffs "Kriterium".

externe Faktoren, die das Verhalten der Unternehmen auf einem Markt zumindest beeinflussen[216]. Als Faktoren, welche den Wettbewerb auf zuvor genannte Weise beeinflussen, werden u. a. die Zahl der Marktteilnehmer, die Verteilung der Marktanteile, die Zahl und Häufigkeit einzelner Güter und Gütergruppen, die Zahl und die Größe der Unternehmen in einer Volkswirtschaft[217], die Zahl der Anbieter und Nachfrager sowie die Höhe des Preisniveaus herangezogen[218].
Ein wichtiger Faktor ist der Grad der Offenheit des Markts, der exemplarisch an der Höhe von Marktzutrittsschranken gemessen wird[219]. Der Marktzutritt erfolgt dadurch, dass ein Unternehmen auf diesem Markt als Anbieter oder Nachfrager tätig ist. Der Marktzutritt kann beispielsweise durch Neugründung eines Unternehmens auf dem relevanten Markt erfolgen[220]. Nach dem Konzept des funktionsfähigen Wettbewerbs können Marktzutrittsschranken durch private Unternehmen einerseits in struktureller Hinsicht, andererseits in strategischer Hinsicht bestehen[221]. In struktureller Hinsicht können Marktzutrittsschranken aufgrund von Betriebsgrößenvorteilen bestehen[222]. Das heißt, dass der Marktzutritt eines Unternehmens dadurch erschwert sein kann, dass andere Unternehmen, die bereits auf dem Markt tätig sind, Produktionskosten- und damit Wettbewerbsvorteile gegenüber markteintretenden Unternehmen erzielen[223]. In strategischer Hinsicht kann der Marktzutritt durch absolute Kostenvorteile erschwert sein, die auf dem Markt etablierte Unternehmen aufgrund der alleinigen Verfügungsmacht über beispielsweise Rohstoffe oder über technisches Wissen haben[224]. Ferner können Marktzutrittschranken aufgrund der Tatsache bestehen, dass etablierte Unternehmen beispielsweise eine Limitpreisstrategie betreiben, d. h. Preise für ein Produkt so niedrig ansetzen, dass es sich für potentielle Wettbewerber nicht lohnt, in den Markt einzutreten[225]. Schließlich kann eine strategische Marktzutrittsschranke durch vertikale Bindungen zwischen Herstellern und Händlern errichtet werden,

---

216 Schmidt (Fn. 138), S. 55 mwN, der nach einer Definition des Wirtschaftswissenschaftlers John Maurice Clark unter Marktstruktur alle Faktoren versteht, die "seem to exercise a strategic influence on the nature of competition and pricing within the market" und zudem den Wirtschaftswissenschaftler Bain's zitiert, der die Marktstruktur wie folgt definiert: "Market structure we use to mean those conditions external to the firm which are relatively permanent or which change slowly, and which affect, if they do not determine, the way the firm operates.".

217 Herdzina (Fn. 205), S. 68 f.

218 Schmidt (Fn. 138), S. 59, 69.

219 Herdzina (Fn. 205), S. 68 f.

220 Schmidt (Fn. 138), S. 67 mwN.

221 Schmidt (Fn. 138), S. 68 f.

222 Schmidt (Fn. 138), S. 68.

223 Schmidt (Fn. 138), S. 68.

224 Schmidt (Fn. 138), S. 68.

225 Schmidt (Fn. 138), S. 69.

welche den potentiellen Wettbewerbern den Zugang zu Zuliefer- oder Absatzmärkten beschränken[226].

Unter Marktverhalten wird die Summe der Verhaltensweisen von Unternehmen verstanden, die Ausflüsse unternehmerischer Entscheidungen sind[227]. Zur Analyse des Marktverhaltens werden als Kriterien des Wettbewerbstests insbesondere die Entscheidungen eines Unternehmens hinsichtlich der Gestaltung der Preise und der Qualität eines Produkts oder des Services für ein Produkt untersucht[228]. Hinsichtlich der Gestaltung der Preise wird beispielsweise geprüft, ob deren Niveau erhöht oder gesenkt wird, oder ob Preisempfehlungen und Preisbindungen ausgesprochen werden[229]. Hinsichtlich der Gestaltung der Qualität der Produkte werden beispielsweise die Entscheidungen über die Verbesserung der Größe oder der Gestalt eines Produkts analysiert[230]. Hinsichtlich der Gestaltung des Services für ein Produkt werden beispielsweise diejenigen Dienstleistungen analysiert, welche Hersteller oder Händler unter anderem im Zusammenhang mit dem Verkauf eines Produkts anbietet, z. B. die Erweiterung oder Reduzierung der Verkaufsberatung[231].

Das Marktergebnis ist definiert als die Folge des unternehmerischen Verhaltens[232]. Darüber hinaus beeinflusst das festgestellte Marktergebnis, z. B. das Preisniveau eines Produkts, das künftige Marktverhalten und die künftige Marktstruktur[233]. Das Marktergebnis findet unter anderem seinen Ausdruck in der wirtschaftlichen Handlungsfreiheit, in der Anpassungsflexibilität des Angebots an Änderungen der Nachfrage, in der Realisierung von technischen Fortschritten und in dem Bestehens nicht leistungsgerechter Einkommen[234]. Kriterien zur Bestimmung des Marktergebnisses sind unter anderem die Preishöhe, das Gewinnniveau und die Qualität der Produkte[235]. Ferner wird das Marktergebnis durch die Breite der Produktpalette und die im Hinblick auf den technischen Fortschritt gegebene technische Effizienz der Produktion und die Produktqualität bestimmt[236].

Somit ist die Wettbewerbsstruktur nach dem Konzept des funktionsfähigen Wettbewerbs durch einen Wettbewerbstest zu bestimmen. Daher ist in erster Linie die Marktstruktur zu analysieren. Demzufolge liegt aus ökonomischer Sicht eine

---

226 Schmidt (Fn. 138), S. 69.

227 Vgl. dazu die in Schmidt (Fn. 138), S. 56 zitierte Definition des Marktverhaltens, das alle Verhaltenweisen umfasse, "that enterprises follow in adapting or adjusting to the markets in which they sell (or buy)" bzw. das alle Aspekte umfasse, die Ausdruck unternehmerischer Entscheidungen seien.

228 Schmidt (Fn. 138), S. 56; Herdzina (Fn. 205), S. 62 ff mwN.

229 Herdzina (Fn. 205), S. 62 f.

230 Schmidt (Fn. 138), S. 63 f; Herdzina (Fn. 205), S. 63.

231 Schmidt (Fn. 138), S. 64; Herdzina (Fn. 205), S. 63.

232 Schmidt (Fn. 138), S. 56.

233 Schmidt (Fn. 138), S. 57.

234 Herdzina (Fn. 205), S. 52 mwN.

235 Schmidt (Fn. 138), S. 56, 59.

236 Herdzina (Fn. 205), S. 53 mwN.

Veränderung der Wettbewerbsstruktur vor, wenn die Marktstrukturkriterien verändert werden. Somit verursacht beispielsweise eine Vereinbarung die Veränderung der Wettbewerbsstruktur, wenn durch die Vereinbarung auf dem Markt ein derart niedriges Preisniveau festgesetzt wird, so dass es für Wettbewerber nicht gewinnbringend ist, in den Markt einzutreten[237].

(β) Rechtsprechungs- und Entscheidungspraxis

Rechtsprechung und Kommission begründen die Auswirkung auf den zwischenstaatlichen Handel nur im Rahmen der Prüfung des Art. 82 EGV ausdrücklich mit der Veränderung der Wettbewerbsstruktur.
Zunächst hat der EuGH die Veränderung der Wettbewerbsstruktur mit der Ausschaltung eines Wettbewerbers begründet. In der Rechtssache "Istituto Chemioterapico Italiano SpA u. a./Kommission" hatte ein Unternehmen auf dem Weltmarkt eine marktbeherrschende Stellung für die Lieferung eines Rohstoffs[238]. Das marktbeherrschende Unternehmen war das einzige, welches den Rohstoff durch ein industriell nutzbares Verfahren von Bedeutung für den Markt hergestellt hatte[239]. Das Unternehmen hatte sich geweigert, ein anderes Unternehmen mit Rohstoff zu beliefern[240]. Letztgenanntes Unternehmen stellte aus dem Rohstoff Derivate her, die es auf dem Gemeinsamen Markt verkaufte[241]. Aus Sicht des EuGH wirkt sich die Weigerung des Unternehmens auf die Wettbewerbsstruktur

---

237 Schmidt (Fn. 138), S. 69.

238 EuGH Slg. 1974, 223 – Istituto Chemioterapico Italiano S.p.A. u. a./Kommission, Rn. 33, bestätigt durch EuGH Slg. 1988, 2479 – Corinne Bodson/SA Pompes funèbres des régions libérées, Rn. 23; EuGH Slg. 1983, 483 – Gesellschaft zur Verwertung von Leistungsschutzrechten mbH (GVL)/Kommission, Rn. 37; EuGH Slg. 1979, 3275 – Greenwich Film Production/Société des Auteurs, Compositeurs et Editeurs de Musique (SACEM) u. a., Rn. 11; EuGH Slg. 1978, 207 – United Brands Company u. a./Kommission, Rn. 198/202. Auch die Kommission bejaht die Beeinträchtigung des zwischenstaatlichen Handels aufgrund einer marktbeherrschenden Stellung, welche die Niederlassung eines ausländischen Wettbewerbers in einem Mitgliedstaat ausschaltet oder auszuschalten droht, KOMM ABl. 2002 Nr. L 61/32 – De Post – La Poste, Rn. 77, bzw. welche die Ausschaltung eines Wettbewerbers beabsichtigt und sich dadurch auf die Wettbewerbsstruktur auswirkt, KOMM ABl. 1997 Nr. L 258/1 – Irish Sugar plc, Rn. 158, letztgenannte Entscheidung bestätigt durch EuG Slg. 1999, II-2969 – Irish Sugar plc/Kommission, Rn. 232 ff und EuGH Slg. 2001, I-5333 ff. – Irish Sugar plc/Kommission; Shaw, ELRev 1988, 422 (424) bezeichnet die Untersuchung der Wettbewerbsstruktur durch den Gerichtshof in den Rechtssachen "Istituto Chemioterapico Italiano S.p.A. u. a./Kommission" und "Corinne Bodson/SA Pompes funèbres des régions libérées" als Wettbewerbsstrukturtest ("structure of competition test").

239 EuGH Slg. 1974, 223 – Istituto Chemioterapico Italiano S.p.A. u. a./Kommission, Rn. 13, 16.

240 EuGH Slg. 1974, 223 – Istituto Chemioterapico Italiano S.p.A. u. a./Kommission, Rn. 24.

241 EuGH Slg. 1974, 223 – Istituto Chemioterapico Italiano S.p.A. u. a./Kommission, Rn. 1, 15 f, 25, 30, 33.

("Konkurrenzstruktur") im Gemeinsamen Markt aus[242]. Zur Feststellung der Veränderung der Wettbewerbsstruktur untersucht der EuGH den Absatzmarkt des nicht belieferten Unternehmens[243]. Das marktbeherrschende Unternehmen, so der EuGH, habe im Fall der Vereinbarkeit der Lieferweigerung mit Art. 82 EGV die Produktion und die Absatzmärkte des nicht belieferten Unternehmens in der Hand[244]. Durch die Weigerung würden die Selbstkostenpreise des nicht belieferten Unternehmens derart beeinflusst, dass die Rohstoff-Derivate des Unternehmens möglicherweise nicht mehr verkäuflich wären[245]. Das Unternehmen nutze daher seine marktbeherrschende Stellung mit dem Ziel aus, das nicht belieferte Unternehmen als Wettbewerber auf dem Absatzmarkt "auszuschalten"[246]. Statt von "Ausschaltung" eines Wettbewerbers spricht die Kommission auch von "Verdrängung" oder "Neutralisierung" eines Wettbewerbers[247]. Ferner folge aus der Lieferverweigerung, so der EuGH, dass das Unternehmen die Rohstoff-Derivate nicht mehr in zwei Mitgliedstaaten exportieren könne[248]. Der EuGH begründet die Ausschaltung des Wettbewerbers also einerseits damit, dass das nicht belieferte Unternehmen aufgrund der Lieferverweigerung auf dem Absatzmarkt keine Rohstoff-Derivate mehr verkaufen kann. Andererseits begründet der EuGH die Ausschaltung des Wettbewerbers mit der Unterbindung von Exporten.

Die Kommission begründet die Veränderung der Wettbewerbsstruktur bei Art. 82 EGV außerdem damit, dass einem Wettbewerber der Zugang zum Markt erschwert wird[249]. In der Rechtssache "Bandengroothandel Frieschebrug B. V./N. V. Nederlandsche Banden Industrie Michelin" hatte die Kommission die Ausnutzung einer marktbeherrschenden Stellung eines Unternehmens mit Sitz in den Niederlanden zu beurteilen[250]. Das Unternehmen hatte auf dem niederländischen Markt für Reifen ein Rabattsystem errichtet. Die Kommission ist bei der Beurteilung des

---

242 EuGH Slg. 1974, 223 – Istituto Chemioterapico Italiano S.p.A. u. a./Kommission, Rn. 33; Kovar, JDI 1976, 229 (236).

243 EuGH Slg. 1974, 223 – Istituto Chemioterapico Italiano S.p.A. u. a./Kommission, Rn. 34.

244 EuGH Slg. 1974, 223 – Istituto Chemioterapico Italiano S.p.A. u. a./Kommission, Rn. 22: Der Absatzmarkt des Unternehmens war hier der Markt für die Derivate des Rohstoffs, welche das nicht belieferte Unternehmen aus dem Rohstoff hergestellt hat.

245 EuGH Slg. 1974, 223 – Istituto Chemioterapico Italiano S.p.A. u. a./Kommission, Rn. 34.

246 EuGH Slg. 1974, 223 – Istituto Chemioterapico Italiano S.p.A. u. a./Kommission, Rn. 33 f; Korah, TJBL 1974, 253 (256).

247 KOMM ABl. 1985 Nr. L 374/1 – ECS/AKZO, Rn. 88 f; Die Verdrängung eines Wettbewerbers vom Markt ist geeignet, die Wettbewerbsstruktur zu verändern, so das EuG, Slg. 1996, II-1201 – Compagnie maritime belge des transports SA u. a./Kommission, Rn. 203, bestätigt durch EuGH Slg. 2000, I-1365 – Compagnie maritime belge des transports SA u. a./Kommission.

248 Schneider, VanderbiltJTL 1975, 769 (774).

249 KOMM ABl. 1981 Nr. L 353/33 – Bandengroothandel Frieschebrug B. V./N. V. Nederlandsche Banden Industrie Michelin, Rn. 51, bestätigt durch EuGH Slg. 1983, 3461 – N. V Nederlandsche Banden – Industrie – Michelin/Kommission, Rn. 100 ff.

250 KOMM ABl. 1981 Nr. L 353/33 – Bandengroothandel Frieschebrug B. V./N. V. Nederlandsche Banden Industrie Michelin, Rn. 51.

Rabattsystems zu dem Ergebnis gekommen, dass durch das System Händler an das marktbeherrschende Unternehmen gebunden wurden[251]. Durch die Bindung werde verhindert, dass die Händler Reifen von anderen, ausländischen Unternehmen bezögen. Folglich werde verhindert, dass die Händler Reifen von ausländischen Herstellern auf den niederländischen Markt importierten. Somit werde es den ausländischen Herstellern erschwert, Reifen auf dem niederländischen Markt abzusetzen[252]. Hieraus folge, dass Unternehmen in ihren Exporten in die Niederlande behindert würden. Folglich werde ihnen der Zugang zum niederländischen Markt erschwert[253]. Die Bindung der Händler und die dadurch bedingte Beibehaltung ihres Marktanteils sei geeignet, die Wettbewerbsstruktur auf dem Reifen-Markt zu verändern[254].
Rechtsprechung und Kommission prüfen also im Rahmen des Art. 82 EGV die Veränderung der Wettbewerbsstruktur bezogen auf einen bestimmten Markt[255]. Sie begründen die Veränderung der Wettbewerbsstruktur mit der Ausschaltung eines Wettbewerbers oder der Erschwerung des Zugangs eines Wettbewerbers zum Markt.

Im Rahmen der Prüfung des Art. 81 Abs. 1 EGV haben Rechtsprechung und Kommission die Auswirkung nicht ausdrücklich mit der Veränderung der Wettbewerbsstruktur begründet. Das EuG hat die Auswirkung auf den zwischenstaatlichen Handel mit der Verhinderung von Wettbewerb begründet[256]. In der Rechtssache "Compagnie maritime belge des transports SA u. a./Kommission" hatte es eine Vereinbarung zwischen Linienkonferenzen auf dem Markt für Seeverkehrs-

---

251 KOMM ABl. 1981 Nr. L 353/33 – Bandengroothandel Frieschebrug B. V./N. V. Nederlandsche Banden Industrie Michelin, Rn. 51.

252 KOMM ABl. 1981 Nr. L 353/33 – Bandengroothandel Frieschebrug B. V./N. V. Nederlandsche Banden Industrie Michelin, Rn. 51.

253 KOMM ABl. 1981 Nr. L 353/33 – Bandengroothandel Frieschebrug B. V./N. V. Nederlandsche Banden Industrie Michelin, Rn. 51 f, bestätigt durch EuGH Slg. 1983, 3461 – N.V Nederlandsche Banden – Industrie – Michelin/Kommission, Rn. 104.

254 KOMM ABl. 1981 Nr. L 353/33 – Bandengroothandel Frieschebrug B. V./N. V. Nederlandsche Banden Industrie Michelin, Rn. 51; so auch KOMM ABl. 2002 Nr. L 143/1 – Michelin, Rn. 346.

255 EuGH Slg. 1974, 223 – Istitutio Chemioterapico Italiano SpA u. a./Kommission, Rn. 22, 33 f; KOMM ABl. 1981 Nr. L 353/33 – Bandengroothandel Frieschebrug B. V./N. V. Nederlandsche Banden Industrie Michelin, Rn. 51 f.

256 EuG Slg. 1996, II-1201 – Compagnie maritime belge des transports SA u. a./Kommission, Rn. 201 f, bestätigt durch EuGH Slg. 2000, I-1365 – Compagnie maritime belge des Transports SA u. a./Kommission. Ferner hat die Kommission die Beeinträchtigung des zwischenstaatlichen Handels aufgrund der Beeinträchtigung des Wettbewerbs bejaht, und dies mit der künstlichen Erweiterung oder Einschränkung der Marktanteile begründet. Die Veränderung der Marktanteile hatte eine Umlenkung des Warenverkehrs in der Gemeinschaft zur Folge und hat damit den zwischenstaatlichen Handel beeinträchtigt, KOMM ABl. 2000 Nr. L 268/1 – Far East Trade Tariff Charges and Surcharges Agreement (FETTCSA), Rn. 141.

dienstleistungen zu beurteilen[257]. Die Linienkonferenzen waren Zusammenschlüsse zwischen Unternehmen, die auf dem Markt für Seeverkehrsdienstleistungen als Reeder, Verwalter und Betreiber von Seeverkehrsgeschäften tätig waren[258]. Alle Unternehmen waren im zwischenstaatlichen Handel tätig[259]. Die Linienkonferenzen hatten vereinbart, dass jede eine bestimmte Linie bedienen sollte[260]. Es war Mitgliedern streng untersagt, Häfen, die nicht von der eigenen Linienkonferenz bedient wurden, anzulaufen[261]. Durch die Vereinbarung sei der Wettbewerb zwischen den Linienkonferenzen auf dem Gemeinsamen Markt verhindert worden[262]. Folglich sei durch die Vereinbarung der zwischenstaatliche Handel beeinträchtigt worden[263]. Das EuG begründet die Auswirkung ebenso wie die Kommission in der Rechtssache "Bandengroothandel Frieschebrug B. V./N. V. Nederlandsche Banden Industrie Michelin" damit, dass einem Unternehmen der Zugang zu einem Markt erschwert wird. Auf dem Markt für Seeverkehrsdienstleistungen wurde der Wettbewerb verhindert[264]. Aufgrund der Vereinbarung war es den Mitgliedern der Linienkonferenzen untersagt, Dienstleistungen auf Teilen des Markts zu erbringen, die von anderen Linienkonferenzen bedient wurden. Somit war ihnen untersagt, Dienstleistungen auf diese Teilmärkten zu exportieren. Den Mitgliedern war damit wie in der Rechtssache "Bandengroothandel Frieschebrug B. V./N. V. Nederlandsche Banden Industrie Michelin" der Zugang zu einem Markt untersagt. Folglich prüft das EuG wie in der Rechtssache "Bandengroothandel Frieschebrug B. V./N. V. Nederlandsche Banden Industrie Michelin" die Veränderung der Wettbewerbsstruktur.

Schließlich begründet die Kommission die Beeinträchtigung des zwischenstaatlichen Handels damit, dass Unternehmen die Behauptung im Intra-brand-Wettbewerb erschwert wurde[265]. In der Rechtssache "Volkswagen AG" hatte die Kommission eine Vereinbarung zwischen der Volkswagen AG und ihren Ver-

---

257 EuG Slg. 1996, II-1201 – Compagnie maritime belge des transports SA u. a./ Kommission, Rn. 202.

258 EuG Slg. 1996, II-1201 – Compagnie maritime belge des transports SA u. a./ Kommission, Rn. 4.

259 EuG Slg. 1996, II-1201 – Compagnie maritime belge des transports SA u. a./ Kommission, Rn. 12, 202.

260 EuG Slg. 1996, II-1201 – Compagnie maritime belge des transports SA u. a./ Kommission, Rn. 202.

261 EuG Slg. 1996, II-1201 – Compagnie maritime belge des transports SA u. a./ Kommission, Rn. 202.

262 EuG Slg. 1996, II-1201 – Compagnie maritime belge des transports SA u. a./ Kommission, Rn. 202.

263 EuG Slg. 1996, II-1201 – Compagnie maritime belge des transports SA u. a./ Kommission, Rn. 201 f.

264 EuG Slg. 1996, II-1201 – Compagnie maritime belge des transports SA u. a./ Kommission, Rn. 202.

265 KOMM ABl. 2001 Nr. L 262/14 – Volkswagen AG, Rn. 91; KOMM ABl. 1995 Nr. L 272/16 – BASF Lacke + Farben AG und Accinauto S.A., Rn. 91.

tragshändlern zu beurteilen[266]. Durch die Vereinbarung hatte die Volkswagen AG auf dem deutschen Markt gegenüber ihren Vertragshändlern Verkaufspreise für Kraftfahrzeuge verbindlich festgelegt[267]. Hierdurch sei das Preisniveau in Deutschland für den Verkauf von Kraftfahrzeugen der Volkswagen AG künstlich hochgehalten worden[268]. Damit sei die Nachfrage nach in Deutschland verkauften Kraftfahrzeugen geschwächt worden. Hieraus folge, dass ausländische Unternehmen die Kraftfahrzeuge nicht mehr von deutschen VW-Vertragshändlern kaufen würden[269]. Statt dessen hätten ausländische Unternehmen Kraftfahrzeuge von Vertragshändlern anderer Mitgliedstaaten gekauft, deren Verkaufspreise unter den deutschen Verkaufspreisen lagen[270]. Damit seien Importe und Exporte von Kraftfahrzeugen zwischen Deutschland und anderen Mitgliedstaaten umgelenkt worden[271]. Es sei den deutschen Vertragshändlern folglich erschwert, sich im Intra-brand-Wettbewerb gegenüber VW-Vertragshändlern in anderen Mitgliedstaaten zu behaupten[272]. Die Kommission führt die Erschwerung des Intra-brand-Wettbewerbs darauf zurück, dass die deutschen Vertragshändler Kraftfahrzeuge nicht mehr in andere Mitgliedstaaten exportieren konnten. Hierdurch konnten die Vertragshändler nicht mehr mit anderen Exporteuren in Wettbewerb treten. Folglich wurde durch die Vereinbarung den Vertragshändlern der Zugang zu ausländischen Märkten erschwert. Demzufolge entspricht die Begründung der Auswirkung der Vereinbarung auf den zwischenstaatlichen Handel der Begründung der Auswirkung in der Rechtssache "Bandengroothandel Frieschebrug B. V./N. V. Nederlandsche Banden Industrie Michelin" und in der Rechtssache "Compagnie maritime belge des transports S. A. u. a./Kommission". Daher begründet sie auch in der Rechtssache "Volkswagen AG" die Auswirkung auf den zwischenstaatlichen Handel mit der Veränderung der Wettbewerbsstruktur.

Rechtsprechung und Kommission begründen somit auch im Rahmen der Prüfung des Art. 81 Abs. 1 EGV die Auswirkung auf zwischenstaatlichen Handel mit der Veränderung der Wettbewerbsstruktur.

---

266 KOMM ABl. 2001 Nr. L 262/14 – Volkswagen AG, Rn. 57.

267 KOMM ABl. 2001 Nr. L 262/14 – Volkswagen AG, Rn. 57.

268 KOMM ABl. 2001 Nr. L 262/14 – Volkswagen AG, Rn. 83; Vgl. auch den ähnlich gelagerten Sachverhalt in der Entscheidung KOMM ABl. 2002 Nr. L 257/1 – Mercedes-Benz, Rn. 181, 195 ff, in der die Kommission die Beeinträchtigung des zwischenstaatlichen Handels durch Verfestigung des Preisniveaus auf dem belgischen Markt für Kraftfahrzeuge mit der "Beschränkung" des Preiswettbewerbs begründet.

269 KOMM ABl. 2001 Nr. L 262/14 – Volkswagen AG, Rn. 86.

270 KOMM ABl. 2001 Nr. L 262/14 – Volkswagen AG, Rn. 86.

271 KOMM ABl. 2001 Nr. L 262/14 – Volkswagen AG, Rn. 91.

272 KOMM ABl. 2001 Nr. L 262/14 – Volkswagen AG, Rn. 91.

(γ) Übernahme der ökonomischen Definition zur Auslegung der Beeinträchtigung

(αα) Veränderung der Wettbewerbsstruktur auf relevantem Markt

Gerichtshof und Kommission folgen der ökonomischen Definition der Veränderung der Wettbewerbsstruktur zunächst insoweit, als sie die Veränderung der Wettbewerbsstruktur bezogen auf den relevanten Markt prüfen[273]. So ist der EuGH in der Rechtssache "Istituto Chemioterapico Italiano SpA u. a./Kommission" zu dem Ergebnis gekommen, dass die Wettbewerbsstruktur auf dem Absatzmarkt des nicht belieferten Unternehmens verändert wurde[274]. In der Rechtssache "Radio Telefis Eireann (RTE) u. a./Kommission" hat der EuGH festgestellt, dass das marktbeherrschende Unternehmen jeden potentiellen Konkurrenten auf einem geographischen Markt ausgeschlossen habe. Hierdurch habe das Unternehmen die Struktur des Wettbewerbs auf diesem Markt verändert[275]. In der Rechtssache "Bandengroothandel Frieschebrug B. V./N. V." ist die Kommission zu dem Ergebnis gekommen, dass auf dem niederländischen Reifenmarkt die Wettbewerbsstruktur verändert wurde[276]. Schließlich ist das EuG in der Rechtssache "Compagnie maritime belge des transports S.A. u. a./Kommission" zu dem Ergebnis gekommen, dass der Wettbewerb auf dem Markt für Seeverkehrsdienstleistungen verhindert wurde[277].

(ββ) Ökonomische Definition der Beeinträchtigung

Zunächst hat der EuGH in der Rechtssache "Metro SB-Großmärkte GmbH & Co KG/Kommission" ausdrücklich festgestellt, dass der unverfälschte Wettbewerb gem. Art. 3 Abs. 1 lit. g), Art. 81 EGV das Vorhandensein eines wirksamen Wettbewerbs (workable competition) auf dem Markt voraussetzt[278]. Somit liegt das Konzept des workable competition auch der Auslegung der Art. 81 f. EGV zugrunde.

---

[273] Auch hier ist zu beachten, dass eine Beeinträchtigung des zwischenstaatlichen Handels auch dann vorliegt, wenn der räumlich relevante Markt auf das Gebiet nur eines Mitgliedstaats begrenzt ist, siehe oben Teil I, A. 2. (1) (a) (aa) (aaa) (γ) (ββ).

[274] EuGH Slg. 1974, 223 – Istituto Chemioterapico Italiano S.p.A. u. a./Kommission, Rn. 22, 33 f.

[275] EuGH Slg. 1995, I-743 – Radio Telefis Eireann (RTE) u. a./Kommission, Rn. 70.

[276] KOMM ABl. 1981 Nr. L 353/33 – Bandengroothandel Frieschebrug B. V./N. V. Nederlandsche Banden Industrie Michelin, Rn. 51 f.

[277] EuG Slg. 1996, II-1201 – Compagnie maritime belge des transports SA u. a./ Kommission, Rn. 202.

[278] EuGH Slg. 1977, 1875 – Metro SB-Großmärkte GmbH & Co KG/Kommission, Rn. 20; Väth, Die Wettbewerbskonzeption des Europäischen Gerichtshofs, Bayreuth 1987, S. 162.

In den Rechtssachen "Istituto Chemioterapico Italiano SpA u. a./Kommission" und "Bandengroothandel Frieschbrug B. V./N. V. Nederlandsche Banden Industrie Michelin" begründen EuGH und Kommission die Veränderung der Wettbewerbsstruktur mit der Behinderung von Exporten durch ausländische Unternehmen. Die Behinderung von Exporten begrenzte das Angebot an Rohstoff-Derivaten auf dem Absatzmarkt bzw. die Zahl ausländischer Anbieter auf dem niederländischen Reifenmarkt. Schließlich begründet die Kommission in der Rechtssache "Volkswagen AG" die Veränderung der Wettbewerbsstruktur mit dem künstlichen Hochhalten des Preisniveaus in Deutschland für den Verkauf von Kraftfahrzeugen der Volkswagen AG.
Die Zahl der Anbieter und das Preisniveau sind ökonomische Faktoren, die im Rahmen des Marktstrukturtests analysiert werden. Folglich begründen Rechtsprechung und Kommission die Veränderung der Wettbewerbsstruktur mit einer Analyse der Marktstruktur des relevanten Markts. Dabei untersuchen sie, ob durch die Vereinbarung oder Ausnutzung einer marktbeherrschenden Stellung die ökonomischen Faktoren die Wettbewerbsstruktur verändert wird.
Zusammenfassend ist festzuhalten, dass aus Sicht von Rechtsprechung und Kommission die Veränderung der Wettbewerbsstruktur zu bejahen ist, wenn die Vereinbarung oder die Ausnutzung einer marktbeherrschenden Stellung die ökonomischen Faktoren verändert, die im Rahmen eines Marktstrukturtests analysiert werden. Folglich übernehmen Rechtsprechung und Kommission die ökonomische Definition der Veränderung der Wettbewerbsstruktur bei der Auslegung der Beeinträchtigung gem. Art. 81 f. EGV übernehmen. Auch in diesem Zusammenhang dient also die ökonomische Definition dazu, die Auslegung des Tatbestandsmerkmals Beeinträchtigung gem. Art. 81 f. EGV zu konkretisieren.

(ddd) Sachverhalte mit Drittstaatenbezug

Zum Teil wird angenommen, dass Sachverhalte mit Drittstaatenbezug nur ausnahmsweise den zwischenstaatlichen Handel beeinträchtigen könnten[279]. Fraglich ist daher, unter welchen Voraussetzungen Vereinbarungen und marktbeherrschende Stellungen mit Drittstaatenbezug sich auf den zwischenstaatlichen Handel auswirken.
Von einer Vereinbarung oder der Ausnutzung einer marktbeherrschenden Stellung mit Drittstaatenbezug wird gesprochen, wenn an der Vereinbarung oder Ausnutzung der marktbeherrschenden Stellung Unternehmen mit Sitz in einem Drittstaat beteiligt sind oder sich die Vereinbarung oder Ausnutzung der marktbeherrschenden Stellung auf Exporte nach Drittstaaten bezieht. Nach Rechtsprechungs- und

[279] Bunte in: Langen/Bunte (Fn. 1), Band 1 Art. 81 Rn. 133.

Entscheidungspraxis sind die Art. 81 f. EGV auch auf diese anwendbar[280]. Dass die an der Vereinbarung oder marktbeherrschenden Stellung beteiligten Unternehmen ihren Sitz in einem Drittstaat haben, ist damit für die Frage der Anwendbarkeit des gemeinschaftlichen Kartellrechts ohne Bedeutung[281]. Somit kann jedes Unternehmen, das innerhalb der Gemeinschaft Handel betreibt, der Missbrauchskontrolle gem. Art. 82 EGV unterliegen, wenn sich herausstellen sollte, dass das Unternehmen seine marktbeherrschende Stellung missbraucht[282]. Vereinbarungen und marktbeherrschende Stellungen mit Drittstaatenbezug sind damit verboten, wenn sie geeignet sind, sich auf den zwischenstaatlichen Handel auszuwirken und ihn damit zu beeinträchtigen[283].

Fraglich ist, unter welchen Voraussetzungen die Auswirkung der Vereinbarungen und marktbeherrschenden Stellungen zu bejahen ist. Rechtsprechung und die Kommission bejahen die Auswirkung, wenn die Vereinbarung oder die marktbeherrschende Stellung die Richtung der Handelsströme innerhalb der Gemeinschaft verändert (vgl. (α)), einen mitgliedstaatlichen Markt abschottet (vgl. (β)) oder die Wettbewerbsstrukturen innerhalb des gemeinschaftlichen Markts verändert (vgl. (γ)).

---

280 Zur Frage der Anwendbarkeit der 81 f EGV auf Vereinbarungen mit Bezug zum Außenhandel, insbesondere zur Anwendbarkeit dieser Artikel auf Unternehmen mit Sitz in Drittstaaten vgl. EuGH Slg. 1988, 5193 – "Zellstoff"/Kommission, Rn. 11 ff; Der EuGH stellt weiter fest, dass im Fall der Nichtanwendbarkeit der kartellrechtlichen Verbote auf Kartelle, die in Drittstaaten gebildet werden, den wettbewerbswidrig handelnden Unternehmen ein einfaches Mittel gegeben würde, sich dem Kartellverbot zu entziehen, EuGH Slg. 1988, 5193 – "Zellstoff"/Kommission, Rn. 16; ferner EuG Slg. 1993, II-389 – BPB Industries plc u. a./Kommission, Rn. 137; aus der Entscheidungspraxis der Kommission beispielsweise KOMM ABl. 1985 Nr. 85/1 – Zellstoff, Rn. 79; Oppermann (Fn. 5), § 14 Rn. 1080; Meng in: Groeben/Thiesing/Ehlermann (Hrsg.), Kommentar zum EU-/EG-Vertrag, 5. Auflage Baden-Baden 1997, Band 5 Extraterritoriale Anwendung des EU-Rechts S. 1239 Rn. 81 ff; Knebel, EuZW 1991, 265 (266).

281 EuGH Slg. 1973, 215 – Europemballage Corporation u. a./Kommission, Rn. 16, nach dessen Ansicht der Umstand, dass ein Unternehmen seinen Sitz nicht im Hoheitsgebiet eines Mitgliedstaats hat, nicht ausreicht, um dieses Unternehmen dem Zugriff des Gemeinschaftsrechts zu entziehen; Schneider, VanderbiltJTL 1975, 769 (776) dazu treffend: "One thing is certain, the scope of the authority of the Court and its interpretations of the antitrust provisions of the EEC Treaty are rapidly reaching beyond the geographical confines of the Common Market."; Kovar, JDI 1973, 531 (532); Markert, EuR 1972, 163 (167 f).

282 Schneider, VanderbiltJTL 1975, 769 (776).

283 Auf die Wirkungen der Vereinbarung im Hoheitsgebiet der Gemeinschaft abstellend EuGH Slg. 1971, 949 – Béguelin Import Co. u. a./S.A.G.L. Import Export u. a., Rn. 10/12, bestätigt durch EuGH Slg. 1978, 1391 – Theal BV/Kommission, Rn. 48/51.

(α) Veränderung der Richtung der Handelsströme

Im Rahmen der Prüfung des Art. 81 Abs. 1 EGV hat die Kommission in der Rechtssache "Zellstoff" die Auswirkung einer Vereinbarung auf den zwischenstaatlichen Handel mit der Veränderung der Richtung der Handelsströme begründet[284]. Zwei Unternehmen mit Sitz in Drittstaaten hatten eine Vereinbarung getroffen[285]. Gegenstand der Vereinbarung war die Abstimmung von Preisen für Erzeugnisse, die aus Drittstaaten in Mitgliedstaaten der Gemeinschaft exportiert werden sollten. Aufgrund der Abstimmung, so die Kommission, sei ein einheitliches Preisniveau innerhalb des Gemeinsamen Markts hergestellt worden. Damit werde anderen Unternehmen der Anreiz genommen, Erzeugnisse, die aus Drittstaaten in einen Mitgliedstaat exportiert werden, von diesem Mitgliedstaat in einen anderen Mitgliedstaat zu exportieren[286]. Somit verhindere die Vereinbarung Exporte zwischen den Mitgliedstaaten[287]. Folglich veränderte die Vereinbarung die Richtung der Handelsströme zwischen den Mitgliedstaaten[288].
In der Rechtssache "Béguelin Import Co. u. a./S.A.G.L. Import Export u. a." hatten zwei Unternehmen mit Sitz in einem Drittstaat bzw. in einem Mitgliedstaat die Übertragung eines Alleinvertriebsrechts vereinbart[289]. Aufgrund des Alleinvertriebsrechts war das Unternehmen mit Sitz in dem Mitgliedstaat zum Alleinvertrieb für ein Erzeugnis auf dem mitgliedstaatlichen Markt berechtigt[290]. Das Erzeugnis wurde durch das Unternehmen mit Sitz in dem Drittstaat hergestellt und in den Gemeinsamen Markt exportiert[291]. Das Alleinvertriebsrecht, so der EuGH, verstoße gegen Art. 81 Abs. 1 EGV, wenn es auf rechtliche oder tatsächliche Weise entweder die Wiederausfuhr des Erzeugnisses in einen anderen Mitgliedstaat, die Einfuhr dieser Waren in den durch das Alleinvertriebsrecht geschützten mitgliedstaatlichen Markt oder den Vertrieb des Erzeugnisses durch ein

---

284 KOMM ABl. 1985 Nr. L 85/1 – Zellstoff, Rn. 138, bestätigt durch EuGH Slg. 1988, 5193 ff – "Zellstoff"/Kommission.

285 KOMM ABl. 1985 Nr. L 85/1 – Zellstoff, Rn. 138, bestätigt durch EuGH Slg. 1988, 5193 ff – "Zellstoff"/Kommission.

286 KOMM ABl. 1985 Nr. L 85/1 – Zellstoff, Rn. 138

287 KOMM ABl. 1985 Nr. L 85/1 – Zellstoff, Rn. 138.

288 Siehe ferner EuGH Slg. 1998, I-1983 – Javico International u. a./Yves Saint Laurent Parfums SA (YSLP), Rn. 15 ff, 28, der zur Begründung der Beeinträchtigung des zwischenstaatlichen Handels ebenfalls auf eine Veränderung der Richtung der Handelsströme zwischen den Mitgliedstaaten aufgrund des Verbots der Wiedereinfuhr eines Erzeugnisses in den Gemeinsamen Markt abstellt; Zum Urteil in der Rechtssache "Javico International u. a./Yves Saint Laurent Parfums SA (YSLP)" vgl. Hermitte, JDI 1999, 583 (584): "Il en résulte logiquement que, ni le mécanisme général, ni l'exemption individuelle ne permettent de justifier par principe une interdiction de réimportation, qui ne peut donc être appréciée qu'au regard de ses effets concrets sur les courants d'échanges.".

289 EuGH Slg. 1971, 949 – Béguelin Import Co. u. a./S.A.G.L. Import Export u. a., Rn. 2/4.

290 EuGH Slg. 1971, 949 – Béguelin Import Co. u. a./S.A.G.L. Import Export u. a., Rn. 2/4.

291 EuGH Slg. 1971, 949 – Béguelin Import Co. u. a./S.A.G.L. Import Export u. a., Rn. 2/4.

anderes Unternehmen verhindere[292]. Aufgrund der Vereinbarung wurden somit die Importe und Exporte zwischen Mitgliedstaaten beschränkt bzw. untersagt. Folglich begründet der EuGH die Auswirkung auf den zwischenstaatlichen Handel mit der Veränderung der Richtung der Handelsströme zwischen den Mitgliedstaaten.
Schließlich hatte der Gerichtshof die Auswirkung einer Vereinbarung auf den zwischenstaatlichen Handel zu prüfen, an der nur Unternehmen mit Sitz in verschiedenen Mitgliedstaaten beteiligt waren. In der Rechtssache "Compagnie Royale Asturienne des Mines S. A. u. a./Kommission" hatten ein deutsches und ein französisches Unternehmen mit einem belgischen Unternehmen dessen Verpflichtung vereinbart, bestimmte Erzeugnisse in einen Drittstaat zu exportieren[293]. Diese Erzeugnisse wurden zuvor dem belgischen Unternehmen durch die anderen Vertragsparteien geliefert[294]. Die Ausfuhrpflicht habe zum Ziel, so der EuGH, die Wiedereinfuhr der nach Belgien gelieferten Erzeugnisse nach Deutschland zu verhindern[295]. Sie trage zur Isolierung des deutschen Markts bei und sei geeignet, den zwischenstaatlichen Handel zu beeinträchtigen[296]. Der EuGH begründet auch in dieser Rechtssache die Auswirkung auf den zwischenstaatlichen Handel mit der Unterbindung von Exporten zwischen den Mitgliedstaaten, folglich mit der Veränderung der Richtung der Handelsströme.
Im Rahmen der Prüfung des Art. 82 EGV hat der EuGH die Veränderung der Richtung von Handelsströmen durch Missbrauch einer marktbeherrschenden Stellung bejaht. In der Rechtssache "United Brands Company u. a./Kommission" hat das marktbeherrschende Unternehmen mit Sitz in den USA anderen Unternehmen mit Sitz in Mitgliedstaaten verboten, Bananen in andere Mitgliedstaaten weiterzuverkaufen[297]. Die Bananen wurden durch das marktbeherrschende Unternehmen aus Drittstaaten in den Gemeinsamen Markt exportiert und dort die anderen Unternehmen verkauft[298]. Durch das Weiterverkaufsverbot wird den belieferten Unternehmen der Export der Bananen in andere Mitgliedstaaten untersagt. Damit wurde durch das Verbot die Richtung der Handelsströme zwischen den Mitgliedstaaten verändert.

---

[292] EuGH Slg. 1971, 949 – Béguelin Import Co. u. a./S.A.G.L. Import Export u. a., Rn. 10/12, 14/15.

[293] EuGH Slg. 1984, 1679 – Compagnie Royale Asturienne des Mines S. A. u. a./ Kommission, Rn. 4, 24.

[294] EuGH Slg. 1984, 1679 – Compagnie Royale Asturienne des Mines S. A. u. a./ Kommission, Rn. 24.

[295] EuGH Slg. 1984, 1679 – Compagnie Royale Asturienne des Mines S. A. u. a./ Kommission, Rn. 28; Ebenso bejaht Scholl (Fn. 13), S. 45, die Auswirkung auf den zwischenstaatlichen Handel, wenn ein Verbot, aus der EG zu exportieren, Unternehmen aus Drittstaaten daran hindere, in das Gebiet der EG zu reimportieren.

[296] EuGH Slg. 1984, 1679 – Compagnie Royale Asturienne des Mines S. A. u. a./ Kommission, Rn. 29 f.

[297] EuGH Slg. 1978, 207 – United Brands Company u. a./Kommission, Rn. 3/5, 152/160.

[298] EuGH Slg. 1978, 207 – United Brands Company u. a./Kommission, Rn. 3/5, 152/160.

Demzufolge beeinträchtigt eine Vereinbarung oder die Ausnutzung einer marktbeherrschenden Stellung mit Drittstaatenbezug gem. Art. 81 f. EGV den zwischenstaatlichen Handel, wenn die Vereinbarung oder die Ausnutzung der marktbeherrschenden Stellung die Richtung der Handelsströme zwischen Mitgliedstaaten verändert. Die Urteile und Entscheidungen zeigen, dass Rechtsprechung und Kommission die Auswirkung auf den zwischenstaatlichen Handel mit der Beschränkung oder Erweiterung von Importen und Exporten, folglich mit der Veränderung der Richtung von Handelsströmen begründen. Die Veränderung der Richtung der Handelsströme ist zu bejahen, wenn ein Import- oder Exportverbot, wie z. B. in der Rechtssache "United Brands Company u. a./Kommission", ausdrücklich vereinbart ist. Ferner ist die Veränderung der Richtung der Handelsströme zu bejahen, wenn die Vereinbarung oder die Ausnutzung einer marktbeherrschenden Stellung die ökonomischen Faktoren verändert, die nach der Außenhandelstheorie die Richtung der Handelsströme bestimmen. Beispielsweise hatten die Unternehmen in der Rechtssache "Zellstoff" durch die Vereinbarung auf einem Markt ein einheitliches Preisniveau hergestellt und damit den ökonomischen Faktor Preis verändert. Die Veränderung dieses Faktors führte zur Unterbindung von Exporten zwischen Mitgliedstaaten.
Die Urteile und Entscheidungen zeigen, dass die Veränderung der Richtung der Handelsströme zwischen den Mitgliedstaaten nach denselben Grundsätzen bestimmt wird, die im Zusammenhang mit Sachverhalten gem. Art. 81 Abs. 1, 82 EGV ohne Drittstaatenbezug analysiert wurden[299].

(β) Marktabschottung

In der Rechtssache "Zellstoff" wurde die Auswirkung der Vereinbarung gem. Art. 81 Abs. 1 EGV auf den zwischenstaatlichen Handel nicht nur mit der Veränderung der Handelsströme, sondern auch mit der Abschottung des relevanten Markts begründet[300]. Das Weiterverkaufsverbot habe die Schaffung eines künstlichen Preisniveaus zur Folge und nehme damit Unternehmen in den Mitgliedstaaten den Anreiz, die gelieferten Erzeugnisse zu exportieren[301]. Das Weiterverkaufsverbot bewirke die Unterbindung von Exporten und Importen zwischen Mitgliedstaaten und verursache damit eine Marktabschottung[302].

---

299 AA Bruhin, Die Zwischenstaatlichkeitsklausel des europäischen Wettbewerbsrechtes in der Rechtsprechung des Gerichtshofs, Bern 1994, S. 136, der bei Sachverhalten mit Bezug zum Außenhandel feststellt, dass die Begründung der "Beeinträchtigung" des zwischenstaatlichen Handels mit der Veränderung der Richtung der Handelsströme schwierig sei. Bruhin begründet jedoch nicht, worin diese Schwierigkeit besteht.

300 KOMM ABl. 1985 Nr. L 85/1 – Zellstoff, Rn. 139.

301 KOMM ABl. 1985 Nr. L 85/1 – Zellstoff, Rn. 139.

302 KOMM ABl. 1985 Nr. L 85/1 – Zellstoff, Rn. 139; Die marktbeherrschende Stellung eines Unternehmens mit Sitz in einem Drittstaat kann auch die Wirkung der "Abriegelung" der na-

Die Kommission begründet die Marktabschottung mit der Unterbindung von Importen und Exporten zwischen Mitgliedstaaten. Die Kommission weist ferner auf das Schaffen eines einheitlichen Preisniveaus hin. Somit begründet sie die Marktabschottung mit der Analyse des ökonomischen Faktors Preis auf dem relevanten Markt. Sie untersucht folglich auch bei Sachverhalten mit Bezug zum Außenhandel die Veränderung der Richtung der Handelsströme in Übereinstimmung mit der ökonomischen Definition.

(γ) Veränderung der Wettbewerbsstruktur

Schließlich wird im Rahmen des Art. 81 Abs. 1 EGV die Auswirkung von Vereinbarungen mit Bezug zum Außenhandel mit der Veränderung der Wettbewerbsstruktur begründet. In der Rechtssache "Zellstoff" hatte nach Ansicht der Kommission die Herstellung des einheitlichen Preisniveaus auch die Verschlechterung der Wettbewerbsstruktur zur Folge[303].
In ökonomischer Hinsicht wird zur Analyse der Marktstruktur der Faktor Preis herangezogen. Die Kommission begründet damit die Auswirkung auf den zwischenstaatlichen Handel der Sache nach mit einer Veränderung der Wettbewerbsstruktur[304].
Der EuGH hat im Rahmen des Art. 82 EGV die Auswirkung des Missbrauchs einer marktbeherrschenden Stellung mit Bezug zum Außenhandel auf den zwischenstaatlichen Handel ebenfalls mit der Veränderung der Wettbewerbsstruktur begründet. In der Rechtssache "United Brands Company u. a./Kommission" hatte sich das marktbeherrschende Unternehmen mit Sitz in einem Drittstaat geweigert, einem Wettbewerber auf dem deutschen Markt Bananen zum Zweck des Weiterverkaufs zu liefern[305]. Aufgrund der Weigerung war das dänische Unternehmen gezwungen, die Bananen außerhalb des deutschen Markts zu erwerben und dann weiterzuverkaufen[306]. Da das marktbeherrschende Unternehmen auf dem relevanten Markt als Wiederverkäufer von Bananen tätig war[307], und zudem Kontrolle über Wiederverkäufer mit Sitz unter anderem in Deutschland ausübte[308], zielte die Weigerung darauf ab, das dänische Unternehmen dieses als Konkurrent auf dem Gemeinsamen Markt für den Wiederverkauf von Bananen auszuschalten[309].

---

tionalen Märkte haben, vgl. EuGH Slg. 1978, 207 – United Brands Company u. a./Kommission, Rn. 152/160; EuGH Slg. 1976, 811 – EMI Records Limited/CBS United Kingdom Limited, Rn. 25/29

303 KOMM ABl. 1985 Nr. L 85/1 – Zellstoff, Rn. 137.
304 KOMM ABl. 1985 Nr. L 85/1 – Zellstoff, Rn. 136.
305 EuGH Slg. 1978, 207 – United Brands Company u. a./Kommission, Rn. 3/5, 198/200.
306 Dashwood, ELRev 1978, 314 (324).
307 Norton, TDJILP 1979, 379 (385).
308 Dashwood, ELRev 1978, 314 (318 f, 323).
309 EuGH Slg. 1978, 207 – United Brands Company u. a./Kommission, Rn. 198/200.

Demzufolge veränderte die Weigerung der Belieferung des marktbeherrschenden Unternehmens die Wettbewerbsstruktur auf dem relevanten Markt[310].
Der EuGH begründet die Veränderung der Wettbewerbsstruktur wie in der Rechtssache "Istituto Chemioterapico Italiano SpA u. a./Kommission" mit der Ausschaltung von Wettbewerbern auf dem relevanten Markt. Damit ist aus Sicht der Rechtsprechung die Veränderung der Wettbewerbsstruktur zu bejahen, wenn ein Marktstrukturtest ergibt, dass eine Vereinbarung oder die Ausnutzung einer marktbeherrschenden Stellung die einschlägigen ökonomischen Faktoren ändert. Folglich ist die Veränderung der Wettbewerbstruktur durch Sachverhalte mit Drittstaatenbezug nach den gleichen Auslegungsgrundsätzen zu bestimmen wie die Veränderung der Wettbewerbsstruktur durch Sachverhalte ohne Drittstaatenbezug.

(eee) Zusammenfassung

Rechtsprechung und Kommission bestimmen die Auswirkung von Vereinbarungen und marktbeherrschenden Stellungen mit Drittstaatenbezug nach den gleichen Grundsätzen, wie die Auswirkung von Vereinbarungen und marktbeherrschenden Stellungen ohne Drittstaatenbezug. Sie unterscheiden bei der Begründung der Auswirkung nicht nach dem Ort des Sitzes der beteiligten Unternehmen. Vielmehr stellen sie, wie bei Sachverhalten ohne Bezug zum Außenhandel, allein auf die Auswirkung auf den zwischenstaatlichen Handel ab. Dies gilt parallel auch für die Begründung der Auswirkung auf den zwischenstaatlichen Handel mit der Abschottung der Märkte und der Veränderung der Wettbewerbsstruktur. Folglich übernehmen Rechtsprechung und Kommission die ökonomische Definition der Veränderung der Richtung der Handelsströme auch zur Beurteilung von Sachverhalten mit Drittstaatenbezug. Damit bestätigen Rechtsprechung und Kommission das Urteil in der Rechtssache "Europemballage Corporation u. a./Kommission", dass auch Unternehmen mit Sitz außerhalb des Hoheitsgebiets eines Mitgliedstaats dem Zugriff des Gemeinschaftsrechts ausgesetzt sein können[311]. Somit ist die Ansicht, bei Sachverhalten mit Drittstaatenbezug sei die Beeinträchtigung des zwischenstaatlichen Handels nur ausnahmsweise gegeben, nicht zutreffend.

(bb) Bildung von Fallgruppen

Für die Bildung von Fallgruppen zur Systematisierung der Rechtsprechung und der Entscheidungspraxis finden sich mehrere Ansätze in der Literatur (vgl. (aaa)). Dabei ist festzustellen, dass die unterschiedlichen Ansätze nur Wettbewerbsver-

---

310 Dashwood, ELRev 1978, 314 (324 f).
311 EuGH Slg. 1973, 215 – Europemballage Corporation u. a./Kommission, Rn. 16.

stöße durch Vereinbarungen erfassen, nicht aber Wettbewerbsverstöße durch den Missbrauch marktbeherrschender Stellungen. Im Anschluss daran ist in einer Stellungnahme zu prüfen, welche Fallgruppen sich aus Rechtsprechung- und Entscheidungspraxis ergeben (vgl. (bbb)).

(aaa) Fallgruppen in der Literatur

(α) Sitz der beteiligten Unternehmen

Zum einen werden Fallgruppen danach gebildet, in welchem Mitgliedstaat die an der Vereinbarung beteiligten Unternehmen ihren Sitz haben[312].
In einer ersten Fallgruppe werden diejenigen Vereinbarungen erfasst, an denen Unternehmen mit Sitz in verschiedenen Mitgliedstaaten beteiligt sind[313]. In einer weiteren Fallgruppe werden Vereinbarungen zusammengefasst, an denen Unternehmen nur aus einem Mitgliedstaat beteiligt sind[314]. Schließlich erfasst eine dritte Fallgruppe Vereinbarungen, an denen entweder Unternehmen mit Sitz in einem Mitgliedstaat und andere Unternehmen mit Sitz in einem Drittstaat oder Unternehmen nur mit Sitz in Drittstaaten beteiligt sind[315].
Hinsichtlich der ersten Gruppe wird die Unterscheidung damit begründet, dass in diesen Fällen die Eignung zur Beeinträchtigung offensichtlich sei, wenn die Vereinbarung sich auf den Waren-, Dienstleistungs- oder Zahlungsverkehr zwischen den Mitgliedstaaten beziehe[316]. Aus welchem Grund die Offensichtlichkeit gegeben sein soll, bleibt unbeantwortet. Die Unterscheidung im Sinn der zweiten Gruppe wird damit begründet, dass die Beeinträchtigung des zwischenstaatlichen Handels dann gegeben sei, wenn die Vereinbarungen die Einfuhr und Ausfuhr regelten[317]. Die Differenzierung nach der dritten Gruppe wird nicht näher begründet[318].

---

312 Schröter in Groeben/Thiesing/Ehlermann (Fn. 3), Band 2/I Artikel 85 Absatz 1 Rn. 171 ff.
313 Schröter in Groeben/Thiesing/Ehlermann (Fn. 3), Band 2/I Artikel 85 Absatz 1 Rn. 171; Blaise, RTDE 1987, 671 (690).
314 Schröter in Groeben/Thiesing/Ehlermann (Fn. 3), Band 2/I Artikel 85 Absatz 1 Rn. 172.
315 Schröter in Groeben/Thiesing/Ehlermann (Fn. 3), Band 2/I Artikel 85 Absatz 1 Rn. 177.
316 Bunte, Kartellrecht, München 2003, S. 370; Schröter in Groeben/ Thiesing/Ehlermann (Fn. 3), Band 2/I Artikel 85 Absatz 1 Rn. 171.
317 Schröter in Groeben/Thiesing/Ehlermann (Fn. 3), Band 2/I Artikel 85 Absatz 1 Rn. 172.
318 Schröter in Groeben/Thiesing/Ehlermann (Fn. 3), Band 2/I Artikel 85 Absatz 1 Rn. 177.

(β) Gegenstand der Vereinbarung

Zum anderen wird für die Bildung der Fallgruppen nicht nach dem Sitz der an der Vereinbarung beteiligten Unternehmen unterschieden. Statt dessen werden drei Fallgruppen nach dem Gegenstand der Vereinbarung gebildet[319].
In einer ersten Fallgruppe werden Vereinbarungen zusammengefasst, die eine Regelung des innergemeinschaftlichen und zwischenstaatlichen Waren- oder Dienstleistungsverkehrs zum Gegenstand haben[320]. In einer zweiten Fallgruppe werden Vereinbarungen zusammengefasst, die zwischen Unternehmen aus einem Mitgliedstaat geschlossen werden und deren Gegenstand nicht die Einfuhr oder Ausfuhr zwischen zwei Mitgliedstaaten ist[321]. Schließlich werden in einer dritten Fallgruppe Vereinbarungen zusammengefasst, welche den Export in außerhalb der Gemeinschaft gelegenen Märkte betreffen[322].
Die Unterscheidung nach dem Gegenstand der Vereinbarung wird hinsichtlich der ersten Fallgruppe damit begründet, dass Vereinbarungen, die den zwischenstaatlichen Handel regeln, "naturgemäß" die Voraussetzungen der Zwischenstaatlichkeitsklausel erfüllten[323]. Hinsichtlich der zweiten Fallgruppe wird nicht davon ausgegangen, dass die Zwischenstaatlichkeitsklausel "naturgemäß" erfüllt sei. Vielmehr wird hervorgehoben, dass gem. Art. 4 Abs. 2 Nr. 1 VO 17 derartige Vereinbarungen zwar nicht bei der Kommission angemeldet werden müssten, sie dennoch zur Beeinträchtigung des zwischenstaatlichen Handels geeignet sein könnten[324]. Dies gelte insbesondere für Vereinbarungen, deren wettbewerbsbeschränkende Wirkung sich auf das gesamte Hoheitsgebiet eines Mitgliedstaats erstrecke[325]. Der Unterschied zwischen der ersten und der zweiten Fallgruppe wird also darin gesehen, dass Vereinbarungen der ersten Fallgruppe ohne weitere rechtliche Begründung zwangsläufig eine Beeinträchtigung des zwischenstaatlichen Handels darstellen. In der dritten Fallgruppe wird davon ausgegangen, dass eine Beeinträchtigung des zwischenstaatlichen Handels nur unter Umständen gegeben sei[326]. Diese Umstände seien erfüllt, wenn die Exportregelung mit einer Regelung in Zusammenhang stehe, die eine Aufteilung des Gemeinsamen Markts beabsichtige oder den Reimport in den Gemeinsamen Markt erschwere[327]. Im Gegensatz zur ersten und zweiten Fallgruppe ist daher die Auswirkung in der dritten Fallgruppe nicht zwangsläufig gegeben. Das Bejahen der Auswirkung erfordert hier eine genaue rechtliche Begründung.

---

319 Stockenhuber in: Grabitz/Hilf (Fn. 26), Band I EGV Art. 81 Rn. 212 ff.
320 Stockenhuber in: Grabitz/Hilf (Fn. 26), Band I EGV Art. 81 Rn. 212.
321 Stockenhuber in: Grabitz/Hilf (Fn. 26), Band I EGV Art. 81 Rn. 213.
322 Stockenhuber in: Grabitz/Hilf (Fn. 26), Band I EGV Art. 81 Rn. 214.
323 Stockenhuber in: Grabitz/Hilf (Fn. 26), Band I EGV Art. 81 Rn. 212.
324 Stockenhuber in: Grabitz/Hilf (Fn. 26), Band I EGV Art. 81 Rn. 213.
325 Stockenhuber in: Grabitz/Hilf (Fn. 26), Band I EGV Art. 81 Rn. 213.
326 Stockenhuber in: Grabitz/Hilf (Fn. 26), Band I EGV Art. 81 Rn. 214.
327 Stockenhuber in: Grabitz/Hilf (Fn. 26), Band I EGV Art. 81 Rn. 214.

(γ) Sitz der beteiligten Unternehmen und Gegenstand der Vereinbarung

Ein dritter Ansatz zur Fallgruppenbildung kombiniert die Unterscheidung nach dem Sitz der beteiligten Unternehmen mit der Unterscheidung nach dem Gegenstand der Vereinbarung.
In der ersten Fallgruppe werden die Vereinbarungen erfasst, an denen Unternehmen aus verschiedenen Mitgliedstaaten der Gemeinschaft beteiligt sind[328]. In der zweiten Fallgruppe werden Vereinbarungen zusammengefasst, an denen Unternehmen nur aus einem Mitgliedstaat beteiligt sind[329]. Schließlich wird eine dritte Fallgruppe nach dem Gegenstand der Vereinbarung gebildet. In dieser Gruppe werden Vereinbarungen zusammengefasst, deren Gegenstand der Export von Mitgliedstaaten der Gemeinschaft in Drittstaaten oder der Import von Drittstaaten in Mitgliedstaaten der Gemeinschaft ist[330]. Die Vereinbarungen der dritten Fallgruppe werden auch als Fälle der "Koordinierung mit Drittstaatenbezug"[331] oder als "Sachverhalte mit Drittstaatenbezug"[332] bezeichnet.
Die Bildung der ersten Fallgruppe wird damit begründet, dass derartige Vereinbarungen regelmäßig geeignet seien, den zwischenstaatlichen Handel zu beeinträchtigen[333]. Mit anderen Worten könne die Beeinträchtigung des zwischenstaatlichen Handels hier nicht fraglich sein[334]. Bei Vereinbarungen der zweiten Fallgruppe wird dagegen nicht angenommen, dass die Beeinträchtigung des zwischenstaatlichen Handels regelmäßig gegeben sei. Die Beeinträchtigung sei hier nur dann gegeben, wenn die Vereinbarung Importe und Exporte zwischen Mitgliedstaaten betreffe[335] oder der Marktzutritt durch die Vereinbarung erschwert oder behindert werde[336]. Im Unterschied zu den Vereinbarungen der ersten und der zweiten Fallgruppe wird zu Vereinbarungen der dritten Fallgruppe angenommen, dass diese den zwischenstaatlichen Handel grundsätzlich[337] bzw. in der Regel[338] nicht beeinträchtigten[339]. Eine Beeinträchtigung könne hier nur im Einzelfall gegeben

---

328 Bunte in: Langen/Bunte (Fn. 1), Band 1 Art. 81 Rn. 125.
329 Bunte in: Langen/Bunte (Fn. 1), Band 1 Art. 81 Rn. 127.
330 Rehbinder in: Immenga/Mestmäcker (Fn. 10), Band I Einleitung E. II. Rn. 37 ff, 42 ff.
331 Roth/Ackermann in: Glassen/v. Hahn/Kersten/Rieger (Fn. 76), Band VI Grundfragen Art. 81 Abs. 1 EG-Vertrag Rn. 322.
332 Bunte in: Langen/Bunte (Fn. 1), Band 1 Art. 81 Rn. 133.
333 Rehbinder in: Immenga/Mestmäcker (Fn. 10), Band I Einleitung E. II. Rn. 30.
334 Roth/Ackermann in: Glassen/v. Hahn/Kersten/Rieger (Fn. 76), Band VI Grundfragen Art. 81 Abs. 1 EG-Vertrag Rn. 318.
335 Roth/Ackermann in: Glassen/v. Hahn/Kersten/Rieger (Fn. 76), Band VI Grundfragen Art. 81 Abs. 1 EG-Vertrag Rn. 319.
336 Rehbinder in: Immenga/Mestmäcker (Fn. 10), Band I Einleitung E. II. Rn. 31 ff.
337 Rehbinder in: Immenga/Mestmäcker (Fn. 10), Band I Einleitung E. II. Rn. 37.
338 Bunte in: Langen/Bunte (Fn. 1), Band 1 Art. 81 Rn. 133.
339 Roth/Ackermann in: Glassen/v. Hahn/Kersten/Rieger (Fn. 76), Band VI Grundfragen Art. 81 Abs. 1 EG-Vertrag Rn. 322.

sein[340]. Voraussetzung sei, dass das Exportverbot Rückwirkungen auf den zwischenstaatlichen Handel habe[341]. Dies sei der Fall, wenn die Vereinbarung beispielsweise zu einer Verhaltenskoordinierung innerhalb der Gemeinschaft führe[342]. Die ersten beiden Fallgruppen unterscheiden sich also von der dritten Fallgruppe insofern, als bei Vereinbarungen der ersten beiden Gruppen die Beeinträchtigung des zwischenstaatlichen Handels grundsätzlich gegeben ist, sofern die Vereinbarung die weiteren Voraussetzungen, z. B. Erschwerung von Importen und Exporten zwischen Mitgliedstaaten, erfüllt. Dagegen sind Vereinbarungen der dritten Gruppe nicht zwangsläufig zur Beeinträchtigung des zwischenstaatlichen Handels geeignet. Hier muss die Beeinträchtigung des zwischenstaatlichen Handels rechtlich genau begründet werden.

(bbb) Stellungnahme

(α) Zweck der Fallgruppenbildung

Die Bildung von Fallgruppen soll den Zweck erfüllen, die Rechtsprechungs- und Entscheidungspraxis zu systematisieren. Im Vordergrund muss dabei stehen, den Unternehmen, die an einer Vereinbarung oder an einer marktbeherrschenden Stellung beteiligt sind, zu ermöglichen, im Vorfeld einen Verstoß dieser Vereinbarung oder Ausnutzung einer marktbeherrschenden Stellung gegen EG-Kartellrecht feststellen zu können. Bezogen auf das Tatbestandsmerkmal der Beeinträchtigung gem. Art. 81 Abs. 1 und Art. 82 EGV müssen die Fallgruppen somit erklären, auf welche Art und Weise Rechtsprechung und Kommission die Auswirkung einer Vereinbarung oder einer Verhaltensweise aufgrund einer marktbeherrschenden Stellung auf den zwischenstaatlichen Handel begründen. Demzufolge müssen die Fallgruppen die in der Rechtsprechungs- und Entscheidungspraxis anerkannten Arten der Auswirkung herausstellen.

(β) Kritik an Ansätzen zur Bildung von Fallgruppen

Im Hinblick auf den Zweck der Fallgruppenbildung ist sowohl die Bildung der Fallgruppen nach dem Sitz der beteiligten Unternehmen als auch die Bildung der Fallgruppen nach dem Gegenstand der Vereinbarung abzulehnen.
Da die "Beeinträchtigung" als Auswirkung ausgelegt wird, trägt die Bildung von Fallgruppen nach dem Sitz der Unternehmen oder dem Gegenstand der Vereinba-

---

340 Roth/Ackermann in: Glassen/v. Hahn/Kersten/Rieger (Fn. 76), Band VI Grundfragen Art. 81 Abs. 1 EG-Vertrag Rn. 322.
341 Rehbinder in: Immenga/Mestmäcker (Fn. 10), Band I Einleitung E. II. Rn. 37.
342 Rehbinder in: Immenga/Mestmäcker (Fn. 10), Band I Einleitung E. II. Rn. 38.

rung nicht zur Vereinfachung der Auslegung der Zwischenstaatlichkeitsklausel bei. Darüber hinaus zeigt die genetische Auslegung der Zwischenstaatlichkeitsklausel, dass nach dem Willen der Gründerstaaten die Wirkung der Vereinbarung oder des Missbrauchs einer marktbeherrschenden Stellung das für die Auslegung entscheidende Kriterium sein sollte. Eine Beeinträchtigung sei immer dann gegeben, wenn die örtliche Wirkung der Vereinbarungen oder der Ausnutzung einer marktbeherrschenden Stellungen nicht nur auf einen Mitgliedstaat begrenzt sei[343]. Der Ort des Sitzes der beteiligten Unternehmen sollte nach dem Willen der Gründerväter des EGV keine Rolle spielen.
Schließlich kann auch die Unterscheidung zwischen Sachverhalten mit Drittstaatenbezug und anderen Sachverhalten nicht überzeugen. Wie gezeigt wurde, ist auch bei Sachverhalten mit Drittstaatenbezug Art. 81 f. EGV anwendbar. Zur Bestimmung der Auswirkung gelten darüber hinaus die gleichen Grundsätze wie bei Sachverhalten ohne Drittstaatenbezug.

(γ) Fallgruppen nach der Art der Auswirkung

Dem Zweck der Fallgruppenbildung folgend sind die Fallgruppen abhängig von der Art der Auswirkung zu bestimmen. Rechtsprechung und Kommission haben rei Arten von Auswirkungen auf den zwischenstaatlichen Handel anerkannt: die Veränderung der Handelströme, die Marktabschottung und die Veränderung der Wettbewerbsstruktur. Fraglich ist, ob damit folgende drei Fallgruppen gebildet werden können: Auswirkung aufgrund der Veränderung der Handelsströme (erste Fallgruppe), der Marktabschottung (zweite Fallgruppe) und der Veränderung der Wettbewerbsstruktur (dritte Fallgruppe)[344]. Die Zuordnung der drei Arten von Auswirkungen zu unterschiedlichen Fallgruppen setzt voraus, dass sich die Arten der Auswirkung inhaltlich unterscheiden.
Der Unterschied zwischen der ersten und der zweiten Fallgruppe besteht darin, dass bei der Auswirkung aufgrund einer Marktabschottung Handelsströme auf

---

343 Vgl. Bericht der Delegationsleiter des von der Konferenz von Messina eingesetzten Regierungsausschusses an die Außenminister vom 21.4.1956, sog. Spaak-Bericht, S. 57 in: Schulze/Hoeren (Fn. 47) S. 785: "Die gemeinsamen Regeln und Verfahren können sich auf die Praktiken beschränken, die den zwischenstaatlichen Handel beeinträchtigen. Es könnte den einzelnen Staaten überlassen bleiben, Diskriminierungen oder Absprachen mit örtlicher Wirkung zu verhindern."; Zur Zustimmung der sechs Gründerstaaten zu dem Bericht vgl. Küsters (Fn. 47), S. 268, 335, 364, 367 f.

344 Auch Bruhin (Fn. 299), S. 69, 125, spricht davon, die Rechtsprechung des Gerichthofs in Fallgruppen zu unterteilen und nennt in diesem Zusammenhang als Fallgruppen den "Einfluss auf den Handelsstrom" und die "Wettbewerbsstruktur im besonderen". Jedoch erklärt Bruhin in seinen folgenden Ausführungen auf S. 69 bis 136 nicht weiter die Bildung seiner Fallgruppen.

dem sachlich relevanten Markt vollständig unterbunden werden[345]. Dagegen liegt eine Veränderung der Handelsströme schon vor, wenn die Handelsströme beschränkt werden, so dass trotz der Auswirkung der Vereinbarung oder der Ausnutzung einer marktbeherrschenden Stellung noch Güterströme zwischen den Mitgliedstaaten bestehen[346]. Aufgrund dieses Unterschieds trennt der EuGH beispielsweise zwischen der marktabschottenden Wirkung und einem Ausfuhrverbot[347]. Diese Trennung ist auch bei der Bildung von Fallgruppen einzuhalten. Zwischen der ersten und der dritten Fallgruppe besteht insofern ein Unterschied, als in der ersten Fallgruppe geprüft wird, ob die Richtung der Importe oder Exporte verändert wurde, während in der dritten Fallgruppe die Veränderung der Zahl und der wirtschaftlichen Position der Wettbewerber beurteilt wird. Folglich unterscheiden sich die erste und die dritte Fallgruppe. Allerdings haben EuGH und Kommission festgestellt, dass die Veränderung der Handelsströme kausal für die Veränderung der Wettbewerbsstruktur sein kann und umgekehrt. Beispielsweise hat der EuGH in der Rechtssache "John Deere Ltd/Kommission" entschieden, dass die durch eine Vereinbarung und abgestimmte Verhaltensweise verursachte Schwächung des Wettbewerbs "unweigerlich" Auswirkungen auf die Einfuhren in einen Mitgliedstaat hatte[348]. Darüber hinaus hat die Kommission in der Rechtssache "Volkswagen" entschieden, dass die Veränderung der Richtung der Handelsströme auch zu einer Veränderung der Wettbewerbsstruktur führen kann[349]. In diesen Fällen gehen EuGH und Kommission davon aus, dass die Veränderung der Wettbewerbsstruktur kausal für die Veränderung der Richtung der Handelsströme ist. Die Annahme der Kausalität bedeutet jedoch nicht, dass EuGH und Kommission die Auswirkung einer Vereinbarung oder der Ausnutzung einer marktbeherrschenden Stellung immer sowohl mit der Veränderung der Handelsströme als auch mit der Veränderung der Wettbewerbsstruktur begründen. Vielmehr haben sie die Auswirkung auf den zwischenstaatlichen Handel nur mit

345 Schlussanträge des Generalanwalts Mayras vom 16. und 17. Juni 1975, EuGH Slg. 1975, 1663 (2113 ff, 2133) – Coöperatieve Vereniging "Suiker Unie" u. a./ Kommission; Dashwood/Guy/Laddie/Leigh, ELRev 1976, 479 (496): "By contriving to influence the outcome of the invitations to tender, the parties to the practice had been able to ensure that the supply of sugar to the home and export markets would be apportioned in such way as to preserve intact their policy of *chacun chez soi.*".

346 In diesem Sinn KOMM ABl. 2001 Nr. L 262/14 – Volkswagen, Rn. 82: "Der EuGH hat ferner entschieden, dass eine Beeinträchtigung des zwischenstaatlichen Handels nicht nur vorliegt, wenn die Maßnahme den zwischenstaatlichen Warenaustausch einschränkt oder gar Märkte gegeneinander abschottet, [...]".

347 EuGH Slg. 1995, I-3439 – Bayerische Motorenwerke AG/ALD Auto Leasing D GmbH, Rn. 20.

348 EuGH Slg. 1998, I-3111 – John Deere Ltd/Kommission, Rn. 116, 119; EuG Slg. 1994, II-957 – John Deere Ltd/Kommission, Rn. 101; Vgl. auch EuG Slg. 1999, II-2969 – Irish Sugar plc/Kommission, Rn. 169 f, bestätigt durch Beschluss des EuGH Slg. 2001, I-5333 – Irish Sugar plc/Kommission, Rn. 62.

349 KOMM ABl. 2001 Nr. L 262/14 – Volkswagen, Rn. 86, 91.

der Veränderung der Handelsströme bzw. nur mit der Veränderung der Wettbewerbsstruktur begründet. Beispielsweise wird in den Rechtssachen "Heintz van Landewyck SARL u. s./Kommission"[350], "Ferriere Nord SpA/Kommission"[351], "Montecatini SpA/Kommission"[352] und "Continental/Michelin"[353] die Auswirkung auf den zwischenstaatlichen Handel nur auf die Veränderung der Richtung der Handelsströme gestützt. Ferner wird in den Rechtssachen "Istituto Chemioterapico Italiano S.p.A. u. a./Kommission"[354], "United Brands Company u. a./Kommission"[355], "Hugin Kassaregister AB u. a./Kommission"[356], "Bayer AG u. a./Heinz Suellhoefer"[357] und "Radio Telefis Eireann (RTE) u. a./Kommission"[358] die Auswirkung auf den zwischenstaatlichen Handel ausschließlich mit der Veränderung der Wettbewerbsstruktur begründet. Folglich ist für die Fallgruppenbildung die Unterscheidung zu übernehmen zwischen der Veränderung der Richtung der Handelsströme und der Veränderung der Wettbewerbsstruktur.
Unterschiede bestehen zwischen der zweiten und der dritten Gruppe insoweit, als mit der Marktabschottung die Unterbindung von Handelsströmen nachgewiesen wird. Dagegen besteht die Veränderung der Wettbewerbsstruktur darin, die Veränderung der Zahl und der wirtschaftlichen Position der Wettbewerber auf dem relevanten Markt nachzuweisen. In diesem Sinn hat der Gerichtshof in der Rechtssache "Hugin Kassaregister AB u. a./Kommission" geurteilt, dass die Beeinträchtigung des zwischenstaatlichen Handels entweder durch eine Marktabschottung oder durch die Veränderung der Wettbewerbsstruktur verursacht wer-

---

350 EuGH Slg. 1980, 3125 – Heintz van Landwyck u. a./Kommission, Rn. 172.

351 EuGH Slg. 1997, I-4411 – Ferriere Nord SpA/Kommission, Rn. 17-21.

352 EuGH Slg. 1999, I-4539 – Montecatini SpA/Kommission, Rn. 171, 44 mit Bestätigung der Vorinstanz EuG Slg. 1992, II-1155 – Montedipe SpA/Kommission, Rn. 253 f und der angefochtenen Entscheidung der Kommission ABl. 1986 Nr. L 230/1 – Polypropylen, Rn. 94; Unzutreffend Bruhin (Fn. 299), S. 77, der aus dem Urteil des EuG in der Rechtssache "Montedipe SpA/Kommission" folgert, der EuG habe die Beeinträchtigung des zwischenstaatlichen Handels mit der Änderung der Wettbewerbsstruktur im Gemeinsamen Markt begründet, wobei die Änderung darin bestehe, dass sich die Warenströme ohne Preis- und Quotenabsprache anders entwickelt hätten. Entgegen dieser Ansicht hat der EuG in Rn. 253 seines Urteils allein auf die Veränderung der Richtung der Handelsströme abgestellt, nicht aber auf die Veränderung der Wettbewerbsstruktur, vgl. EuG Slg. 1992, II-1155 – Montedipe SpA/Kommission, Rn. 253 mit Verweis auf EuGH Slg. 1980, 3125 – Heintz van Landewyck u. a./Kommission, Rn. 172, der ebenfalls nur auf die Veränderung der Richtung der Handelsströme abstellt, nicht aber auf die Veränderung der Wettbewerbsstruktur.

353 KOMM ABl. 1988 Nr. L 305/33 – Continental/Michelin, Rn. 20.

354 EuGH Slg. 1974, 223 – Istituto Chemioterapico Italiano S.p.A. u. a./Kommission, Rn. 33.

355 EuGH Slg. 1978, 207 – United Brands Company u. a./Kommission, Rn. 198/200; Delanney, RTDE 1978, 294 (300).

356 EuGH Slg. 1979, 1869 – Hugin Kassaregister AB u. a./Kommission, Rn. 17.

357 EuGH Slg. 1988, 5249 – Bayer AG u. a./Heinz Suellhoefer, Rn. 19 f.

358 EuGH Slg. 1995, I-743 – Radio Telefis Eireann (RTE) u. a./Kommission, Rn. 70 f; EuG Slg. 1991, II-485 – Radio Telefis Eireann/Kommission, Rn. 77.

den kann[359]. Der EuGH hat in weiteren Urteilen die Beeinträchtigung alternativ mit einer Marktabschottung[360] oder mit einer Veränderung der Wettbewerbsstruktur begründet[361]. Der Unterschied zwischen Marktabschottung und Veränderung der Wettbewerbsstruktur hindert allerdings nicht daran, die Auswirkung sowohl mit der Marktabschottung als auch mit der Veränderung der Wettbewerbsstruktur zu begründen, wenn die tatbestandlichen Voraussetzungen beider Arten von Auswirkungen erfüllt sind[362].

Zusammenfassend unterscheiden sich also die drei Fallgruppen. Die Unterschiede rechtfertigen es, jede Art von Auswirkung einer eigenen Fallgruppe zuzuordnen. Folglich kann die Auswirkung drei Fallgruppen zugeordnet werden, erstens der Veränderung der Richtung der Handelsströme (erste Fallgruppe), zweitens der Marktabschottung (zweite Fallgruppe) und drittens der Veränderung der Wettbewerbsstruktur (dritte Fallgruppe).

(δ) Gegenüberstellung der Fallgruppen

Die Auswirkung auf den zwischenstaatlichen Handel liegt bereits dann vor, wenn die Vereinbarung oder die Ausnutzung einer marktbeherrschenden Stellung einer Fallgruppe zugeordnet werden kann. Dies schließt jedoch nicht aus, dass die Vereinbarung oder die Ausnutzung der marktbeherrschenden Stellung mehreren Fallgruppen zuzuordnen ist.

Demzufolge ist eine Beeinträchtigung gegeben, wenn eine Vereinbarung oder die Ausnutzung einer marktbeherrschenden Stellung alternativ oder kumulativ einer oder mehreren Fallgruppen zuzuordnen ist.

(cc) Form der Auswirkung

Nachdem geklärt wurde, unter welchen Voraussetzungen sich eine Vereinbarung oder die Ausnutzung einer marktbeherrschenden Stellung auf den zwischenstaatlichen Handel auswirkt, ist zu prüfen, unter welchen Voraussetzungen die Auswirkung tatsächlich oder potentiell[363] (vgl. (aaa)), unmittelbar oder mittelbar (vgl. (bbb)) ist[364].

---

359 EuGH Slg. 1979, 1869 – Hugin Kassaregister AB u. a./Kommission, Rn. 17.

360 EuGH Slg. 1979, 461 – Hoffmann-La Roche und Co. AG/Kommission, Rn. 126.

361 EuGH Slg. 1979, 1869 – Hugin Kassaregister AB u. a./Kommission, Rn. 17.

362 KOMM ABl. 1992 Nr. L 134/1 – Reederausschüsse in der Frankreich-Westafrika-Fahrt, Rn. 43.

363 Synonym zur Auswirkung "der Möglichkeit nach" wird auch von der "potentiellen" Auswirkung gesprochen, Roth/Ackermann in: Glassen/v. Hahn/Kersten/Rieger (Fn. 76), Band VI Grundfragen Art. 81 Abs. 1 EG-Vertrag Rn. 313.

364 EuGH Slg. 1966, 282 (303) – Société Technique (LTM)/Maschinenbau Ulm GmbH (MBU).

(aaa) Tatsächliche oder potentielle Auswirkung

Der Regelfall in den dargestellten Urteilen und Entscheidungen ist, dass die Auswirkung tatsächlich und nicht nur potentiell gegeben ist. Die Auswirkung ist tatsächlich, wenn die Veränderung der Richtung der Handelsströme, die Marktabschottung oder die Veränderung der Wettbewerbsstruktur eingetreten ist. Die Auswirkung muss sich in einem konkreten Erfolg auf den relevanten Märkten niedergeschlagen haben.

Die potentielle Auswirkung findet sich in dem Tatbestandsmerkmal der "Eignung" zur Beeinträchtigung des zwischenstaatlichen Handels gem. Art. 81 Abs. 1 und in der Formulierung des Art. 82 EGV "dazu führen kann, den zwischenstaatlichen Handel zu beeinträchtigen" wieder[365]. Das EuG hat in der Rechtssache "Irish Sugar plc/Kommission" festgestellt, dass die Eignung zur Beeinträchtigung gegeben war, da potentielle Auswirkungen der Ausnutzung einer marktbeherrschenden Stellung nachgewiesen werden konnten[366]. Das EuG verwendet hier die Begriffe "Eignung" und "kann" als Synonyme für den Begriff "potentielle" Auswirkung[367]. Der EuGH bejaht die Eignung gem. Art. 81 Abs. 1 EGV, wenn die Vereinbarung der "Möglichkeit nach geeignet" sei, die Freiheit des Handels zwischen den Mitgliedstaaten in einer Weise zu gefährden, die für die Verwirklichung der Ziele eines einheitlichen zwischenstaatlichen Marktes nachteilig sein "kann"[368]. Er definiert hierbei die Eignung gem. Art. 81 Abs. 1 EGV durch die Begriffe "Möglichkeit" und "kann"[369]. Das Tatbestandsmerkmal der Eignung wird in einem eigenen Abschnitt der Arbeit untersucht.

(bbb) Unmittelbare oder mittelbare Auswirkung

Fraglich ist, was unter unmittelbarer oder mittelbarer Auswirkung zu verstehen ist.

In der Rechtssache "Transatlantic Agreement" gibt die Kommission eine Definition der unmittelbaren und mittelbaren Auswirkung. Dabei spricht sie statt von

---

365 Zur einheitlichen Auslegung der Art. 81 Abs. 1 EGV ("Eignung") und Art. 82 EGV ("kann"), vgl. Jung in: Grabitz/Hilf (Fn. 26), Band I EGV Art. 82 Rn. 261 mwN.

366 EuG Slg. 1999, II-2969 – Irish Sugar plc/Kommission, Rn. 169 f, bestätigt durch Beschluss des EuGH Slg. 2001, I-5333 – Irish Sugar plc/Kommission, Rn. 62.

367 Jung in: Grabitz/Hilf (Fn. 26), Band I EGV Art. 82 Rn. 265 zu Art. 81 und Art. 82 EGV; Saint-Esteben, DPCI 1989, 151 (174).

368 EuGH Slg. 1966, 322 (389) – Consten GmbH u. a./Kommission, EuGH Slg. 1966, 282 (303) – Société Technique Minière (LTU)/Maschinenbau Ulm GmbH (MBU).

369 Gleiss, WRP 1967, 163 (164), bezeichnet zu Recht die Verbindung der Worte "Möglichkeit" mit "kann" oder "geeignet" als pleonastisch.

mittelbarer Auswirkung synonym von indirekter Auswirkung[370]. Mehrere Linienreedereien hatten eine Vereinbarung geschlossen[371]. In dieser Vereinbarung hatten die Unternehmen Preise (Tarife) für die Erbringung von Seetransport- und Landtransportdienstleistungen festgelegt[372]. Die Kommission ist zu dem Ergebnis gelangt, dass die Tarifvereinbarungen die Warenverkehrsströme auf dem Markt für Seeverkehrsdienstleistungen verändert hatten[373]. Damit definiert sie die Wirkung als Veränderung der Richtung der Handelsströme.

Des Weiteren habe die Vereinbarung auch eine indirekte Auswirkung auf den zwischenstaatlichen Handel[374]. Die indirekte Auswirkung bestehe darin, dass die Vereinbarung sich auch auf dem Markt für die Waren auswirkte, die mit Hilfe dieser Verkehrsdienstleistungen befördert wurden[375]. Der Markt für die beförderten Waren unterscheide sich von dem Markt für Verkehrsdienstleistungen. Dennoch sei eine vollständige Trennung der Märkte nicht möglich[376]. Die Kosten und Verkehrswege der Verkehrsdienstleistungen hätten einen spürbaren Einfluss auf den gemeinschaftsweiten Warenhandel, da die vereinbarten Festpreise für Verkehrsdienstleistungen einen erheblichen Teil der Endpreise der beförderten Waren ausmachten[377]. Die Preisfestsetzung wirke sich auf die Wettbewerbsfähigkeit der beförderten gegenüber den konkurrierenden Waren aus, die durch die Preisfestsetzungen nicht betroffen waren[378]. Die Preisfestsetzung könne auch dazu führen, dass die Wettbewerbsfähigkeit der beförderten Waren im Export geschwächt würde[379]. Hieraus folge, dass die Exportunternehmen nach neuen Absatzmärkten in anderen Mitgliedstaaten der Gemeinschaft suchen müssten. Es reiche schon die Festsetzung der Preise für die Warenbeförderung im Allgemeinen aus, um die Wettbewerbsfähigkeit der für die Ausfuhr oder die Einfuhr bestimmten Waren zu beeinträchtigen[380]. Die Schwächung der Wettbewerbsfähigkeit der beförderten

---

370 KOMM ABl. 1994 Nr. L 376/1 – Transatlantic Agreement, Rn. 296 mit Verweis auf EuGH Slg. 1987, 4789 – Bureau National Interprofessionnel de Cognac/Yves Aubert, Rn. 18, spricht von direkter bzw. indirekter Beeinträchtigung. Ebenfalls von direkter und indirekter Beeinträchtigung spricht die Kommission in ABl. 1976 Nr. L 6/8 – AOIP/Beyrard, Erwägung II. 6.; Rehbinder in: Immenga/Mestmäcker (Fn. 10), Band I Einleitung E. II. Rn. 15 mit Verweis auf dasselbe Urteil des EuGH Slg. 1987, 4789 – Bureau National Interprofessionnel de Cognac/Yves Aubert, Rn. 18, spricht von unmittelbarer bzw. mittelbarer Vereinbarung.

371 KOMM ABl. 1994 Nr. L 376/1 – Transatlantic Agreement, Rn. 1 f, 7.

372 KOMM ABl. 1994 Nr. L 376/1 – Transatlantic Agreement, Rn. 11.

373 KOMM ABl. 1994 Nr. L 376/1 – Transatlantic Agreement, Rn. 293.

374 KOMM ABl. 1994 Nr. L 376/1 – Transatlantic Agreement, Rn. 294.

375 KOMM ABl. 1994 Nr. L 376/1 – Transatlantic Agreement, Rn. 294.

376 KOMM ABl. 1994 Nr. L 376/1 – Transatlantic Agreement, Rn. 294.

377 KOMM ABl. 1994 Nr. L 376/1 – Transatlantic Agreement, Rn. 295.

378 KOMM ABl. 1994 Nr. L 376/1 – Transatlantic Agreement, Rn. 295.

379 KOMM ABl. 1994 Nr. L 376/1 – Transatlantic Agreement, Rn. 295.

380 KOMM ABl. 1994 Nr. L 376/1 – Transatlantic Agreement, Rn. 295.

Waren führe bzgl. dieser Waren zu einer Veränderung der Richtung der Handelsströme[381].

Die Kommission stellt die Auswirkungen auf zwei verschiedenen Märkten fest, auf dem Markt für Seetransportdienstleistungen und auf dem Markt für die beförderten Waren[382]. Der Unterschied zwischen unmittelbarer und mittelbarer Wirkung besteht also darin, dass die unmittelbare Wirkung auf dem relevanten Markt des Verfahrens eintritt[383]. Die mittelbare Wirkung tritt dagegen auf einem benachbarten Markt ein. Die Kommission betont, dass die beiden Märkte nicht vollständig getrennt sein dürfen. Das bedeutet, dass die Möglichkeit gegeben sein muss, dass die Auswirkung auf dem im Verfahren relevanten sachlichen Markt auch auf dem anderen, im Verfahren nicht relevanten sachlichen Markt festgestellt werden kann. Die Kommission bestimmt diese Möglichkeit in der Rechtssache "Transatlantic Agreement" durch eine ökonomische Analyse der Auswirkungen der Vereinbarung auf beide Märkte. So begründet sie die Auswirkung auf den Markt für Verkehrsdienstleistungen damit, dass die Vereinbarung den ökonomischen Faktor Preis verändert und folglich die Richtung der Handelsströme auf diesem Markt verändert. Die mittelbare Auswirkung besteht darin, dass durch die Veränderung des ökonomischen Faktors Preis zugleich dieser Faktor auch auf dem Markt für die beförderten Waren verändert wird. Folglich sind die Märkte nicht vollständig getrennt, wenn die Veränderung eines ökonomischen Faktors die Veränderung eines ökonomischen Faktors auf dem benachbarten Markt verursacht.

Die Praxis der Gemeinschaftsorgane, die Beeinträchtigung auch mit einer mittelbaren Auswirkung zu begründen, wird teilweise als zu weitgehend kritisiert. Von jedem größeren Wirtschaftsvorgang gehe über Vor- oder Nachprodukte eine Kausalkette aus, die die Grenze eines Mitgliedstaats erreiche und somit auf den zwischenstaatlichen Handel einwirke[384]. Mittelbare Auswirkungen könnten daher nur bei "besonderer Lage" als Beeinträchtigung qualifziert werden[385]. Allerdings wird zur Begründung der Ablehnung der mittelbaren Auswirkung offengelassen, was unter "besonderer Lage" zu verstehen ist.

Die Begründung der Beeinträchtigung mit einer mittelbaren Auswirkung ist nicht zu weitgehend. Die mittelbare Auswirkung tritt nach der Entscheidung der Kommission in der Rechtssache "Transatlantic Agreement" nur ein, wenn der Markt, auf dem die unmittelbare Wirkung eintritt, in ökonomischer Hinsicht mit dem Markt verbunden ist, auf dem die mittelbare Wirkung eintritt. Somit ist nicht jede Auswirkung auf benachbarten Märkten als Beeinträchtigung zu qualifizieren. Vielmehr sind die Fälle, in denen eine mittelbare Auswirkung vorliegt, durch das

---

381 KOMM ABl. 1994 Nr. L 376/1 – Transatlantic Agreement, Rn. 295.

382 KOMM ABl. 1994 Nr. L 376/1 – Transatlantic Agreement, Rn. 25, 29-58.

383 KOMM ABl. 1994 Nr. L 376/1 – Transatlantic Agreement, Rn. 25 ff.

384 Hildebrandt (Fn. 81), S. 123.

385 Hildebrandt (Fn. 81), S. 123; Droste, NJW 1962, 1937 (1938).

Erfordernis begrenzt, dass der benachbarte Markt nicht von dem verfahrensrelevanten Markt getrennt sein darf. Die Begründung der Trennung mit wirtschaftswissenschaftlichen Überlegungen ermöglicht eine nachvollziehbare, praktikable Definition der mittelbaren Auswirkung. Demzufolge ist der Definition der "mittelbaren Auswirkung" durch die Kommission zuzustimmen.

(b) Verstoß gegen wettbewerbsrechtliche Ziele

Eine Auswirkung auf den zwischenstaatlichen Handel ist nur dann als Beeinträchtigung zu qualifizieren, wenn sie gegen die wettbewerbsrechtlichen Ziele verstößt. Nach Art. 2, Art. 3 Abs. 1 lit. g) dienen die Art. 81, 82 EGV dem Ziel, einen Binnenmarkt ohne Wettbewerbsverfälschungen zu schaffen[386]. Nachfolgend werden zunächst Begriff und Funktion der Ziele des EGV definiert (vgl. (aa)). Im Anschluss ist zu untersuchen, unter welchen Voraussetzungen die Auswirkung auf den zwischenstaatlichen Handel gegen die Ziele verstößt (vgl. (bb)). Schließlich ist zu prüfen, inwiefern die Arten von Auswirkungen der drei Fallgruppen gegen die Ziele des EGV verstoßen (vgl. (cc)).

(aa) Begriff und Funktion der Ziele des EGV

Der Vertrag spricht in Art. 2, Art. 3 EGV nicht ausdrücklich von Zielen, sondern von "Aufgaben" und "Tätigkeiten" der Gemeinschaft. Dagegen spricht der EuGH von "wettbewerbsrechtlichen Zielen"[387]. Trotz des unterschiedlichen Sprachgebrauchs besteht jedoch kein inhaltlicher Unterschied zwischen "Ziel", "Aufgabe" und "Tätigkeit"[388]. Im Folgenden wird in Übereinstimmung mit dem EuGH von "Zielen" gesprochen[389].

---

[386] Vgl. aus der Rechtsprechung beispielsweise EuGH Slg. 1999, I-135 – Carlo Bagnasco u. a./Banca Popolare di Novara soc. coop. arl. (BNP), Rn. 47; EuGH Slg. 1973, 215 – Europemballage u. a./Kommission, Rn. 23; Aus der Entscheidungspraxis z. B. KOMM ABl. 2002 Nr. L 100/1 – Graphitelektroden, Rn. 111; Emmerich, Kartellrecht, 9. Auflage München 2001, S. 375 verwendet den Begriff der Zielbestimmung; Bunte in: Langen/Bunte (Fn. 1), Band 1 Art. 81 Rn. 120; Stockenhuber in: Grabitz/Hilf (Fn. 26), Band I EGV Art. 81 Rn. 207; Jung in: Grabitz/Hilf (Fn. 26), Band I EGV Art. 82 Rn. 261; Hirsch/Burkert in: Gleiss/Hirsch, Kommentar zum EG-Kartellrecht, 4. Auflage Heidelberg 1993, Band 1 Art. 85 (1) Rn. 118; Gleiss, RIW 1973, 268 (269).

[387] EuGH Slg. 1973, 215 – Europemballage Corporation u. a./Kommission, Rn. 25.

[388] Von Bogdandy in: Grabitz/Hilf (Rn. 26), Band I EGV Art. 2 Rn. 2; Müller-Graff in: Dauses (Fn. 9), Band 1 A. I 4. Rn. 102; Zuleeg in: Groeben/Thiesing/Ehlermann (Fn. 4), Band 1 Artikel 2 Rn. 1, aus dessen Sicht der Begriff des "Ziels" die Entwicklung kennzeichnet, welche durch die Gemeinschaft bewirkt werden soll.

[389] Über den Begriff der Aufgabe und der Tätigkeit in Art. 2, Art. 3 EGV hinaus verwendet der EGV in anderen Artikeln unter anderem die Begriffe des Verfassungsziels, des Motivs, des

Der Begriff des Ziels impliziert die Bindung der Gemeinschaft bei allen Handlungen an die Art. 2 und Art. 3 EGV[390]. Die Bindungswirkung folgt daraus, dass die Gemeinschaft zur Verwirklichung der Gemeinschaftsziele gegründet wurde. Demzufolge muss sie ihre Handlungen an den Zielen orientieren[391]. Aufgrund der Bindungswirkung wird teilweise angenommen, dass die Ziele ein "revisionsfestes Minimum" des EGV darstellen, vergleichbar der Bestimmung des Art. 79 Abs. 2 EGV[392].

Die Gemeinschaft muss primäres und sekundäres Gemeinschaftsrecht in Übereinstimmung mit den Zielen auslegen. Die Ziele werden in methodischer Hinsicht vor allem im Rahmen der teleologischen Auslegung berücksichtigt[393]. Sie haben in diesem Zusammenhang die Funktion eines Auslegungsmaßstabs für das Gemeinschaftsrecht[394]. Das bedeutet zum einen, dass die Gemeinschaft dazu verpflichtet ist, Gemeinschaftsrecht so auszulegen, dass die Ziele auf effiziente Weise verwirklicht werden können[395]. Dies ermöglicht dem EuGH, die Normen des EGV rechtsfortbildend auszulegen[396]. Damit sind alle Handlungen durch den Vertrag legitimiert, welche die Verwirklichung der Ziele fördern[397]. Zum anderen darf die Gemeinschaft bei der Auslegung des Gemeinschaftsrechts gem. Art. 5 Abs. 1 EGV über die festgelegten Ziele nicht hinausgehen und auf Tätigkeitsfeldern, welche nicht unter die Ziele subsumiert werden, nicht tätig werden[398]. Die Ziele des EGV begrenzen somit die Auslegung der Vorschriften des EGV.

Verwirklichungswegs oder der Einzelaufgabe. Vgl. zu diesen Begriffen Stumpf, Aufgabe und Befugnis, Frankfurt am Main 1999, S. 51 ff mwN.

390 Ipsen, Europäisches Gemeinschaftsrecht, Tübingen 1972, S. 560.

391 Von Bogdandy in: Grabitz/Hilf (Fn. 26), Band I EGV Art. 2 Rn. 4.

392 De Witte in: Winter/Curtin/Kellermann/de Witte (Hrsg.), Reforming the Treaty on European Union, Den Haag 1996, S. 17; Ipsen (Fn. 390), S. 560.

393 Mestmäcker in: Immenga /Mestmäcker (Fn. 13), Band I Einleitung A. I. Rn. 14, 20, 22. Mestmäcker berücksichtigt die Ziele auch bei der grammatischen Auslegung der Vorschriften des EGV.

394 Müller-Graff in: Dauses (Fn. 9), Band 1 A. I 5. Rn. 179; Ipsen (Fn. 390), S. 558; Zu weiteren Funktionen der Ziele vgl. Müller-Graff in: Dauses (Fn. 9), Band 1 A. I 5. Rn. 176 ff; Von Bogdandy in: Grabitz/Hilf (Fn. 26), Band I EGV Art. 2 Rn. 11; in diesem Sinn auch Gleiss, RIW 1973, 268 (269) zu EuGH Slg. 1973, 215 – Europemballage Corporation u. a./Kommission: "Das heißt, wenn man das Urteil im Ganzen liest: Entscheidend für die Auslegung des Art. 86 EWGV sind nicht Wortlaut, Absicht des Gesetzgebers, Geschichte, Vergleich mit Montanvertrag, der Satz lex specialis derogat, sondern die "Zielsetzung" des Art. 3 EWGV.".

395 Von Bogdandy in: Grabitz/Hilf (Fn. 26), Band I EGV Art. 2 Rn. 11; Zuleeg in: Groeben/Thiesing/Ehlermann (Fn. 4), Band 1 Artikel 2 Rn. 7.

396 Von Bogdandy in: Grabitz/Hilf (Fn. 26), Band I EGV Art. 2 Rn. 15.

397 Von Bogdandy in: Grabitz/Hilf (Fn. 26), Band I EGV Art. 2 Rn. 11, Art. 3 Rn. 2; Zuleeg in: Groeben/Thiesing/Ehlermann (Fn. 4), Band 1 Artikel 2 Rn. 8.

398 Von Bogdandy in: Grabitz/Hilf (Fn. 26), Band I EGV Art. 2 Rn. 12; Beispiele bei Ukrow in: Calliess/Ruffert (Hrsg.), Kommentar des Vertrages über die Europäische Union und des Vertrages zur Gründung der europäischen Gemeinschaft – EUV/EGV –, 2. Auflage Neuwied 2002, Art. 2 EGV Rn. 7.

Ein Beispiel für die zielorientierte Auslegung gibt der EuGH in der Rechtssache "Istituto Chemioterapico Italiano S.p.A./Kommission"[399]. Er hatte zu prüfen, ob die Auswirkung auf den zwischenstaatlichen Handel in Gestalt der Weigerung eines marktbeherrschenden Unternehmens, ein anderes Unternehmen mit einem Rohstoff zu beliefern, als Beeinträchtigung des zwischenstaatlichen Handels zu qualifizieren war[400]. Hierzu hat der EuGH die Zwischenstaatlichkeitsklausel des Art. 82 EGV im Lichte der Art. 2, Art. 3 Abs. 1 lit. g) EGV ausgelegt. Zunächst hat er die Ziele der Gemeinschaft gem. Art. 2 EGV und Art. 3 EGV genannt. Nach Art. 2 EGV müsse die Gemeinschaft eine harmonische Entwicklung des Wirtschaftslebens innerhalb der Gemeinschaft fördern[401]. Nach Art. 3 Abs. 1 lit. g) EGV müsse ein System errichtet werden, welches den Wettbewerb innerhalb des Gemeinsamen Markts vor Verfälschungen schütze[402]. Aus den Zielen leitet der EuGH ab, dass die Auswirkung der missbräuchlichen Ausnutzung einer marktbeherrschenden Stellung auf den zwischenstaatlichen Handel dann als Beeinträchtigung zu qualifizieren sei, wenn der Verbraucher unmittelbar durch die Ausnutzung geschädigt und ein Zustand wirksamen Wettbewerbs beeinträchtigt werde[403]. Es seien insbesondere die Auswirkungen der Ausnutzung der marktbeherrschenden Stellung auf die Wettbewerbsstruktur zu berücksichtigen[404]. Der Gerichtshof subsumiert im Folgenden die missbräuchliche Ausnutzung der marktbeherrschenden Stellung unter die Ziele[405]. Die Weigerung des Unternehmens, Rohstoffe an das Unternehmen zu liefern, diene dazu, einen Konkurrenten auf dem relevanten Markt auszuschalten[406]. Folglich werde durch die Weigerung der Unternehmens die Wettbewerbsstruktur auf dem relevanten Markt verändert[407]. Hierin lag aus Sicht des EuGH eine Beeinträchtigung des zwischenstaatlichen Handels[408].

Das Beispiel zeigt, dass der Gerichtshof die Ziele als Auslegungsmaßstab für Art. 82 EGV heranzieht, um das Tatbestandsmerkmal der Beeinträchtigung inhaltlich zu konkretisieren. Die Beeinträchtigung war zu bejahen, da die Ausnutzung der marktbeherrschenden Stellung den Zustand wirksamen Wettbewerbs beeinträchtigt, mithin gegen die Ziele der Art. 2, Art. 3 Abs. 1 lit. g) EGV verstoßen hat.

---

399 EuGH Slg. 1974, 223 – Istituto Chemioterapico Italiano S.p.A. u. a./Kommission, Rn. 32 ff.
400 EuGH Slg. 1974, 223 – Istituto Chemioterapico Italiano S.p.A. u. a./Kommission, Rn. 1 ff.
401 EuGH Slg. 1974, 223 – Istituto Chemioterapico Italiano S.p.A. u. a./Kommission, Rn. 32.
402 EuGH Slg. 1974, 223 – Istituto Chemioterapico Italiano S.p.A. u. a./Kommission, Rn. 32.
403 EuGH Slg. 1974, 223 – Istituto Chemioterapico Italiano S.p.A. u. a./Kommission, Rn. 32.
404 EuGH Slg. 1974, 223 – Istituto Chemioterapico Italiano S.p.A. u. a./Kommission, Rn. 33.
405 EuGH Slg. 1974, 223 – Istituto Chemioterapico Italiano S.p.A. u. a./Kommission, Rn. 34 f.
406 EuGH Slg. 1974, 223 – Istituto Chemioterapico Italiano S.p.A. u. a./Kommission, Rn. 33.
407 EuGH Slg. 1974, 223 – Istituto Chemioterapico Italiano S.p.A. u. a./Kommission, Rn. 34 f.
408 EuGH Slg. 1974, 223 – Istituto Chemioterapico Italiano S.p.A. u. a./Kommission, Rn. 32 f.

(bb) Definition der wettbewerbsrechtlichen Ziele

Bei der Definition der wettbewerbsrechtlichen Ziele ist zunächst zu beachten, dass die in Art. 3 EGV genannten Tätigkeiten der Gemeinschaft Mittel zur Verwirklichung der in Art. 2 genannten Ziele darstellen[409]. Artikel 2 EGV bestimmt in diesem Sinn den Zweck der in Art. 3 Abs. 1 EGV genannten Tätigkeiten[410]. Damit konkretisieren die in Art. 3 Abs. 1 EGV genannten Tätigkeiten die in Art. 2 genannten. Die Konkretisierungsfunktion ist in Art. 3 Abs. 1, 1. HS EGV ausdrücklich festgelegt, der bestimmt, dass die in Art. 2 EGV genannten Aufgaben die in Art. 3 Abs. 1 lit. a) bis u) aufgezählten Tätigkeiten umfasst[411]. Diese Funktion ändert jedoch nichts daran, in den genannten Tätigkeiten selbst Ziele der Gemeinschaft zu sehen, die ihrerseits durch die speziellen Vorschriften der verschiedenen Titel des Vertrags konkretisiert werden[412].
Nachfolgend werden zunächst die für die Auslegung von Art. 81 f. EGV relevanten Ziele des Art. 2 EGV definiert (vgl. (aaa)). Im Anschluss wird Art. 3 Abs. 1 lit. g) EGV definiert (vgl. (bbb)).

(aaa) Artikel 2 EGV

Nach Art. 2 EGV ist es Aufgabe der Gemeinschaft, durch Errichtung eines Gemeinsamen Marktes und einer Wirtschafts- und Währungsunion sowie durch Durchführung der in Art. 3 und 4 genannten gemeinsamen Politiken einen hohen Grad an Wettbewerbsfähigkeit zu gewährleisten.
Der Vorschrift liegt die Erkenntnis zu Grunde, dass die Ziele der Gemeinschaft am besten durch den Wettbewerb erreicht werden können[413]. Das Ziel des Art. 2 EGV, einen hohen Grad an Wettbewerbsfähigkeit zu gewährleisten, setzt daher zwingend voraus, dass Wettbewerb nicht ausgeschaltet wird[414]. Artikel 2 EGV garantiert somit den Wettbewerb als Institution. Die Gemeinschaft muss dementsprechend Art. 81 f. EGV im Lichte des Art. 2 EGV stets so auslegen, dass der Wettbewerb nicht ausgeschaltet wird.
Ein hoher Grad an Wettbewerbsfähigkeit ist dann gegeben, wenn innerhalb der Gemeinschaft ein freier, unverfälschter und wirksamer Wettbewerb besteht, der

---

[409] Hatje in: Schwarze (Hrsg.), EU-Kommentar, 1. Auflage Baden-Baden 2000, Artikel 2 EGV Rn. 11.
[410] Lenz in: Lenz (Hrsg.), EG-Vertrag, 2. Auflage Köln 1999, Art. 2 Rn. 2.
[411] Hatje in: Schwarze (Fn. 409), Artikel 3 EGV Rn. 1.
[412] Hatje in: Schwarze (Fn. 409), Artikel 3 EGV Rn. 1.
[413] Schröter in: Groeben/Thiesing/Ehlermann (Fn. 3), Band 2/I Vorbem. zu den Artikeln 85 bis 94 Rn. 14.
[414] Schröter in: Groeben/Thiesing/Ehlermann (Fn. 3), Band 2/I Vorbem. zu den Artikeln 85 bis 94 Rn. 12.

als Grundlage der Wirtschaftsordnung der Gemeinschaft dient[415]. Die Wettbewerbsfähigkeit soll zu einer optimalen Entwicklung[416] und Selbstregulierung[417] des Gemeinsamen Markts führen. Der Wettbewerb ist damit das Ordnungsprinzip des Gemeinsamen Marktes[418]. Der im EGV nicht definierte Begriff des Gemeinsamen Markts umfasst alle rechtlichen Rahmenbedingungen, welche der Ordnung der Marktabläufe innerhalb der Gemeinschaft dienen[419]. Zu diesen Rahmenbedingungen zählen zum einen die Vorschriften des EGV zur Errichtung einer Zollunion gem. Art. 23, 25 ff. EGV, ergänzt durch die Vorschriften über die Gemeinsame Handelspolitik gem. Art. 131 ff. EGV[420]. Zum anderen zählen die Grundfreiheiten zu diesen rechtlichen Rahmenbedingungen[421]. Schließlich werden die Wettbewerbsregeln gem. Art. 81 ff. EGV sowie die Vorschriften über die Politik der Rechtsangleichung gem. Art. 3 Abs. 1lit. h) EGV, über die Agrarpolitik gem. Art. 32 ff. EGV und über die Sozial-, Verbraucher-, Jugendpolitik gem. Art. Art. 136 ff. EGV unter den Begriff des Gemeinsamen Markts subsumiert[422].
Ein hoher Grad an Wettbewerbsfähigkeit soll ferner zur Entfaltung der technologischen Innovation, der Produktivität und des Preiswettbewerbs innerhalb der Gemeinschaft beitragen[423]. Darüber hinaus verfolgt die Gemeinschaft das Ziel, den Verbrauchern die Vorteile eines funktionierenden Wettbewerbs zu sichern[424]. Aufgrund eines funktionierenden Wettbewerbs kommen die Verbraucher in den Vorteil niedriger Preise, eines besseren Services und einer größeren Auswahl an Handelsgütern[425]. Rechtsprechung und Kommission messen der Auslegung des Kartellrechts zum Wohl der Verbraucher eine große Bedeutung bei[426].
Schließlich ist ein hoher Grad an Wettbewerbsfähigkeit Voraussetzung und Ziel für das ebenfalls in Art. 2 EGV genannte andere Ziel der Förderung einer harmo-

---

415 Hatje in: Schwarze (Fn. 409), Artikel 2 EGV Rn. 16 "effizienter Wettbewerb"; Schröter in: Groeben /Thiesing/Ehlermann (Fn. 4), Vorbem. zu den Artikeln 85 bis 94 Rn. 12.

416 Auf das Ziel der wirtschaftlichen Verflechtung der Märkte abstellend, vgl. z. B. EuGH Slg. 1995, I-3477 – Bundeskartellamt/Volkswagen AG u. a., Rn. 26.

417 Schröter in: Groeben/Thiesing/Ehlermann (Fn. 3), Band 2/I Vorbem. zu den Artikeln 85 bis 94 Rn. 10; Ipsen (Fn. 390), S. 607.

418 Mestmäcker in: Coing/Kronstein/Mestmäcker (Hrsg.), Wirtschaftsordnung und Rechtsordnung, Fs. Böhm Karlsruhe 1965, S. 345 (367).

419 Schubert, Der Gemeinsame Markt als Rechtsbegriff – Die allgemeine Wirtschaftsfreiheit des EG-Vertrages, München 1999, S. 136.

420 Schubert (Fn. 419), S. 137.

421 Schubert (Fn. 419), S. 137 f.

422 Schubert (Fn. 419), S. 138 ff.

423 XXXI. Bericht der Kommission über die Wettbewerbspolitik 2001, S. 3 f; Hatje in: Schwarze (Fn. 409), Artikel 2 EGV Rn. 16.

424 XXXI. Bericht der Kommission über die Wettbewerbspolitik 2001, S. 12 ff; Schröter in: Groeben/Thiesing/Ehlermann (Fn. 3), Band 2/I Vorbem. zu den Artikeln 85 bis 94 Rn. 14.

425 XXXI. Bericht der Kommission über die Wettbewerbspolitik 2001, S. 12.

426 EuGH Slg. 1974, 223 – Istituto Chemioterapico Italiano S.p.A. u. a./Kommission, Rn. 33 ff; XXXI. Bericht der Kommission über die Wettbewerbspolitik 2001, S. 12 ff, vgl. dort die Beispiele in Kasten 1.

nischen, ausgewogenen und nachhaltigen Entwicklung des Wirtschaftslebens[427]. Die Wettbewerbsfähigkeit steigert in diesem Sinn die Leistungsfähigkeit der Wirtschaft, befriedigt die Bedürfnisse der Gesellschaft und hebt letztlich den Lebensstandard innerhalb der Gemeinschaft an[428]. Zudem steigert die Wettbewerbsfähigkeit der Gemeinschaft deren Konkurrenzfähigkeit gegenüber Drittstaaten[429].

(bbb) Artikel 3 Abs. 1 lit. g) EGV

Nach Art. 3 Abs. 1 lit. g) EGV umfasst die Tätigkeit der Gemeinschaft die Errichtung eines Systems, welches den Wettbewerb innerhalb des Binnenmarkts vor Verfälschungen schützt. Dieser Tatbestand enthält zwei Elemente, die nachfolgend zu definieren sind: Zum einen ist der Binnenmarkt der Bezugspunkt für das in Art. 3 Abs. 1 lit. g) EGV genannte System. Zum anderen setzt Art. 3 Abs. 1 lit. g) EGV die Errichtung eines Systems voraus, welches den Wettbewerb vor Verfälschungen schützt.
Nach Art. 14 Abs. 2 EGV umfasst der Binnenmarkt einen Raum ohne Binnengrenzen, in welchem der freie Verkehr von Waren, Personen, Dienstleistungen und Kapital gemäß den Bestimmungen des EGV gewährleistet ist. Der Begriff des Binnenmarkts umfasst somit in erster Linie die Verwirklichung der Grundfreiheiten des EGV[430]. Die Verwirklichung der Grundfreiheiten bedeutet vor allem, die Abschottung der nationalen Märkte durch die mitgliedstaatlichen Rechtsordnungen zu beseitigen[431]. Darüber hinaus umfasst der Binnenmarktbegriff die weiteren Bereiche der Agrar-, Verkehrs- und Steuerpolitik[432], die Berücksichtigung von Belangen des Umweltschutzes, des Verbraucherschutzes und der Gesundheitspolitik[433] sowie die Berücksichtigung von ökologischen und sozialen Zielen[434]. Zur Verwirklichung des Binnenmarkts sollen Grenzkontrollen für Waren und Personen abgebaut[435], technische Schranken in Gestalt von z. B. nichttarifären Handels-

---

427 Hatje in: Schwarze (Fn. 409), Artikel 2 EGV Rn. 12, 16, bezeichnet das Ziel, einen hohen Grad an Wettbewerbsfähigkeit zu erreichen, als Voraussetzung für das Ziel, die Entwicklung des Wirtschaftslebens zu fördern; Schröter in: Groeben/Thiesing/Ehlermann (Fn. 3), Band 2/I Vorbem. zu den Artikeln 85 bis 94 Rn. 11, spricht hierbei von einem "Fernziel" der Wettbewerbsregeln.

428 Schröter in: Groeben/Thiesing/Ehlermann (Fn. 3), Band 2/I Vorbem. zu den Artikeln 85 bis 94 Rn. 14; Hauschka, WuW 1990, 205 (211), der die Wohlstandsoptimierung unter das wettbewerbsrechtliche Ziel subsumiert.

429 Ukrow in: Calliess/Ruffert (Fn. 398), Art. 2 EGV Rn. 21.

430 Hatje in: Schwarze (Fn. 409), Art. 14 EGV Rn. 8.

431 Hatje in: Schwarze (Fn. 409), Art. 14 EGV Rn. 8.

432 Kahl in: Calliess/Ruffert (Fn. 398), Art. 14 Rn. 7 f, 11 f.

433 Hatje in: Schwarze (Fn. 409), Art. 14 EGV Rn. 11.

434 Kahl in: Calliess/Ruffert (Fn. 398), Art. 14 Rn. 23.

435 Kahl in: Calliess/Ruffert (Fn. 398), Art. 14 Rn. 16.

hemmnissen beseitigt[436] und steuerrechtliche Schranken durch Steuerharmonisierung abgebaut werden[437].

Der Binnenmarktbegriff führt den Begriff des Gemeinsamen Markts weiter und zielt darauf ab, die Integration der mitgliedstaatlichen Märkte zu intensivieren[438]. Dies folgt in erster Linie aus dem systematischen Zusammenhang zwischen Art. 3 Abs. 1 lit. g) EGV, Art. 14 Abs. 2 EGV und Art. 2 EGV[439].

Das in Art. 3 Abs. 1 lit. g) EGV genannte System zum Schutz des Wettbewerbs vor Verfälschungen muss durch die Gemeinschaft in zweifacher Hinsicht verwirklicht werden.

Erstens muss innerhalb des Binnenmarkts ein unverfälschter Wettbewerb bestehen. Nach Ansicht des Gerichtshofs setzt ein unverfälschter Wettbewerb im Sinn des Ziels voraus, dass auf dem Markt ein wirksamer Wettbewerb (workable competition) besteht[440]. Damit wird der Wettbewerb auch durch Art. 3 Abs. 1 lit. g) EGV als Institution garantiert[441]. Durch den wirksamen Wettbewerb soll die Öffnung der mitgliedstaatlichen Märkte durch Garantie der wirtschaftlichen Handlungsfreiheit der mitgliedstaatlichen Unternehmen ereicht werden[442]. Dabei sind durch die Ziele des EGV sowohl Unternehmen, die an der Vereinbarung beteiligt sind[443], als auch nicht-beteiligte Unternehmen[444] geschützt. Ferner wird die Gleichheit der Handlungsmöglichkeiten aller Unternehmen[445] garantiert[446].

---

436 Kahl in: Calliess/Ruffert (Fn. 398), Art. 14 Rn. 18.

437 Kahl in: Calliess/Ruffert (Fn. 398), Art. 14 Rn. 19.

438 Ständige Rechtsprechung seit EuGH Slg. 1982, 1409 – Gaston Schul Douane Expéditeur B. V./Inspecteur der Invoerrechten en Accijnzen Roosendaal, Rn. 33, bestätigt beispielsweise durch EuGH Slg. 1994, I-1829 – Französische Republik/Kommission, Rn. 19; Mitteilung der Kommission an das Europäische Parlament und den Rat "Strategie für den europäischen Binnenmarkt" KOM (1999) 464 endg., S. 1; Kahl in: Calliess/Ruffert (Fn. 398), Art. 14 Rn. 7, 11; Schubert (Fn. 419), S. 145; Grabitz/Von Bogdandy, JuS 1990, 170 (175); Grabitz in: Baur/Hopt/Mailänder (Hrsg.), Festschrift für Ernst Steindorff, Berlin New York 1990, S. 1229 (1233, 1235, 1239, 1241, 1243, 1244); Everling in: Baur/Hopt/Mailänder (Hrsg.), Festschrift für Ernst Steindorff, Berlin New York 1990, S. 1155 (1160); AA Streinz, Europarecht, 5. Auflage Heidelberg 2001, S. 383 Rn. 953.

439 Schubert (Fn. 419), S. 145).

440 EuGH Slg. 1977, 1875 – Metro SB-Großmärkte GmbH & Co KG/Kommission, Rn. 20: "Der in den Artikeln 3 und 85 EWG-Vertrag geforderte unverfälschte Wettbewerb setzt das Vorhandensein eines wirksamen Wettbewerbs (workable competition) auf dem Markt voraus; [...]"; Von Bogdandy in: Grabitz/Hilf (Fn. 26), Band I EGV Art. 3 Rn. 15.

441 EuGH Slg. 1973, 215 – Europemballage Corporation u. a./Kommission, Rn. 24; Hatje in: Schwarze (Fn. 409), Artikel 3 EGV Rn. 14; De Richemont, RTDE 1973, 463 (471 f).

442 Everling, WuW 1990, 995 (1009).

443 Bunte in: Langen/Bunte (Fn. 1), Band 1 Art. 81 Rn. 39.

444 So EuGH Slg. 1999, I-4539 – Montecatini SpA/Kommission, Rn. 171, 44 mit Bestätigung der Vorinstanz EuG Slg. 1992, II-1155 – Montedipe SpA/Kommission, Rn. 253 f und der angefochtenen Entscheidung der Kommission ABl. 1986 Nr. L 230/1 – Polypropylen, Rn. 94

445 Everling, WuW 1990, 995 (1009).

446 Zuleeg in: Dürr (Hrsg.), Wirtschafts- und gesellschaftspolitische Ordnungsprobleme der Europäischen Gemeinschaften, 1. Auflage Baden-Baden 1978, S. 73 (77, 80).

Zum Erreichen des Ziels eines unverfälschten Wettbewerbs müssen Handelsschranken zwischen den Mitgliedstaaten abgebaut werden[447]. Damit soll die Integration der mitgliedstaatlichen Märkte zu einem Binnenmarkt erreicht werden[448]. Aus Sicht der Kommission verstoßen beispielsweise Marktaufteilungsabkommen, Preis-, Quoten- und Investitionskartelle sowie Ausschließlichkeitsbindungen gegen das Prinzip eines wirksamen Wettbewerbs[449]. Ebenso verstößt die missbräuchliche Ausnutzung marktbeherrschender Stellungen gegen die Zielsetzung des EGV, wenn die Ausnutzung der marktbeherrschenden Stellung zur wirtschaftlichen Ausbeutung von Lieferanten, Endabnehmern und Verbrauchern führt und die wirtschaftliche Stellung von Konkurrenten auf unfaire Weise behindert[450]. Schließlich zielt die Garantie eines wirksamen Wettbewerbs darauf ab, das Verhalten der Unternehmen im geschaffenen Binnenmarkt zu regeln[451].
Zweitens fordert Art. 3 Abs. 1 lit. g) EGV die Errichtung eines Systems. "System" bedeutet, dass das Ziel des unverfälschten Wettbewerbs durch eine kohärente Wettbewerbspolitik erreicht werden soll[452]. Kernstück dieses Systems sind die sekundären Normen des Gemeinschaftsrechts, die gem. Art. 83 EGV erlassen wurden, darunter vor allem die EG-Kartellverfahrensordnung Nr. 17 und die Fusionskontrollverordnung.

(cc) Verstoß

Zur Begründung des Verstoßes der Auswirkung gegen die wettbewerbsrechtlichen Ziele ist zwischen den drei Fallgruppen von Auswirkungen zu unterscheiden.
Die Veränderung der Richtung der Handelsströme führt zu einer Beschränkung, Erweiterung oder Unterbindung von Importen oder Exporten. Hieraus folgt, dass Unternehmen an der Durchführung von Importen und Exporten gehindert werden. Die Unternehmen werden damit in ihrer Handlungsfreiheit beeinträchtigt. Folglich verstößt die Veränderung der Richtung der Handelsströme gegen die wettbewerbsrechtlichen Ziele.
Auch die Veränderung der Wettbewerbsstruktur durch Ausschaltung oder Verdrängung von Wettbewerbern steht im Widerspruch zu dem Ziel der Erhaltung der wirtschaftlichen Handlungsfreiheit von Unternehmen. Beispielsweise hatte die in der Rechtssache "Istituto Chemioterapico Italiano S.p.A. u. a./Kommission" festgestellte missbräuchliche Weigerung eines marktbeherrschenden Unternehmens zur Folge, dass das nicht belieferte Unternehmen Produkte, welche mit Hilfe

---

447 Everling, WuW 1990, 995 (1009).
448 Von Bogdandy in: Grabitz/Hilf (Fn. 26), Band I EGV Art. 3 Rn. 17.
449 Ehlermann, WuW 1992, 5 (7).
450 Ehlermann, WuW 1992, 5 (7 f).
451 Von Bogdandy in: Grabitz/Hilf (Fn. 26), Band I EGV Art. 3 Rn. 17
452 Von Bogdandy in: Grabitz/Hilf (Fn. 26), Band I EGV Art. 3 Rn. 15.

des Rohstoffs hergestellt wurden, nicht mehr auf dem entsprechenden Markt verkaufen konnte[453]. Dieses Unternehmen wurde also in seiner wirtschaftlichen Freiheit, seine Produkte in andere Mitgliedstaaten zu exportieren, beschränkt.
Neben der Beschränkung der wirtschaftlichen Handlungsfreiheit steht bei der Begründung des Verstoßes der Auswirkung auf den zwischenstaatlichen Handel gegen die wettbewerbsrechtlichen Ziele die Nachteilhaftigkeit der Wettbewerbsbeschränkungen für die Verbraucher im Vordergrund. Die Beschränkung von Importen und Exporten wirkt sich letztlich auch auf den Endpreis einer Ware oder einer Dienstleistung aus. So hat der EuGH geurteilt, dass die Kontingentierung von Importen zu einer künstlichen Erhöhung von Preisen geführt[454] und damit auf einem bestimmten Markt die Entfaltung eines Preiswettbewerbs verhindert hat. Mit der Preiserhöhung wurde mithin genau das Gegenteil des in Art. 2, Art. 3 EGV genannten Ziels erreicht, durch Errichtung eines Systems des unverfälschten Wettbewerbs zugunsten der Verbraucher niedrige Preise zu ermöglichen.
Die angeführten Beispielsfälle zeigen, dass grundsätzlich jede der dargestellten Auswirkungen auf den zwischenstaatlichen Handel die wirtschaftliche Handlungsfreiheit von Unternehmen beschränkt oder für den Verbraucher einen Nachteil darstellt. Die Auswirkungen verstoßen damit gegen die Ziele der Art. 2, Art. 3 Abs. 1 lit. g) EGV und sind als Beeinträchtigung des zwischenstaatlichen Handels zu qualifizieren.

(2) Vergleich mit hypothetischer Situation

Die Bestimmung der Beeinträchtigung erfordert nach der Untersuchung der tatsächlichen Situation eine Analyse der hypothetischen Situation des zwischenstaatlichen Handels.
Fraglich ist, ob sich der zwischenstaatliche Handel ohne die Vereinbarung oder Beeinträchtigung anders entwickelt hätte als mit Beeinträchtigung[455]. Zu vergleichen ist also die tatsächliche Situation mit Beeinträchtigung mit der hypothetischen Situation ohne Beeinträchtigung des zwischenstaatlichen Handels. Beispielsweise prüft der Gerichtshof in der Rechtssache "Heintz van Landewyck u. a./Kommission", ob die Richtung der Handelsströme aufgrund einer Vereinbarung in eine andere Richtung gelenkt worden sind, als dies ohne die Vereinbarung der Fall gewesen sein wäre[456]. Das EuG vergleicht in der Rechtssache "BPB Industries

---

453 EuGH Slg. 1974, 223 – Istituto Chemioterapico Italiano S.p.A. u. a./Kommission, Rn. 33 f.
454 EuGH Slg. 1997, I-4411 – Ferriere Nord SpA/Kommission, Rn. 17-21; So auch EuG Slg. 1995, II-867 – Usines Gustave Boel SA/Kommission, Rn. 8, 102.
455 EuGH Slg. 1980, 3125 – Heintz van Landewyck u. a./Kommission, Rn. 172; EuGH Slg. 1979, 1869 – Hugin Kassaregister AB u. a./Kommission, Rn. 22.
456 EuGH Slg. 1980, 3125 – Heintz van Landewyck u. a./Kommission, Rn. 172; EuGH Slg. 1979, 1869 – Hugin Kassaregister AB u. a./Kommission, Rn. 22.

plc u. a./Kommission", ob die wettbewerbsbeschränkende Ausnutzung einer marktbeherrschenden Stellung zu anderen Handelsströmen führt, als auf einem Markt ohne wettbewerbsbeschränkende Verhaltensweise festgestellt worden wären[457].

Zur Bestimmung der hypothetischen Situation untersuchen EuGH[458] und Kommission[459] den Verlauf der Handelsströme und die Wettbewerbsstruktur ohne die Beeinträchtigung. Die hypothetische Situation ist somit durch eine ökonomische Analyse des zwischenstaatlichen Handels zu ermitteln[460]. Das Ergebnis dieser Analyse ermöglicht den Vergleich mit dem Verlauf der Handelsströme und mit der Wettbewerbsstruktur in der tatsächlichen Situation. Es kann dann festgestellt werden, ob die Situationen voneinander abweichen.

(b) Bezug zum zwischenstaatlichen Handel

Nach Art. 81 Abs. 1 EGV und Art. 82 EGV muss der zwischenstaatliche Handel beeinträchtigt sein. Die Beeinträchtigung muss sich auf den zwischenstaatlichen Handel beziehen[461]. "Bezug auf" den zwischenstaatlichen Handel bedeutet, dass die Beeinträchtigung in den zwischenstaatlichen Handel eingreifen muss, somit der zwischenstaatliche Handel durch die Beeinträchtigung verändert wird.

Der Bezug auf den zwischenstaatlichen Handel liegt bei Auswirkungen der ersten Fallgruppe (Veränderung der Richtung der Handelsströme) und der zweiten Fallgruppe (Marktabschottung) auf der Hand. In beiden Fallgruppen werden Importe und Exporte von Waren oder Dienstleistungen, die Gegenstand des zwischenstaatlichen Handels sind, beschränkt, erweitert oder vollständig aufgehoben.

Zur dritten Fallgruppe (Veränderung der Wettbewerbsstruktur) wird angenommen, dass in diesen Fällen die Beeinträchtigung keinen Bezug zum zwischenstaatlichen Handel habe[462]. Beispielsweise sei die Begründung der Auswirkung mit der Ausschaltung eines Wettbewerbers ein Fall des Missbrauchs gem. Art. 82 lit. c) EGV[463]. Die Ausschaltung eines Wettbewerbers habe nichts mit dem zwischen-

---

457 EuG Slg. 1993, II-389 – BPB Industries plc u. a./Kommission, Rn. 135; Randolph, ECLR 1993, 220 (222).

458 EuGH Slg. 1979, 1869 – Hugin Kassaregister AB u. a./Kommission, Rn. 22 f.

459 KOMM ABl. 1985 Nr. L 85/1 – Zellstoff, Rn. 137 f.

460 KOMM ABl. 1985 Nr. L 85/1 – Zellstoff, Rn. 90 ff, 101, 137.

461 Scholl (Fn. 13), S. 42; Saint-Esteben, DPCI 1989, 151 (173).

462 Delanney, RTDE 1978, 294 (300).

463 Delanney, RTDE 1978, 294 (300) zu EuGH Slg. 1978, 207 – United Brands Company u. a./Kommission, Rn. 198/200.

staatlichen Handel zu tun. Der zwischenstaatliche Handel spiele in diesem Fall keine Rolle[464].

Diese Ansicht steht im Widerspruch zur Rechtsprechungs- und Entscheidungspraxis. Der EuGH hat in der Rechtssache "Istituto Chemioterapico Italiano SpA u. a./Kommission" festgestellt, die Veränderung der Wettbewerbsstruktur habe zur Folge, dass das nicht belieferte Unternehmen seine Produkte nicht mehr in unverändertem Umfang exportieren könne[465]. Die Veränderung der Wettbewerbsstruktur führte nach Ansicht des EuGH zugleich zu einer Veränderung der Richtung der Handelsströme[466]. In der Rechtssache "Bandengroothandel Frieschebrug B. V./N. V. Nederlandsche Banden Industrie Michelin" hat die Veränderung der Wettbewerbsstruktur aus Sicht der Kommission ebenfalls die Behinderung von Exporten zur Folge[467]. In der Rechtssache "Compagnie maritime belge des transports SA u. a./Kommission" folgte aus der Veränderung der Wettbewerbsstruktur, dass die Mitglieder der Linienkonferenzen ihre Dienstleistungen nicht zwischenstaatlich handeln, d. h. exportieren durften[468]. Schließlich folgte auch in der Rechtssache "Volkswagen AG" aus der Veränderung der Wettbewerbsstruktur, dass es den deutschen Vertragshändlern erschwert wurde, Kraftfahrzeuge in andere Mitgliedstaaten zu exportieren[469].

Diese Beispiele zeigen, dass sich die Veränderung der Wettbewerbsstruktur zwangsläufig auch auf die Importe und Exporte auswirkt und damit auf den zwischenstaatlichen Handel bezieht. In diesem Sinn ist die Feststellung des EuGH in der Rechtssache "Istituto Chemioterapico Italiano SpA u. a./Kommission" zu verstehen, es sei unerheblich, ob sich das Verhalten eines Wettbewerbers auf den zwischenstaatlichen Handel beziehe, sofern feststehe, dass die Ausschaltung eines Wettbewerbers Auswirkungen auf den Wettbewerb innerhalb der Gemeinschaft haben werde[470]. Die Feststellung des Bezugs der Auswirkung auf den zwischenstaatlichen Handel ist aus Sicht des EuGH unerheblich, weil mit der Veränderung der Wettbewerbsstruktur zwangsläufig auch eine Veränderung in der Richtung der Handelsströme eintritt.

---

464 Zu dem Urteil des EuGH in der Rechtssache "United Brands Company u. a./Kommission" stellt Delanney, RTDE 1978, 294 (300), fest: "Il faut souligner que l'hypothèse de l'article 86-c (l'élimination d'un concurrent) est le critère retenu par la Cour pour l'affectation du commerce entre les Etats membres (28). C'est la même attitude téléologique que dans l'affaire Commercial Solvents: le traffic transfrontalier ne joue aucun rôle.".

465 EuGH Slg. 1973, 223 – Istituto Chemioterapico Italiano S.p.A. u. a./Kommission, Rn. 33, 35.

466 EuGH Slg. 1973, 223 – Istituto Chemioterapico Italiano S.p.A. u. a./Kommission, Rn. 35.

467 KOMM ABl. 1981 Nr. 353/33 – Bandengroothandel Frieschebrug B. V./N. V. Nederlandsche Banden Industrie Michelin, Rn. 51 f.

468 EuG Slg. 1996, II-1201 – Compagnie maritime belge des transports SA u. a./ Kommission", Rn. 202.

469 KOMM ABl. 2001 Nr. L 262/14 – Volkswagen AG, Rn. 91.

470 EuGH Slg. 1974, 223 – Istituto Chemioterapico Italiano S.p.A. u. a./Kommission, Rn. 33.

Zudem wirkt sich jede Veränderung der Wettbewerbsstruktur nach der ökonomischen Definition auf die Marktstruktur, das Marktverhalten und das Marktergebnis aus. Der Markt ist als Ort definiert, auf dem sich Angebot und Nachfrage begegnen. Da das Tatbestandsmerkmal des zwischenstaatlichen Handels als Angebot und Nachfrage im Schutzbereich der Grundfreiheiten definiert ist, verursacht die Veränderung der Marktstruktur zwangsläufig auch eine Veränderung des zwischenstaatlichen Handels gem. Art. 81, 82 EGV. Demzufolge wirkt sich jede Veränderung der Wettbewerbsstruktur auch auf den zwischenstaatlichen Handel aus. Damit ist auch bei Sachverhalten, die unter die dritte Fallgruppe (Veränderung der Wettbewerbsstruktur) subsumiert werden, der Bezug zum zwischenstaatlichen Handel gegeben.

3. Eignung

Sowohl bei Art. 81 Abs. 1 EGV als auch bei Art. 82 EGV muss die Beeinträchtigung nur potentiell gegeben zu sein.
Nach ständiger Rechtsprechung ist seit dem Urteil des EuGH in der Rechtssache "Société Technique Minière (LTM)/Maschinenbau Ulm GmbH (MBU)" eine potentielle Beeinträchtigung dann zu bejahen, wenn sich anhand einer Gesamtheit objektiver rechtlicher und tatsächlicher Umstände die Beeinträchtigung mit hinreichender Wahrscheinlichkeit voraussehen lässt[471]. Hiernach ist das Vorliegen einer potentiellen Beeinträchtigung gem. Art. 81 Abs. 1, Art. 82 EGV durch eine Prognoseentscheidung zu bestimmen[472]. Die Durchführung der Prognoseentscheidung lässt sich in mehrere logische Schritte unterteilen: die Feststellung des Prognoseobjekts[473] (auch "Prognosebasis" genannt[474]), die Anwendung einer Prognosemethode[475] auf das Prognoseobjekt und schließlich die Feststellung des Prognoseschlusses[476]. Prognoseobjekt bzw. Prognosebasis sind sämtliche im

---

471 EuGH Slg. 1966, 282 (303) – Société Technique Minière (LTM)/Maschinenbau Ulm GmbH (MBU); Roth/Ackermann in: Glassen/v. Hahn/Kersten/Rieger (Fn. 76), Band VI Grundfragen Art. 81 Abs. 1 EG-Vertrag Rn. 316.

472 Lukes, EWS 1999, 441 (442); Vergleiche die Definition der Prognose bei Bach, Der Einfluss von Prognosen auf die Rechtsprechung des Bundesverfassungsgerichts, Würzburg 1983, S. 5, nach dem Prognosen Aussagen über die Beschaffenheit eines in angebbarer Zukunft kurz-, mittel- oder langfristig zu erwartenden Ereignisses oder Sachverhalts sind.

473 Vgl. die Definition bei Ossenbühl in: Starck (Hrsg.), Bundesverfassungsgericht und Grundgesetz, FG aus Anlass des 25jährigen Bestehens des Bundesverfassungsgerichts Tübingen 1976, I. Band S. 458 (505).

474 Bach (Fn. 472), S. 128.

475 Bach (Fn. 472), S. 128.

476 Bach (Fn. 472), S. 128. Bach nennt noch einen vierten Schritt, d. h. das Ziehen einer Prognoseschlussfolgerung aufgrund des Prognoseschlusses. Die Prognoseschlussfolgerung ist eine politische Bewertung des Prognoseschlusses und spielt eine Rolle bei Prognoseentscheidungen des Gesetzgebers. Da die Prognoseentscheidung eines Gesetzgebers für die vorliegende

Einzelfall gegebenen Fakten und Daten, welche für den Prognoseschluss von Bedeutung sein können[477]. Der Ersteller der Prognose muss also zunächst den vollständigen Sachverhalt ermitteln, welcher in einem zweiten Schritt mit Hilfe der Prognosemethode ausgewertet wird[478]. Das Ergebnis der Auswertung des Prognoseobjekts mit Hilfe der Prognosemethode ist der Prognoseschluss[479].

Die zentrale Frage, die sich im Zusammenhang mit einer Prognoseentscheidung stellt, ist die nach der Prognosemethode. Eine Prognose kann nur dann zu einem sicheren oder wahrscheinlichen Ergebnis führen, wenn der Ersteller der Prognose, d. h. bezogen auf die Auslegung der Art. 81 f. EGV die Rechtsprechung und die Kommission, einen rational nachvollziehbaren methodischen Weg verfolgt[480]. Daher ist zunächst die Prognosemethode der Gemeinschaftsorgane zu analysieren (vgl. a)).

Nach Ermittlung der Prognosemethode ist der Begriff der Eignung gem. Art. 81 f. EGV zu definieren. Die Definition der Eignung wirft zwei Fragen auf. Der EuGH untersucht erstens eine Gesamtheit objektiver tatsächlicher und rechtlicher Umstände. Die Gesamtheit an Umständen bilden die Fakten und Daten, die unter dem Begriff des Prognoseobjekts zusammengefasst werden[481]. Fraglich ist, welche Umstände tatsächlicher und rechtlicher Art der EuGH als Prognoseobjekt untersucht (vgl. b)). Zweitens verlangt der Gerichtshof, dass die Beeinträchtigung mit hinreichender Wahrscheinlichkeit prognostiziert wird. Die "hinreichende Wahrscheinlichkeit" steht für die Treffsicherheit des Prognoseergebnisses[482]. Mit Hilfe der Treffsicherheit wird beurteilt, ob das Prognoseergebnis tatsächlich eintreten wird. Die Treffsicherheit der Prognoseentscheidung wird auch als "Sicherheitsgrad der Prognose"[483], als "Prognoseunsicherheit"[484] oder "Trefferquote"[485] bezeichnet. Fraglich ist, unter welchen Voraussetzungen die hinreichende Wahrscheinlichkeit gegeben ist (vgl. c)).

Arbeit keine Rolle spielt, sei diesbezüglich auf die weiteren Ausführungen von Bach (Fn. 472), S. 138 ff verwiesen.

477 Bach (Fn. 472), S. 128 bezeichnet die Zusammenfassung dieser Fakten und Daten als "Diagnose".

478 Bach (Fn. 472), S. 132 ff.

479 Hierzu Bach (Fn. 472), S. 136 ff.

480 Philippi, Tatsachenfeststellungen des Bundesverfassungsgerichts, Köln Berlin Bonn München 1971, S. 125 f.

481 Ossenbühl (Fn. 473) I. Band S. 458 (505).

482 Philippi (Fn. 480), S. 138.

483 Ossenbühl (Fn. 473), I. Band S. 458 (517); Philippi (Fn. 480), S. 138 spricht in diesem Zusammenhang von der "Treffsicherheit" der Prognose.

484 Deckert, Folgenorientierung in der Rechtsanwendung, München 1995, S. 153.

485 Deckert (Fn. 484), S. 153.

a) Prognosemethode

Rechtsprechung und Kommission treffen die Prognoseentscheidung über die Eignung der Beeinträchtigung gem. Art. 81 Abs. 1 EGV, Art. 82 EGV durch eine ökonomische Analyse[486] des relevanten Markts (vgl. aa)). Ferner prüft der EuGH die potentiellen Auswirkungen rechtlicher Verpflichtungen auf den relevanten Markt (vgl. bb)).

aa) Ökonomische Analyse des relevanten Markts

In der Rechtssache "Allgemeine Elektricitäts-Gesellschaft AEG-Telefunken AG/Kommission" begründet der EuGH die Eignung mit einer ökonomischen Analyse des relevanten Markts[487]. Der Gerichtshof hatte zu prüfen, ob die Nichtzulassung von Händlern zu einem selektiven Vertriebssystem und die Festlegung von Verkaufspreisen für dieses Vertriebssystem gem. Art. 81 Abs. 1 EGV geeignet waren, den zwischenstaatlichen Handel zu beeinträchtigen[488]. Das Vertriebssystem wurde durch die AEG betrieben. Es diente dazu, bestimmte Markenwaren der AEG in verschiedenen Mitgliedstaaten der Gemeinschaft zu verkaufen[489]. Die AEG war der Auffassung, dass die Nichtzulassung der Händler zu dem Vertriebssystem sowie die Festlegung von Verkaufspreisen den zwischenstaatlichen Handel nicht beeinträchtigt hatten, da die Markenwaren nicht im zwischenstaatlichen Handel, sondern nur im innerstaatlichen Handel verkauft würden[490]. Der EuGH bestätigt das Vorbringen der Klägerin. Zum Zeitpunkt der Entscheidung habe kein zwischenstaatlicher Handel der genannten Markenwaren bestanden[491]. Der EuGH kommt zu dem Zwischenergebnis, dass die Nichtzulassung zum Vertriebssystem und die Festlegung von Preisen den zwischenstaatlichen Handel nicht tatsächlich

---

[486] Vgl. allgemein zur ökonomischen Analyse als Prognosemethode Deckert (Fn. 484), S. 155 ff, die auf S. 155, Fn. 136, vor allem die Bedeutung der ökonomischen Analyse im US-amerikanischen Kartellrecht hervorhebt.

[487] EuGH Slg. 1983, 3151 – Allgemeine Elektricitäts-Gesellschaft AEG-Telefunken AG/Kommission, Rn. 54 ff; Die Entscheidung wird zitiert von Roth/Ackermann in: Glassen/v. Hahn/Kersten/Rieger (Fn. 76), Band VI Grundfragen Artikel 81 Abs. 1 EG-Vertrag Rn. 316: "Beurteilungsgrundlage sind nicht nur Umstände, die die gegenwärtige Marktlage prägen; zu berücksichtigen sind auch mögliche künftige Änderungen in den Marktbedingungen und in der Struktur sowohl des Gemeinsamen Marktes als auch der nationalen Märkte, […]".

[488] EuGH Slg. 1983, 3151 – Allgemeine Elektricitäts-Gesellschaft AEG-Telefunken AG/Kommission, Rn. 3, 5, 31, 54 ff.

[489] EuGH Slg. 1983, 3151 – Allgemeine Elektricitäts-Gesellschaft AEG-Telefunken AG/Kommission, Rn. 3.

[490] EuGH Slg. 1983, 3151 – Allgemeine Elektricitäts-Gesellschaft AEG-Telefunken AG/Kommission, Rn. 54, 56.

[491] EuGH Slg. 1983, 3151 – Allgemeine Elektricitäts-Gesellschaft AEG-Telefunken AG/Kommission, Rn. 55, 59 f.

beeinträchtigt hatten. Jedoch könne aufgrund der Veränderungen der Marktbedingungen und in der Struktur des Gemeinsamen Markts ein zwischenstaatlicher Handel mit den Markenwaren entstehen[492]. Als Beispiel für mögliche Veränderungen der Marktbedingungen führt der EuGH aus, es sei möglich, dass Markenwaren der Klägerin durch andere Unternehmen zwischenstaatlich gehandelt würden, wenn der zwischenstaatliche Handel für diese Unternehmen "Vorteile bringen" würde[493]. Ferner seien die Unternehmen auch bereit, die Markenwaren zwischenstaatlich zu handeln[494]. Folglich ist aus Sicht des EuGH die Nichtzulassung zum Vertriebssystem und die Festlegung der Preise zur Beeinträchtigung des zwischenstaatlichen Handels geeignet.
Mit "Vorteile bringen" meint der EuGH wirtschaftliche Vorteile, d. h. vor allem Gewinne beim Verkauf der importierten oder exportierten Waren. Die wirtschaftliche Vorteilhaftigkeit ist davon abhängig, dass ökonomische Faktoren auf dem relevanten Markt so gestaltet sind, dass hinsichtlich der Markenwaren zwischenstaatliche Handelsströme möglich sind. Vor allem muss eine entsprechende Nachfrage nach den Markenwaren gegeben sein[495]. Zudem muss in dem Import- und Exportstaat für die Markenwaren ein jeweils unterschiedliches Preisniveau bestehen. Somit zeigt die Feststellung, dass Markenwaren der Klägerin durch andere Unternehmen zwischenstaatlich gehandelt würden, wenn dies für die anderen Unternehmen Vorteile bringen würde, dass der EuGH die Eignung zur Beeinträchtigung durch eine ökonomische Analyse der Richtung der potentiellen Handelsströme bestimmt.
Dieses Ergebnis wird durch die weitere Feststellung des Gerichtshofs in der Rechtssache "Allgemeine Elektricitäts-Gesellschaft AEG-Telefunken AG" bestätigt, dass die anderen Unternehmen auch bereit seien, die Markenwaren der Klägerin zwischenstaatlich zu handeln. Die Bereitschaft der Unternehmen, zwischenstaatlichen Handel zu betreiben, ist ebenfalls daran gebunden, dass die ökonomischen Faktoren des relevanten Markts, wie z. B. die Nachfrage nach Markenwaren, so gestaltet sind, dass zwischenstaatliche Handelsströme überhaupt zustande kommen können. Nur in diesem Fall macht die Bereitschaft der Unter-

---

492 EuGH Slg. 1983, 3151 – Allgemeine Elektricitäts-Gesellschaft AEG-Telefunken AG/Kommission, Rn. 60; EuGH Slg. 1978, 131 – Miller International Schallplatten GmbH/Kommission, Rn. 14.

493 EuGH Slg. 1983, 3151 – Allgemeine Elektricitäts-Gesellschaft AEG-Telefunken AG/Kommission, Rn. 59: "Die in der Bundesrepublik tätige Handelskette Ratio führte mehrfach Telefunken-Erzeugnisse aus Österreich wieder ein und hätte sicher auch aus den Mitgliedstaaten der EWG Wiedereinfuhren getätigt, wenn diese ihr dieselben Vorteile gebracht hätten.".

494 EuGH Slg. 1983, 3151 – Allgemeine Elektricitäts-Gesellschaft AEG-Telefunken AG, Rn. 59.

495 So beispielsweise für die Auswirkung von Lizenzverträgen vgl. Niebel, WRP 2003, 482 (487), für die Vermarktung der Erstverwertungsrechte an Spielen der deutschen Fußball-Bundesliga vgl. Wertenbruch, ZIP 1996, 1417 (1418 f), für die aufgrund des displacement-Effekts wahrscheinliche, grenzüberschreitende Lieferung von Erdgas vgl. Schnichels, EuZW 2003, 171 (173).

nehmen Sinn, Markenwaren der Klägerin zwischenstaatlich zu handeln. Der EuGH hat daher auch die Feststellung, dass die Unternehmen zum zwischenstaatlichen Handel der Markenwaren bereit seien, mit einer ökonomischen Analyse der Richtung der Handelsströme begründet.
In der Rechtssache "British Sugar plc u. a." hat die Kommission die Eignung einer Vereinbarung zur Beeinträchtigung des zwischenstaatlichen Handels ebenfalls mit einer ökonomischen Analyse der Richtung der Handelsströme begründet.[496]. Die Vereinbarung bzw. abgestimmte Verhaltensweise diene dem Zweck, die Preispolitik der beteiligten Unternehmen auf dem Markt für Gewerbezucker und Haushaltszucker in Großbritannien zu koordinieren und den Wettbewerb auf diesem Markt einzuschränken[497]. Sie dienten ferner dem Zweck einer koordinierten Anhebung der Zuckerpreise auf dem britischen Markt[498]. Nach der "wirtschaftlichen Logik" sei zu erwarten, dass die Einfuhren von Kristallzucker nach Großbritannien in Reaktion auf erhöhte Preise in diesem Land ansteigen würden. Dies gelte unbeschadet der strukturellen Grenzen, die sich für den Umfang der Zuckerimporte aus den oben erwähnten Faktoren ergäben[499]. Folglich könne mit hinreichender Wahrscheinlichkeit gefolgert werden, dass die Vereinbarung bzw. die abgestimmte Verhaltensweise zur Beeinträchtigung des zwischenstaatlichen Handels geeignet sei[500].
Die Kommission begründet die Eignung mit der "wirtschaftlichen Logik". Sie erklärt dies mit einer Analyse der zukünftigen Veränderung der Richtung der Handelsströme. Nach der reinen Außenhandelstheorie wird die Richtung der Handelsströme unter anderem mit dem Preis des gehandelten Erzeugnisses bestimmt. Danach wird ein Unternehmen mit Sitz in einem Staat, in dem ein bestimmtes Produkt sehr teuer ist, dieses Produkt aus einem anderen Staat, in dem das Preisniveau niedriger ist, importieren[501]. Die Kommission nimmt mit der Feststellung, dass die Einfuhren von Kristallzucker nach Großbritannien in Reaktion auf erhöhte Preise in diesem Land ansteigen würden, auf die in der reinen Außenhandelstheorie definierten Gesetzmäßigkeiten Bezug. Sie erklärt, dass die Einfuhren von Zucker auf den britischen Markt zunehmen werden, da das Preisniveau von Zucker in Großbritannien höher ist als in anderen Mitgliedstaaten der Gemeinschaft. Die Koordinierung der Preispolitik verursacht somit zukünftig eine Veränderung der Richtung der Handelsströme durch Erweiterung der Importe nach Großbritannien.

---

496 KOMM ABl. 1999 Nr. L 76/1 – British Sugar plc u. a., Rn. 159 ff, 176.
497 KOMM ABl. 1999 Nr. L 76/1 – British Sugar plc u. a., nach Rn. 218 Art. 1, Art. 2 der Entscheidung.
498 KOMM ABl. 1999 Nr. L 76/1 – British Sugar plc u. a., Rn. 160.
499 KOMM ABl. 1999 Nr. L 76/1 – British Sugar plc u. a., Rn. 160; So auch die Argumentation bei KOMM ABl. 1994 Nr. L 378/45 – Tretorn u. a., Rn. 65.
500 KOMM ABl. 1999 Nr. L 76/1 – British Sugar plc u. a., Rn. 160.
501 Borchert (Fn. 100), S. 75, 137 ff mwN.

Rechtsprechungs- und Entscheidungspraxis zeigen, dass die Eignung gem. Art. 81 f. EGV zu bejahen ist, wenn eine ökonomische Analyse des relevanten Markts ergibt, dass die Vereinbarung oder die Ausnutzung einer marktbeherrschenden Stellung zu einer Veränderung der Richtung der Handelsströme oder zu einer Veränderung der Wettbewerbsstruktur führt. Prognosemethode ist damit die ökonomische Analyse.

bb) Analyse der potentiellen Auswirkungen rechtlicher Verpflichtungen

Der EuGH erstellt des Weiteren eine Analyse der potentiellen Auswirkungen rechtlicher Verpflichtungen auf den zwischenstaatlichen Handel. Beispielsweise begründet er in der Rechtssache "Béguelin Import Co. u. a./S.A.G.L. Import Export u. a." die Eignung einer Alleinvertriebsvereinbarung zur Beeinträchtigung des zwischenstaatlichen Handels damit, dass die Alleinvertriebsvereinbarung einem Vertragspartner die Möglichkeit gebe, in Anwendung der nationalen Gesetze gegen den unlauteren Wettbewerb Paralleleinfuhren durch den anderen Vertragspartner zu unterbinden[502].
Die Unterbindung von Paralleleinfuhren ist als Veränderung der Richtung von Handelsströmen zu qualifizieren. Der Vertragspartner hat somit aufgrund der Alleinvertriebsvereinbarung das Recht, eine Veränderung der Richtung von Handelsströmen dadurch zu erreichen, dass er sein Recht auf Unterlassung von Paralleleinfuhren auf dem Klageweg durchsetzt.
Somit ist die Eignung zu verneinen, wenn eine Vereinbarung rechtliche Pflichten festlegt, deren Durchsetzung zu einer Veränderung der Richtung der Handelsströme oder zu einer Veränderung der Wettbewerbsstruktur führt. Prognosemethode ist damit auch die Analyse der Auswirkungen rechtlicher Verpflichtungen.

b) Prognoseobjekt

Zu prüfen ist weiter, worin die tatsächlichen und rechtlichen Umstände bestehen, welche die Kommission analysiert. Diese Umstände sind die Einzelheiten und Fakten, die das Prognoseobjekt bilden.
Der EuGH hat bisher keine explizite Definition der "tatsächlichen Umstände" gegeben. Auch in den Urteilen in den Rechtssachen "Société Technique Minière (LTU)/Maschinenbau Ulm GmbH (MBU)" und "Consten GmbH u. a./ Kommissi-

---

[502] EuGH Slg. 1971, 949 – Béguelin Import Co. u. a./S.A.G.L. Import Export u. a., Rn. 14/15.

on", in denen die Begriffe der "tatsächlichen und rechtlichen Umstände" zum ersten Mal genannt werden, findet sich keine Definition[503].

Dagegen hat die Kommission in der Entscheidung in der Rechtssache "British Sugar plc u. a." zur Definition der tatsächlichen Umstände auf die ökonomische Analyse der Veränderung der Richtung der Handelsströme verwiesen[504]. Somit versteht die Kommission unter "tatsächlichen Umständen" die ökonomischen Kriterien zur Bestimmung der Veränderung der Richtung der Handelsströme, der Marktabschottung und der Veränderung der Wettbewerbsstruktur.

Ein Beispiel für rechtliche Umstände findet sich in dem Urteil in der Rechtssache "Béguelin Import Co. u. a./S.A.G.L. Import Export u. a."[505]. Dort hat der EuGH das Bestehen und die Auswirkung vertraglicher Bindungen untersucht.

Prognoseobjekt sind damit erstens die ökonomischen Faktoren zur Bestimmung der Veränderung der Richtung der Handelsströme und zur Bestimmung der Veränderung der Wettbewerbsstruktur und zweitens vertragliche Bindungen.

c) Sicherheitsgrad der Prognose

Obgleich der EuGH in ständiger Rechtsprechung verlangt, dass die Beeinträchtigung mit "hinreichender Wahrscheinlichkeit" vorhersehbar sein muss, hat er bis heute nicht ausdrücklich definiert, unter welchen Voraussetzungen die hinreichende Wahrscheinlichkeit zu bejahen ist. Auch in der Literatur wird allgemein nur angenommen, dass spekulative Überlegungen nicht ausreichend seien[506]. Diese Feststellung ist ebenso wenig geeignet, den Begriff der "hinreichenden Wahrscheinlichkeit" nachvollziehbar zu definieren, wie die Feststellung, dass hinreichend wahrscheinlich sei, was "real möglich"[507], "plausibel"[508], "normal"[509] oder "vernünftigerweise" vorhersehbar[510] sei. Mit der Anforderung, dass eine Beeinträchtigung "plausibel", "normal" oder "vernünftigerweise" vorhersehbar sein muss, ist nämlich noch nicht gesagt, nach welchem Maßstab "Möglichkeit", "Plausibilität", "Normalität" oder "vernünftige" Vorhersehbarkeit zu beurteilen sind.

---

503 EuGH Slg. 1966, 322 (389) – Consten GmbH u. a./Kommission; EuGH Slg. 1966, 282 (303) – Société Technique Minière (LTU)/Maschinenbau Ulm GmbH (MBU); Gleiss, WRP 1967, 163 (170).

504 KOMM ABl. 1999 Nr. L 76/1 – British Sugar plc u. a., Rn. 179 mit Verweis auf die Rn. 159-163, 167 und 168.

505 EuGH Slg. 1971, 949 – Béguelin Import Co. u. a./S.A.G.L. Import Export u. a., Rn. 14/15.

506 Roth/Ackermann in: Glassen/v. Hahn/Kersten/Rieger (Fn. 76), Band VI Grundfragen Art. 81 Abs. 1 EG-Vertrag Rn. 317.

507 KOMM ABl. 1994 Nr. L 117/30 – Stichting Certificatie Kraanverhuurbedrijf u. a., Rn. 27.

508 Hirsch/Burkhard in: Gleiss/Hirsch (Fn. 386), Band 1 Art. 85 (1) Rn. 235.

509 Hirsch/Burkhard in: Gleiss/Hirsch (Fn. 386), Band 1 Art. 85 (1) Rn. 235.

510 Rehbinder in: Immenga/Mestmäcker (Fn. 10), Band I Einleitung E. II. Rn. 18.

In der Rechtssache "British Sugar plc u. a."[511] begründet die Kommission den Sicherheitsgrad der Prognose mit der Feststellung: "Nach der wirtschaftlichen Logik ist zu erwarten, dass die Einfuhren von Kristallzucker nach Großbritannien in Reaktion auf erhöhte Preise in diesem Land ansteigen werden – unbeschadet der strukturellen Grenzen, die sich für den Umfang der Zuckerimporte aus den oben erwähnten Faktoren ergeben. Somit kann mit hinreichender Wahrscheinlichkeit gefolgert werden, dass die Vereinbarung und/oder abgestimmte Verhaltensweise geeignet war, den Handel zwischen Mitgliedstaaten merklich zu beeinflussen."[512]. Die Beeinträchtigung bestand hier in der Veränderung der Richtung der Handelsströme aufgrund von Vereinbarungen, in denen Preiserhöhungen festgelegt waren.
Die Kommission begründet den tatsächlichen Eintritt der Beeinträchtigung unter Bezugnahme auf eine durch die Außenhandelstheorie erklärte wirtschaftswissenschaftliche Gesetzmäßigkeit. Nach der Außenhandelstheorie werden Güter, für die auf zwei unterschiedlichen mitgliedstaatlichen Märkten ein jeweils unterschiedliches Preisniveau besteht, immer in denjenigen Mitgliedstaat exportiert werden, auf dem das höhere Preisniveau besteht[513]. Aus dieser Gesetzmäßigkeit folgt für die vorliegende Rechtssache, dass Zuckererzeugnisse auf den britischen Markt importiert werden, da dort das Preisniveau für Zucker höher ist als auf anderen mitgliedstaatlichen Märkten. Die Kommission hat somit die hinreichende Wahrscheinlichkeit des Eintritts der Beeinträchtigung aufgrund der Erkenntnis bejaht, dass die Vereinbarung der Preiserhöhungen nach wirtschaftswissenschaftlichen Grundsätzen zu einer Veränderung der Richtung der Handelsströme führen werden. Folglich ist die hinreichende Wahrscheinlichkeit einer Beeinträchtigung zu bejahen, wenn die Vereinbarung oder die Ausnutzung einer marktbeherrschenden Stellung nach wirtschaftswissenschaftlichen Grundsätzen zu einer Beeinträchtigung auf dem zwischenstaatlichen Handel führt.

II. Fehlen der Eignung zur Beeinträchtigung des zwischenstaatlichen Handels

Nachdem analysiert wurde, unter welchen Voraussetzungen die Eignung zur Beeinträchtigung des zwischenstaatlichen Handels zu bejahen ist, stellt sich die Frage, unter welchen Voraussetzungen kein zwischenstaatlicher Handel (vgl. 1.), keine Beeinträchtigung (vgl. 2.) und keine Eignung zur Beeinträchtigung (vgl. 3.) gegeben ist.

---

511 KOMM ABl. 1999 Nr. L 76/1 – British Sugar plc u. a., Rn. 159 ff, 179.
512 KOMM ABl. 1999 Nr. L 76/1 – British Sugar plc u. a., Rn. 160.
513 So auch KOMM ABl. 1994 Nr. L 378/45 – Tretorn u. a., Rn. 65.

1. Kein zwischenstaatlicher Handel

Der EuGH verneint den zwischenstaatlichen Handel, wenn zwischen den mitgliedstaatlichen Märkten wirtschaftliche (vgl. a)), technische (vgl. b)) oder rechtliche Handelsschranken (vgl. c)) bestehen.

a) Wirtschaftliche Handelsschranken

Der EuGH hat das Vorliegen zwischenstaatlichen Handels erstmals in dem Urteil in der Rechtssache "Hugin Kassaregister AB u. a./ Kommission" verneint[514]. Er hatte das Verhalten eines Unternehmens mit Sitz in Schweden, Hugin Kassaregister AB (fortan: Hugin), und dessen Tochtergesellschaft mit Sitz in Großbritannien zu beurteilen[515]. Hugin hatte sich geweigert, an ein Unternehmen mit Sitz in London, Liptons Cash Registers and Business Equipment Ltd (fortan: Liptons), Ersatzteile für Registrierkassen zu liefern[516]. Ferner hatte Hugin seiner Tochtergesellschaft verboten, die Ersatzteile an Liptons zu liefern[517]. Aufgrund des Verbots hatte sich die Tochtergesellschaft geweigert, diese Erzeugnisse auf den britischen Markt zu importieren und an Liptons zu liefern[518]. Der Mittelpunkt des Geschäftsbetriebs von Liptons beschränkte sich auf das geographische Gebiet von London[519]. Liptons benötigte die Ersatzteile für ihren Geschäftsbetrieb, der Dienstleistungen im Zusammenhang mit der Reparatur von Registrierkassen umfasste[520].
Der EuGH hat geprüft, ob die Ersatzteile für Registrierkassen zwischenstaatlich gehandelt wurden[521]. Er kommt zu dem Ergebnis, dass der Mittelpunkt des Geschäftsbetriebs von Liptons auf das geographische Gebiet von London begrenzt sei [522]. Die Begrenzung erkläre sich daraus, dass die Tätigkeit des Unternehmens mit Erbringung von Dienstleistungen nicht für eine gewinnbringende Tätigkeit außerhalb dieses Gebiets geeignet sei[523]. Ferner bestünden in Großbritannien zahlreiche kleine lokale Firmen, die auf die gleiche Tätigkeit spezialisiert seien[524]. Die Auswirkungen der Weigerung Hugins hätten sich aufgrund der wirtschaftli-

---

514 EuGH Slg. 1979, 1869– Hugin Kassaregister AB u. a./Kommission, Rn. 22; Dieses Urteil wird von der Kommission in der Entscheidung in der Rechtssache "British Sugar plc u. a.", KOMM ABl. 1999, Nr. L 76/1 – British Sugar plc u. a., Rn. 182, zitiert.
515 EuGH Slg. 1979, 1869 – Hugin Kassaregister AB u. a./Kommission, Rn. 1 f.
516 EuGH Slg. 1979, 1869 – Hugin Kassaregister AB u. a./Kommission, Rn. 2.
517 EuGH Slg. 1979, 1869 – Hugin Kassaregister AB u. a./Kommission, Rn. 2.
518 EuGH Slg. 1979, 1869 – Hugin Kassaregister AB u. a./Kommission, Rn. 2.
519 EuGH Slg. 1979, 1869 – Hugin Kassaregister AB u. a./Kommission, Rn. 19.
520 EuGH Slg. 1979, 1869 – Hugin Kassaregister AB u. a./Kommission, Rn. 19.
521 EuGH Slg. 1979, 1869 – Hugin Kassaregister AB u. a./Kommission, Rn. 22.
522 EuGH Slg. 1979, 1869 – Hugin Kassaregister AB u. a./Kommission, Rn. 19.
523 EuGH Slg. 1979, 1869 – Hugin Kassaregister AB u. a./Kommission, Rn. 19.
524 EuGH Slg. 1979, 1869 – Hugin Kassaregister AB u. a./Kommission, Rn. 19.

chen und technischen Besonderheiten des untersuchten Marktsektors auf das Gebiet Großbritanniens beschränkt[525]. Des Weiteren begründet der EuGH das Fehlen zwischenstaatlicher Handelsströme mit dem Eigenwert der Erzeugnisse, deren Lieferung verweigert wurde. Dieser Eigenwert sei so gering gewesen, dass die Erzeugnisse keine Handelsware von Interesse darstellten[526].

Der EuGH begründet das Fehlen des zwischenstaatlichen Handels mit dem Fehlen zwischenstaatlicher Handelsströme[527]. Er führt das Fehlen zwischenstaatlicher Handelsströme auf das Bestehen wirtschaftlicher Handelsschranken zurück, die zwischen Schweden und Großbritannien gegeben sind[528]. Die Handelsschranken bestehen zum einen in der fehlenden Gewinnträchtigkeit grenzüberschreitender Warenlieferungen. Zum anderen führt der EuGH an, dass die gelieferten Ersatzteile keine Handelsware von Interesse darstellen. Er stellt damit fest, dass im zwischenstaatlichen Handel keine Nachfrage nach den Ersatzteilen besteht. Die Nachfrage dient nach der Außenhandelstheorie zur Definition der Veränderung der Richtung der Handelsströme. Somit erklärt der EuGH das Bestehen von Handelsschranken durch eine ökonomische Analyse der Richtung zwischenstaatlicher Handelsströme.

Auch in den Rechtssachen "Coöperatieve Stremsel – en Kleurselfabriek/Kommission"[529] und "BPB Industries plc u. a./Kommission"[530] prüft der

---

525 EuGH Slg. 1979, 1869 – Hugin Kassaregister AB u. a./Kommission, Rn. 17, 25.

526 EuGH Slg. 1979, 1869 – Hugin Kassaregister AB u. a./Kommission, Rn. 23 f.

527 Mit dieser Begründung hat die Kommission die Beeinträchtigung des zwischenstaatlichen Handels in der Rechtssache "Portugiesische Flughäfen" abgelehnt. Die Kommission hat hier die Auswirkung einer wettbewerbswidrigen Maßnahme auf den zwischenstaatlichen Handel mit der Begründung verneint, dass zwischen zwei Mitgliedstaaten keine grenzüberschreitenden Flugdienstleistungen stattfanden, folglich keine Beeinträchtigung im Sinn der Zwischenstaatlichkeitsklausel vorlag, vgl. KOMM ABl. 1999 Nr. L 69/31 – Portugiesische Flughäfen, Rn. 20.

528 Vgl. hierzu auch Hootz, NJW 1966, 2249 (2249), der aus dem Urteil des EuGH Slg. 1966, 282 ff – Société Technique (LTM)/Maschinenbau Ulm GmbH (MBU) schließt, dass Alleinvertriebsverträge ohne absoluten Gebietsschutz nicht geeignet seien, Handelsschranken zwischen den Mitgliedstaaten zu errichten, da sie im Gegensatz zu Alleinvertriebsverträgen mit Gebietsschutz Paralleleinfuhren von Gütern nicht verhinderten und damit die vom Vertrag gewollte gegenseitige wirtschaftliche Durchdringung nicht erschwerten.

529 Rehbinder in: Immenga/Mestmäcker (Fn. 10), Band I Einleitung E. II. Rn. 18, stellt in diesem Zusammenhang fest, dass wirtschaftliche Besonderheiten des im Einzelfall relevanten Sektors den zwischenstaatlichen Handel unmöglich machen können. Er bezieht sich dabei auf das Urteil des Gerichtshofs in der Rechtssache "Coöperatieve Stremsel – en Kleurselfabriek/Kommission", Slg. 1981, 851, Rn. 15, in dem der EuGH feststellt (Rn. 15): "Aus den Angaben der Kommission geht hervor, dass es zwischen den Mitgliedstaaten bereits einen Handel mit LAB tierischen Ursprungs und Farbstoffen gibt; Schwierigkeiten technischer oder wirtschaftlicher Art, die der Ausdehnung dieses Handels etwa entgegenstünden, sind von keiner Seite behauptet worden"; Crut, LaVJ 1981, 6 (Fußnote 4).

530 Der EuG, Slg. 1993, II-389 – BPB Industries plc u. a. /Kommission, Rn. 127, 136, prüft hier, ob der zwischenstaatliche Handel aufgrund wirtschaftlicher Schranken unmöglich ist. Die Klägerinnen hatten behauptet, dass Importe von Gipskartonplatten nach Irland und Großbri-

EuGH, ob die Beeinträchtigung des zwischenstaatlichen Handels aufgrund "wirtschaftlicher Schranken" unmöglich ist, ohne dies im Ergebnis zu bejahen.
Der zwischenstaatliche Handel ist somit zu verneinen, wenn aufgrund wirtschaftlicher Handelsschranken auf dem relevanten Markt keine zwischenstaatlichen Handelsströme bestehen. Das Bestehen von Handelsschranken ist durch ökonomische Analyse der Richtung der Handelsströme zu bestimmen.

b) Technische Handelsschranken

Der zwischenstaatliche Handel kann nicht nur aufgrund wirtschaftlicher Handelsschranken zu verneinen sein. Möglich ist auch, dass aufgrund technischer Schranken kein zwischenstaatlicher Handel besteht[531].
Der EuGH hatte in der Rechtssache "Allgemeine Elektricitäts-Gesellschaft AEG-Telefunken AG/Kommission" eine Vereinbarung zu überprüfen, mit welcher die Allgemeine Elektricitäts-Gesellschaft AEG-Telefunken (fortan: AEG) ein gemeinschaftsweites Vertriebssystem errichtet hatte[532]. Im Rahmen des Vertriebssystems wurden französische Farbfernseher von Deutschland nach Frankreich geliefert[533]. AEG stellte Farbfernseher her, die mit dem in Deutschland verwendeten PAL-System ausgestattet waren. Die Farbfernseher waren für den deutschen Markt bestimmt[534]. Ferner stellte AEG Farbfernseher her, die zusätzlich mit dem in Frankreich verwendeten SECAM-System ausgestattet waren[535]. Diese Fernseher wurden durch AEG nach Frankreich exportiert[536].

---

tannien u. a. aufgrund der Kosten des Seetransports wirtschaftlich nicht möglich sei, folglich der zwischenstaatliche Handel mit Gipskartonplatten nicht bestand und damit nicht beeinträchtigt werden konnte. Da jedoch tatsächlich Importe von Gipskartonplatten stattgefunden hatten, hat der EuG das Bestehen wirtschaftlicher Schranken verneint. Vgl. zu diesem Urteil Randolph, ECLR 1993, 220 (222).

531 So die Kommission, KOMM ABl. 1999 Nr. L 76/1 – British Sugar plc u. a., Rn. 182, mit Bezugnahme auf das Urteil des EuGH in der Rechtssache "Hugin Kassaregister AB u. a./Kommission, Rn. 17-26; Rehbinder in: Immenga/Mestmäcker (Fn. 10), Band I Einleitung E. II. Rn. 18, stellt auch in diesem Zusammenhang fest, dass technische Besonderheiten des im Einzelfall relevanten Sektors den zwischenstaatlichen Handel unmöglich machen können. Er bezieht sich hierbei ebenfalls auf das Urteil des EuGH, Slg. 1981, 851 – Coöperatieve Stremsel – en Kleurselfabriek/Kommission Rn. 15.

532 EuGH Slg. 1983, 3151 – Allgemeine Elektricitäts-Gesellschaft AEG-Telefunken AG/ Kommission, Rn. 3.

533 EuGH Slg. 1983, 3151 – Allgemeine Elektricitäts-Gesellschaft AEG-Telefunken AG/ Kommission, Rn. 64 ff.

534 EuGH Slg. 1983, 3151 – Allgemeine Elektricitäts-Gesellschaft AEG-Telefunken AG/ Kommission, Rn. 61, 65.

535 EuGH Slg. 1983, 3151 – Allgemeine Elektricitäts-Gesellschaft AEG-Telefunken AG/ Kommission, Rn. 65.

536 EuGH Slg. 1983, 3151 – Allgemeine Elektricitäts-Gesellschaft AEG-Telefunken AG/ Kommission, Rn. 65.

Die AEG hatte sich geweigert, weitere Unternehmen in das Vertriebssystem aufzunehmen[537]. Ferner hatte AEG im Rahmen des Vertriebssystems Preise für den Wiederverkauf der Fernseher festgelegt[538]. Der EuGH hatte zu prüfen, ob die Weigerung der AEG als Beeinträchtigung des zwischenstaatlichen Handels zu qualifizieren war[539].
Die AEG hat behauptet, dass Farbfernseher nicht zwischenstaatlich gehandelt würden und daher der Tatbestand der Zwischenstaatlichkeitsklausel nicht erfüllt sei. Die Vereinbarung könne Einfuhren von Farbfernsehern von Deutschland nach Frankreich nicht behindern[540]. Wegen der verschiedenen technischen Übertragungssysteme (in Deutschland werde das PAL-System, in Frankreich das SECAM-System genutzt) seien Exporte nach Frankreich aufgrund der erheblichen Kosten für den Umbau der Fernsehgeräte vom PAL- zum SECAM-System nicht durchführbar gewesen[541]. Diese Hindernisse könnten nur aufgrund einer Umrüstung der Farbfernseher beseitigt werden[542]. Die Umrüstung sei wegen der damit verbundenen erheblichen Kosten nicht durchführbar gewesen[543]. Die technischen Unterschiede der Übertragungssysteme hatten damit aus Sicht der AEG zur Folge, dass zwischen Deutschland und Frankreich keine Handelsströme von Farbfernsehern bestanden. Damit bringt sie vor, dass zwischen Deutschland und Frankreich aufgrund technischer Handelsschranken keine zwischenstaatlichen Handelsströme gegeben seien, folglich die Weigerung und die Preisfestsetzung nicht gem. Art. 81 Abs. 1 EGV zur Beeinträchtigung des zwischenstaatlichen Handels geeignet sei.
Der EuGH greift das Vorbringen der AEG auf. Selbst wenn der Export von Fernsehern nach Frankreich aufgrund der unterschiedlichen Übertragungssysteme beschränkt sei, könne die Vereinbarung auch den Export von Farbfernsehgeräten behindern, die auf beide Übertragungssysteme eingestellt seien[544]. Tatsächlich

---

537 EuGH Slg. 1983, 3151 – Allgemeine Elektricitäts-Gesellschaft AEG-Telefunken AG/ Kommission, Rn. 5.
538 EuGH Slg. 1983, 3151 – Allgemeine Elektricitäts-Gesellschaft AEG-Telefunken AG/ Kommission, Rn. 5.
539 EuGH Slg. 1983, 3151 – Allgemeine Elektricitäts-Gesellschaft AEG-Telefunken AG/ Kommission, Rn. 65.
540 EuGH Slg. 1983, 3151 – Allgemeine Elektricitäts-Gesellschaft AEG-Telefunken AG/ Kommission, Rn. 61.
541 EuGH Slg. 1983, 3151 – Allgemeine Elektricitäts-Gesellschaft AEG-Telefunken AG/ Kommission, Rn. 61.
542 EuGH Slg. 1983, 3151 – Allgemeine Elektricitäts-Gesellschaft AEG-Telefunken AG/ Kommission, Rn. 61.
543 EuGH Slg. 1983, 3151 – Allgemeine Elektricitäts-Gesellschaft AEG-Telefunken AG/ Kommission, Rn. 61.
544 EuGH Slg. 1983, 3151 – Allgemeine Elektricitäts-Gesellschaft AEG-Telefunken AG/ Kommission, Rn. 65.

bestünde sowohl in Deutschland als auch in Frankreich auch eine Nachfrage nach Farbfernsehgeräten, die mit beiden Systemen ausgestattet seien[545].
Damit bejaht der EuGH einerseits die Auswirkung der Vereinbarung auf den zwischenstaatlichen Handel. Er stellt Exporte von Farbfernsehern, die mit beiden Systemen ausgerüstet sind, fest. Somit bejaht er den zwischenstaatlichen Handel aufgrund des Bestehens von Handelsströmen zwischen Deutschland und Frankreich. Er begründet die Richtung der Handelsströme mit der Analyse des ökonomischen Faktors Nachfrage. Aufgrund der Nachfrage wurden Farbfernseher nach Frankreich geliefert, damit verliefen die Handelsströme in Richtung Frankreich.
Andererseits widerspricht der EuGH nicht dem Vorbringen der Klägerin, dass der Export von Fernsehgeräten mit PAL-System nach Frankreich aufgrund der bestehenden technischen Schranken nicht möglich sei. Vielmehr kommt er wie die AEG zu der Feststellung, dass Farbfernseher, die nur mit PAL-System ausgestattet waren, aufgrund der technischen Unterschiede in Frankreich nicht benutzt werden konnten. Folglich ist aus Sicht des EuGH der Export der mit SECAM-System ausgestatteten Farbfernseher nach Frankreich ausgeschlossen. Damit stimmt der EuGH dem Vorbringen der AEG insoweit zu, als der zwischenstaatliche Handel von Farbfernsehern mit PAL-System aufgrund technischer Handelsschranken ausgeschlossen war[546].

c) Rechtliche Handelsschranken

Schließlich begründet der EuGH das Fehlen zwischenstaatlichen Handels auch mit dem Bestehen rechtlicher Handelsschranken.
In der Rechtssache "Verband der Sachversicherer e. V./Kommission" hatte der EuGH zu urteilen, ob eine Empfehlung des in Deutschland sitzenden Verbandes der Sachversicherer (fortan: Verband) geeignet war, den zwischenstaatlichen

---

[545] EuGH Slg. 1983, 3151 – Allgemeine Elektricitäts-Gesellschaft AEG-Telefunken AG/ Kommission, Rn. 65.

[546] Die Kommission analysiert ebenfalls das Vorliegen technischer Handelshemmnisse im Rahmen der Prüfung, ob ein zwischenstaatlicher Handel möglich ist, vgl. KOMM ABl. 1978 Nr. L 242/15 – Centraal Stikstof Verkoopkantoor, Rn. 77; Ferner prüft die Kommission in der Rechtssache "Stichting Certificatie Kraanverhuurbedrijf u. a.", ob aufgrund technischer Hindernisse ein zwischenstaatlicher Handel bezüglich der Vermietung von Kränen möglich ist, vgl. KOMM ABl. 1994 Nr. L 117/30 – Stichting Certificatie Kraanverhuurbedrijf u. a., Rn. 27. Die Klägerin hatte hier behauptet, dass die betreffenden Kräne nicht dazu bestimmt seien, transportiert zu werden und demzufolge geltend gemacht, dass aufgrund dieser Immobilität keine grenzüberschreitende Vermietung möglich sei. Die Kommission hat darauf hin überprüft, ob die Kräne tatsächlich nicht mobil sind und damit technische Schranken für zwischenstaatliche Handelsströme bestehen. Entgegen der Ansicht der Klägerin hat die Kommission die Transportfähigkeit der Kräne bejaht und damit das Bestehen technischer Schranken verneint.

Handel zu beeinträchtigen[547]. Gegenstand der Empfehlung war die Erhöhung von Prämien für Versicherungsleistungen[548]. Die Empfehlung richtete sich an Versicherungsunternehmen mit Sitz in Deutschland und anderen Mitgliedstaaten[549]. Die Erhöhung der Prämien sollte für Versicherungsleistungen gelten, die durch Mitglieder des Verbandes erbracht wurden[550]. Nach einem deutschen Gesetz war es Versicherungsunternehmen mit Sitz im Ausland untersagt, Versicherungsleistungen nach Deutschland zu exportieren[551]. Eine Ausnahme von dem Verbot bestand insoweit, als es ausländischen Versicherungsunternehmen gestattet war, in Deutschland eine Tochtergesellschaft zu gründen und die Versicherungsleistungen über die Tochtergesellschaft zu erbringen[552].
Die Kommission hat dem Verband vorgeworfen, durch die Empfehlungen an Mitglieder mit Sitz in anderen Mitgliedstaaten die zwischenstaatlichen Handelsströme von Versicherungsleistungen beeinflusst zu haben[553]. Folglich sei die Empfehlung gem. Art. 81 Abs. 1 EGV zur Beeinträchtigung des zwischenstaatlichen Handels geeignet[554]. Der Verband hat dagegen vorgebracht, aufgrund des Gesetzes sei der Import und der Export von Versicherungsleistungen zwischen Deutschland und anderen Mitgliedstaaten unmöglich[555]. Unternehmen mit Sitz im Ausland könnten nach diesem Gesetz nur dann Versicherungsleistungen nach Deutschland importieren, wenn sie in Deutschland eine Zweigniederlassung gründen und die Versicherungsleistungen über die Zweigniederlassung anbieten würden[556]. Damit bestehe kein zwischenstaatlicher Handel mit Versicherungsleistungen[557]. Die Empfehlung sei nicht gem. Art. 81 Abs. 1 EGV zur Beeinträchtigung des zwischenstaatlichen Handels geeignet[558]. Das Gesetz stellte folglich aus Sicht des Verbandes eine rechtliche Handelsschranke dar[559].
Der EuGH greift in seiner Begründung das Vorbringen der Klägerin auf. Zwar sei einzuräumen, dass der Import von Versicherungsdienstleistungen durch nicht in

---

547 EuGH Slg. 1987, 405 ff – Verband der Sachversicherer e. V./Kommission.
548 EuGH Slg. 1987, 405 – Verband der Sachversicherer e. V./Kommission, Rn. 46 ff.
549 EuGH Slg. 1987, 405 – Verband der Sachversicherer e. V./Kommission, Rn. 29, 44; KOMM ABl. 1985 Nr. L 35/20 – Feuerversicherung, Rn. 29.
550 EuGH Slg. 1987, 405 – Verband der Sachversicherer e. V./Kommission, Rn. 29, 32.
551 EuGH Slg. 1987, 405 – Verband der Sachversicherer e. V./Kommission, Rn. 49.
552 EuGH Slg. 1987, 405 – Verband der Sachversicherer e. V./Kommission, Rn. 49; KOMM ABl. 1985 Nr. L 35/20 – Feuerversicherung, Rn. 30.
553 KOMM ABl. 1985 Nr. L 35/20 – Feuerversicherung, Rn. 33 f.
554 KOMM ABl. 1985 Nr. L 35/20 – Feuerversicherung, Rn. 29 ff.
555 EuGH Slg. 1987, 405 – Verband der Sachversicherer e. V./Kommission, Rn. 46.
556 EuGH Slg. 1987, 405 – Verband der Sachversicherer e. V./Kommission, Rn. 46.
557 EuGH Slg. 1987, 405 – Verband der Sachversicherer e. V./Kommission, Rn. 46.
558 EuGH Slg. 1987, 405 – Verband der Sachversicherer e. V./Kommission, Rn. 46.
559 Zur Kritik an dem Urteil des EuGH auch Schwintowski, Der private Versicherungsvertrag zwischen Recht und Markt, Baden-Baden 1987, S. 317. Danach stelle die streitgegenständliche Versicherung sich als "Folge diffiziler Genehmigungsgrundsätze des BAV" darstelle und daher als "rein deutsches Produkt" entstehe, das "man vergleichbar in keinem anderen Mitgliedstaat der EG erwerben" könne.

Deutschland sitzende Unternehmen aufgrund des deutschen Gesetzes sehr restriktiv geregelt sei[560]. Dennoch bestehe die Möglichkeit, dass ausländische Versicherungsunternehmen grenzüberschreitende Versicherungsleistungen über in Deutschland sitzende Zweigniederlassungen erbrächten[561]. Wenn das deutsche Gesetz aber Tätigkeiten zulasse, die den Wirtschaftsverkehr zwischen den Mitgliedstaaten berührten, könne dieses Gesetz nicht zur Begründung dafür herangezogen werden, dass Art. 81 Abs. 1 EGV auf Wettbewerbsbeschränkungen bezüglich dieser Tätigkeiten unanwendbar sei[562].

Der EuGH stellt somit einerseits fest, dass trotz der gesetzlichen Regelung ein zwischenstaatlicher Handel bestand[563]. Er bestätigt damit die Ansicht der Kommission, dass zwischenstaatliche Handelsströme von Versicherungsleistungen gegeben waren. Folglich verneint er im konkreten Fall das Bestehen rechtlicher Handelsschranken.

Obgleich der EuGH das Vorbringen der Klägerin damit zurückweist, schließt er andererseits nicht aus, dass aufgrund rechtlicher Schranken zwischenstaatliche Handelsströme verhindert werden können. Die Feststellung, dass ein Gesetz nicht zur Begründung für die Unanwendbarkeit des Art. 81 Abs. 1 EGV herangezogen werden könne, bezieht sich ausdrücklich nur auf den Fall, dass dieses Gesetz Importe von Versicherungsleistungen zulässt. Zieht man den Umkehrschluss aus dieser Feststellung, ist ein Gesetz dann geeignet, den zwischenstaatlichen Handel auszuschließen, wenn es Importe und Exporte von Versicherungsleistungen untersagt. In diesem Fall schließt das Gesetz zwischenstaatliche Handelsströme aus und wirkt damit als rechtliche Handelsschranke[564].

Somit ist nach dem Urteil des EuGH der zwischenstaatliche Handel zu verneinen, wenn aufgrund rechtlicher Handelsschranken keine zwischenstaatlichen Handelsströme bestehen.

---

560 EuGH Slg. 1987, 405 – Verband der Sachversicherer e. V./Kommission, Rn. 49.

561 EuGH Slg. 1987, 405 – Verband der Sachversicherer e. V./Kommission, Rn. 49; Hübner, JZ 1987, 461 (462) mwN.

562 EuGH Slg. 1987, 405 – Verband der Sachversicherer e. V./Kommission, Rn. 49; Lovergne, RevCC 1987, 46 (47): "Il faut constater que par cet arrêt, la Cour de justice donne une interprétation, une fois encore, assez large de l'affectation des échanges.".

563 EuGH Slg. 1987, 405 – Verband der Sachversicherer e. V./Kommission, Rn. 50.

564 In diesem Sinn prüft das EuG in der Rechtssache "Tate&Lyle plc u. a./Kommission", ob ein Handel zwischen Großbritannien und anderen Mitgliedstaaten mit Zucker möglich war und bezieht in seine Erwägungen ein, dass Einfuhren von Zucker auf den britischen Markt aufgrund der Zuckermarktordnung erschwert wurden, vgl. EuG Slg. 2001, II-2035 – Tate&Lyle plc u. a./Kommission, Rn. 80; Hierzu auch Hübner in: Börner/Jahrreiß/Stern (Hrsg.), Einigkeit und Recht und Freiheit, Fs. Carstens Band 1 Köln Berlin Bonn München 1984, S. 139 (150).

2. Keine Beeinträchtigung

Eine Vereinbarung oder ein Missbrauch einer marktbeherrschenden Stellung ist zunächst dann nicht als Beeinträchtigung zu qualifizieren, wenn nach den drei Fallgruppen keine Auswirkung vorliegt. Bei Sachverhalten mit Drittstaatenbezug fehlt die Auswirkung, wenn durch die Vereinbarung oder durch den Missbrauch einer marktbeherrschenden Stellung lediglich Exporte in Drittstaaten unterbunden werden sollen[565].
Ferner ist keine Beeinträchtigung des zwischenstaatlichen Handels gegeben, wenn die Auswirkung nicht gegen wettbewerbsrechtliche Ziele verstößt (vgl. a)). Schließlich ist die Beeinträchtigung des zwischenstaatlichen Handels zu verneinen, wenn die Vereinbarung oder die Ausnutzung einer marktbeherrschenden Stellung der Verwirklichung eines nicht-wettbewerbsrechtlichen Ziels dient, folglich die Auswirkung auf den zwischenstaatlichen Handel mit nicht-wettbewerbsrechtlichen Zielen vereinbar ist (vgl. b)).

a) Kein Verstoß gegen wettbewerbsrechtliche Ziele

Die Gemeinschaft darf bei der Auslegung über die festgelegten Ziele nicht hinausgehen und auf Tätigkeitsfeldern, welche nicht unter die Ziele subsumiert werden, nicht tätig werden[566]. Widerspricht eine Auswirkung auf den zwischenstaatlichen Handel nicht den Zielen der Art. 2, Art. 3 Abs. 1 lit. g) EGV, ist die Auswirkung damit nicht als Beeinträchtigung des zwischenstaatlichen Handels zu qualifizieren. Auf diese Weise begrenzt das wettbewerbsrechtliche Ziel das Tatbestandsmerkmal der Beeinträchtigung.
Jedoch ist festzustellen, dass die zielorientierte Auslegung in der Rechtsprechungs- und Entscheidungspraxis in keinem Urteil bzw. in keiner Entscheidung dazu geführt hat, die Beeinträchtigung zu verneinen. In den Fällen, in welchen die Beeinträchtigung des zwischenstaatlichen Handels verneint wurde, wurde dies durch Rechtsprechung und Kommission ausschließlich damit begründet, dass Handelsschranken rechtlicher, technischer oder wirtschaftlicher Art einen zwischenstaatlichen Handel verhinderten. Die Begrenzungsfunktion der wettbewerbsrechtlichen Ziele hat damit eine sehr geringe praktische Relevanz. Dies ist darauf zurückzuführen, dass die Ziele als wirtschaftspolitische Wertvorstellungen letztlich so weit gefasst sind, dass ihr Anwendungsbereich kaum begrenzt ist. Begrenzt werden die Ziele lediglich durch zwingende Normen des Gemeinschafts-

---

[565] EuGH Slg. 1998, I-1983 – Javico International u. a./Yves Saint Laurent Parfums SA (YSLP), Rn. 19 f; EuGH Slg. 1986, 559 – Bulk Oil (Zug) AG/Sun International Limited u. a., Rn. 44; Rehbinder in: Immenga/Mestmäcker (Fn. 10), Band I Einleitung E. II. Rn. 27.

[566] Von Bogdandy in: Grabitz/Hilf (Fn. 26), Band I EGV Art. 2 Rn. 12; Beispiele bei Ukrow in: Calliess/Ruffert (Fn. 398), Art. 2 EGV Rn. 7.

rechts[567]. Zu diesen Normen zählen auch die im EUV genannten Ziele des Art. 2 EUV. Die Zielbestimmungen dieser Norm sind auch bei der Auslegung der Ziele des EGV zu beachten[568]. Hervorzuheben ist dabei Art. 2, 5. Spiegelstrich EUV i. V. m. Art. 2, 2. UAbs. EUV, nach dem die Ziele der Art. 2, Art. 3 EGV unter dem Vorbehalt der vollen Wahrung des gemeinschaftlichen Besitzstands stehen[569].

b) Vereinbarkeit der Auswirkung mit nicht-wettbewerbsrechtlichen Zielen

Verstößt eine Auswirkung auf den zwischenstaatlichen Handel gegen die wettbewerbsrechtlichen Ziele der Art. 2, Art. 3 Abs. 1 lit. g) EGV, kann dennoch keine Beeinträchtigung vorliegen, wenn die Vereinbarung oder Ausnutzung der marktbeherrschenden Stellung der Verwirklichung nicht-wettbewerbsrechtlicher Ziele dient und bei der zielorientierten Auslegung des Tatbestandsmerkmals "Beeinträchtigung" das nicht-wettbewerbsrechtliche Ziel als alleiniger Auslegungsmaßstab zu beachten ist[570].

Fraglich ist, unter welchen Voraussetzungen dies der Fall ist. Die rechtliche Problematik soll zunächst an dem Beispiel einer Vereinbarung verdeutlicht werden, in der wirtschaftliche Kooperationen zwischen europäischen Fluggesellschaften festgelegt sind[571]. Es sei angenommen, dass die Vereinbarung geschlossen wird, um in Übereinstimmung mit dem Ziel des Art. 3 Abs. 1 lit. m) EGV[572] die Wettbewerbsfähigkeit dieser Unternehmen gegenüber konkurrierenden US-amerikanischen Fluggesellschaften zu sichern[573]. Geht man weiter davon aus, dass sich diese Vereinbarung auf den zwischenstaatlichen Handel auswirkt und dem wettbewerbsrechtlichen Ziel des Art. 3 Abs. 1 lit. g) EGV widerspricht, beeinträchtigt die Vereinbarung folglich den zwischenstaatlichen Handel gem. Art. 81 Abs. 1 EGV. Die Vereinbarung ist damit gem. Art. 81 Abs. 2 EGV verboten. Da die Vereinbarung verboten ist, kann das industriepolitische Ziel nicht verwirklicht werden[574]. Die Qualifikation der Auswirkung als Beeinträchtigung widerspricht damit dem industriepolitischen Ziel. Dieses kann nur dann verwirklicht werden,

---

567 Mestmäcker in: Immenga/Mestmäcker (Fn. 10), Band I Einleitung A. IV. Rn. 52.

568 Stumpf in: Schwarze (Fn. 409), Artikel 2 EUV Rn. 26.

569 Mestmäcker in: Immenga/Mestmäcker (Fn. 10), Band I Einleitung A. IV. Rn. 52.

570 Mestmäcker in: Immenga/Mestmäcker (Fn. 10), Band I Einleitung A. IV. Rn. 52

571 Dreher, WuW 1998, 656 (656); Vgl. zum Zielkonflikt zwischen umweltschutzrechtlichen und wettbewerbsrechtlichen Zielen im deutschen Recht die Beispiele bei Kloepfer, JZ 1980, 781 (782 f).

572 Dreher, WuW 1998, 656 (656); Becker-Çelik, EWS 1997, 334 (337); Eingehend zum Inhalt des industriepolitischen Ziels vgl. Oppermann (Fn. 5), § 12 Rn. 947 ff.

573 Dreher, WuW 1998, 656 (656); Kloepfer, JZ 1980, 781 (782 f).

574 Becker-Çelik, EWS 1997, 334 (339 f); Oberender/Okruch, WuW 1994, 507 (517) bezeichnen den Versuch, das wettbewerbsrechtliche Ziel und das industriepolitische Ziel in Einklang miteinander zu bringen, als "ökonomische Quadratur des Kreises".

wenn die Auswirkung nicht als Beeinträchtigung beurteilt wird. Demzufolge führt die Auslegung nach wettbewerbsrechtlichem und industriepolitischem Ziel zu gegensätzlichen Ergebnissen. Es besteht damit ein sog. Zielkonflikt zwischen den beiden Zielen[575].

Fraglich ist, welches der konfligierenden Ziele bei der Auslegung der Beeinträchtigung als alleiniger Auslegungsmaßstab zu berücksichtigen ist. Dabei sind zwei Auslegungsergebnisse denkbar. Erstens kann die Lösung des Zielkonflikts darin bestehen, bei der Auslegung nur das wettbewerbsrechtliche Ziel zu berücksichtigen. Die Vereinbarung verstößt dann gegen Art. 3 Abs. 1 lit. g) EGV und ist somit als Beeinträchtigung zu qualifizieren. Zweitens kann die Lösung des Zielkonflikts darin bestehen, bei der Auslegung nur das industriepolitische Ziel gem. Art. 3 Abs. 1 lit. m) EGV zu berücksichtigen. In diesem Fall ist die Vereinbarung nicht als Beeinträchtigung gem. Art. 81 Abs. 1 EGV zu qualifizieren. Die Lösung des Zielkonflikts führt also zu dem Ergebnis, dass entweder das wettbewerbsrechtliche oder das industriepolitische Ziel als alleiniger Auslegungsmaßstab zu verwenden ist.

Das Beispiel zeigt, dass sich die einleitende Frage in einem Sachverhalt stellt, in dem bei der zielorientierten Auslegung der Beeinträchtigung ein Zielkonflikt gegeben ist. Zielkonflikte sind nach der Rechtsprechung des Gerichtshof entweder durch Normen des EGV (vgl. aa)), oder unter Anwendung des Prinzips praktischer Konkordanz zu lösen (vgl. bb)).

aa) Lösung von Zielkonflikten durch Normen des EGV

Ein Beispiel für die Lösung des Zielkonflikts durch Normen des EGV gibt das Urteil des EuGH in der Rechtssache "Maizena GmbH/Rat" (vgl. (1)). An diesem Beispiel werden die tatbestandlichen Voraussetzungen der Normen ermittelt (vgl. (2)).

(1) Beispiel: EuGH Rs. "Maizena GmbH/Rat"

In der Rechtssache "Maizena GmbH/Rat" hat der EuGH einen bestehenden Zielkonflikt durch Verweis auf Art. 36 Abs. 1 EGV gelöst[576]. Ein Unternehmen hatte gegen eine gem. Art. 36 Abs. 1 EGV erlassene Verordnung des Rats Anfechtungsklage erhoben[577]. Durch die Verordnung wurde dem Unternehmen eine

---

[575] Basedow in: Due, Ole (Hrsg.), Festschrift für Ulrich Everling, 1. Auflage Baden-Baden 1995, S. 49 (50).

[576] EuGH Slg. 1980, 3393 – Maizena GmbH/Rat, Rn. 23; so auch EuGH Slg. 1994, I-4973 – Bundesrepublik Deutschland/Rat, Rn. 61.

[577] EuGH Slg. 1980, 3393 – Maizena GmbH/Rat, Rn. 1, 13.

bestimmte Produktionsquote bei der Herstellung eines Erzeugnisses, der Isoglucose, auferlegt[578]. Das Unternehmen hat die Klage damit begründet, die Verordnung schränke den freien Wettbewerb gem. Art. 3 Abs. 1 lit. g) EGV durch Auferlegung der Produktionsquote mehr als in erforderlichem Maße ein und verletze damit wettbewerbsrechtliche Grundsätze[579].

Der EuGH hat das Vorbringen des Unternehmens als unbegründet zurückgewiesen. Zur Begründung legt er Art. 36 Abs. 1 EGV grammatisch und teleologisch aus. Nach dem Wortlaut des Art. 36 Abs. 1 EGV finde das Kapitel über die Wettbewerbsregeln auf die Produktion landwirtschaftlicher Erzeugnisse nur insoweit Anwendung, als der Rat dies unter Berücksichtigung der Ziele einer gemeinsamen Agrarpolitik gem. Art. 33 EGV (Art. 39 EWGV a. F.) im Rahmen des Art. 37 Abs. 2 und 3 EGV (Art. 43 Absätze 2 und 3 EWGV a. F.) und gemäß dem dort vorgesehenen Verfahren bestimme[580]. Artikel 36 Abs. 1 EGV diene dazu, Konflikte zwischen dem wettbewerbsrechtlichen Ziel des Art. 3 Abs. 1 lit. g) EGV und dem agrarpolitischen Ziel gem. Art. 3 Abs. 1 lit. e) EGV zu lösen[581]. Artikel 36 Abs. 1 EGV bringt den Vorrang der durch die Verordnung verfolgten agrarpolitischen Ziele gegenüber den wettbewerbsrechtlichen Zielen zum Ausdruck[582].

Der EuGH schließt somit von der Anordnung der Nicht-Anwendbarkeit der Wettbewerbsregeln gem. Art. 36 Abs. 1 EGV auf die Nachrangigkeit des wettbewerbsrechtlichen Ziels gegenüber dem agrarpolitischen Ziel des Art. 3 Abs. 1 lit. e) EGV. Damit stellte die Auferlegung der Produktionsquote durch die Verordnung aus Sicht des Gerichtshofs keinen Verstoß gegen wettbewerbsrechtliche Grundsätze dar.

---

578 EuGH Slg. 1980, 3393 – Maizena GmbH/Rat, Rn. 1.

579 EuGH Slg. 1980, 3393 – Maizena GmbH/Rat, Rn. 22.

580 EuGH Slg. 1980, 3393 – Maizena GmbH/Rat, Rn. 23.

581 Basedow in: Due, Ole (Fn. 575), S. 49 (52) spricht in diesem Zusammenhang von "besonderen Konfliktregeln"; ferner Dony, CDE 1995, 461 (470): "La Cour avait donc ainsi clairement reconnu au Conseil le pouvoir, lorsque les objectifs poursuivis par les règles de concurrence et ceux que visent les règles en matière agricole ne sont pas compatibles, de donner la priorité aux règles en matière agricole et par conséquent la possibilité de limiter, dans la mesure où il l'estime nécessaire pour la mise en oeuvre de la politique agricole commune, le jeu normal de la concurrence." und Berrisch, EuR 1994, 461 (464): "Die Einrichtung eines Systems eines unverfälschten Wettbewerbs innerhalb des Gemeinsamen Markes ist nicht alleiniges Ziel des Art. 3 EWGV; dieser nennt als eines der gleichberechtigten Ziele ebenfalls die Einführung der gemeinsamen Agrarpolitik. Art. 42 EWGV normiert einen eindeutigen Vorrang der Agrarpolitik vor den Zielen des Vertrages im Bereich der Wettbewerbspolitik, [...]".

582 EuGH Slg. 1980, 3393 – Maizena GmbH/Rat, Rn. 23; So auch EuGH Slg. 1994, I-4973 – Bundesrepublik Deutschland/Rat, Rn. 61; Blaise/Robin-Delaine, RevAE 1994, 125 (126); Vgl. Everling, EuR 1982, 301 (312 f), der von dem Vorrang des agrarpolitischen Ziels auf die wirtschaftspolitische Zurückhaltung des Gerichtshofs schließt.

(2) Tatbestandliche Voraussetzungen der Normen

Das Urteil des EuGH in der Rechtssache "Maizena GmbH/Rat" zeigt, dass der Zielkonflikt durch eine Norm gelöst wird, welche die Vorrangigkeit des agrarpolitischen Ziels gegenüber dem wettbewerbsrechtlichen Ziel festgelegt. Vorrangigkeit bedeutet, dass bei der zielorientierten Auslegung das wettbewerbsrechtliche Ziel nicht berücksichtigt wird. Somit ist allein das agrarpolitische Ziel Auslegungsmaßstab für das Tatbestandsmerkmal "Beeinträchtigung".
Dem Urteil in der Rechtssache "Maizena GmbH/Rat" lassen sich drei Voraussetzungen entnehmen, unter denen der EuGH einer Norm die Funktion zuspricht, Zielkonflikte zu lösen. Die Norm muss erstens der Verwirklichung eines nichtwettbewerbsrechtlichen Ziels dienen. Dies ist durch Auslegung der Norm zu ermitteln. Zweitens muss die Norm die Nicht-Anwendbarkeit der Wettbewerbsregeln ausdrücklich bestimmen (vgl. (a)). Drittens begründet der EuGH die Funktion der Norm, Zielkonflikte zu lösen, zusätzlich durch Auslegung der Norm (vgl. (b)).

(a) Ausdrückliche Bestimmung der Nicht-Anwendbarkeit der Wettbewerbsregeln

Der EuGH begründet die Nicht-Anwendbarkeit der Wettbewerbsregeln mit dem Wortlaut des Art. 36 Abs. 1 EGV. Entscheidend sei die ausdrückliche Bestimmung der Nicht-Anwendbarkeit der Wettbewerbsregeln in der Norm des EGV[583]. Da Art. 36 Abs. 1 EGV ausdrücklich die Nicht-Anwendbarkeit der Wettbewerbsregeln bestimmt, ist diese Voraussetzung im Urteil in der Rechtssache "Maizena GmbH/Rat" erfüllt.

(b) Auslegung der Norm

Der Gerichtshof begründet die Nicht-Anwendbarkeit der Wettbewerbsregeln in den Urteilen, die auf die Rechtssache "Maizena GmbH/Rat" folgen, zusätzlich mit der Auslegung der konfliktlösenden Normen. Ein Beispiel für die Auslegung einer Norm gibt das Urteil in der Rechtssache "Ministère public/Lucas Asjes u. a." [584]. Der EuGH hatte zu entscheiden, ob Art. 80 Abs. 2 EGV (Art. 84 Abs. 1 EWGV a.

---

[583] EuGH Slg. 1986, 1425 – Ministère public/Lucas Asjes u. a., Rn. 40 f; Dutheil de la Rochère, RTDE 1986, 519 (526 f); Henrotte-Estienne, CDE 1986, 361 (372): "Par ailleurs, la Cour s'appuie sur un raisonnement de principe applicable non seulement au transport aérien mais aussi aux autres activités visées par le traité. L'idée, simple, est que le Traité s'applique à toutes activités économiques, sauf dérogation expresse prévue par celui-ci."; Bischoff/Huet, JDI 1987, 462 (464); Kerber, RIW 1986, 633 (634); Kuyper, CMLR 1986, 661 (668); Sedemund/Montag, NJW 1986, 2146 (2147).

[584] EuGH Slg. 1986, 1425 – Ministère public/Lucas Asjes u. a., Rn. 27.

F.) die Nicht-Anwendbarkeit der Wettbewerbsregeln auf den Flugverkehr festlegt[585]. Er hat geurteilt, dass Art. 80 Abs. 2 EGV die Anwendbarkeit der Wettbewerbsregeln nicht ausschließe[586]. Vielmehr schließe Art. 80 Abs. 2 EGV nur die Anwendbarkeit der Vorschriften des V. Titels (Verkehr) auf Seeschifffahrt und Luftfahrt aus[587].

Der EuGH begründet dies zum einen durch eine grammatische Auslegung des Art. 80 Abs. 2 EGV. Im Gegensatz zu Art. 36 Abs. 1 EGV bestimme Art. 80 Abs. 2 nicht ausdrücklich die Nicht-Anwendbarkeit der Wettbewerbsregeln[588]. Zum anderen begründet er die Anwendbarkeit der Wettbewerbsregeln auf die Verkehrspolitik in systematischer Auslegung mit dem Verweis auf Art. 70 EGV (Art. 74 EWGV a. F.). Die Vorschrift lege fest, dass die Mitgliedstaaten die Ziele des EGV im Rahmen einer gemeinsamen Verkehrspolitik verfolgten[589]. Damit sei im Rahmen des Art. 80 Abs. 2 EGV auch das wettbewerbsrechtliche Ziel des Art. 3 Abs. 1 lit. g) EGV zu beachten. Da Art. 3 Abs. 1 lit. g) EGV durch die Art. 81 ff. EGV präzisiert werde, seien folglich die Art. 81 ff. EGV auch im Rahmen der Art. 70 bis 80 EGV anzuwenden[590]. Die Art. 70 ff. EGV enthielten keine dem Art. 51 Abs. 1 EGV (Art. 59 Abs. 1 EWGV) vergleichbare Bestimmung, welche die Anwendbarkeit bestimmter Normen des EGV auf die Art. 70 ff. EGV ausschließe[591]. Schließlich begründet der EuGH die Anwendbarkeit der Wettbewerbsregeln durch systematische Auslegung mit dem Verweis auf Art. 73 EGV (Art. 77 EWGV a. F.) [592]. Nach dieser Norm seien mit dem EGV Beihilfen vereinbar, die den Erfordernissen der Koordinierung des Verkehrs oder der Abgeltung bestimmter, mit dem Begriff des öffentlichen Dienstes zusammenhängender Leistungen entsprächen[593]. Indem der EGV ausdrücklich den Begriff der Beihilfe im Titel über die Verkehrspolitik erwähnt, beziehe er sich, so der EuGH, auf einen im Kapitel über die Wettbewerbsregeln definierten Begriff. Damit setze der EGV in

---

585 EuGH Slg. 1986, 1425 – Ministère public/Lucas Asjes u. a., Rn. 27.

586 EuGH Slg. 1986, 1425 – Ministère public/Lucas Asjes u. a., Rn. 40, 42.

587 EuGH Slg. 1986, 1425 – Ministère public/Lucas Asjes u. a., Rn. 31; Walsh, IBL 1986, 223 (223).

588 EuGH Slg. 1986, 1425 – Ministère public/Lucas Asjes u. a., Rn. 40 f; Walsh, IBL 1986, 223 (223).

589 EuGH Slg. 1986, 1425 – Ministère public/Lucas Asjes u. a., Rn. 35 f; Walsh, IBL 1986, 223 (223).

590 Bellis, SwissRICL 1986, 51 (59).

591 EuGH Slg. 1986, 1425 – Ministère public/Lucas Asjes u. a., Rn. 37 f; Bellis, SwissRICL 1986, 51 (60); Artikel 51 schließt die Anwendbarkeit der Art. 49 f, Art. 52 ff EGV auf den freien Dienstleistungsverkehr auf dem Gebiet des Verkehrs aus.

592 EuGH Slg. 1986, 1425 – Ministère public/Lucas Asjes u. a., Rn. 39; Walsh, IBL 1986, 223 (223).

593 EuGH Slg. 1986, 1425 – Ministère public/Lucas Asjes u. a., Rn. 39.

Art. 73 EGV die Geltung der Wettbewerbsregeln auch auf dem Gebiet der Verkehrspolitik voraus[594].
Das Urteil des EuGH in der Rechtssache "Ministère public/Lucas Asjes u. a." zeigt, dass die Wettbewerbsregeln nur dann auf bestimmte Vorschriften des EGV unanwendbar sind, wenn eine Norm des EGV dies ausdrücklich bestimmt. Zudem muss sich die Nicht-Anwendbarkeit durch Auslegung der Norm ergeben. Das Erfordernis der weiteren Auslegung zeigt, dass nach Ansicht des EuGH in der Rechtssache "Ministère public/Lucas Asjes u. a." die ausdrückliche Bestimmung der Nicht-Anwendbarkeit allein nicht ausreicht, um die Norm als konfliktlösend zu qualifizieren.

bb) Lösung von Zielkonflikten durch "praktische Konkordanz"

Fehlt eine ausdrückliche Regelung des EGV, sind Zielkonflikte aus Sicht des Gerichtshofs dergestalt zu lösen, dass die gegensätzlichen Ziele entsprechend den wirtschaftlichen Tatsachen und Umständen auszugleichen sind und dabei dem einen oder anderen Ziel zeitweilig der Vorrang einzuräumen ist[595]. Zur Lösung des Zielkonflikts muss also parallel zum Urteil in der Rechtssache "Maizena GmbH/Rat" einem der konfligierenden Ziele der Vorrang eingeräumt werden[596]. Bei der Auslegung des Tatbestandsmerkmals "Beeinträchtigung" ist somit nur das vorrangige Ziel als Auslegungsmaßstab zu beachten.
Ist das wettbewerbsrechtliche Ziel als vorrangig einzustufen, ist im Eingangsbeispiel das Tatbestandsmerkmal Beeinträchtigung allein im Lichte des wettbewerbsrechtlichen Ziels auszulegen. Folglich ist die Auswirkung der Vereinbarung als Beeinträchtigung zu qualifizieren. Ist das industriepolitische Ziel vorrangig, ist die Beeinträchtigung allein im Lichte dieses Ziels auszulegen. Damit ist die Auswirkung nicht als Beeinträchtigung gem. Art. 81 Abs. 1 EGV zu qualifizieren.
Die Entscheidung darüber, welchem Ziel der Vorrang einzuräumen ist, liegt im Ermessen der Gemeinschaftsorgane[597]. In der Literatur wird angenommen, dass einem der konfligierenden Ziele nur zeitweilig der Vorrang vor dem anderen Ziel

---

594 EuGH Slg. 1986, 1425 – Ministère public/Lucas Asjes u. a., Rn. 39; Bellis, SwissRICL 1986, 51 (60); Kuyper, CMLR 1986, 661 (668).

595 Vgl. zuletzt EuGH Slg. 1995, I-3115 – The Queen/Minister of Agriculture, Fisheries and Food ex parte National Federation of Fishermen's Organizations u. a., Rn. 37; Hatje in: Schwarze (Fn. 409), Artikel 2 EGV Rn. 23; Ukrow in: Calliess/Ruffert (Fn. 398), Art. 2 EGV Rn. 30; Zuleeg in: Groeben/Thiesing/Ehlermann (Fn. 4), Band 1 Artikel 2 Rn. 12.

596 Ipsen (Fn. 390), S. 559.

597 Zum Ermessen der Gemeinschaftsorgane bei dem Ausgleich zwischen dem Ziel der Verwirklichung der Landwirtschaft und dem wettbewerbsrechtlichen Ziel vgl. EGH Slg. 1980, 3393 – Maizena GmbH/Rat, Rn. 23; Hatje in: Schwarze (Fn. 409), Artikel 32 EGV Rn. 23.

eingeräumt werden solle[598]. Es sollten möglichst alle Ziele gleichzeitig verwirklicht werden[599]. Alle Ziele sollten auf eine optimale Art und Weise verwirklicht werden[600]. Hieraus folgt, dass keines der Ziele verabsolutiert werden dürfe[601]. Sämtliche Ziele müssten auf diese Weise relativ wirksam bleiben[602].
Im deutschen Recht wird ein solcher Ausgleich im Rahmen des Prinzips praktischer Konkordanz durchgeführt[603]. Nach diesem Prinzip setzt der Ausgleich zwischen sich widersprechenden Rechtspositionen voraus, dass die widerstreitenden Ziele den gleichen Rang haben[604]. Ist dies nicht der Fall, ergibt sich bereits aus dem unterschiedlichen Rang der Ziele, dass das rangniedere Ziel gegenüber dem ranghöheren Ziel zurücktritt[605]. Das bedeutet, dass ein nachrangiges Ziel nicht zu Lasten eines vorrangigen Ziels verwirklicht werden darf[606].
Fraglich ist, ob der EuGH, wie im Schrifttum vertreten wird[607], die Vorrangigkeit eines der konfligierenden Ziele nach den Grundsätzen des Prinzips praktischer Konkordanz bestimmt. Voraussetzung für die Anwendung des Prinzips der praktischen Konkordanz ist zunächst, dass das wettbewerbsrechtliche Ziel den gleichen Rang wie die nicht-wettbewerbsrechtlichen Ziele hat[608]. Hierbei stellt sich in erster Linie die Frage, ob das Ziel des Art. 3 Abs. 1 lit. g) EGV aufgrund seiner Bedeutung für die Verwirklichung des Binnenmarkts einen höheren normativen Rang als die anderen Ziele der Art. 2, Art. 3 EGV hat (vgl. (1)). Ist davon auszugehen, dass dem wettbewerbsrechtlichen Ziel der gleiche normativen Rang wie die anderen Ziele der Art. 2, Art. 3 EGV zukommt, kann der Zielkonflikt durch Anwendung des Prinzips praktischer Konkordanz gelöst werden. Da der Gerichtshof in der Rechtssache "Albany International BV/Stichting Bedrijfspensi-

---

598 Mestmäcker in: Immenga/Mestmäcker (Fn. 10), Band I Einleitung A. IV. Rn. 52; Börner in: Börner (Hrsg.), Studien zum deutschen und europäischen Wirtschaftsrecht, Band 26 Köln Berlin Bonn München 1977, S. 39 (59).

599 Mestmäcker in: Immenga/Mestmäcker (Fn. 10), Band I Einleitung A. IV. Rn. 52; Börner in: Börner (Hrsg.), Studien zum deutschen und europäischen Wirtschaftsrecht (Fn. 598), S. 39 (59).

600 Rook, Umweltschutz und Wettbewerb im EG-Recht, Osnabrück 1998, S. 77: "Es gilt also, die einzelnen Ziele gegeneinander abzuwägen, um zu einer möglichst effizienten Zielerreichung aller Politiken zu kommen.".

601 Ipsen (Fn. 390), S. 559.

602 Grabitz, AöR 98 (1973), 568 (577).

603 Blanke, AuR 2000, 26 (30); Mestmäcker in: Immenga/Mestmäcker (Fn. 10), Band I Einleitung A. IV. Rn. 52; Zum Prinzip der praktischen Konkordanz im deutschen Recht vgl. Müller, Juristische Methodik, 7. Auflage Berlin 1997, S. 262 Rn. 392; Hesse, Grundzüge des Verfassungsrechts der Bundesrepublik Deutschland, 20. Auflage Heidelberg 1995, S. 28 Rn. 72.

604 Fleischer, DB 2000, 821 (822); Müller (Fn. 603), S. 262 Rn. 392; Grabitz, AöR 98 (1973), 568 (577, 579).

605 Basedow in: Due, Ole (Fn. 575), S. 49 (67).

606 Basedow in: Due, Ole (Fn. 575), S. 49 (67).

607 Schwarze, EuZW 2001, 334 (339); Blanke, AuR 2000, 26 (30); Mestmäcker in: Immenga/Mestmäcker (Fn. 10), Band I Einleitung A. IV. Rn. 52.

608 Fleischer, DB 2000, 821 (822).

oenfonds Textielindustrie" vor die Aufgabe gestellt war, einen Zielkonflikt zu lösen, wird die Lösung von Zielkonflikten am Beispiel dieser Rechtssache untersucht (vgl. (2)).

(1) Rang des wettbewerbsrechtlichen Ziels gegenüber anderen Zielen

Dem wettbewerbsrechtlichen Ziel gem. Art. 2, Art. 3 Abs. 1 lit. g) EGV wird im Schrifttum zum Teil der Vorrang gegenüber den anderen Zielen der Gemeinschaft eingeräumt[609]. Dies wird mit der Funktion des wettbewerbsrechtlichen Ziels als Ordnungsprinzip des Gemeinsamen Markts und des Binnenmarkts begründet[610]. Der Wettbewerb sei aufgrund dieser Funktion als "Steuerungsinstrument bei der Verfolgung der gemeinschaftsrechtlichen Ziele" zu betrachten und damit vor allen anderen Zielen zu berücksichtigen[611]. Nachfolgend ist zu prüfen, ob dieses Ergebnis rechtlich begründet werden kann. Hierzu ist zunächst die Rechtsprechung des EuGH zu untersuchen (vgl. (a)). Im Anschluss daran wird dargestellt, aus welchen Gründen zum Teil von der Höchstrangigkeit des wettbewerbsrechtlichen Ziels (vgl. (b)) bzw. der Höherrangigkeit des wettbewerbsrechtlichen Ziels gegenüber den meisten anderen Zielen des EGV ausgegangen wird (vgl. (c)). Schließlich wird zur Frage des Rangs des wettbewerbsrechtlichen Ziels Stellung bezogen (vgl. (d)).

(a) Rechtsprechung

In der Rechtssache "Albany International BV/Stichting Bedrijfspensioenfonds Textielindustrie" hatte der EuGH einen Konflikt zwischen zwei Zielen zu lösen und dabei den Rang des wettbewerbsrechtlichen Ziels zu bestimmen. Zunächst wird dargestellt, worin der Zielkonflikt bestand. Danach wird untersucht, welchen Rang der EuGH dem wettbewerbsrechtlichen Ziel gibt.
Dem Verfahren lag ein Rechtsstreit zwischen dem Unternehmen Albany International BV (fortan: Albany) und der Stichting Bedrijfspensioenfonds Textielindustrie (fortan: Betriebsrentenfonds), einer Stiftung für Betriebsrentenfonds der Textilindustrie, zu Grunde[612]. Der Betriebsrentenfonds war durch die Sozialpartner der Textilindustrie durch Tarifvertrag errichtet worden[613]. Auf Antrag der Sozial-

---

609 Dreher, WuW 1998, 656 (659, 662, 663).
610 Dreher, WuW 1998, 656 (663).
611 Dreher, WuW 1998, 656 (659).
612 EuGH Slg. 1999, I-5751 – Albany International BV/Stichting Bedrijfspensioenfonds Textielindustrie, Rn. 2.
613 EuGH Slg. 1999, I-5751 – Albany International BV/Stichting Bedrijfspensioenfonds Textielindustrie, Rn. 25.

partner war durch den zuständigen Minister die Pflichtmitgliedschaft der Unternehmen der Textilindustrie, d. h. unter anderem der Albany, verbindlich vorgeschrieben worden[614].

Da sich Albany geweigert hatte, die Beiträge zu bezahlen, ließ der Betriebsrentenfonds Albany einen Mahnbescheid zustellen. In dem Mahnbescheid wurde ihm aufgegeben, die Beiträge zu zahlen[615]. Gegen den Mahnbescheid legte Albany beim Kantongericht Arnheim Widerspruch ein. Es begründete den Widerspruch damit, die Pflichtmitgliedschaft in dem Rentenfonds verstoße unter anderem gegen Art. 3 Abs. 1 lit. g), Art. 81 EGV[616]. Das Kantongericht hat daraufhin das Verfahren ausgesetzt und dem Gerichtshof die Frage vorgelegt, ob Art. 3 Abs. 1 lit. g) EGV, Art. 81 EGV der Entscheidung des Staates entgegenstehen, auf Antrag der Sozialpartner die Mitgliedschaft in einem Betriebsrentenfonds verbindlich vorzuschreiben[617]. Aus Sicht des Gerichtshofs war die Frage zu beantworten, ob eine tarifvertragliche Vereinbarung zur Errichtung eines Betriebsrentenfonds als Vereinbarung gem. Art. 81 Abs. 1 EGV zu qualifizieren war[618].

Aufbauend auf der Feststellung, dass die Wettbewerbsregeln des EGV grundsätzlich auch auf dem Gebiet der Sozial- und Tarifpolitik anwendbar sind[619], prüft der EuGH, ob die Voraussetzungen einer Vereinbarung gem. Art. 81 Abs. 1 EGV erfüllt sind. Dabei stellt er fest, dass die Gemeinschaft nicht nur gem. Art. 3 Abs. 1 lit. g) EGV das Ziel verfolge, innerhalb des Binnenmarkts ein System unverfälschten Wettbewerbs zu errichten[620]. Vielmehr verfolge die Gemeinschaft gem. Art. 2, Art. 3 Abs. 1 lit. j) EGV auch sozialpolitische Ziele, wie sich aus Art. 3

---

614 EuGH Slg. 1999, I-5751 – Albany International BV/Stichting Bedrijfspensioenfonds Textielindustrie, Rn. 25.

615 EuGH Slg. 1999, I-5751 – Albany International BV/Stichting Bedrijfspensioenfonds Textielindustrie, Rn. 31.

616 EuGH Slg. 1999, I-5751 – Albany International BV/Stichting Bedrijfspensioenfonds Textielindustrie, Rn. 32.

617 EuGH Slg. 1999, I-5751 – Albany International BV/Stichting Bedrijfspensioenfonds Textielindustrie, Rn. 37, 46.

618 EuGH Slg. 1999, I-5751 – Albany International BV/Stichting Bedrijfspensioenfonds Textielindustrie, Rn. 47, 52, 53, 60, 61, 64.

619 EuGH Slg. 1999, I-5751 – Albany International BV/Stichting Bedrijfspensioenfonds Textielindustrie, Rn. 52 ff; Schlussanträge des Generalanwalts Jacobs, Slg. 1999, I-5751 – Albany International BV/Stichting Bedrijfspensioenfonds Textielindustrie, Rn. 123 f; 126 f mit Verweis auf EuGH Slg. 1997, I-7119 – Job Centre coop. arl., 21 ff; EuGH Slg. 1995, I-4013 – Fédération Française des Sociétés d'Assurance u. a./Ministère de l'Agriculture et de la Pêche, Rn. 14 f, 16 ff; EuGH Slg. 1993, I-637 – Christian Poucet/Assurances générales de France (AGF) u. a. und Daniel Pistre/Caisse autonome nationale de compensation de l'assurance vieillesse des artisans (Cancava), Rn. 16 ff; EuGH Slg. 1991, I-1979 – Höfner u. Elser/Macotron, Rn. 20 ff; Fleischer, DB 2000, 821 (822); Gyselen, CMLR 2000, 425 (441 f); Haverkate in: Haverkate/Weiss/Huster (Hrsg.), Casebook zum Arbeits- und Sozialrecht der EU, 1. Auflage Baden-Baden 1999, 267 (277 ff, 280); AA Berg, EuZW 2000, 170 (170).

620 EuGH Slg. 1999, I-5751 – Albany International BV/Stichting Bedrijfspensioenfonds Textielindustrie, Rn. 54.

Abs. 1 lit. j) EGV ("Sozialpolitik"), Art. 2 EGV ("hohes Beschäftigungsniveau", "hohes Maß an sozialem Schutz") ergebe[621]. Ferner folge aus dem Kapitel über die Sozialvorschriften des EGV, Art. 137 ff. EGV, dass die Kommission die Aufgabe habe, die Zusammenarbeit zwischen den Mitgliedstaaten in sozialen Fragen insbesondere auf dem Gebiet der Sozialverhandlungen zu fördern und den Dialog zwischen den Vertragspartnern zu fördern[622]. Schließlich weist der EuGH daraufhin, dass auch das Abkommen über die Sozialpolitik das Ziel festschreibe, den Dialog zwischen den Sozialpartnern auf Gemeinschaftsebene zu fördern[623].

Der EuGH stellt des Weiteren fest, Tarifverträge hätten zwangsläufig wettbewerbsbeschränkende Wirkungen[624]. Er weist jedoch daraufhin, das mit einem Tarifvertrag angestrebte sozialpolitische Ziel sei ernsthaft gefährdet, wenn Art. 81 Abs. 1 EGV für die Sozialpartner bei der gemeinsamen Suche nach Maßnahmen zur Verbesserung der Beschäftigungs- und Arbeitsbedingungen im Rahmen von Tarifverhandlungen Geltung hätte[625].

Folglich kommt der EuGH zu dem Ergebnis, dass die Verträge, die im Rahmen von Tarifverhandlungen zwischen den Sozialpartnern geschlossen wurden, im Hinblick auf die sozialpolitischen Ziele aufgrund ihrer Art und ihres Gegenstands nicht unter Artikel 85 Absatz 1 des Vertrages fallen[626]. Dies folge aus einer sachgerechten und zusammenhängenden Auslegung der Bestimmungen des Vertrages in ihrer Gesamtheit[627].

Der EuGH hatte demzufolge bei der Auslegung des Tatbestandsmerkmals Vereinbarung zwischen zwei Alternativen zu wählen. Erstens konnte er das wettbewerbsrechtliche Ziel als vorrangig einstufen. In diesem Fall ist das wettbewerbsrechtliche Ziel der alleinige Auslegungsmaßstab für Art. 81 Abs. 1 EGV. Folglich sind die Tarifverträge als Vereinbarungen zu qualifizieren, die aufgrund ihrer wettbewerbsbeschränkenden Wirkungen gem. Art. 81 Abs. 1 EGV verboten sind. Zum anderen konnte der EuGH die Vorrangigkeit des sozialpolitischen Ziels bejahen. In diesem Fall ist das sozialpolitische Ziel der alleinige Auslegungsmaßstab für Art. 81 Abs. 1 EGV. Die Tarifverträge sind damit nicht als Vereinbarungen gem. Art. 81 Abs. 1 EGV zu qualifizieren.

---

621 EuGH Slg. 1999, I-5751 – Albany International BV/Stichting Bedrijfspensioenfonds Textielindustrie, Rn. 54.

622 EuGH Slg. 1999, I-5751 – Albany International BV/Stichting Bedrijfspensioenfonds Textielindustrie Rn. 55 f.

623 EuGH Slg. 1999, I-5751 – Albany International BV/Stichting Bedrijfspensioenfonds Textielindustrie, Rn. 57 f.

624 EuGH Slg. 1999, I-5751 – Albany International BV/Stichting Bedrijfspensioenfonds Textielindustrie, Rn 59.

625 EuGH Slg. 1999, I-5751 – Albany International BV/Stichting Bedrijfspensioenfonds Textielindustrie, Rn. 59.

626 EuGH Slg. 1999, I-5751 – Albany International BV/Stichting Bedrijfspensioenfonds Textielindustrie, Rn. 60.

627 EuGH Slg. 1999, I-5751 – Albany International BV/Stichting Bedrijfspensioenfonds Textielindustrie, Rn. 60.

Die Entscheidungsalternativen zeigen, dass die Auslegung der "Vereinbarung" im Lichte beider Ziele zu widersprüchlichen Auslegungsergebnissen führt. Ist das wettbewerbsrechtliche Ziel vorrangig, kann damit das mit dem Tarifvertrag verbundene sozialpolitische Ziel nicht verwirklicht werden. Ist dagegen das sozialpolitische Ziel vorrangig, entfaltet der Tarifvertrag wettbewerbsschädigende Wirkungen. Das wettbewerbsrechtliche Ziel kann damit nicht verwirklicht werden. Die Auslegung im Licht des wettbewerbsrechtlichen Ziels führt somit zum Bejahen, die Auslegung im Licht des sozialpolitischen Ziels zum Verneinen des Tatbestandsmerkmals. Der EuGH hatte folglich im Rahmen der Auslegung des Tatbestandsmerkmals "Vereinbarungen" gem. Art. 81 Abs. 1 EGV einen Konflikt zwischen zwei Zielen des EGV zu lösen, dem wettbewerbsrechtlichen und dem sozialpolitischen Ziel.

Der EuGH löst diesen Zielkonflikt zugunsten des sozialpolitischen Ziels. Er weist darauf hin, dass die Erreichung des sozialpolitischen Ziels gefährdet wäre, wenn der Tarifvertrag aufgrund seiner zwangsläufigen wettbewerbsbeschränkenden Wirkungen als Vereinbarung zu qualifizieren und somit gem. Art. 81 Abs. 1 EGV verboten wäre. Damit ist aus Sicht des EuGH das sozialpolitische Ziel als höherrangig gegenüber dem wettbewerbspolitischen Ziel einzustufen. Somit ist aus Sicht des EuGH das sozialpolitische Ziel als alleiniger Auslegungsmaßstab für Art. 81 Abs. 1 EGV zu verwenden. Folglich ist das wettbewerbsrechtliche Ziel nach dem Urteil nicht generell als höchstrangiges Ziel des EGV zu qualifizieren.

Aus der Vorrangigkeit des sozialpolitischen Ziels folgt jedoch nicht, dass das wettbewerbsrechtliche gegenüber dem sozialpolitischen Ziel generell unterrangig ist. So hat der Gerichtshof die Vorrangigkeit des sozialpolitischen Ziels einschränkend nur im Zusammenhang mit tarifvertraglichen Bestimmungen anerkannt, die nach "Art und Gegenstand"[628] der Erreichung von sozialpolitischen Zielen dienen[629]. Dienen Bestimmungen in Tarifverträgen nicht der Erreichung der sozialpolitischen Ziele der Gemeinschaft, wird das sozialpolitische Ziel durch ein kartellrechtliches Verbot der tarifvertraglichen Bestimmungen nicht "ernsthaft gefährdet". In diesem Fall steht das wettbewerbsrechtliche Ziel nicht im Konflikt mit dem sozialpolitischen Ziel. Folglich besteht aus Sicht des Gerichtshofs der Vorrang des sozialpolitischen Ziels gegenüber dem wettbewerbsrechtlichen Ziel nicht generell, sondern abhängig von der einzelnen tarifvertraglichen Bestimmung

---

628 EuGH Slg. 1999, I-5751 – Albany International BV/Stichting Bedrijfspensioenfonds Textielindustrie, Rn. 60 f: "Bei einer sachgerechten und zusammenhängenden Auslegung der Bestimmungen des Vertrages in ihrer Gesamtheit ergibt sich daher, dass die im Rahmen von Tarifverhandlungen zwischen den Sozialpartnern im Hinblick auf diese Ziele geschlossenen Verträge aufgrund ihrer Art und ihres Gegenstands nicht unter Artikel 85 Absatz 1 des Vertrages fallen. Es ist daher zu prüfen, ob die Art und der Gegenstand der im Ausgangsverfahren streitigen Vereinbarung es rechtfertigen, sie dem Anwendungsbereich des Artikels 85 Absatz 1 des Vertrages zu entziehen."; Dazu Berg, EuZW 2000, 170 (171); Blanke, AuR 2000, 26 (30).

629 Blanke, AuR 2000, 26 (30).

und nur bei ernsthafter Gefährdung des sozialpolitischen Ziels. Somit ist davon auszugehen, dass der Gerichtshof das wettbewerbsrechtliche Ziel generell als gleichrangig gegenüber dem sozialpolitischen Ziel einstuft[630].

(b) Höchstrangigkeit des wettbewerbsrechtlichen Ziels

Teilweise wird von der Höchstrangigkeit des wettbewerbsrechtlichen Ziels im Verhältnis zu den anderen Zielen des EGV ausgegangen[631].
Dies wird zunächst in systematischer Hinsicht mit dem Verweis auf Art. 4 Abs. 1 EGV begründet[632]. Artikel 4 lege fest, dass die Tätigkeit der Gemeinschaft die Einführung einer Wirtschaftspolitik umfasse, die dem Grundsatz einer offenen Marktwirtschaft mit freiem Wettbewerb verpflichtet sei. Eine offene Marktwirtschaft mit freiem Wettbewerb könne im Ergebnis nur bedeuten, dass der Steuerung des Wirtschaftssystems durch Wettbewerb im Verhältnis zu nicht-wettbewerbsrechtlichen Steuerungsinstrumenten der Vorrang eingeräumt werde[633]. Darüber hinaus erkläre sich der Vorrang des wettbewerbsrechtlichen Ziels aus der Tatsache, dass die Bestimmungen des EGV in erster Linie auf dem Grundsatz der Freiheit und Gleichheit beruhten[634]. Die Entscheidung des EGV für diese Grundsätze zeige sich beispielsweise in den Bestimmungen zu den Grundfreiheiten und den zahlreichen Diskriminierungsverboten. Gerade den Wettbewerbsregeln komme als marktwirtschaftlichen Ordnungsprinzipien die Aufgabe zu, innerhalb der Gemeinschaft Freiheit und Gleichheit zu gewährleisten[635]. Damit müsse dem Wettbewerb, folglich auch dem wettbewerbsrechtlichen Ziel, innerhalb der Bestimmungen des EGV ein besonderer Rang zukommen, denn ohne den Wettbewerb könnten Freiheit und Gleichheit nicht gewährleistet und damit auch kein Gemeinsamer Markt geschaffen werden[636]. Ferner sei die Gewährleistung der Gemeinschaftsgrundrechte der Eigentums- und Berufsfreiheit sowie der Freiheit der wirtschaftlichen Betätigung nicht denkbar, ohne dass das marktwirtschaftliche System der Gemeinschaft durch den Wettbewerb gesteuert würde[637].
Zudem wird die Höchstrangigkeit auch durch Auslegung der Ziele im systematischen Zusammenhang mit den Regelungen der einzelnen Politiken der Gemein-

---

630 So auch Bündenbender, ZIP 2000, 44 (44); Blanke, AuR 2000, 26 (30); AA Fleischer, DB 2000, 821 (822), der einen "Kernbereich kollektivvertraglicher Regelungen kartellrechtlich immunisieren" will, ohne allerdings zu erklären, was unter dem "Kernbereich" zu verstehen ist.
631 Dreher, WuW 1998, 656 (663).
632 Dreher, WuW 1998, 656 (657).
633 Dreher, WuW 1998, 656 (657).
634 Dreher, WuW 1998, 656 (658).
635 Dreher, WuW 1998, 656 (658).
636 Dreher, WuW 1998, 656 (658).
637 Dreher, WuW 1998, 656 (659).

schaft begründet. Aus dem Vorrang des agrarpolitischen Ziels gem. Art. 36 EGV folge e contrario, dass das wettbewerbsrechtliche Ziel gegenüber nicht-agrarpolitischen Tätigkeitsbereichen als Grundprinzip gelte und folglich als höchstrangiges Ziel zu beurteilen sei[638]. Ferner wird auf die Vorschriften des EGV zur Ausführung der nicht-wettbewerbsrechtlichen Ziele Bezug genommen. Diese Normen dienten der Erreichung dieser Ziele. Jedoch bestimmten die Normen zum Teil ausdrücklich, dass die Erreichung des nicht-wettbewerbsrechtlichen Ziels keine Grundlage dafür sei, wettbewerbsverzerrende Maßnahmen innerhalb der Gemeinschaft einzuführen[639]. Beispielsweise bestimme Art. 157 Abs. 3 UAbs. 2, dass der Titel XVI. (Industrie) des EGV zur Erreichung des industriepolitischen Ziels gem. Art. 3 Abs. 1 lit. m) EGV keine Grundlage dafür bietet, "dass die Gemeinschaft irgendeine Maßnahme einführt, die zu Wettbewerbsverzerrungen führen könnte"[640]. Darüber hinaus spreche auch Art. 81 Abs. 3 EGV für die Höchstrangigkeit des wettbewerbsrechtlichen Ziels, da die Vorschrift Freistellungen vom Kartellverbot nur unter strengen Voraussetzungen zulasse[641].
Zuletzt wird die Höchstrangigkeit des wettbewerbsrechtlichen Ziels unter Bezug auf die Rechtssache "Europemballage Corporation u. a./ Kommission" angenommen[642]. Der EuGH habe hier den Vorrang des wettbewerbsrechtlichen Ziels bestätigt, indem er zwar die Verwirklichung nicht-wettbewerbsrechtlicher Ziele des EGV zu Lasten des Wettbewerbs grundsätzlich zulasse[643]. Jedoch laufe eine Abschwächung des Wettbewerbs den Zielsetzungen des Gemeinsamen Markts zuwider und sei damit unzulässig[644]. Beispielsweise dürfe eine Maßnahme zur Erreichung des industriepolitischen Ziels gem. Art. 3 Abs.1 lit. m) EGV dann nicht verwirklicht werden, wenn diese Maßnahme im Widerspruch zu dem wettbewerbsrechtlichen Ziel des Art. 3 Abs. 1 lit. g) EGV stünde[645].

638 Dreher, WuW 1998, 656 (660, 662).
639 Dreher, WuW 1998, 656 (661).
640 Dreher, WuW 1998, 656 (661).
641 Dreher, WuW 1998, 656 (660).
642 Dreher, WuW 1998, 656 (662).
643 Dreher, WuW 1998, 656 (662).
644 Dreher, WuW 1998, 656 (662).
645 Dreher, WuW 1998, 656 (663): "Kann also die Gemeinschaft zum Beispiel die europäische Flugzeugindustrie im Rahmen der Industriepolitik unter Vernachlässigung des Wettbewerbsziels zu Kooperationen oder Zusammenschlüssen führen, um gegenüber der US-amerikanischen Flugzeugindustrie ein europäisches Gleichgewicht zu bilden? Die Antwort muss, soweit es um Abweichungen vom Wettbewerbsziel geht, nein lauten.".

(c) Höchstrangigkeit des wettbewerbsrechtlichen Ziels und anderer "Zustandsziele"

Des Weiteren wird angenommen, dass das wettbewerbsrechtliche Ziel zwar zu den höchstrangigen Zielen zähle, jedoch nicht allein an oberster Spitze der Zielhierarchie stehe[646].
Dieses Ergebnis wird mit dem Wortlaut des Art. 3 Abs. 1 EGV begründet. Artikel 3 Abs. 1 EGV lege zwar nicht ausdrücklich eine bestimmte Zielhierarchie fest, enthalte aber Ziele, die unterschiedlich präzise formuliert seien[647]. So enthalte Art. 3 Abs. 1 EGV Zustandsziele, Richtungsziele und Bereichsziele.
Die Zustandsziele, zu denen das wettbewerbsrechtliche Ziel zähle, legten die Gemeinschaft auf einen "näher bestimmten Endzustand" fest, der einen präzisen Fixpunkt der gemeinschaftlichen Politik festlege[648]. Als weiteres Zustandsziel wird das Verbot von Zöllen und mengenmäßigen Beschränkungen gem. Art. 3 Abs. 1 lit. a) EGV und das Ziel der Einrichtung eines Binnenmarkts gem. Art. 3 Abs. 1 lit. c) EGV genannt[649].
Weniger präzise formuliert seien dagegen die Richtungsziele wie z. B. die Stärkung des wirtschaftlichen und sozialen Zusammenhalts gem. Art 3 Abs. 1 lit. k) EGV oder die Steigerung der Wettbewerbsfähigkeit gem. Art. 3 Abs. 1 lit. m) EGV[650], und die Bereichsziele wie z. B. das Ziel zur Erreichung einer gemeinsamen Politik auf dem Gebiet der Landwirtschaft und der Fischerei gem. Art. 3 Abs. 1 lit. e) EGV[651]. Sowohl die Richtungs- als auch die Bereichsziele seien weniger präzise als die Zustandsziele gefasst[652]. Die Richtungsziele bestimmten keinen Endzustand, sondern legten nur eine Tendenz für die gemeinschaftliche Politik fest. Die Bereichsziele legten nicht einmal eine Tendenz für die Politikbereiche fest, sondern würden der Gemeinschaft nur ein Betätigungsfeld ohne weitere Vorgabe zuweisen. Die Höchstrangigkeit der Zustandsziele gegenüber den Richtungs- und Bereichszielen folge aus dem "allgemeinen methodischen Grundsatz", dass speziellere Regelungen stets Vorrang vor allgemeiner formulierten Zielen

---

646 Basedow in: Due, Ole (Fn. 575), S. 49 (59 ff).
647 Basedow in: Due, Ole (Fn. 575), S. 49 (59).
648 Basedow in: Due, Ole (Fn. 575), S. 49 (59).
649 Basedow in: Due, Ole (Fn. 575), S. 49 (59).
650 Basedow in: Due, Ole (Fn. 575), S. 49 (59), der als weitere Richtungsziele des EGV nennt: Art. 3 Abs. 1 lit. n) (Förderung der Forschung und technologischen Entwicklung), lit. o) (Förderung des Auf- und Abbaus transeuropäischer Netze), lit. p) (Beitrag zur Erreichung eines hohen Gesundheitsschutzniveaus) und lit. t) (Beitrag zur Verbesserung des Verbraucherschutzes).
651 Basedow in: Due, Ole (Fn. 575), S. 49 (59), der als weitere Bereichsziele des EGV nennt: Art. 3 Abs. 1 lit. b) (gemeinsame Handelspolitik), lit. d) (Maßnahmen hinsichtlich der Einreise und des Personenverkehrs), lit. f) EGV (Verkehrspolitik), lit. l) (Umweltpolitik), lit. r) (Entwicklungshilfepolitik) und lit. t) (Energiepolitik).
652 Basedow in: Due, Ole (Fn. 575), S. 49 (59 f).

hätten (lex specialis derogat legi generali)[653]. Folglich müssten die am präzisesten formulierten Zustandsziele Vorrang vor den anderen Zielen haben[654].
In systematischer Hinsicht wird die Höherrangigkeit damit begründet, dass die Gründerstaaten der Gemeinschaft den wettbewerbsrechtlichen Zielen ein größeres Gewicht als anderen Zielen beimessen wollten.
Dies folge zum einen aus der hohen Durchsetzungskraft des wettbewerbsrechtlichen Ziels[655]. Das Wettbewerbsrecht habe zusammen mit den Grundfreiheiten und den Diskriminierungsverboten die höchste Durchsetzungskraft aller Ziele, da es im Gegensatz zu anderen Zielen unmittelbar für und gegen die Unionsbürger geltende Normen enthalte[656]. Die Durchsetzungskraft folge daraus, dass sich die Unionsbürger vor Gerichten auf diese Normen berufen könnten[657]. Diese Möglichkeit hätten die Unionsbürger bei Normen anderer Politikbereiche nicht, wie z. B. bei der Industriepolitik (Art. 3 Abs. 1 lit. m) EGV), der Verbraucherpolitik (Art. 3 Abs. 1 lit. t) EGV), der Gesundheitspolitik (Art. 3 Abs. 1 lit. p) EGV) oder der Umweltpolitik (Art. 3 Abs. 1 lit. l) EGV)[658]. Letztgenannte Politikbereiche seien in starkem Maß von der politischen Ausgestaltung durch die Gemeinschaft abhängig. Damit seien diese Politikbereiche im Gegensatz zu der Wettbewerbspolitik nur in sehr eingeschränktem Maße justiziabel[659]. Zudem folge die hohe Durchsetzungskraft des wettbewerbsrechtlichen Ziels aus den umfangreichen sekundärrechtlichen Durchführungsbestimmungen, die gem. Art. 83 Abs. 1 EGV erlassen wurden[660]. Diese Durchführungsbestimmungen seien vor allem in Gestalt von Verordnungen ergangen, die unmittelbar in den Mitgliedstaaten gelten. Dagegen sehe der EGV in vielen nicht-wettbewerbsrechtlichen Bereichen zum Teil Richtlinien oder lediglich unverbindliche Empfehlungen als Harmonisierungsinstrumente vor[661]. Beispielsweise dürfe die Gemeinschaft im Bereich der Gesundheits- (Art. 152 EGV) und Verbraucherpolitik (Art. 153 EGV) nur Empfehlungen oder sonstige Maßnahmen, nicht aber Richtlinien oder gar Verordnungen erlassen. Die Gemeinschaft habe damit im Bereich des wettbewerbsrechtli-

---

653 Basedow in: Due, Ole (Fn. 575), S. 49 (60).
654 Basedow in: Due, Ole (Fn. 575), S. 49 (60).
655 Basedow in: Due, Ole (Fn. 575), S. 49 (63).
656 Basedow in: Due, Ole (Fn. 575), S. 49 (63).
657 Basedow in: Due, Ole (Fn. 575), S. 49 (63); Unmittelbare Wirksamkeit zwischen Unionsbürgern hat beispielsweise die Anordnung der Nichtigkeit in Art. 81 Abs. 2 EGV, vgl. Schröter in: Groeben/Thiesing/Ehlermann (Fn. 3), Band 2/I Artikel 85 Absatz 2 Rn. 199, 205.
658 Basedow in: Due, Ole (Fn. 575), S. 49 (63).
659 Basedow in: Due, Ole (Fn. 575), S. 49 (63).
660 Basedow in: Due, Ole (Fn. 575), S. 49 (64); Vgl. z. B. die Verordnung Nr. 17 des Rates: Erste Durchführungsverordnung zu den Artikeln 81 und 82 des Vertrages vom 6.2.1962, ABl. S. 204, zuletzt geändert durch VO 1216/1999 vom 10.7.1999, ABl. Nr. L 148/5 und die Verordnung (EWG Nr. 4064/89 über die Kontrolle von Unternehmenszusammenschlüssen vom 21.12.1989, ABl. Nr. L 395/1, zuletzt geändert durch VO (EG) Nr. 1310/97 v. 30.6.1997, ABl. Nr. L 180/1, ber. ABl. 1998 Nr. L 3/16 und Nr. 40/17.
661 Basedow in: Due, Ole (Fn. 575), S. 49 (62, 64 f).

chen Ziels bessere Möglichkeiten, Maßnahmen zur Erreichung dieses Ziels durchzusetzen als in den Bereichen des gesundheitspolitischen Ziels gem. Art. 3 Abs. 1 lit. p) EGV und des Verbraucherschutzziels gem. Art. 3 Abs. 1 lit. t) EGV[662].

Zum anderen folge die große Bedeutung des wettbewerbsrechtlichen Ziels daraus, dass die Wettbewerbspolitik eine eigene Aufgabe der Gemeinschaft darstelle. Der EGV weise der Gemeinschaft ohne Rücksichtnahme auf die mitgliedstaatliche Politik die Aufgabe zu, auf dem Gebiet der Wettbewerbspolitik tätig zu werden[663]. So habe die Gemeinschaft in anderen Politikbereichen lediglich Koordinierungs-, Unterstützungs- oder Ergänzungsaufgaben, d. h. müsse lediglich die mitgliedstaatlichen Politiken koordinieren, unterstützen oder ergänzen[664]. Beispielsweise habe die Gemeinschaft auf dem Gebiet des Verbraucherschutzes lediglich die Aufgabe, gem. Art. 153 Abs. 3 lit. b) EGV (Art. 129a Abs. 1 lit. b) EWGV a. F.) Maßnahmen zur Unterstützung, Ergänzung und Überwachung der mitgliedstaatlichen Politik zu ergreifen, ohne darüber hinausgehende Befugnisse beispielsweise zum Erlass von Verordnungen zu haben[665].

Die hohe Durchsetzungskraft des wettbewerbsrechtlichen Ziels gegenüber der eingeschränkten Justiziabilität der nicht-wettbewerbsrechtlichen Ziele und die umfangreichen Handlungsbefugnisse auf dem Gebiet der Wettbewerbspolitik zeigten, dass der Gemeinschaftsgesetzgeber dem wettbewerbsrechtlichen Ziel zusammen mit dem Ziel der Errichtung eines Binnenmarkts einen höheren Rang zuschreiben wolle als den nicht-wettbewerbsrechtlichen Zielen[666].

Schließlich wird die Höherrangigkeit des wettbewerbsrechtlichen Ziels in systematischer Hinsicht damit begründet, dass der Rat im gemeinschaftlichen Gesetzgebungsverfahren auf dem Gebiet der Wettbewerbspolitik mit der Mehrheit seiner Stimmen entscheide[667]. Damit stünden Maßnahmen durch die Gemeinschaft auf dem Gebiet der Wettbewerbspolitik unter geringeren Anforderungen als Maßnahmen in Politikbereichen, die im Gesetzgebungsverfahren dem Einstimmigkeitsprinzip unterliegen. Vor allem könnten wettbewerbspolitische Maßnahmen durch einen leichter zu erreichenden politischen Konsens beschlossen werden[668]. Dies zeige, dass die Mitgliedstaaten die Durchführung von Maßnahmen auf denjenigen Politikbereichen erleichtern wollten, für die nur der Mehrheitsentscheid im Rat vorgeschrieben ist[669]. Zudem unterliegen in erster Linie diejenigen Politikbereiche und korrespondierenden Ziele des EGV dem Einstimmigkeitserfordernis, welche das Erreichen des Binnenmarktziels und des wettbewerbsrecht-

---

662 Basedow in: Due, Ole (Fn. 575), S. 49 (64).
663 Basedow in: Due, Ole (Fn. 575), S. 49 (61 f).
664 Basedow in: Due, Ole (Fn. 575), S. 49 (61 f).
665 Basedow in: Due, Ole (Fn. 575), S. 49 (61 f).
666 Basedow in: Due, Ole (Fn. 575), S. 49 (64).
667 Basedow in: Due, Ole (Fn. 575), S. 49 (65).
668 Basedow in: Due, Ole (Fn. 575), S. 49 (66).
669 Basedow in: Due, Ole (Fn. 575), S. 49 (66).

lichen Ziels gefährdeten. Durch das Einstimmigkeitserfordernis hätten die Mitgliedstaaten die Erreichung dieser Ziele erschweren wollen[670]. Folglich müssten diese Ziele gegenüber den wettbewerbsrechtlichen rangniedriger sein[671].

(d) Stellungnahme

Der Rang des wettbewerbsrechtlichen Ziels ist durch grammatische (vgl. (aa)) und systematisch-teleologische (vgl. (bb)) Auslegung von Art. 3 Abs. 1 lit. g) EGV zu bestimmen.

(aa) Grammatische Auslegung

Dem Wortlaut des Art. 3 Abs. 1 lit. g) EGV ist zunächst keine ausdrückliche Aussage über den Rang des wettbewerbsrechtlichen Ziels zu entnehmen.
Die Einfügung unter Buchstabe g) in der Aufzählung der Buchstaben a) bis u) des Art. 3 Abs. 1 EGV spricht dafür, dass das wettbewerbsrechtliche Ziel gleichrangig im Verhältnis zu den anderen Zielen sein soll[672]. Hätten die Mitgliedstaaten bei der Gründung und der Reformierung das wettbewerbsrechtliche Ziel als vorrangig einstufen wollen, hätten sie dies dadurch zum Ausdruck bringen können, dass das wettbewerbsrechtliche Ziel an erster Stelle der Aufzählung des Art. 3 Abs. 1 EGV oder in einem eigenen Absatz die Höchstrangigkeit des Ziels hätten nennen können.
Hinsichtlich der Begründung der Höherrangigkeit des wettbewerbsrechtlichen Ziels (zusammen mit dem Binnenmarktziel) mit der Unterscheidung zwischen Zustandsziel, Richtungsziel und Bereichsziel ist zunächst festzustellen, dass die Ziele des Art. 3 Abs. 1 auf unterschiedliche Weise formuliert sind. Dennoch kann die Begründung der Höherrangigkeit der Zustandsziele mit dem Hinweis auf die höchste Präzision der Formulierung des Tatbestands dieser Ziele aufgrund der folgenden Überlegung nicht durchgreifen. Die Tatbestandsmerkmale des wettbewerbsrechtlichen Ziels müssen ebenso wie die Tatbestandsmerkmale der anderen Ziele vor allem durch das sekundäre Gemeinschaftsrecht präzisiert werden. Der Rat ist nach Art. 83 Abs. 1 EGV dazu ermächtigt, die zweckdienlichen Verordnungen und Richtlinien zur Verwirklichung der in Art. 81 und 82 EGV niedergelegten Grundsätze zu beschließen. Das außerordentlich weite Erfordernis der "Zweckdienlichkeit" und die Wahl der Handlungsformen der Verordnung und der

---

[670] Basedow in: Due, Ole (Fn. 575), S. 49 (67).
[671] Basedow in: Due, Ole (Fn. 575), S. 49 (66).
[672] So wohl auch Möschel, NJW 1995, 281 (283), der bzgl des wettbewerbsrechtlichen und des industriepolitischen Ziels feststellt, dass beide Ziele "zumindest formal den gleichen Rang" erhalten hätten.

Richtlinie zeigen, dass die Gründerstaaten des EGV die Notwendigkeit der Präzisierung des wettbewerbsrechtlichen Ziels erkannt haben. Dementsprechend gibt es heute eine Fülle von Verordnungen (Gruppenfreistellungsverordnungen etc.) und Richtlinien, die der Erreichung des wettbewerbsrechtlichen Ziels dienen. Folglich beschreibt Art. 3 Abs. 1 lit. g) EGV gerade kein präzises Ziel für die gemeinschaftliche Politik auf dem Gebiet des Wettbewerbsrechts. Im Gegenteil zeigen die weitreichenden Handlungsermächtigungen des Art. 83 Abs. 1 EGV, dass die Gründerstaaten des EGV für das wettbewerbsrechtliche Ziel einen hohen Präzisierungsbedarf sahen. Somit ist auch das wettbewerbsrechtliche Ziel unpräzise formuliert. Folglich kann auch das Argument der hohen Präzision die Höherrangigkeit des wettbewerbsrechtlichen Ziels gegenüber nicht-wettbewerbsrechtlichen Zielen nicht rechtfertigen.
Die grammatische Auslegung ergibt somit, dass das wettbewerbsrechtliche Ziel gegenüber den anderen Zielen als gleichrangig zu qualifizieren ist.

(bb) Systematisch-teleologische Auslegung

In systematisch-teleologischer Auslegung der wettbewerbsrechtliche Ziele ist zuerst festzustellen, dass der EGV die Bedeutung des wettbewerbsrechtlichen Ziels vor allem in den Zielbestimmungen der Art. 2 ("hoher Grad an Wettbewerbsfähigkeit"), Art. 4 EGV ("Grundsatz einer offenen Marktwirtschaft mit freiem Wettbewerb") in besonderem Maße hervorhebt. Damit hat das wettbewerbsrechtliche Ziel als Ordnungsprinzip der Marktwirtschaft im Gemeinsamen Markt eine herausgehobene Bedeutung.
Jedoch betont der EGV in diesen Artikeln nicht nur das Wettbewerbsprinzip. In Art. 2 zählt er neben dem hohen Grad an Wettbewerbsfähigkeit als weitere Ziele eine harmonische Entwicklung des Wirtschaftslebens, ein hohes Beschäftigungsniveau und einen hohen sozialen Schutz, die Gleichstellung von Männern und Frauen, ein beständiges, nichtinflationäres Wachstum, einen hohen Grad von Konvergenz der Wirtschaftsleistungen, ein hohes Maß an Umweltschutz und Verbesserung der Umweltqualität, die Hebung der Lebenshaltung und Lebensqualität, den wirtschaftlichen und sozialen Zusammenhalt und die Förderung der Solidarität zwischen den Mitgliedstaaten auf. Nach Art. 2 EGV soll also außer der Wettbewerbsfähigkeit noch eine große Zahl weiterer Ziele erreicht werden. Die Einbindung des wettbewerbsrechtlichen Ziels in eine Aufzählung mehrerer anderer Ziele spricht dafür, von der Gleichrangigkeit des wettbewerbsrechtlichen und der nicht-wettbewerbsrechtlichen Ziele auszugehen.
Ginge man von der Höherrangigkeit des wettbewerbsrechtlichen Ziels gegenüber den anderen Zielen des Art. 2 EGV aus, müsste beispielsweise in der Rechtssache "Albany International BV/Stichting Bedrijfspensioenfonds Textielindustrie" die Erreichung des in Art. 2 EGV genannten sozialpolitischen Ziels ("hohes Beschäftigungsniveau und hoher sozialer Schutz") gegenüber dem wettbewerbsrechtli-

chen Ziel zurücktreten. Die in der Rechtssache zu beurteilende tarifvertragliche Vereinbarung müsste dann aufgrund ihrer wettbewerbsschädlichen Wirkung verboten werden. Dies hätte nicht nur zur Folge, dass Tarifverträge angesichts ihrer zwangsläufig gegebenen wettbewerbsschädlichen Wirkung stets kartellrechtlich verboten und damit gem. Art. 81 Abs. 2 EGV nichtig wären. Vor allem könnte das in Art. 2 EGV gleichberechtigt neben dem wettbewerbsrechtlichen Ziel genannte sozialpolitische Ziel in keinem Fall durch den Abschluss tarifvertraglicher Vereinbarungen verwirklicht werden. Dies stünde in Widerspruch zu Art. 2 EGV.

Aus diesem Grund hat der Gerichtshof in der Rechtssache "Albany International BV/Stichting Bedrijfspensioenfonds Texteilindustrie" festgestellt, dass der Abschluss von Tarifverträgen der Verwirklichung des sozialpolitischen Ziels des EGV dient und die Erreichung dieses Ziels auf der Ebene der Gemeinschaft nicht gefährdet werden darf. Der Gerichtshof unterstreicht dabei explizit den Zusammenhang zwischen der Entwicklung des Wirtschaftslebens und der Erreichung des sozialpolitischen Ziels, indem er in Randnummer 54 des Urteils feststellt: "Ferner umfasst die Tätigkeit der Gemeinschaft nach Artikel 3 Buchstaben g und i EG-Vertrag (nach Änderung jetzt Artikel 3 Absatz 1 Buchstaben g und j EG) nicht nur "ein System, das den Wettbewerb innerhalb des Binnenmarkts vor Verfälschungen schützt", sondern auch "eine Sozialpolitik". Nach Artikel 2 EGV ist es u. a. Aufgabe der Gemeinschaft, "eine harmonische und ausgewogene Entwicklung des Wirtschaftslebens", "ein hohes Beschäftigungsniveau" und "ein hohes Maß an sozialem Schutz" zu fördern"[673]. Die Verwirklichung des sozialpolitischen Ziels ist in der Rechtssache "Albany International BV/Stichting Bedrijfspensioenfonds Textielindustrie" zu erreichen, wenn es gegenüber dem wettbewerbsrechtlichen Ziel grundsätzlich gleichrangig ist. Nur in diesem Fall besteht die Möglichkeit, dass im Konfliktfall sich das sozialpolitische Ziel gegen das wettbewerbsrechtliche Ziel durchsetzt. Somit ist aus Sicht des EuGH das wettbewerbsrechtliche Ziel nicht als höchstrangiges Ziel einzustufen. Die Erwägungen des EuGH sprechen vielmehr dafür, das wettbewerbsrechtliche Ziel als gleichrangig mit den anderen Zielen einzustufen.

Darüber hinaus spricht auch Art. 4 Abs. 1 EGV nicht nur davon, dass die Tätigkeit der Gemeinschaft die Einführung einer Wirtschaftspolitik umfasst, die dem Grundsatz einer offenen Marktwirtschaft mit freiem Wettbewerb verpflichtet ist. Artikel 4 Abs. 1 EGV bestimmt auch, dass die Einführung einer Wirtschaftspolitik auf der Festlegung gemeinsamer Ziele beruht. Damit stellt Art. 4 Abs. 1 EGV fest, dass die Einführung der Wirtschaftspolitik auch mit Hilfe der nichtwettbewerbsrechtlichen Ziele verwirklicht werden soll. Dies wird auch durch Art. 5 Abs. 3 und Art. 10 Abs. 2 EGV bestätigt, die von der "Erreichung der Ziele dieses Vertrages" bzw. der "Verwirklichung der Ziele dieses Vertrages" sprechen.

---

[673] EuGH Slg. 1999, I-5751 – Albany International BV/Stichting Bedrijfspensioenfonds Textielindustrie, Rn. 54.

Artikel 4 Abs. 1, Art. 5 Abs. 3 und Art. 10 Abs. 2 EGV unterscheiden somit nicht zwischen wettbewerbsrechtlichen und nicht-wettbewerbsrechtlichen Zielen und legen folglich keine Hierarchie für die Verwirklichung der Ziele fest.
Ferner kann aus der Festschreibung des Vorrangs des agrarpolitischen Ziels gegenüber dem wettbewerbsrechtlichen Ziel gem. Art. 36 Abs. 1 EGV nicht darauf geschlossen werden, dass das wettbewerbsrechtliche Ziel gegenüber anderen Zielen vorrangig ist. Die Norm bestimmt nur den Rang des agrarpolitischen Ziels im Verhältnis zum Ziel des Art. 3 Abs. 1 lit. g) EGV. Artikel 36 Abs. 1 EGV trifft damit keine Aussage über den Rang des wettbewerbsrechtlichen Ziels gegenüber nicht-agrarpolitischen Zielen.
Schließlich kann auch die zutreffende Feststellung, dass der EGV dem Wettbewerbsrecht aufgrund des umfangreichen Bestands sekundärrechtlicher Durchführungsbestimmungen der Art. 81 ff. EGV und aufgrund der teilweise unmittelbaren Wirksamkeit der wettbewerbsrechtlichen Normen eine hohe Bedeutung beimisst, nicht den Schluss rechtfertigen, das wettbewerbsrechtliche Ziel sei gegenüber den anderen Zielen vorrangig. Dass die Gemeinschaft in einem nicht-wettbewerbsrechtlichen Politikbereich, z. B. im Bereich des Verbraucherschutzes gem. Art. 153 EGV oder der Industriepolitik gem. Art. 157 EGV über geringere Handlungsbefugnisse verfügt und diese Bereiche daher nicht eine Vielzahl von Durchführungsbestimmungen bestehen, ist ein Ausdruck des Willens der Mitgliedstaaten, die unterschiedlichen Ziele in einer bestimmten zeitlichen Reihenfolge zu realisieren. Dies folgt nicht zuletzt aus Art. 1 Abs. 2 EUV. Artikel 1 Abs. 2 EUV sieht für die Europäische Union und zugleich auch für die Europäischen Gemeinschaften die Verwirklichung einer immer engeren Union vor. Die Integration ist damit als Prozess der Rechtsvereinheitlichung und immer weiterreichenderen Umsetzung der Bestimmungen des EGV zu verstehen. Da es unmöglich ist, sämtliche Politikbereiche zum gleichen Zeitpunkt zu verwirklichen, ist für die Verwirklichung der Ziele des Art. 3 Abs. 1 EGV eine zeitliche Reihenfolge zwingend. Somit sind die Unterschiede z. B. zwischen wettbewerbsrechtlichem Ziel gem. Art. 3 Abs. 1 lit. g) EGV und industriepolitischem Ziel gem. Art. 3 Abs. 1 lit. m) EGV hinsichtlich des Umfangs sekundärrechtlicher Durchführungsbestimmungen zwingende Folgen der Festlegung dieser zeitlichen Prioritäten. Die Unterschiede in der Zahl der Durchführungsbestimmungen des EGV zeigen zwar den Willen der Mitgliedstaaten, die Integration auf dem Gebiet des Wettbewerbsrechts zeitlich vor der Integration auf dem Gebiet der Industriepolitik zu verwirklichen. Jedoch würde die Integration auf dem Bereich der Industriepolitik behindert werden, wenn im Fall eines Zielkonflikts das nicht-wettbewerbsrechtliche Ziel nachrangig wäre. Die Annahme der Vorrangigkeit des wettbewerbsrechtlichen Ziels behindert somit die Integration auf dem Gebiet der nicht-wettbewerbsrechtlichen Ziele. Folglich widerspricht die Annahme der Vorrangigkeit des wettbewerbsrechtlichen Ziels der Vorgabe des Art. 1 Abs. 2 EUV. Damit spricht der Wille der Mitgliedstaaten zur Verwirklichung einer immer engeren Union für die Annahme der Gleichrangigkeit des wettbewerbsrechtlichen Ziels

gegenüber den nicht-wettbewerbsrechtlichen Zielen. Demzufolge spricht auch die systematisch-teleologische Auslegung des Art. 3 Abs. 1 lit. g) EGV für die Gleichrangigkeit des wettbewerbsrechtlichen Ziels gegenüber den anderen, nicht-wettbewerbsrechtlichen Zielen.
Somit ergibt die Auslegung der Art. 2, Art. 3 Abs. 1 lit. g) EGV nach Wortlaut, Systematik und Sinn und Zweck die Gleichrangigkeit des wettbewerbsrechtlichen Ziels mit den anderen Zielen des EGV.

(2) Praktische Konkordanz am Beispiel der Rechtssache "Albany"

Nachdem geklärt wurde, dass das wettbewerbsrechtliche Ziel gegenüber den anderen Zielen gleichrangig ist, ist zu untersuchen, ob der EuGH im konkreten Fall den Zielkonflikt durch Anwendung des Prinzips praktischer Konkordanz löst. Vorab ist darauf hinzuweisen, dass das Prinzip praktischer Konkordanz nur eine Methode zur Lösung von Zielkonflikte ist, jedoch keinen Bewertungsmaßstab für die Entscheidung zur Verfügung stellt, welches Ziel zeitweiligen Vorrang vor anderen Zielen haben soll[674]. Das Ziel dieses Abschnitts kann daher nur sein, eine allgemeingültige, d. h. auf jeden Einzelfall anwendbare methodische Anleitung zur Lösung von Zielkonflikten zu geben.
Als Beispiel hierfür eignet sich erneut das Urteil in der Rechtssache "Albany International BV/Stichting Bedrijfspensioenfonds Textielindustrie". Zur Analyse des Urteils werden zunächst als Überblick die Grundsätze der Anwendung des Prinzips praktischer Konkordanz nach deutschem Recht dargestellt (vgl. (a)). Danach wird untersucht, ob, wie im Schrifttum zum Teil vertreten wird, der EuGH den Zielkonflikt durch Annahme einer "beschränkten Bereichsausnahme" löst (vgl. (b)). Schließlich ist zu prüfen, ob und inwieweit der Gerichtshof bei der Lösung von Zielkonflikten nach den Grundsätzen des Prinzips praktischer Konkordanz verfährt (vgl. (c)).

(a) Grundsätze der Anwendung des Prinzips praktischer Konkordanz in der Rechtsprechung des BVerfG

Das Prinzip praktischer Konkordanz[675] wird im deutschen Recht in erster Linie herangezogen, um Kollisionen zwischen widerstreitenden Grundrechten zu

674 Hesse (Fn. 603), S. 28 Rn. 72.
675 Vgl. zur grundsätzlichen Kritik am Begriff der praktischer Konkordanz: Bethge, Zur Problematik von Grundrechtskollisionen, München 1977, S. 315, der "praktische Konkordanz" als "theologische Leerformel" bezeichnet.

lösen[676]. Bei der Anwendung des Prinzips ist nach der Rechtsprechung des BVerfG zu beachten, dass "nicht eine der widerstreitenden Rechtspositionen bevorzugt und maximal behauptet wird, sondern alle einen möglichst schonenden Ausgleich erfahren"[677]. Der Ausgleich ist durch Abwägung der Rechtspositionen zu bewerkstelligen[678]. Hierzu sind die widerstreitenden Rechtspositionen einander gegenüberzustellen und die dahinter stehenden rechtlichen Interessen darzustellen. Im Rahmen der Gegenüberstellung sind die rechtlichen Folgen, die sich bei Annahme des Vorrangs einer Rechtsposition für die andere Rechtsposition ergeben, zu vergleichen[679].

Ein Beispiel für diese Gegenüberstellung im Rahmen des Prinzips praktischer Konkordanz gibt das Bundesverfassungsgericht in seinem Kriegsdienstverweigerer-Beschluss[680]. Das BVerfG hatte hier einen Konflikt zu lösen zwischen dem in Art. 4 Abs. 3 S. 1 GG verankerten Recht, nicht gegen das eigene Gewissen zum Kriegsdienst mit der Waffe gezwungen werden zu können und der Pflicht zum Dienst in den Streitkräften gem. Art. 12a Abs. 1 GG[681]. Dem Konflikt lag die Frage zugrunde, ob die Verweigerung einer militärischen Dienstleistung durch

---

676 Vgl. aus der Rechtsprechung des Bundesverfassungsgerichts beispielhaft BVerfGE 93, 1 (21 ff); aus dem umfangreichen staatsrechtlichen Schrifttum Maurer, Staatsrecht I, 2. Auflage München 2001, S. 26 Rn. 62.

677 BVerfGE 93, 1 (21); Schneider, Die Güterabwägung des Bundesverfassungsgerichts bei Grundrechtskonflikten, Baden-Baden 1979, S. 206 f; Schwacke, Grundrechtliche Spannungslagen, Stuttgart Berlin Köln Mainz 1975, S. 79; In diesem Sinn Grabitz, AöR 98 (1973), 568 (577), der von einem "Ausgleich" der widerstreitenden Interessen spricht; Eine andere Terminologie verwendet Hesse (Fn. 603), S. 28 Rn. 72, in dem er von "verhältnismäßiger Zuordnung" der widerstreitenden Rechtspositionen spricht; Noch weitergehend Rüfner in: Starck (Hrsg.), Bundesverfassungsgericht und Grundgesetz, FG aus Anlass des 25jährigen Bestehens des Bundesverfassungsgerichtes Tübingen 1976, II. Band S. 453 (467 f), der das Prinzip praktischer Konkordanz mit der Anwendung des Grundsatzes der Verhältnismäßigkeit gleichsetzt: "Für die Herstellung dieser praktischen Konkordanz ergeben sich aus dem allgemeinen verfassungsrechtlichen Prinzip der Verhältnismäßigkeit wichtige Leitlinien.". Diese Gleichsetzung durch Rüfner ist abzulehnen, da das Prinzip praktischer Konkordanz nur dazu dient, gleichrangige Rechtspositionen gegeneinander abzuwägen, wohingegen mit dem Verhältnismäßigkeitsgrundsatz verschiedenrangige Interessen einander zugeordnet werden sollen, vgl. Schneider (diese Fußnote), S. 206 f; Grabitz, AöR 98 (1973), 568 (578).

678 Sachs in: Sachs (Hrsg.), Grundgesetz 2. Auflage München 1999, Einführung Rn. 50.

679 BVerfGE 28, 243 (261); Nicklisch, JZ 1976, 105 (110).

680 BVerfGE 28, 243 ff. Das Bundesverfassungsgericht verwendet in dem Kruzifix-Beschluss (BVerfGE 93, 1 (21)) ausdrücklich den Begriff der praktischen Konkordanz und verweist als Beispiel für die Anwendung des Prinzips auf seinen Kriegsdienstverweigerer-Beschluss, vgl. BVerfGE 93, 1 (21): "Diesen Konflikt zwischen verschiedenen Trägern eines vorbehaltlos gewährleisteten Grundrechts sowie zwischen diesem Grundrecht und anderen verfassungsrechtlich geschützten Gütern ist nach dem Grundsatz praktischer Konkordanz zu lösen, der fordert, dass nicht eine der widerstreitenden Rechtspositionen bevorzugt und maximal behauptet wird, sondern alle einen möglichst schonenden Ausgleich erfahren (vgl. BVerfGE 28, 243 [260 f.]; 41, 29 [50]; 52, 223 [247, 251])."; Pieroth/Schlink, Grundrechte, 17. Auflage Heidelberg 2001, S. 73 Rn. 321 f.

681 BVerfGE 28, 243 (260 ff).

einen Soldaten mit dem Grundrecht aus Art. 4 Abs. 3 S. 1 GG vereinbar ist. Bei der Beantwortung der Frage war zu beachten, dass der Soldat einen Antrag auf Kriegsdienstverweigerung bereits gestellt hatte. Zum Zeitpunkt der Verweigerung der Dienstleistung war noch nicht rechtskräftig über den Antrag entschieden worden[682]. Das BVerfG hat den Konflikt zwischen den Grundrechtspositionen mit Hilfe des Prinzips praktischer Konkordanz gelöst. Es hat hierzu das Interesse des Kriegsdienstverweigerers gem. Art. 4 Abs. 3 S. 1 GG, nach der Antragsstellung keine militärische Dienstleistungen vornehmen zu müssen, dem Interesse des Staats gem. Art. 12a GG gegenüber gestellt. Das Interesse des Staats bestand darin, dass Soldaten Dienstpflichten nachkommen müssen, um die Funktionsfähigkeit des Dienstbetriebs und Einsatzbereitschaft der Streitkräfte der Bundeswehr zu gewährleisten[683]. Im Folgenden hat das BVerfG die beiden Interessen gegeneinander abgewogen und gewichtet. Es hat festgestellt, bei Annahme eines Rechts des Soldaten zur Verweigerung der militärischen Dienstleistung sei die Einsatzbereitschaft der Streitkräfte einer erheblichen Unsicherheit ausgesetzt[684]. Damit bestünde eine Gefahr für die Einsatzbereitschaft der Streitkräfte[685]. Gegenüber dieser Gefahr hält das Bundesverfassungsgericht es für zumutbar, dass der Soldat bis zur rechtskräftigen Entscheidung über die Kriegsdienstverweigerung militärische Dienstleistungen erbringt[686].

Aus Sicht des BVerfG ist diejenige Rechtsposition, deren rechtliches Interesse überwiegt, als vorrangig zu qualifizieren[687]. Das Rangverhältnis sei so zu bestimmen, dass alle Rechtspositionen möglichst wenig beeinträchtigt würden[688]. Auf diese Weise solle ein angemessener Ausgleich zwischen den widerstreitenden Rechtspositionen bewirkt werden[689]. Angemessener Ausgleich bedeutet, dass durch die Bestimmung des Vorrangs einer Rechtsposition diejenige Beeinträchtigung einer Rechtsposition verhindert werden muss, die in der Gegenüberstellung

---

682 BVerfGE 28, 243 (244 f, 248-251).
683 BVerfGE 28, 243 (261).
684 BVerfGE 28, 243 (261).
685 BVerfGE 28, 243 (261).
686 BVerfGE 28, 243 (261).
687 Nicklisch, JZ 1976, 105 (110).
688 Stein/Frank, Staatsrecht, 17. Auflage Tübingen 2000, § 32 III 1. S. 263: "Hieraus folgt das von Konrad Hesse entwickelte Prinzip praktischer Konkordanz: Wegen der grundsätzlichen Gleichwertigkeit aller Grundrechte ist bei Kollisionen zwischen ihnen nach Lösungen zu suchen, die beide möglichst wenig beeinträchtigen, also beide zu optimaler Wirksamkeit kommen lassen. Wenn eines der beiden kollidierenden Grundrechte in seinem Kern betroffen ist, das andere dagegen nur am Rand, muss Letzteres zurücktreten. Wenn beide etwa gleich stark betroffen sind, müssen sich beide etwa gleich starke Bindung gefallen lassen."; Nicklisch, JZ 1976, 105 (110).
689 BVerfGE 93, 1 (21).

der Rechtspositionen als schwerwiegender zu bewerten ist[690]. Im Beispielsfall hätte der Vorrang der Rechtsposition des Soldaten aus Art. 4 Abs. 3 S. 1 GG eine Beeinträchtigung der Rechtsposition aus Art. 12a Abs. 1 GG zur Folge gehabt, die schwerwiegender gewesen wäre, als die Beeinträchtigung der Rechtsposition des Soldaten. Um die schwerwiegendere Beeinträchtigung zu verhindern, hat das Bundesverfassungsgericht die Rechtsposition aus Art. 12a Abs. 1 GG als vorrangig qualifiziert.

Darüber hinaus impliziert der angemessene Ausgleich, dass keine der widerstreitenden Rechtspositionen in ihrer Wirksamkeit auf Kosten der anderen Rechtsposition einseitig zurückgedrängt oder aufgehoben werden darf[691]. Das bedeutet, dass die Kollision zwischen den Rechtspositionen so gelöst werden muss, dass die zeitweilig nachrangige Rechtsposition im Einzelfall dennoch in bestimmtem Maße wirksam bleiben muss[692]. Ein Beispiel hierfür gibt das Lebach-Urteil des BVerfG[693]. Dem Urteil lag der Sachverhalt zu Grunde, dass sich ein Straftäter durch die Ausstrahlung eines Fernsehspiels in seinem Persönlichkeitsrecht verletzt sah, da in diesem Fernsehspiel das Verbrechen dargestellt wurde, an dem er beteiligt gewesen war[694]. Zudem wurde der Straftäter in dem Fernsehspiel mehrmals namentlich genannt[695]. Das BVerfG hatte eine Kollision zwischen einerseits dem Persönlichkeitsrecht des Straftäters gem. Art. 2 Abs. 1 GG i. V. m. Art. 1 Abs. 1 GG und andererseits der Freiheit der Berichterstattung über die Straftat durch die Fernsehsendung im Sinne der Rundfunkfreiheit gem. Art. 5 Abs. 1 S. 2 GG zu lösen[696]. Das BVerfG hat zunächst das Recht auf Berichterstattung über die Straftat durch Art. 5 Abs. 1 S. 2 GG gewährleistet gesehen. Jedoch sei dieses Recht durch das Persönlichkeitsrecht des Straftäters insoweit eingeschränkt, als in der Berichterstattung der Straftäter während eines bestimmten Zeitraums nicht namentlich genannt werden durfte[697]. Folglich hat das Bundesverfassungsgericht Art. 5 Abs. 1 S. 2 GG (Rundfunkfreiheit) hinsichtlich der namentlichen Nennung des Straftäters als nachrangig gegenüber dem Persönlichkeitsrecht aus Art. 2 Abs. 1 GG i. V. m. Art. 1 Abs. 1 GG angesehen. Jedoch war der Rundfunkfreiheit trotz der Nachrangigkeit insoweit nicht die Wirksamkeit genommen, als die Berichterstattung ohne namentliche Nennung des Straftäters nach Ansicht des Bundesverfassungsgerichts möglich bleiben musste.

---

690 Ebenfalls auf die Art und Schwere der Beeinträchtigung abstellend Fehn, JA 1987, 12 (15); Ipsen (Fn. 390), S. 559 stellt fest, dass die Gemeinschaftsorgane eine "bewertende Wahl und Prioritätsbestimmung" zu treffen haben.

691 Grabitz, AöR 98 (1973), S. 568 (578).

692 Grabitz, AöR 98 (1973), S. 568 (578).

693 BVerfGE 35, 202 (219 ff); Rüfner in: Starck (Fn. 677), II. Band S. 453 (468 f).

694 BVerfGE 35, 202 (206 f).

695 BVerfGE 35, 202 (206).

696 BVerfGE 35, 202 (219, 221).

697 BVerfGE 35, 202 (231, 233 ff, 238).

Daher ist im deutschen Recht bei der Durchführung der praktischen Konkordanz folgende methodische Vorgehensweise einzuhalten. Zuerst sind die widerstreitenden Rechtspositionen und die dahinter stehenden rechtlichen Interessen darzustellen. Sodann ist Art und Schwere der Beeinträchtigung jeder Rechtsposition bei Annahme des Vorrangs der jeweils anderen Rechtsposition zu bestimmen. Schließlich ist diejenige Rechtsposition als vorrangig einzustufen, deren Beeinträchtigung als schwerwiegender zu bewerten ist. Insgesamt darf die nachrangige Rechtsposition in ihrer Wirksamkeit nicht auf Kosten der anderen Rechtsposition einseitig zurückgedrängt oder aufgehoben werden.

(b) Lösung des Zielkonflikts durch beschränkte Bereichsausnahme

Aus dem Urteil des EuGH in der Rechtssache "Albany International BV/Stichting Bedrijfspensioenfonds Textielindustrie" wird teilweise geschlossen, dass für die Beschlüsse der Sozialpartner eine "beschränkte Bereichsausnahme" bestehe, die rechtstechnisch durch eine Interessenabwägung zwischen den sozial- und wettbewerbsrechtlichen Zielen des EGV gelöst werden solle[698]. Statt von "beschränkter Bereichsausnahme" wird auch von "ungeschriebener Bereichsausnahme" gesprochen, ohne allerdings die Annahme einer "ungeschriebenen Bereichsausnahme" zu begründen[699]. Die Interessenabwägung solle auf Tatbestandsebene durchgeführt werden, d. h. im Rahmen der Prüfung, ob die Beschlüsse unter das Tatbestandsmerkmal "Vereinbarung" gem. Art. 81 Abs. 1 EGV subsumiert werden können[700]. Zur Beurteilung dieser Ansicht ist der Begriff der Bereichsausnahme zu definieren. Artikel 36 Abs. 1 EGV gibt ein Beispiel für eine Bereichsausnahme von den Wettbewerbsregeln[701]. Nach der Rechtsprechung des EuGH in der Rechtssache "Ministère public/Lucas Asjes u. a." ist Voraussetzung für das Vorliegen einer Bereichsausnahme, dass eine Norm die Nicht-Anwendbarkeit der Wettbewerbsregeln ausdrücklich bestimmt. Zudem muss sich die Nicht-Anwendbarkeit auch durch Auslegung der Norm ergeben. Für den Bereich der Sozialpolitik gem. Art. 130 ff. EGV enthält der EGV keine Norm, die entsprechend dieser Voraussetzungen die Nicht-Anwendbarkeit der Wettbewerbsregeln bestimmt. Darüber hinaus folgt aus dem Bestehen der Bereichsausnahme, dass die Wettbewerbsregeln nicht anwendbar sind, ohne dass eine Prüfung der Tatbestandsmerkmale der Art. 81 ff. EGV durchgeführt werden muss.

---

698 Novak, ELRep 2000, 2 (10); Fleischer, DB 2000, 821 (822); Weiß in: Calliess/Ruffert (Fn. 398), Art. 81 EGV Rn. 1.

699 Helios, EuZW 2003, 288 (288).

700 Novak, ELRep 2000, 2 (10).

701 Zu Art. 36 Abs. 1 EGV als Bereichsausnahme vgl. Weiß in: Calliess/Ruffert (Fn. 398), Art. 81 EGV Rn. 1 ff.

In der Rechtssache "Albany International BV/Stichting Bedrijfspensioenfonds Textielindustrie" prüft der EuGH, ob die Beschlüsse der Sozialpartner "Vereinbarungen" gem. Art. 81 Abs. 1 EGV sind. Ginge der EuGH davon aus, dass für sozialpolitische Ziele eine Bereichsausnahme bestünde, hätte er die Anwendbarkeit des Art. 81 EGV verneint, ohne die Beschlüsse unter das Tatbestandsmerkmal "Vereinbarung" zu subsumieren. Somit geht er davon aus, dass keine Bereichsausnahme für Maßnahmen aus dem Bereich der Sozialpolitik gegeben ist. Der Begriff der "beschränkten Bereichsausnahme", die auf Tatbestandsebene durch Abwägung geprüft werden soll, ist in sich widersprüchlich, da bei Annahme einer Bereichsausnahme Art. 81 EGV nicht anwendbar wäre, ohne dass es auf eine Prüfung der Tatbestandsmerkmale, folglich auf eine Abwägung auf Tatbestandsebene ankäme. Damit ist der Annahme, der EuGH habe eine beschränkte Bereichsausnahme angenommen, abzulehnen.

(c) Grundsätze der Anwendung des Prinzips praktischer Konkordanz in der Rechtsprechung des EuGH

Fraglich ist, ob der EuGH in der Rechtssache "Albany International BV/Stichting Bedrijfspensioenfonds" zur Lösung des Zielkonflikts eine methodische Vorgehensweise wählt, die der Vorgehensweise des BVerfG vergleichbar ist (vgl. (aa)). Weiter stellt sich die Frage, ob auch aus Sicht des EuGH ein Ziel nicht einseitig oder zu Gunsten eines anderen Ziels verdrängt oder aufgehoben werden darf (vgl. (bb)). Das Ergebnis der Analyse der Rechtssache "Albany" wird schließlich zusammengefasst (vgl. (cc)).

(aa) Methodisches Vorgehen des EuGH

Der EuGH löst den Zielkonflikt in der Rechtssache "Albany International BV/Stichting Bedrijfspensioenfonds" mit der Feststellung, mit Tarifverträgen seien zwangsläufig wettbewerbsbeschränkende Wirkungen verbunden. Jedoch sei die Erreichung des sozialpolitischen Ziels ernsthaft gefährdet, wenn für die Sozialpartner bei der Vereinbarung von Tarifverträgen Art. 81 Abs. 1 EGV (Art. 85 Abs. 1 EWGV a. F.) Geltung hätte[702]. Eine sachgerechte und zusammenhängende Auslegung der Bestimmungen des EGV ergebe daher, dass tarifvertragliche Bestimmungen, die zur Erreichung der sozialpolitischen Ziele des EGV geschlossen würden, nach Art und Gegenstand nicht unter Art. 81 Abs. 1 EGV fielen[703].

---

702 EuGH Slg. 1999, I-5751 – Albany International BV/Stichting Bedrijfspensioenfonds Textielindustrie, Rn. 59.

703 EuGH Slg. 1999, I-5751 – Albany International BV/Stichting Bedrijfspensioenfonds Textielindustrie, Rn. 60.

Schließlich prüft der Gerichtshof, inwieweit die tarifvertraglichen Bestimmungen das in Art. 3 Abs. 1 lit. j) EGV festgelegte sozialpolitische Ziel verwirklichen[704]. Sämtliche Bestimmungen dienten dazu, ein bestimmtes Rentenniveau für alle Arbeitnehmer dieses Wirtschaftszweigs zu gewährleisten[705]. Damit trügen die tarifvertraglichen Bestimmungen zur Verbesserung der Arbeitsbedingungen der Arbeitnehmer bei[706]. Folglich dienten die Bestimmungen der Verwirklichung des sozialpolitischen Ziels[707].
In methodischer Hinsicht stellt der EuGH die wettbewerbsschädlichen Wirkungen der Vereinbarung den positiven Wirkungen der Vereinbarung gegenüber. Zum einen stellt er die rechtliche Situation im Fall des Verbots der Vereinbarung gem. Art. 81 Abs. 1 EGV fest. Diese sei dadurch gekennzeichnet, dass die Verwirklichung des sozialpolitischen Ziels ernsthaft gefährdet sei. Zum anderen stellt er die rechtliche Situation ohne kartellrechtliches Verbot gem. Art. 81 Abs. 1 EGV dar. In diesem Fall hat die Vereinbarung aus Sicht des EuGH die genannten positiven sozialpolitischen Wirkungen. Hervorzuheben ist hierbei die differenzierte Beurteilung der positiven Wirkungen. So stellt der EuGH nicht pauschal den sozialpolitischen Nutzen der tarifvertraglichen Vereinbarung in den Vordergrund. Vielmehr beurteilt er diesen Nutzen nach Art und Gegenstand der tarifvertraglichen Vereinbarung. Damit eröffnet sich der Gerichtshof die Möglichkeit, jede einzelne Bestimmung auf ihre Vereinbarkeit mit dem sozialpolitischen Ziel gem. Art. 3 Abs. 1 lit. j) EGV zu untersuchen[708]. Schließlich zeigt die Wortwahl des Gerichtshofs ("zwangsläufig wettbewerbsbeschränkende Wirkung", "ernsthafte Gefährdung des sozialpolitischen Ziels"), dass er die wettbewerbsschädlichen Wirkungen und die positiven sozialpolitischen Wirkungen im Verhältnis zueinander gewichtet. Dabei gelangt er zu der Bewertung, dass die Beeinträchtigung des sozialpolitischen Ziels im Fall des Verbots der Tarifverträge schwerwiegender ist als die Beeinträchtigung des wettbewerbsrechtlichen Ziels im Fall der kartellrechtlichen Wirksamkeit der Vereinbarung.
In methodischer Hinsicht definiert der EuGH zur Lösung des Zielkonflikts zuerst die widerstreitenden Ziele gem. Art. 3 Abs. 1 lit. g) und lit. m) EGV. Danach stellt

---

704 EuGH Slg. 1999, I-5751 – Albany International BV/Stichting Bedrijfspensioenfonds Textielindustrie, Rn. 61 ff.

705 EuGH Slg. 1997, I-5751 – Albany International BV/Stichting Bedrijfspensioenfonds Textielindustrie, Rn. 63.

706 EuGH Slg. 1997, I-5751 – Albany International BV/Stichting Bedrijfspensioenfonds Textielindustrie, Rn. 63.

707 EuGH Slg. 1997, I-5751 – Albany International BV/Stichting Bedrijfspensioenfonds Textielindustrie, Rn. 63.

708 Vgl. Berg, EuZW 2000, 170 (171), der die Frage nach der Reichweite des sozialpolitischen Ziels stellt: "Ebenso fragt sich, ob als Ziel i. S. der Rechtsprechung schon der soziale Dialog als solcher ausreicht oder auch der soziale Dialog auf eine Verbesserung der Lebens- und Arbeitsbedingungen abzielen muss. Reicht schon die Zielsetzung oder müssen auch die Folgen nachvollziehbar und geeignet sein, um zur Realisierung der Ziele zu führen?".

er die Art und Schwere der Beeinträchtigung des wettbewerbsrechtlichen bzw. sozialpolitischen Ziels unter Annahme des Vorrangs des sozialpolitischen bzw. wettbewerbsrechtlichen Ziels fest. Er kommt zu dem Ergebnis, dass die Beeinträchtigung des sozialpolitischen Ziels zu einer "ernsthaften Gefährdung des sozialpolitischen Ziels" führt. Dabei begründet er die Beeinträchtigung lediglich mit der zwangsläufig wettbewerbsbeschränkenden Wirkung. Folglich stuft er die Beeinträchtigung des sozialpolitischen Ziels als schwerwiegender ein. Somit ist dieses Ziel seiner Ansicht nach als vorrangig gegenüber dem wettbewerbsrechtlichen Ziel einzustufen.
Das methodische Vorgehen des EuGH entspricht somit dem Vorgehen des Bundesverfassungsgerichts in der Kriegsdienstverweigerer-Entscheidung. Er folgt damit in methodischer Hinsicht zur Lösung des Zielkonflikts dem Prinzip praktischer Konkordanz.

(bb) Keine einseitige Verdrängung oder Aufhebung eines Ziels

Der Gerichtshof äußert sich in der Rechtssache "Albany International BV/Stichting Bedrijfspensioenfonds Textielindustrie" nicht ausdrücklich zu der Frage, ob das wettbewerbsrechtliche Ziel aufgrund seiner Nachrangigkeit einseitig verdrängt oder aufgehoben wird. Fraglich ist, ob der Gerichtshof diese Vorgabe dennoch beachtet hat. Die Beantwortung dieser Frage setzt voraus, die Begriffe der "einseitigen Verdrängung oder Aufhebung" bezogen auf das wettbewerbsrechtliche Ziel zu definieren (vgl. (aaa)). Sodann kann überprüft werden, ob der Gerichtshof in der Rechtssache "Albany International BV/Stichting Bedrijfspensioenfonds Textielindustrie" diese Vorgabe beachtet hat (vgl. (bbb)).

(aaa) Definition

Dem Wortlaut nach bedeutet "einseitige Verdrängung oder Aufhebung" des nachrangigen Ziels, dass dieses Ziel neben dem vorrangigen Ziel nicht verwirklicht werden kann. Da das Prinzip praktischer Konkordanz angewendet wird, um im Einzelfall einen Zielkonflikt zu lösen, bedeutet "einseitige Verdrängung oder Aufhebung" des nachrangigen Ziels, dass im Einzelfall das nachrangige Ziel neben dem vorrangigen Ziel nicht verwirklicht werden kann. Darüber hinaus soll durch die Anwendung des Prinzips praktischer Konkordanz die optimale Wirksamkeit der widerstreitenden Ziele erreicht werden. Dies impliziert, dass das nachrangige Ziel trotz der Vorrangigkeit des anderen Ziels im Einzelfall dennoch verwirklicht werden muss.
Übertragen auf den Zielkonflikt in der Rechtssache "Albany International BV/Stichting Bedrijfspensioenfonds Textielindustrie" muss also das wettbewerbsrechtliche Ziel trotz seiner Nachrangigkeit im Einzelfall verwirklicht werden. Der

funktionsfähige Wettbewerb darf somit durch die Vorrangigkeit des sozialpolitischen Ziels nicht vollständig beseitigt werden.

(bbb) EuGH Rs. "Albany"

Der EuGH prüft in der Rechtssache "Albany International BV/Stichting Bedrijfspensioenfonds Textielindustrie" zwar nicht ausdrücklich, ob auf dem relevanten Markt der funktionsfähige Wettbewerb neben der Verwirklichung des sozialpolitischen Ziels weiterhin gegeben war. Dennoch gibt sein Urteil einen Hinweis darauf, dass er sich den vom BVerfG angewandten Grundsätzen des Prinzips praktischer Konkordanz auch hinsichtlich des Erfordernisses anschließt, wonach das nachrangige Ziel nicht "einseitig verdrängt oder aufgehoben" wird. Aus einer sachgerechten und zusammenhängenden Auslegung der Bestimmungen des Vertrages in ihrer Gesamtheit folge, dass die im Rahmen von Tarifverhandlungen geschlossenen Tarifverträge zwischen den Sozialpartnern aufgrund ihrer Art und ihres Gegenstands nicht unter Art. 81 Abs. 1 EGV fielen[709]. Mit der Bezugnahme auf "Art und Gegenstand" der Tarifverträge stellt der EuGH fest, dass die tarifvertraglichen Bestimmungen nur insoweit nicht als Vereinbarung zu qualifizieren sind, als sie der Verwirklichung des sozialpolitischen Ziels dienen. Nur in diesen Fällen stuft der Gerichtshof das sozialpolitische Ziel als vorrangig ein. Soweit die tarifvertraglichen Bestimmungen jedoch nicht der Verwirklichung des sozialpolitischen Ziels dienen, ist das wettbewerbsrechtliche Ziel der Auslegungsmaßstab für das Tatbestandsmerkmal Vereinbarung. Folglich wird das wettbewerbsrechtliche Ziel trotz der Vorrangigkeit des sozialpolitischen Ziels noch verwirklicht, also nicht einseitig durch das vorrangige Ziel verdrängt.
Demzufolge ist auch aus Sicht des EuGH zu prüfen, ob das wettbewerbsrechtliche Ziel in Folge der Nachrangigkeit nicht einseitig verdrängt oder aufgehoben werden darf.

(cc) Zusammenfassung

Das Urteil in der Rechtssache "Albany International BV/Stichting Bedrijfspensioenfonds Textielindustrie" zeigt, dass der EuGH Zielkonflikte nach den Grundsätzen praktischer Konkordanz löst. Folglich ist das Rangverhältnis der konfligierenden Ziele nach diesen Grundsätzen zu bestimmen. Damit ist im Einzelfall nur das Ziel, welches im Einzelfall vorrangig ist, als Auslegungsmaßstab für das Tatbestandsmerkmal "Beeinträchtigung" zu verwenden.

---

[709] EuGH Slg. 1999, I-5751 – Albany International BV/Stichting Bedrijfspensioenfonds Textielindustrie, Rn. 60.

Im Eingangsbeispiel ist die Beeinträchtigung gem. Art. 81 Abs. 1 EGV zu verneinen, wenn im Einzelfall das industriepolitische Ziel nach den Grundsätzen praktischer Konkordanz höherrangig als das wettbewerbsrechtliche Ziel ist. Dann sind bei der Auslegung der Beeinträchtigung allein industriepolitischen Vorteile der Kooperation zu beachten. Der Verstoß der Vereinbarung gegen wettbewerbsrechtliche Ziele ist aufgrund der Nachrangigkeit dieser Ziele bei der Auslegung der Beeinträchtigung nicht zu berücksichtigen. Im Beispielsfall verursacht die Vereinbarung somit keine Beeinträchtigung des zwischenstaatlichen Handels.

3. Keine Eignung

Schließlich ist zu prüfen, unter welchen Voraussetzungen eine Eignung zur Beeinträchtigung des zwischenstaatlichen Handels nicht gegeben ist.
Die Eignung ist erstens nicht gegeben, wenn kein potentieller zwischenstaatlicher Handel besteht. In der Rechtssache "Feuerversicherung" hat die Kommission festgestellt, dass die Eignung zur Beeinträchtigung des zwischenstaatlichen Handels zu bejahen sei, wenn wettbewerbsbeschränkende Maßnahmen das gesamte Volumen des zwischenstaatlichen Handels umfassten, wobei der zwischenstaatliche Handel gegenwärtig oder zukünftig feststellbar sein müsse[710]. Die Kommission untersucht hierzu, ob zukünftig auf einem Markt zwischenstaatliche Handelsströme bestehen[711].
In Rn. 182 der Entscheidung in der Rechtssache "British Sugar plc. u. a."[712] hat die Kommission festgestellt, dass gemäß dem Urteil des EuGH in der Rechtssache "Hugin Kassaregister AB u. a./Kommission" jede Möglichkeit der Beeinträchtigung ausgeschlossen sei, wenn hinsichtlich des im Einzelfall fraglichen Erzeugnisses ein zwischenstaatlicher Handel nie existiert hatte und auch aus technischen Gründen für den Fall ausgeschlossen sei, dass die Marktbedingungen völlig frei und unbeeinflusst von wettbewerbsbeschränkenden Verhaltensweisen wären[713].

---

710 KOMM ABl. 1985 Nr. L 35/20 – Feuerversicherung, Rn. 33, bestätigt durch EuGH Slg. 1987, 405 – Verband der Sachversicherer, Rn. 49.

711 KOMM ABl. 1985 Nr. L 35/20 – Feuerversicherung, Rn. 33 f.

712 Die Kommission befasst sich in Rn. 182 der Entscheidung mit der Frage, unter welchen Voraussetzungen die "hinreichende Wahrscheinlichkeit zu bejahen ist: "Speziell zum Thema Haushaltszucker ist festzustellen, dass die Haltung der Kommission weder rein spekulativ noch unvereinbar mit ihren zuvor dargelegten Positionen ist. Auf der Grundlage der vom Europäischen Gerichtshof aufgestellten Normen stellt sich hier die Frage, ob das von der Kommission oben beschriebene Szenario (395) mit hinreichender Wahrscheinlichkeit als mögliche Folge des wettbewerbswidrigen Verhaltens angesehen werden kann. Der prominenteste Fall, in dem der Europäische Gerichtshof jede Möglichkeit einer Beeinträchtigung des Handels ausschloss, ist das Verfahren Hugin/Kommission (396), in dem es um die Anwendbarkeit von Artikel 86 ging.".

713 KOMM ABl. 1999 Nr. L 76/1 – British Sugar plc u. a., Rn. 182 f mit Bezugnahme auf EuGH Slg. 1979, 1869 – Hugin Kassaregister AB u. a./Kommission, Rn. 17 ff.

Der Verweis auf das Urteil in der Rechtssache "Hugin Kassaregister AB u. a./Kommission" zeigt, dass die Kommission untersucht, ob der zwischenstaatliche Handel aufgrund von Handelsschranken zukünftig ausgeschlossen ist. Die Kommission prüft folglich wie der EuGH das Bestehen von Handelsschranken durch ökonomische Analyse der Veränderung der Richtung der Handelsströme zwischen Mitgliedstaaten. Nach der Entscheidung der Kommission in der Rechtssache "British Sugar plc u. a." ist somit ein potentieller zwischenstaatlicher Handel zu verneinen, wenn aufgrund von Handelsschranken auf dem relevanten Markt keine zwischenstaatlichen Handelsströme gegeben sind.
Zweitens ist die Eignung zur Beeinträchtigung zu verneinen, wenn die Prognoseentscheidung ergibt, dass Vereinbarung oder Ausnutzung einer marktbeherrschenden Stellung sich nicht auf den zwischenstaatlichen Handel auswirken wird.
Drittens ist die Eignung zur Beeinträchtigung auch zu verneinen, wenn eine ökonomische Analyse der Veränderung der Richtung der Handelsströme oder der Wettbewerbsstruktur und eine Analyse potentieller Auswirkungen rechtlicher Verpflichtungen auf dem relevanten Markt ergeben, dass eine Beeinträchtigung des zwischenstaatlichen Handels nicht eintreten wird.

B. Zwischenergebnis

I. Kein zwischenstaatlicher Handel

Der zwischenstaatliche Handel ist zu verneinen, wenn auf dem relevanten Markt, auf dem die Vereinbarung oder die Ausnutzung der marktbeherrschenden Stellung vorliegt, zwischenstaatlichen Handelsströme nicht bestehen. Dies ist der Fall, wenn zwischen den Mitgliedstaaten wirtschaftliche, technische oder rechtliche Handelsschranken bestehen.

II. Keine Beeinträchtigung

Die Beeinträchtigung ist zu verneinen, wenn auf dem relevanten Markt, auf dem die Vereinbarung oder die Ausnutzung der marktbeherrschenden Stellung vorliegt, keine Auswirkung vorliegt. Dies ist der Fall, wenn die Vereinbarung oder die Ausnutzung der marktbeherrschenden Stellung nicht zu einer Veränderung der Richtung der Handelsströme (Fallgruppe 1), zu einer Marktabschottung (Fallgruppe 2) oder zu einer Veränderung der Wettbewerbsstruktur (Fallgruppe 3) geführt hat. Das Fehlen der Auswirkung nach den drei Fallgruppen ist durch Vergleich der tatsächlichen und der hypothetischen Situation des relevanten Markts zu untersuchen, auf dem die Vereinbarung oder die Ausnutzung der marktbeherrschenden Stellung gegeben ist. Zunächst ist die tatsächliche Situation des zwischenstaatlichen Handels mit Vereinbarung oder Ausnutzung der marktbeherrschenden Stellung zu untersuchen. Durch eine ökonomische Analyse des relevanten Markts ist zu bestimmen, ob die Vereinbarung oder die Ausnutzung einer marktbeherrschenden Stellung zu einer Veränderung der Richtung der Handelsströme, zu einer Marktabschottung oder zu einer Veränderung der Wettbewerbsstruktur geführt hat. Sodann ist die hypothetische Situation des zwischenstaatlichen Handels ohne Vereinbarung oder Ausnutzung der marktbeherrschenden Stellung zu untersuchen. Hierzu sind durch ökonomische Analyse des relevanten Markts die Richtung der Handelsströme und die Wettbewerbsstruktur zu bestimmen. Nur wenn die Richtung der Handelsströme und die Wettbewerbsstruktur in der tatsächlichen Situation des zwischenstaatlichen Handels nicht von der Richtung der Handelsströme und von der Wettbewerbsstruktur in der hypothetischen Situation des zwischenstaatlichen Handels abweichen, ist die Auswirkung zu verneinen.

Die Beeinträchtigung ist zu verneinen, wenn Vereinbarung oder Ausnutzung einer marktbeherrschenden Stellung nicht gegen das wettbewerbsrechtliche Ziel verstoßen.

Die Beeinträchtigung ist ferner ist verneinen, wenn die Vereinbarung oder die Ausnutzung der marktbeherrschenden Stellung der Verwirklichung eines nicht-wettbewerbsrechtlichen Ziels dient und dieses Ziel bei der Auslegung der Beeinträchtigung als alleiniger Auslegungsmaßstab zu verwenden ist. Voraussetzung hierfür ist zunächst, dass bei der Auslegung ein Zielkonflikt zwischen dem wettbewerbsrechtlichen und einem nicht-wettbewerbsrechtlichen Ziel besteht. Das nicht-wettbewerbsrechtliche Ziel ist, wenn es als vorrangig eingestuft wird, als alleiniger Auslegungsmaßstab zu verwenden. Der Rang der konfligierenden Ziele ist entweder durch eine Norm des EGV oder nach den Grundsätzen praktischer Konkordanz zu bestimmen.

III. Keine Eignung

Schließlich ist die Eignung zu verneinen, wenn auf einem Markt Handelsströme nicht bestehen und auch zukünftig ausgeschlossen sind. Dies ist durch eine ökonomische Analyse der Richtung der Handelsströme auf dem Markt zu bestimmen. Die Eignung ist auch zu verneinen, wenn die Vereinbarung oder die Ausnutzung einer marktbeherrschenden Stellung zu keiner Beeinträchtigung des zwischenstaatlichen Handels führt. Hierzu sind die Handelsströme und die Wettbewerbsstruktur des relevanten Markts zu analysieren. Die Eignung ist schließlich zu verneinen, wenn die ökonomische Analyse und die Analyse der potentiellen Auswirkungen rechtlicher Verpflichtungen auf dem relevanten Markt ergeben, dass die Vereinbarung und die Ausnutzung zu keiner Beeinträchtigung des zwischenstaatlichen Handels führen werden.

Teil 2:

Das Hinausreichen der Wirkung einer Marktbeeinflussung, eines wettbewerbsbeschränkenden oder diskriminierenden Verhaltens oder einer Wettbewerbsregel über das Gebiet eines Landes als Zuständigkeitsvoraussetzung des deutschen Kartellrechts

Zunächst sind die Tatbestandsmerkmale des § 48 Abs. 2 S. 1 GWB auszulegen (vgl. A.). Das Ergebnis dieser Auslegung ist das zweite Zwischenergebnis für den Rechtsvergleich (vgl. B.).

A. Die Auslegung des Tatbestandsmerkmals "Hinausreichen der Wirkung der Marktbeeinflussung, des wettbewerbsbeschränkenden oder diskriminierenden Verhaltens oder einer Wettbewerbsregel über das Gebiet eines Landes hinaus" in § 48 Abs. 2 S. 1 GWB

Entsprechend der Zielsetzung der Arbeit ist auch bei der Auslegung des § 48 Abs. 2 S. 1 GWB zunächst zu prüfen, unter welchen Voraussetzungen der Tatbestand der Vorschrift erfüllt ist, d. h. die Wirkung einer Markbeeinflussung, eines wettbewerbsbeschränkenden oder diskriminierenden Verhaltens oder einer Wettbewerbsregel über das Gebiet eines Bundeslandes hinausreicht (vgl. I.). In diesen Fällen ist das BKartA die zuständige Kartellbehörde. Danach ist zu prüfen, unter welchen Voraussetzungen diese Wirkung nicht über das Gebiet eines Bundeslandes hinausreicht (vgl. II.). In diesen Fällen ist gem. § 48 Abs. 2 S. 2 GWB die LKartB zuständige Kartellbehörde.

I. Vorliegen des Hinausreichens der Wirkung einer Marktbeeinflussung, eines wettbewerbsbeschränkenden oder diskriminierenden Verhaltens oder einer Wettbewerbsregel über das Gebiet eines Landes

Der Tatbestand des § 48 Abs. 2 S. 1 GWB setzt erstens voraus, dass das GWB die Zuständigkeit nicht nur einer bestimmten Behörde zuweist (vgl. 1.). Zweitens muss eine Marktbeeinflussung, ein wettbewerbsbeschränkendes oder ein diskriminierendes Verhalten oder eine Wettbewerbsregel gegeben sein (vgl. 2.). Drittens muss eine Wirkung der Marktbeeinflussung, eines wettbewerbsbeschränkenden oder diskriminierenden Verhaltens oder einer Wettbewerbsregel vorliegen (vgl. 3.). Viertens muss die Wirkung einer Marktbeeinflussung, eines wettbewerbsbeschränkenden oder diskriminierenden Verhaltens oder einer Wettbewerbsregel über das Gebiet eines Bundeslandes hinausreichen (vgl. 4.).

1. Keine Zuweisung der Zuständigkeit zu einer bestimmten Behörde

Zum einen kann die Zuständigkeit dem Bundesminister für Wirtschaft (vgl. a)), zum anderen dem Bundeskartellamt (vgl. b)) zugewiesen sein. In beiden Fällen wird durch die Zuweisung die ausschließliche sachliche Zuständigkeit des BMWi bzw. des BKartA begründet[714].

a) Ausschließliche Zuständigkeit des BMWi

Das GWB sieht die ausschließliche Zuständigkeit des BMWi nur in den Fällen der Ministererlaubnis gem. § 8 GWB und gem. § 42 GWB vor[715].
Gemäß § 8 GWB können durch die Ministererlaubnis Vereinbarungen oder Beschlüsse vom Verbot des § 1 GWB freigestellt werden, wenn sie den Tatbestand der §§ 2 bis 7 GWB nicht erfüllen[716], die bewirkte Wettbewerbsbeschränkung aus überwiegenden Gründen der Gesamtwirtschaft und des Gemeinwohls notwendig ist[717] und gegebenenfalls der Tatbestand des § 8 Abs. 2 GWB erfüllt ist[718].
Nach § 42 Abs. 1 S. 1 GWB ist der BMWi ausschließlich zuständig zur Erteilung der Ministererlaubnis zu einem Zusammenschluss, der zuvor durch das Bundeskartellamt untersagt worden ist. Voraussetzung für die Erteilung der Erlaubnis ist gem. § 42 Abs. 1 S. 1 GWB die zeitlich vorgehende Untersagungsentscheidung des Bundeskartellamts[719]. Weiter setzt § 48 Abs. 2 S. 1 GWB voraus, dass die durch den Zusammenschluss verursachte Wettbewerbsbeschränkung von gesamtwirtschaftlichen Vorteilen des Zusammenschlusses aufgewogen wird oder der Zusammenschluss durch ein überragendes Interesse der Allgemeinheit aufgewo-

---

714 Schultz in: Langen/Bunte (Fn. 1), Band 1 § 48 Rn. 4 ff, 7 ff; Klaue in: Immenga/Mestmäcker (Hrsg.), GWB, 3. Auflage München 2001, § 48 Rn. 4 ff.

715 Klaue in: Immenga/Mestmäcker (Fn. 714), § 48 Rn. 16.

716 Vgl. zu den §§ 2-7 GWB die einschlägigen Kommentierungen insbesondere in Immenga/Mestmäcker (Fn. 714) und in Langen/Bunte (Fn. 1).

717 Kiecker in: Langen/Bunte (Fn. 1), Band 1 § 8 Rn. 5 ff; Immenga in: Immenga/Mestmäcker (Fn. 714), § 8 Rn. 30 ff.

718 Immenga in: Immenga/Mestmäcker (Fn. 714), § 8 Rn. 19 ff mwN; Vgl. zu den tatbestandlichen Voraussetzungen des § 8 Abs. 2 S. 1 GWB im Einzelnen die detaillierte Darstellung bei Bunte in: Glassen/v. Hahn/Kersten/Rieger (Fn. 76), Band II GWB 1999 § 8 Rn. 54 ff.

719 Ruppelt in: Langen/Bunte (Fn. 1), Band 1 § 42 Rn. 2.

gen wird[720]. Die Erlaubnis darf gem. § 42 Abs. 1 S. 3 GWB nur erteilt werden, wenn die marktwirtschaftliche Ordnung durch das Ausmaß der Wettbewerbsbeschränkung nicht gefährdet wird[721].

b) Ausschließliche Zuständigkeit des BKartA

Das BKartA ist nach dem GWB in zahlreichen Fällen ausschließlich zuständig. An erster Stelle ist ausschließliche Zuständigkeit des BKartA für die Fusionskontrolle gem. § 36 ff. GWB zu nennen[722]. Ferner ist seine ausschließliche Zuständigkeit in den Fällen der §§ 15 Abs. 3 GWB (Unwirksamerklärung oder Verbot einer Preisbindung)[723], 23 Abs. 3 S. 1 GWB (Erklärung der Unzulässigkeit oder Verbot einer Empfehlung)[724], § 30 Abs. 2 i. V. m. §§ 1 ff. GWB (Missbrauchsaufsicht über Verträge gem. § 16 Abs. 4 des Gesetzes über die Wahrnehmung von Urheberrechten und verwandten Schutzrechten)[725], § 50 GWB (Wahrnehmung der durch EGV übertragenen Aufgaben)[726], §§ 90 Abs. 4 i. V. m. § 15 GWB (Zuständigkeit für bürgerliche Rechtsstreitigkeiten im Fall einer Preisbindung gem. § 15)[727] gegeben.

2. Marktbeeinflussung, wettbewerbsbeschränkendes Verhalten, diskriminierendes Verhalten, Wettbewerbsregel

Nach § 48 Abs. 2 S. 1 GWB muss eine Marktbeeinflussung (vgl. a)), ein wettbewerbsbeschränkendes Verhalten (vgl. b)), ein diskriminierendes Verhalten (vgl. c)) oder eine Wettbewerbsregel (vgl. d)) gegeben sein.

a) Marktbeeinflussung

Der Begriff der Marktbeeinflussung ist weder in § 48 Abs. 2 S. 1 GWB noch in anderen Vorschriften des GWB ausdrücklich definiert. Seine Definition ist daher durch grammatische (vgl. aa)), systematische (vgl. bb)) und historische (vgl. cc))

---

720 Mestmäcker/Veelken in: Immenga/Mestmäcker (Fn. 714), § 42 Rn. 26 f.
721 Mestmäcker/Veelken in: Immenga/Mestmäcker (Fn. 714), § 42 Rn. 40.
722 Richter in: Wiedemann, Handbuch des Kartellrechts, München 1999, § 21 Rn. 20.
723 Emmerich in: Immenga/Mestmäcker (Fn. 714), § 15 Rn. 157.
724 Sauter in: Immenga/Mestmäcker (Fn. 714), § 23 Rn. 112.
725 Möschel in: Immenga/Mestmäcker (Fn. 714), § 30 Rn. 2 f, 15 ff.
726 Klaue in: Immenga/Mestmäcker (Fn. 714), § 50 Rn. 10 ff; 17 ff.
727 Klaue in: Immenga/Mestmäcker (Fn. 714), § 48 Rn. 4.

Auslegung zu ermitteln[728]. Schließlich ist zu den sich teilweise unterscheidenden Definitionen Stellung zu nehmen (vgl. dd)).

aa) Grammatische Auslegung

Dem Wortlaut nach besteht die "Marktbeeinflussung" aus Elementen "Markt" und "Beeinflussung". Dabei ist die Beeinflussung auf den Markt bezogen. Sie muss also auf dem Markt eintreten.

Das Substantiv "Beeinflussung" steht dem Wortsinn nach für die Handlung, die Tätigkeit oder das Verhalten, nicht aber zugleich für den konkreten Erfolg dieser Handlung. Spricht man beispielsweise von der "Beeinflussung eines Gerichts", so steht Beeinflussung für eine Handlung, z. B. für das Vorbringen der Parteien im Zivilverfahren oder für die Einlassung des Angeklagten im Strafverfahren[729]. Von dieser Handlung, und damit von dem Begriff Beeinflussung ist der konkrete Erfolg zu trennen, der durch die Handlung, also durch Beeinflussung erreicht werden soll. Im Beispielsfall bestünde der konkrete Erfolg z. B. in der Änderung des Tenors der Gerichtsentscheidung. Nach der grammatischen Auslegung beschreibt die "Marktbeeinflussung" in § 48 Abs. 2 S. 1 GWB somit die Handlung eines Unternehmens.

Auch in Rechtsprechung und Literatur findet sich die Unterscheidung zwischen Handlung und Erfolg. In der Literatur wird bei der Auslegung der Vorschriften des GWB abstrakt zwischen Wettbewerbshandlung und Wettbewerbsbeschränkung, in der Rechtsprechung zwischen dem Mittel zur Wettbewerbsbeschränkung und dem Erfolg einer Wettbewerbsbeschränkung unterschieden. Da nach der grammatischen Auslegung die Marktbeeinflussung nicht als Erfolg sondern als Handlung definiert ist, ist das Tatbestandsmerkmal somit durch die Literatur als Wettbewerbshandlung (vgl. (1)) und durch die Rechtsprechung als Mittel zur Wettbewerbsbeschränkung definiert (vgl. (2)). Zur Unterscheidung zwischen Wettbewerbshandlung und Wettbewerbsbeschränkung bzw. Mittel zur Wettbewerbsbeschränkung und Erfolg einer Wettbewerbsbeschränkung wird Stellung genommen (vgl. (3)).

---

[728] Zur Auslegung des Tatbestandsmerkmals "Marktbeeinflussung" durch Rechtsprechung und Verwaltung siehe oben, Einführung, 1..

[729] Kissel in: Tilch/Arloth (Hrsg.) Deutsches Rechts-Lexikon 3. Auflage München 2001, Band 1 A-F, S. 578 Stichwort "Beeinflussung des Gerichts".

(1) Marktbeeinflussung als Wettbewerbshandlung

In der Literatur wird zur Auslegung der Vorschriften des GWB zwischen Wettbewerbshandlung und Wettbewerbsbeschränkung unterschieden.[730].
Die Wettbewerbshandlung bezeichnet danach das kartellrechtsrelevante Verhalten von Unternehmen in einem Wettbewerbsverhältnis[731], z. B. die Vereinbarung, den Beschluss oder die abgestimmte Verhaltensweise gem. § 1 GWB[732], die Ausnutzung der marktbeherrschenden Stellung gem. § 19 GWB[733] oder das Verhalten von Nachfragern gegenüber Anbietern gem. § 20 GWB[734].
Die Wettbewerbsbeschränkung ist die Beschränkung der wirtschaftlichen Handlungsfreiheit bestimmter Wettbewerber[735]. Diese Definition wird in Anlehnung an die wirtschaftswissenschaftliche Definition des Wettbewerbs insoweit präzisiert, als unter Wettbewerbsbeschränkung die Fixierung oder Veränderung der ökonomischen Wettbewerbsfaktoren Preis, Absatz, u. a. durch eine Handlung verstanden wird[736]. Die Wettbewerbsbeschränkung beschreibt somit den tatbestandsmäßigen Erfolg der Wettbewerbshandlung. Die "Wettbewerbsbeschränkung" steht beispielsweise für das Bezwecken oder Bewirken einer Verhinderung, Einschränkung oder Verfälschung des Wettbewerbs gem. § 1 GWB[737], den Missbrauch gem. § 19 Abs. 4 GWB[738] oder die unbillige Behinderung eines anderen Unternehmens gem. § 20 GWB[739].

---

730 Grundlegend Sandrock (Fn. 103), S. 152 ff, 207 ff, der zwischen "Wettbewerbshandlung" und "Wettbewerbsbeschränkung" unterscheidet.

731 Fikentscher, WuW 1961, 788 (797).

732 Die Vereinbarung wird allgemein als eine Handlung, genauer als Koordination unternehmerischen Marktverhaltens definiert, Zimmer in: Immenga/Mestmäcker (Fn. 714), § 1 Rn. 80. Noch deutlicher definiert der BGH die Vereinbarung, den Beschluss und die abgestimmte Verhaltensweise als verschiedene Formen eines "bewusst gleichförmigen Verhaltens", BGH NJW 1971, 521 (524); Deringer/Tessin, NJW 1971, 521 (521), bezeichnen den Vertrag, den Beschluss und die abgestimmte Verhaltensweise als "wettbewerbliche Verhaltensweisen". Auch Benisch, WuW/E BGH 373 (376) definiert den Vertrag in § 1 GWB als Handlung: "[...] kann hier nur darauf hingewiesen werden, dass ein abgestimmtes, gleichförmiges Verhalten erst dann den Vertragsbegriff des deutschen Rechts erfüllt, wenn gegenseitige Erklärungen mit dem Willen einer Bindung abgegeben werden."; AA Sandrock (Fn. 103), S. 153, der im Zusammenhang mit § 1 GWB a. F. zu dem Ergebnis kommt, dass nicht der Vertrag eine Handlung (wörtlich: ein Verhalten), sondern der Vertragsgegenstand eine Handlung beschreibt.

733 Möschel in: Immenga/Mestmäcker (Fn. 714), § 19 Rn. 100.

734 Markert in: Immenga/Mestmäcker (Fn. 714), § 20 Rn. 7.

735 Emmerich (Fn. 386), S. 39; Zur ehemals verwendeten Unterscheidung zwischen formeller und materieller Wettbewerbsbeschränkung vgl. Sandrock (Fn. 103), S. 224 f, und Fikentscher, WuW 1961, 788 (799).

736 Emmerich (Fn. 386), S. 39; Zimmer in: Immenga/Mestmäcker (Fn. 714), § 1 Rn. 199.

737 Sandrock (Fn. 103), S. 223, bezeichnet das Tatbestandsmerkmal "Beschränkung des Wettbewerbs" in § 1 GWB a. F. als "Wettbewerbsbeschränkung".

738 Emmerich (Fn. 386), S. 187 bezeichnet beispielsweise den Behinderungsmissbrauch gem. § 19 Abs. 4 Nr. 1 GWB als Wettbewerbsbeschränkung; Möschel in: Immenga/Mestmäcker (Fn.

Überträgt man die Trennung zwischen Wettbewerbshandlung und Wettbewerbsbeschränkung auf die Auslegung des § 48 Abs. 2 S. 1 GWB, ist das Tatbestandsmerkmal Marktbeeinflussung als Wettbewerbshandlung zu definieren. Damit ist die Marktbeeinflussung beispielsweise als Vereinbarung, Beschluss oder abgestimmte Verhaltensweise gem. § 1 GWB oder als Ausnutzung der marktbeherrschenden Stellung gem. § 19 Abs. 1 GWB zu definieren.
Die Auslegung der Marktbeeinflussung als Wettbewerbshandlung gibt indessen keinen Hinweis darauf, in welchen Vorschriften des GWB die Wettbewerbshandlungen, die als Marktbeeinflussung zu qualifizieren sind, geregelt sind. Fest steht lediglich, dass § 48 Abs. 2 S. 1 GWB auf den Tatbestand von Wettbewerbshandlungen verweist, der in §§ 1 bis 31 GWB geregelt ist, da kartellrechtsrelevante Wettbewerbshandlungen anderer Vorschriften in die ausschließliche Zuständigkeit des Bundesministers für Wirtschaft und Technologie oder in die ausschließliche Zuständigkeit des BKartA fallen.

(2) Marktbeeinflussung als Mittel zur Wettbewerbsbeschränkung

Die Rechtsprechung unterscheidet bei der Auslegung der §§ 1 ff. GWB nicht zwischen Wettbewerbshandlung und Wettbewerbsbeschränkung. Statt dessen spricht sie vom "Mittel" zur Wettbewerbsbeschränkung und vom "Erfolg" einer Wettbewerbsbeschränkung.
Beispielsweise hatte der BGH in der Rechtssache "4711" eine Erstvereinbarung gem. § 14 GWB zu beurteilen[740]. Der BGH hat zwischen dem Vertrag gem. § 14 GWB und dem Erfolg des Vertrags unterschieden[741]. Der Vertragsschluss stelle das Mittel dar, mit dem der Erfolg einer Wettbewerbsbeschränkung erreicht werden solle[742]. Der Erfolg bestehe in der Beschränkung der Freiheit der Preisgestaltung eines Vertragspartners gegenüber Dritten[743]. Der Erfolg der Wettbewerbsbeschränkung besteht damit in der Beschränkung der Handlungsfreiheit des Unternehmens durch Beschränkung seiner Freiheit bei der Preisgestaltung gegenüber Dritten.
Überträgt man die Unterscheidung zwischen Mittel und Erfolg der Wettbewerbsbeschränkung auf die Auslegung des § 48 Abs. 2 S. 1 GWB, ist die Marktbeein-

---

714), § 19 Rn. 6, bezeichnet das Tatbestandsmerkmal "Missbrauch" in § 19 GWB als "Wettbewerbsbeschränkung".

739 Markert in: Immenga/Mestmäcker (Fn. 714), § 20 Rn. 18, 115, 130 ("beschränkungsfreier Wettbewerb").

740 BGH WuW/E BGH 251 (254).

741 BGH WuW/E BGH 251 (254); KG Berlin WuW/E OLG 1265 (1265); Zwischen Mittel und Erfolg unterscheidet auch Markert in: Immenga/Mestmäcker (Fn. 714), § 20 Rn. 116 und § 21 Rn. 83; Sauter in: Immenga/Mestmäcker (Fn. 714), § 22 Rn. 25.

742 BGH WuW/E BGH 251 (254).

743 BGH WuW/E BGH 251 (254).

flussung nicht als Erfolg einer Wettbewerbsbeschränkung, d. h. Beschränkung der unternehmerischen Handlungsfreiheit zu qualifizieren. Vielmehr ist die Marktbeeinflussung als Mittel zu qualifizieren, mit dem die Wettbewerbsbeschränkung erreicht werden soll. Damit ist das Tatbestandsmerkmal Marktbeeinflussung beispielsweise als Vereinbarung gem. § 1 GWB oder als Ausnutzung einer marktbeherrschenden Stellung gem. § 19 Abs. 1 GWB zu qualifizieren.

(3) Stellungnahme

Die Unterscheidung zwischen Wettbewerbshandlung und Wettbewerbsbeschränkung bzw. zwischen Mittel und Erfolg einer Wettbewerbsbeschränkung führt nur insoweit zur unterschiedlichen Auslegungen der Marktbeeinflussung, als der Begriff des Mittels der Wettbewerbsbeschränkung weiter gefasst ist als der Begriff der Wettbewerbshandlung. Der Begriff der Wettbewerbshandlung erfasst nur Handlungen, die in den §§ 1 ff. GWB definiert sind. Dagegen erfasst der Begriff des Mittels einer Wettbewerbsbeschränkung nicht nur Handlungen, sondern auch andere Formen von Kartellrechtsverstößen, wie z. B. Wettbewerbsregeln gem. § 24 GWB. Damit erfasst die Unterscheidung zwischen Wettbewerbshandlung und Wettbewerbsbeschränkung nur einen Teil der Vorschriften des GWB. Folglich ist für die Auslegung des Tatbestandsmerkmals Marktbeeinflussung zwischen Mittel und Erfolg einer Wettbewerbsbeschränkung zu unterscheiden.
Die grammatische Auslegung ergibt daher, dass die Marktbeeinflussung als Mittel zur Erreichung einer Wettbewerbsbeschränkung zu definieren ist. Beispielsweise ist eine Vereinbarung, ein Beschluss oder eine abgestimmte Verhaltensweise gem. § 1 GWB als Mittel zur Wettbewerbsbeschränkung zu qualifizieren.

bb) Systematische Auslegung

Nach § 48 Abs. 2 S. 1 GWB ist die Wirkung einer Marktbeeinflussung, eines wettbewerbsbeschränkenden oder diskriminierenden Verhaltens oder die Wirkung einer Wettbewerbsregel zu beurteilen. Die Marktbeeinflussung ist damit Bestandteil einer Aufzählung der insgesamt vier Tatbestandsmerkmale Marktbeeinflussung, wettbewerbsbeschränkendes oder diskriminierendes Verhalten und Wettbewerbsregel.
Das wettbewerbsbeschränkende oder diskriminierende Verhalten beschreibt schon nach dem Wortlaut keinen Erfolg, sondern ein Verhalten, das eine Wettbewerbsbeschränkung verursacht. Wendet man die Unterscheidung der Rechtsprechung zwischen Mittel und Erfolg einer Wettbewerbsbeschränkung auf die Auslegung des § 48 Abs. 2 S. 1 GWB an, beschreibt § 48 Abs. 2 S. 1 GWB folglich mit den Tatbestandsmerkmalen "wettbewerbsbeschränkendes oder diskriminierendes

Verhalten" Mittel, mit deren Hilfe der Wettbewerb beschränkt werden soll. Auch die Wettbewerbsregel ist selbst nicht schon der Erfolg einer Wettbewerbsbeschränkung. Vielmehr wird die Wettbewerbsbeschränkung durch die Wettbewerbsregel verursacht. Die Wettbewerbsregel ist damit ebenfalls als Mittel einer Wettbewerbsbeschränkung zu qualifizieren.

Sämtliche Tatbestandsmerkmale der Aufzählung in § 48 Abs. 2 S. 1 GWB neben der Marktbeeinflussung stellen also nicht auf einen Erfolg sondern auf das Mittel zur Erreichung des Erfolgs einer Wettbewerbsbeschränkung ab. Die Nennung der Marktbeeinflussung in einer Aufzählung neben diesen Tatbestandsmerkmalen spricht somit dafür, dass das GWB auch die Marktbeeinflussung nicht als Erfolg, sondern als Mittel zur Erreichung des Erfolgs definiert.

Fraglich ist, welche der in §§ 1 bis 31 GWB genannten Mittel zur Ereichung einer Wettbewerbsbeschränkung als Marktbeeinflussung zu qualifizieren sind. Aus der Aufzählung in § 48 Abs. 2 S. 1 GWB folgt, dass die "Marktbeeinflussung" solche Mittel nicht erfasst, die durch die anderen Tatbestandsmerkmale "wettbewerbsbeschränkendes Verhalten", "diskriminierendes Verhalten" oder "Wettbewerbsregel" erfasst werden. Andernfalls würde das GWB mit der "Marktbeeinflussung" lediglich die anderen Tatbestandsmerkmale wiederholen. Die "Marktbeeinflussung" hätte damit keine eigenständige Bedeutung im Rahmen des § 48 Abs. 2 S. 1 GWB.

Das Tatbestandsmerkmal "Wettbewerbsregel" ist im vierten Abschnitt des ersten Teils des GWB legaldefiniert. Folglich verweist § 48 Abs. 2 S. 1 GWB mit diesem Tatbestandsmerkmal auf die Vorschriften des vierten Abschnitts, d. h. die §§ 24 bis 27 GWB. Das Tatbestandsmerkmal "wettbewerbsbeschränkendes Verhalten" ist in der Überschrift des dritten Abschnitts des ersten Teils des GWB genannt. Damit verweist § 48 Abs. 2 S. 1 GWB in systematischer Hinsicht auf Mittel zur Wettbewerbsbeschränkung, die in den §§ 19 bis 23 GWB geregelt sind. Schließlich ist § 20 GWB die einzige Vorschrift der §§ 1 bis 31 GWB, die von einer Diskriminierung spricht. Paragraf 48 Abs. 2 S. 1 GWB verweist damit in systematischer Hinsicht auf Mittel zur Wettbewerbsbeschränkung, die in § 20 GWB geregelt sind.

Somit folgt aus systematischer Auslegung der Marktbeeinflussung im Vergleich mit den Tatbestandsmerkmalen Wettbewerbsregel, wettbewerbsbeschränkendes oder diskriminierendes Verhalten, dass unter Marktbeeinflussung ein Mittel zur Wettbewerbsbeschränkung zu verstehen ist, welches in den Vorschriften des ersten, zweiten und fünften Abschnitts des ersten Teils des GWB geregelt ist. Paragraf 48 Abs. 2 S. 1 GWB verweist folglich mit dem Tatbestandsmerkmal der Marktbeeinflussung auf die § 1 GWB i. V. m. §§ 2 bis 7, §§ 14 bis 18 GWB oder §§ 28 bis 31 GWB. Demzufolge ist die Marktbeeinflussung als Vereinbarung,

Beschluss oder abgestimmte Verhaltensweise gem. § 1 GWB i. V. m. §§ 2 bis 7, §§ 14 bis 18 GWB oder §§ 28 bis 31 GWB zu definieren[744].

cc) Historische Auslegung

Das Tatbestandsmerkmal Marktbeeinflussung wird in der geltenden Fassung des GWB nur in § 48 Abs. 2 S. 1 GWB verwendet. Dagegen enthielt das GWB in § 1 der bis zum 31.12. 1998 geltenden Fassung[745] das Tatbestandsmerkmal "Beeinflussung der Marktverhältnisse". Dieses Tatbestandsmerkmal wurde synonym mit dem Begriff der "Marktbeeinflussung" bezeichnet[746]. Obgleich § 1 GWB das Tatbestandsmerkmal der Marktbeeinflussung nicht mehr enthält, wird einhellig davon ausgegangen, dass die zu § 1 GWB a. F. entwickelten Grundsätze weiterhin gelten sollen[747]. Zu prüfen ist, welche Anhaltspunkte die Definition der "Beeinflussung der Marktverhältnisse" in § 1 GWB a. F. für Auslegung der Marktbeeinflussung in § 48 Abs. 2 S. 1 GWB gibt. Dazu ist zunächst das Tatbestandsmerkmal "Beeinflussung der Marktverhältnisse" zu definieren (vgl. (1)). Im Anschluss ist die Definition auf die Auslegung der Marktbeeinflussung in § 48 Abs. 2 S. 1 GWB zu übertragen (vgl. (2)).

(1) Beeinflussung der Marktverhältnisse gem. § 1 GWB a. F.

Das Tatbestandsmerkmal "Beeinflussung der Marktverhältnisse" setzt voraus, dass Marktverhältnisse gegeben sind (vgl. (a)) und diese Verhältnisse beeinflusst werden (vgl. (b)).

---

744 Nach Bechtold, Kartellgesetz, 3. Auflage München 2002, § 48 Rn. 8, verweist das Tatbestandsmerkmal "Marktbeeinflussung" gem. § 48 Abs. 2 S. 1 GWB auf § 1 GWB, da die "Marktbeeinflussung" in § 1 GWB a. F. ausdrücklich als Tatbestandsmerkmal genannt war.

745 Gesetz gegen Wettbewerbsbeschränkungen in der Fassung der Bekanntmachung vom 20.02.1990, BGBl. I S. 235, zuletzt geändert durch das Gesetz vom 24.04.1998, BGBl. I S. 730.

746 Vgl. z. B. Bunte in: Langen/Bunte (Fn. 1), Band 1 § 1 Rn. 151; Langen, Kommentar zum Kartellgesetz 6. Auflage Neuwied Darmstadt 1982, § 1 Rn. 56; Immenga in: Immenga/Mestmäcker (Hrsg.), GWB, 2. Auflage München 1992, § 1 Rn. 330; So schon Müller-Henneberg in: Müller-Henneberg/Schwartz (Hrsg.), Gesetz gegen Wettbewerbsbeschränkungen und Europäisches Kartellrecht 2. Auflage Köln Berlin Bonn München 1963, § 1 Rn. 54.

747 Bunte in: Langen/Bunte (Fn. 1), Band 1 § 1 Rn. 152; Zimmer in: Immenga/Mestmäcker (Fn. 714), § 1 Rn. 256.

(a) Marktverhältnisse

Der Begriff "Marktverhältnisse" wurde definiert als Summe der Eigenschaften, die einem besonderen Markt das Gepräge geben[748]. Er setzt zunächst einen "besonderen Markt" voraus. Dies ist der im Verfahren relevante sachliche, räumliche und zeitliche Markt[749]. Die Eigenschaften, die dem relevanten Markt das Gepräge geben, sind sämtliche Umstände, die kausal für eine Veränderung von Angebot, Nachfrage, Anbieter, Nachfrager und Absatz auf dem relevanten Markt sind[750]. Hierzu zählen beispielsweise Preise, Größe und Qualität des Angebots, Stärke der Nachfrage, Zahl und Bonität der Anbieter, Zahl der Nachfrager oder Absatzwege und Absatzformen[751]. Damit umfasst der Begriff "Marktverhältnisse" sämtliche für den Wettbewerbsprozess relevante Marktfaktoren auf einem sachlich, räumlich und zeitlich umgrenzten Markt[752].

(b) Beeinflussung

Die Marktverhältnisse werden beeinflusst, wenn sich die Umstände, welche dem relevanten Markt das Gepräge geben, mit der Vereinbarung gem. § 1 GWB anders entwickeln als ohne diese Vereinbarung[753]. Die Beeinflussung der Marktverhältnisse beschreibt in abstraktem Sinn die Wirkung einer Vereinbarung oder eines Beschlusses gem. § 1 GWB[754]. Die Beeinflussung der Marktverhältnisse stellt damit eine schädliche Wirkung auf die wirtschaftliche Handlungsfreiheit dar, vor

---

748 BGHZ 36, 105 (110); Immenga in: Immenga/Mestmäcker (Fn. 714), § 1 Rn. 331.

749 BGH WuW/E DE-R 115 (117); BGH WuW/E BGH 810 (816 f)=BGH WuW 1967, 220 (226 f); BGH WuW/E BGH 605 (609); BGH WuW/E BGH 486 (491); BKartA WuW/E BKartA 704 (708 f; 711); Emmerich, ZHR 139 (1975), 501 (504 ff); Tillmanns-Schmidt, Die Eignung zur Marktbeeinflussung, Köln 1972, S. 50 ff; Müller/Nacken in: Müller/Gießler/Scholz (Hrsg.), Wirtschaftskommentar Band 1 4. Auflage Frankfurt am Main 1981, § 1 Rn. 130-130e, der zwar von dem "wettbewerbsbezogenen Markt" spricht, jedoch der Sache nach auf den relevanten Markt abstellt; AA KG Berlin WuW/E OLG 1339 (1342); Langen (Fn. 746), § 1 Rn. 57 f, der den relevanten Markt erst im Zusammenhang mit der Spürbarkeit der Marktbeeinflussung prüft. Langen widerspricht sich jedoch selbst, indem er einerseits die Bestimmung des relevanten Markts für bedeutungslos hält, andererseits als Eigenschaften des Markts beispielsweise die Zahl der Nachfrager nennt. Die Zahl der Nachfrager kann nur in Bezug auf den im Verfahren relevanten sachlichen, räumlichen und zeitlichen Markt genau bestimmt werden; Benkendorff, WRP 1962, 146 (147 f mwN).

750 Immenga in: Immenga/Mestmäcker (Fn. 714), § 1 Rn. 331; Langen (Fn. 746), § 1 Rn. 60 untersucht die Faktoren, die für den Leistungsaustausch auf einem Markt kausal sind.

751 Müller/Nacken in: Müller/Gießler/Scholz (Fn. 853), § 1 Rn. 128.

752 Emmerich, ZHR 139 (1975), 501 (504, 506).

753 Immenga in: Immenga/Mestmäcker (Fn. 714), § 1 Rn. 334.

754 Immenga in: Immenga/Mestmäcker (Fn. 714), § 1 Rn. 331.

welcher das Verbot des § 1 GWB schützen soll[755]. In diesem Sinn werden für die "Beeinflussung" teilweise auch der Begriff "Auswirkung"[756], "Einwirkung"[757] oder "Wirkung"[758] verwendet. Die Marktbeeinflussung gem. § 1 GWB a. F. ist somit in der Terminologie der Rechtsprechung nicht als Mittel, sondern als Erfolg einer Wettbewerbsbeschränkung zu definieren[759].

Ob eine Beeinflussung vorliegt, ist durch Vergleich der tatsächlichen Marktverhältnisse (mit Vereinbarung) mit den hypothetischen Marktverhältnissen (ohne Vereinbarung) zu ermitteln[760]. Beispielsweise beeinflusst ein Vertrag die Marktverhältnisse, wenn er einen Preis für eine Ware festlegt, der von dem Preis abweicht, welcher ohne den Vertrag bestanden hätte[761]. Der Vertrag verändert hier den für den Wettbewerbsprozess relevanten Faktor Preis. Entscheidend ist, dass der Vertrag zu einer Veränderung der Umstände geführt hat, die dem relevanten Markt das Gepräge gegeben hat[762]. Für das Bejahen der Beeinflussung ist es ohne Bedeutung, ob die Veränderung der Umstände als positiv oder als negativ zu beurteilen ist[763].

Eine Beeinflussung gem. § 1 GWB liegt jedoch nicht bei jeder Veränderung der Umstände vor, die einem Markt das Gepräge gegen. Dies folgt aus Sinn und Zweck des Kartellverbots in § 1 GWB a. F. Die Vorschrift dient in erster Linie dem Schutz der Marktgegenseite und der Wettbewerber auf dem relevanten Markt[764]. Der Schutz der Beteiligten vor den Folgen ihres eigenen wettbewerbswidrigen Verhaltens steht bei der Auslegung des § 1 GWB im Hintergrund[765]. Eine Beeinflussung der Marktverhältnisse liegt deshalb nur vor, wenn die Vereinbarung oder der Beschluss "Außenwirkung" in Bezug auf die Marktgegenseite oder in Bezug auf Wettbewerber hat[766]. Die Außenwirkung liegt vor, wenn die

---

755 Sauter in: Gutzler, Helmut (Hrsg.), Wettbewerb im Wandel, Fs. Günther Baden-Baden 1976, S. 361 (361).

756 Bunte in: Langen/Bunte (Fn. 1), Band 1 § 1 Rn. 153.

757 BGH WuW/E BGH 486 (491).

758 BGH WuW/E BGH 1458 (1462); BGH WuW/E BGH 810 (817)=BGH WuW 1967, 220 (227); Bunte in: Langen/Bunte (Fn. 1), Band 1 § 1 Rn. 154.

759 Zu beachten ist allerdings, dass nach § 1 GWB a. F. nur die "Eignung" zur Marktbeeinflussung vorliegen musste, d. h. der Erfolg in Gestalt der Beeinflussung der Marktverhältnisse nicht tatsächlich eintreten musste, Ballerstedt in: Coing/Kronstein/Mestmäcker (Hrsg.), Wirtschaftsordnung und Rechtsordnung, Fs. Böhm Karlsruhe 1965, S. 179 (189, 192).

760 Langen (Fn. 746), § 1 Rn. 63, zu § 1 GWB: "Zu vergleichen ist der tatsächliche Stand mit demjenigen, der sich ohne Vertrag ergeben hätte.".

761 Langen (Fn. 746), § 1 Rn. 60 mwN; Emmerich, ZHR 139 (1975), 501 (506 ff) mit weiteren Beispielen.

762 Zur mittelbaren Beeinflussung der Marktverhältnisse auf einem anderen Markt als dem relevanten Markt vgl. Immenga in: Immenga/Mestmäcker (Fn. 714), § 1 Rn. 333.

763 Bunte in: Langen/Bunte (Fn. 1), Band 1 § 1 Rn. 155.

764 Langen (Fn. 746), § 1 Rn. 60.

765 Emmerich, ZHR 139 (1975) 501 (506).

766 Z. B. BGH WuW/E 1458 (1461 f); Bunte in: Langen/Bunte (Fn. 1), Band 1 § 1 Rn. 154; Bechtold, Kartellgesetz, München 1993, § 1 Rn. 19; Auch heute noch wird verlangt, dass

Veränderung der Umstände, die einem Markt das Gepräge geben, sich zu Lasten der Marktgegenseite oder der Wettbewerber auswirkt, die nicht an der Vereinbarung oder an dem Beschluss beteiligt sind. "Marktgegenseite" bezeichnet hier die Nachfrager oder Anbieter des relevanten Markts, je nach dem, ob die Vereinbarung durch Anbieter oder durch Nachfrager geschlossen wurde. Beispielsweise bilden bei einer Vereinbarung zwischen Herstellern einer Ware die nachfragenden Großhändler, Einzelhändler oder die Endverbraucher die Marktgegenseite[767]. Zu prüfen ist daher, unter welchen Voraussetzungen die Außenwirkung hinsichtlich der Marktgegenseite (vgl. (aa)) und hinsichtlich der Wettbewerber (vgl. (bb)) gegeben ist. Die Außenwirkung fehlt, wenn die Beeinflussung der Marktverhältnisse nur im Innenverhältnis zwischen den Parteien der Vereinbarung gem. § 1 GWB vorliegt (vgl. (cc)).

(aa) Außenwirkung in Bezug auf Marktgegenseite

Dies ist zum einen der Fall, wenn die Veränderung der Eigenschaften, die dem Markt das Gepräge geben, für die Veränderung der Auswahlmöglichkeiten oder Alternativen[768] der Marktgegenseite kausal ist[769]. Die Veränderung muss zu materiellen Nachteilen oder unzumutbaren Unbequemlichkeiten für die Marktgegenseite führen[770].
Ein Beispiel hierfür ist das Urteil des BGH in der Rechtssache "SPAR"[771]. Zwei SPAR-Großhändler hatten vereinbart, dass jeder Großhändler nur auf einem bestimmten räumlichen Teilgebiet des Berliner Großhandelsmarkts für Lebensmittel berechtigt sein sollte, SPAR-Einzelhändler zu beliefern[772]. Jeder SPAR-Einzelhändler auf diesen Teilgebieten war damit an einen der Großhändler gebunden, also zur Abnahme der durch diesen Großhändler gelieferten Waren verpflichtet[773]. Aus Sicht des BGH war die Vereinbarung der Absatzgebiete in der Vereinbarung aufgrund dieser Bindung kausal für die Beeinflussung der Marktverhältnisse[774]. Die Beeinflussung bestand darin, dass die SPAR-Einzelhändler bei Lieferung schlechter Leistung des Großhändlers nicht auf einen anderen SPAR-

---

Vereinbarungen, Beschlüsse und abgestimmte Verhaltensweisen gem. § 1 GWB eine Außenwirkung haben müssen, d. h. nicht nur zwischen den Parteien der Vereinbarung etc. wirken, Bechtold (Fn. 744), § 1 Rn. 43.

767 Müller/Nacken in: Müller/Gießler/Scholz (Fn. 853), § 1 Rn. 129.

768 Emmerich, ZHR 139 (1975), 501 (506).

769 OLG Düsseldorf WuW/E OLG 2032 (2035); Immenga in: Immenga/Mestmäcker (Fn. 714), § 1 Rn. 332.

770 OLG Frankfurt WuW/E OLG 956.

771 BGH WuW/E BGH 486 ff.

772 BGH WuW/E BGH 486 (487, 491).

773 BGH WuW/E BGH 486 (491).

774 BGH WuW/E BGH 486 (491).

Großhändler ausweichen konnten[775]. Folglich wurden die Einzelhändler in ihrer Handlungsfreiheit beschränkt.
Aufgrund der Bindung konnten die SPAR-Einzelhändler ihre Nachfrage nach guten Leistungen der SPAR-Großhändler nicht befriedigen. Demzufolge begründet der BGH die Marktbeeinflussung mit der Veränderung des Faktors Nachfrage[776]. Die Veränderung der Nachfrage führte somit aus seiner Sicht zu einer Beschränkung der Auswahlmöglichkeiten der SPAR-Einzelhändler[777], mithin zur Beschränkung der Auswahlmöglichkeiten der Marktgegenseite. Die Beschränkung der Auswahlmöglichkeiten bedeutet einen materiellen Nachteil für die SPAR-Einzelhändler, da sie ihre Nachfrage aufgrund der Bindung an die SPAR-Großhändler nicht befriedigen konnten[778]. Insgesamt wurden die SPAR-Großhandler durch die Bindung in ihrer Handlungsfreiheit beschränkt.

(bb) Außenwirkung in Bezug auf Wettbewerber

Eine Vereinbarung oder ein Beschluss hat zum anderen nur dann eine Außenwirkung, wenn die Vereinbarung oder der Beschluss kausal für die Veränderung der Chancen oder Auswahlmöglichkeiten derjenigen Wettbewerber ist, die nicht an der Vereinbarung oder dem Beschluss gem. § 1 GWB beteiligt sind[779]. Wie bei der Außenwirkung in Bezug auf die Marktgegenseite muss die Außenwirkung zu einem materiellen Nachteil oder einer unzumutbaren Unbequemlichkeit für die Wettbewerber führen[780].
Ein Beispiel für die Beeinträchtigung von Wettbewerbern, die nicht an dem Beschluss eines anderen Unternehmens gem. § 1 GWB beteiligt sind, gibt das Urteil des BGH in der Rechtssache "Export ohne WBS"[781]. Ein Speditionsunternehmen, welches Mitglied eines Vereins war, hatte wiederholt Werbung für seine Leistungen gemacht, unter anderem für die Gewährung eines Frachtrabatts[782]. Der Verein hat daraufhin eine Entscheidung an das Speditionsunternehmen gerichtet. Darin hat er unter Verweis auf die Vereinssatzung festgestellt, dass das Speditionsunternehmen durch die Werbung gegen seine Verpflichtungen aus der Satzung

---

775 BGH WuW/E BGH 486 (491).
776 Zur Beeinflussung der Marktverhältnisse durch Veränderung des Faktors Nachfrage z. B. auch BGH WuW/E BGH 1337 (1339).
777 BGH WuW/E BGH 486 (491).
778 So auch OLG Frankfurt WuW/E OLG 956.
779 Immenga in: Immenga/Mestmäcker (Fn. 714), § 1 Rn. 332, bezeichnet diese Beschränkung als Veränderung der Chancen oder Auswahlmöglichkeiten der nicht an der Vereinbarung beteiligten Wettbewerber.
780 BGH WuW/E BGH 451 (455).
781 BGH WuW/E BGH 451 ff.
782 BGH WuW/E BGH 451 (452).

verstoßen hat[783]. Nach der Satzung war es den Vereinsmitgliedern verboten, derartige Frachtrabatte zu gewähren[784]. Zudem hat der Verein das Speditionsunternehmen mit einem Bußgeld belegt[785]. Das Speditionsunternehmen hat gegen die Entscheidung bei dem Landgericht Berlin Klage eingelegt[786]. Nach Abweisung der Klage und Zurückweisung der Berufung[787] hatte der BGH zu beurteilen, ob Entscheidungen in der Art der Entscheidung des Vereins gem. § 1 GWB zur Beeinflussung der Marktverhältnisse geeignet sind. Er hat dies mit der Feststellung bejaht, dass diese Entscheidungen entgegen der Rechtsansicht der Berufungsinstanz[788] Beschlüssen gem. § 1 GWB darstellen[789]. Dieser Beschluss beschränke den Adressaten des Beschlusses in der Durchführung seiner Werbemaßnahmen. Folglich wird der Adressat aus Sicht des BGH in seiner Handlungsfreiheit beschränkt. Der BGH argumentiert, die Beschränkung der Werbemaßnahmen schade dem betroffenen Unternehmen[790]. Der Bekanntheitsgrad eines Unternehmens stelle einen Umstand dar, der für den Preis und den Absatz eines Unternehmens von Bedeutung sein könne und dem Markt sein Gepräge gebe[791]. Der BGH kommt damit zu dem Ergebnis, dass Entscheidungen in der Art der Entscheidung des Vereins die Marktverhältnisse beeinflussen.
Die Entscheidung des Vereins beschränkt danach die Chancen des Adressaten des Beschlusses, seinen Bekanntheitsgrad auf dem relevanten Markt zu erhöhen[792]. Die Beschränkung stellt damit für das Speditionsunternehmen einen materiellen Nachteil dar.

[783] BGH WuW/E BGH 451 (452 f).
[784] BGH WuW/E BGH 451 (452).
[785] BGH WuW/E BGH 451 (453).
[786] BGH WuW/E BGH 451 (453).
[787] BGH WuW/E BGH 451 (453).
[788] KG Berlin WRP 1981, 148 (149 f).
[789] BGH WuW/E BGH 451 (455).
[790] BGH WuW/E BGH 451 (455).
[791] BGH WuW/E BGH 451 (455).
[792] BGH WuW/E BGH 451 (455).

(cc) Keine Außenwirkung

Die Außenwirkung fehlt, wenn sich die Vereinbarung oder der Beschluss nur im Innenverhältnis zwischen den beteiligten Unternehmen auswirkt[793]. In diesem Fall werden die Auswahlmöglichkeiten oder Chancen der Marktgegenseite bzw. Auswahlmöglichkeiten und Chancen der nicht an der Vereinbarung oder an dem Beschluss beteiligten Unternehmen nicht verändert. Die Vereinbarung oder der Beschluss kann damit die Marktverhältnisse nach Sinn und Zweck des § 1 GWB a. F. nicht beeinflussen.

Ein Beispiel für das Fehlen der Außenwirkung ist das Urteil der Rechtssache "Bauvorhaben Schramberg". Der BGH hatte eine Vereinbarung zwischen drei Unternehmen der Bauindustrie zu beurteilen, in dem sich die Unternehmen zu einer Bieter- und Arbeitsgemeinschaft zusammengeschlossen hatten[794]. Die Bieter- und Arbeitsgemeinschaft sollte sich an der Ausschreibung für die Durchführung eines Bauvorhabens beteiligen[795]. Bauherr des Bauvorhabens war die Große Kreisstadt Schramberg[796]. Ohne den Zusammenschluss zur Bieter- und Arbeitsgemeinschaft hätten die drei Unternehmen auf die Ausschreibung kein wirtschaftlich sinnvolles Angebot abgeben können[797]. Die anderen Bieter des Vergabeverfahrens wurden durch den Zusammenschluss nicht davon abgehalten, ein Angebot abzugeben[798]. Nachdem das OLG Stuttgart eine Bußgeldfestsetzung der LKartB gegen die drei Unternehmen gem. §§ 1, 38 Abs. 1 Nr. 1 GWB a. F. aufgehoben hatte[799], hatte der BGH im Rechtsbeschwerdeverfahren zu beurteilen, ob durch die Vereinbarung die Marktverhältnisse beeinflusst wurden. Der BGH hat dies verneint mit der Feststellung, die drei Unternehmen hätten ohne die Vereinbarung auf die Ausschreibung kein Angebot abgegeben, da diese Angebote wirtschaftlich nicht sinnvoll gewesen wären[800]. Da die Wettbewerber durch die Vereinbarung nicht daran gehindert wurden, ein Angebot abzugeben, führt der BGH das Fehlen der Marktbeeinflussung darauf zurück, dass die Chancen der Wettbewerber, ein Angebot abzugeben, nicht verändert wurden. Die Wettbewerber wurden somit in ihrer Handlungsfreiheit nicht beschränkt. Ferner wurden

---

793 Vgl. dazu auch BGH WuW/E BGH 1458 (1461); BGH WuW/E BGH 605 (610), der darauf abstellt, dass die an der Vereinbarung beteiligten Unternehmen in ihrer wirtschaftlichen Handlungsfreiheit beschränkt werden. Die Beschränkung der wirtschaftlichen Handlungsfreiheit ist jedoch im Rahmen des Tatbestandsmerkmals der Wettbewerbsbeschränkung zu prüfen, vgl. hierzu Bunte in: Langen/Bunte (Fn. 1), Band 1 § 1 Rn. 151, der darauf hinweist, dass in der Rechtsprechung die Tatbestandsmerkmale "Wettbewerbsbeschränkung" und "Beeinflussung der Marktverhältnisse" häufig vermengt und gleichgesetzt wurden.

794 BGH WuW/E BGH 2050 (2050).

795 BGH WuW/E BGH 2050 (2051).

796 BGH WuW/E BGH 2050 (2050).

797 BGH WuW/E BGH 2050 (2051).

798 BGH WuW/E BGH 2050 (2050).

799 BGH WuW/E BGH 2050 (2050 f).

800 BGH WuW/E BGH 2050 (2051); Lübbert, GRUR 1984, 380.

durch die Vereinbarung die Auswahlmöglichkeiten der Marktgegenseite, hier des Bauherrn, nicht verändert. Die drei Unternehmen hätten ohne den Zusammenschluss zur Bieter- und Arbeitsgemeinschaft auf die Ausschreibung kein eigenständiges Angebot abgegeben. Folglich hätte dem Bauherrn ohne Vereinbarung kein jeweils eigenständiges Angebot der drei Unternehmen vorgelegen. Damit hätten dem Bauherrn ohne Vereinbarung weniger Angebote vorgelegen als mit Vereinbarung. Seine Auswahlmöglichkeiten zwischen verschiedenen Angeboten wurden durch die Vereinbarung nicht beschränkt, sondern vielmehr erweitert. Der BGH begründet daher das Fehlen der Außenwirkung damit, dass die Chancen der Marktgegenseite, d. h. der Stadt Schramberg als Nachfrager der ausgeschriebenen Bauleistung, durch die Vereinbarung nicht beschränkt wurden.

(2) Auslegung der Marktbeeinflussung in § 48 Abs. 2 S. 1 GWB

Die "Beeinflussung der Marktverhältnisse" gem. § 1 GWB a. F. setzt eine Außenwirkung voraus. Die Außenwirkung besteht in der Benachteiligung der Marktgegenseite oder in der Benachteiligung von Wettbewerb auf dem relevanten Markt. Die Außenwirkung beschreibt damit die Beschränkung der Handlungsfreiheit der Marktgegenseite und der Wettbewerber auf dem relevanten Markt. Wendet man in diesem Zusammenhang die Unterscheidung zwischen Mittel und Erfolg einer Wettbewerbsbeschränkung an, ist die Beeinflussung der Marktverhältnisse damit als Erfolg einer Wettbewerbsbeschränkung zu definieren.
Legt man § 48 Abs. 2 S. 1 GWB im Vergleich mit § 1 GWB a. F. aus, beschreibt das Tatbestandsmerkmal Marktbeeinflussung in § 48 Abs. 2 S. 1 GWB somit auch den Erfolg einer Wettbewerbsbeschränkung. Daher ergibt die historische Auslegung des § 48 Abs. 2 S. 1 GWB, dass die Vorschrift auf den Erfolg der Wettbewerbsbeschränkung, d. h. auf das Bezwecken und Bewirken einer Verhinderung, Einschränkung oder Verfälschung des Wettbewerbs gem. § 1 GWB, verweist.

dd) Stellungnahme

Die Auslegung der "Marktbeeinflussung" führt zu zwei unterschiedlichen Ergebnissen. Einerseits ergeben die grammatische und die systematische Auslegung, dass die "Marktbeeinflussung" als Mittel zur Wettbewerbsbeschränkung zu definieren ist. Andererseits ergibt die historische Auslegung, dass die "Marktbeeinflussung" als Erfolg einer Wettbewerbsbeschränkung zu definieren ist
Der systematischen Auslegung ist zuzustimmen. Die Aufzählung der Marktbeeinflussung als gleichberechtigtes Glied einer Aufzählung von Mitteln zur Wettbewerbsbeschränkung spricht letztlich dafür, auch die Marktbeeinflussung als Mittel einer Wettbewerbsbeschränkung zu definieren. Folglich verweist § 48 Abs. 2 S. 1 GWB mit dem Tatbestandsmerkmal Marktbeeinflussung auf die Tatbestands-

merkmale "Vereinbarungen, Beschlüsse und abgestimmte Verhaltensweisen" gem. § 1 GWB.

b) Wettbewerbsbeschränkendes Verhalten

Unter "wettbewerbsbeschränkendes Verhalten" subsumieren Rechtsprechung und Verwaltung ein Verhalten, welches in der Ausnutzung einer marktbeherrschenden Stellung gem. § 19 GWB besteht[801]. Abweichend hiervon haben Rechtsprechung und Verwaltung in Einzelfällen einen Verstoß gegen § 1 GWB als "wettbewerbsbeschränkendes Verhalten" bezeichnet, ohne jedoch zu präzisieren, worin dieses Verhalten bestanden hatte[802].
Bereits im Rahmen der Auslegung des Tatbestandsmerkmals "Marktbeeinflussung" wurde festgestellt, dass § 48 Abs. 2 S. 1 GWB mit dem Tatbestandsmerkmal "wettbewerbsbeschränkendes Verhalten" auf Mittel zur Wettbewerbsbeschränkung verweist, die in §§ 19 bis 23 GWB geregelt sind.
Dieses Auslegungsergebnis ist jedoch aufgrund der systematischen Auslegung des Tatbestandsmerkmals wettbewerbsbeschränkenden Verhalten im Zusammenhang mit dem Tatbestandsmerkmal diskriminierendes Verhalten gem. § 48 Abs. 2 S. 1 GWB einzuschränken. Paragraf 48 Abs. 2 S. 1 GWB verweist in systematischer Hinsicht auf Mittel zur Wettbewerbsbeschränkung, die in § 20 GWB geregelt sind. Aus dem Verweis auf § 20 GWB ist zu schließen, dass ein Verhalten nach § 20 GWB nicht auch noch durch das Tatbestandsmerkmal "wettbewerbsbeschränkendes Verhalten" erfasst wird. Die Subsumtion eines Verhaltens gem. § 20 GWB unter das "wettbewerbsbeschränkende Verhalten" gem. § 48 Abs. 2 S. 1 GWB hätte zur Folge, dass das Tatbestandsmerkmal "diskriminierendes Verhalten" gegenüber dem Tatbestandsmerkmal "wettbewerbsbeschränkendes Verhalten" keine eigenständige Bedeutung mehr hat.
Demzufolge verweist § 48 Abs. 2 S. 1 GWB mit dem Tatbestandsmerkmal wettbewerbsbeschränkendes Verhalten auf die Mittel zur Wettbewerbsbeschränkung, die in §§ 19, 21 bis 23 GWB geregelt sind. Somit ist das wettbewerbsbeschränkende Verhalten gem. § 48 Abs. 2 S. 1 GWB definiert als Ausnutzung einer marktbeherrschenden Stellung gem. § 19 GWB, als Aufforderung zu einer Liefer- und Bezugssperre gem. § 21 Abs. 1 GWB, als Androhung oder Zufügung von Nachteilen oder als Versprechen oder Gewähren von Vorteilen gem. § 21 Abs. 2 GWB, als Zwang zu einem Verhalten gem. § 21 Abs. 3 GWB, als Zufügung eines

---

801 Z. B. KG Berlin WuW/E OLG 2607 (2609) zum Missbrauch einer marktbeherrschenden Stellung; KG Berlin WuW/E OLG 2284 (2285) zum Missbrauch einer erlangten Stellung im Markt; BKartA WuW/E BKartA 1983 (1984) zum Missbrauch einer marktbeherrschenden Stellung gem. § 22 GWB a. F.

802 BayObLG WuW/E OLG 344 (345); BKartA WuW/E DE-V 599 (602); BKartA WuW/E BKartA 60 (63).

wirtschaftlichen Nachteils gem. § 21 Abs. 4 GWB, als Empfehlung gem. § 22 Abs. 1 S. 1 GWB oder als unverbindliche Preisempfehlung gem. § 23 Abs. 1 GWB.

c) Diskriminierendes Verhalten

Paragraf 48 Abs. 2 S. 1 GWB verweist mit dem Tatbestandsmerkmal "diskriminierendes Verhalten" auf ein Mittel zur Wettbewerbsbeschränkung gem. § 20 GWB. Die Mittel zur Wettbewerbsbeschränkung gem. § 20 GWB sind die Behinderung oder Ungleichbehandlung gem. § 20 Abs. 1 GWB, die Ausnutzung der Marktstellung gem. § 20 Abs. 1, Abs. 2 GWB, die Ausnutzung der Marktstellung zur Veranlassung eines anderen Unternehmens, sachlich nicht-gerechtfertigte Vorzugsbedingungen zu gewähren gem. § 20 Abs. 3 GWB, die Ausnutzung der Marktmacht zur Behinderung kleiner und mittlerer Wettbewerber gem. § 20 Abs. 4, Abs. 5 GWB und die Ablehnung der Aufnahme von Unternehmen in eine Wirtschafts- oder Berufsvereinigung gem. § 20 Abs. 6 GWB.

d) Wettbewerbsregel

Das Tatbestandsmerkmal "Wettbewerbsregel" gem. § 48 Abs. 2 S. 1 GWB ist in § 24 Abs. 2 GWB legaldefiniert. Folglich verweist § 48 Abs. 2 S. 1 GWB mit dem Tatbestandsmerkmal "Wettbewerbsregel" auf den Tatbestand des § 24 Abs. 2 GWB. Nach § 24 Abs. 2 GWB ist eine Wettbewerbsregel eine Bestimmung, die das Verhalten von Unternehmen im Wettbewerb zu dem Zweck regelt, einem den Grundsätzen des lauteren oder der Wirksamkeit eines leistungsgerechten Wettbewerbs zuwiderlaufenden Verhalten im Wettbewerb entgegenzuwirken und ein diesen Grundsätzen entsprechendes Verhalten im Wettbewerb anzuregen[803].

3. Wirkung

Der Begriff der Wirkung ist weder in § 48 Abs. 2 S. 1 GWB noch in anderen Vorschriften des GWB definiert. Die Definition ist daher durch Auslegung des Tatbestandsmerkmals "Wirkung" zu ermitteln (vgl. a)). Danach ist zu klären, in welcher Form die Wirkung eintreten kann, d. h. ob sie wie im gemeinschaftlichen

---

[803] Zur Subsumtion von Wettbewerbsregeln gem. § 24 GWB unter das Tatbestandsmerkmal "Wettbewerbsregel" in § 48 Abs. 2 S. 1 GWB vgl. z. B. LKartB Nordrhein-Westfalen WuW/E LKartB 93 (95); LKartB Niedersachsen WuW/E LKartB 77 (80); LKartB Nordrhein-Westfalen WuW/E LKartB 63 (66), alle Entscheidungen zu § 28 GWB a. F.

Kartellrecht tatsächlich oder potentiell bzw. unmittelbar oder mittelbar sein kann oder muss (vgl. b)).

a) Auslegung

aa) Grammatische Auslegung

Dem Wortlaut nach bedeutet "Wirkung" Folge, Erfolg oder Ergebnis einer unternehmerischen Handlung. Wendet man die Unterscheidung zwischen Mittel und Erfolg einer Wettbewerbsbeschränkung auch in diesem Zusammenhang an, beschreibt das Tatbestandsmerkmal "Wirkung" den Erfolg einer Wettbewerbsbeschränkung. Folglich ergibt die grammatische Auslegung, dass unter "Wirkung" die Beschränkung der Handlungsfreiheit eines Unternehmens zu verstehen ist.

bb) Systematische Auslegung

In systematischer Hinsicht muss gem. § 48 Abs. 2 S. 1 GWB die Wirkung bezogen auf eine "Marktbeeinflussung", ein "wettbewerbsbeschränkendes Verhalten", ein "diskriminierendes Verhalten" oder eine "Wettbewerbsregel" vorliegen. Da die Tatbestandsmerkmale Marktbeeinflussung, wettbewerbsbeschränkendes und diskriminierendes Verhalten sowie Wettbewerbsregel als Mittel einer Wettbewerbsbeschränkung definiert sind, kann die Wirkung gemäß der Unterscheidung zwischen Mittel und Erfolg einer Wettbewerbsbeschränkung nur als Erfolg einer Wettbewerbsbeschränkung definiert werden.
Folglich ist gem. § 48 Abs. 2 S. 1 GWB das Tatbestandsmerkmal "Wirkung" als Beschränkung der Handlungsfreiheit zu definieren, die durch das Mittel der Marktbeeinflussung, des wettbewerbsbeschränkenden Verhaltens, des diskriminierenden Verhaltens oder der Wettbewerbsregel verursacht wurde. Da gem. § 48 Abs. 2 S. 1 GWB die Wirkung bezogen auf die genannten Mittel zur Wettbewerbsbeschränkung bestimmt werden muss, und die Vorschrift mit "Marktbeeinflussung, wettbewerbsbeschränkendes oder diskriminierendes Verhalten oder Wettbewerbsregel" auf die Tatbestände der §§ 1 bis 31 GWB verweist, ist somit davon auszugehen, dass § 48 Abs. 2 S. 1 GWB zur genauen Definition der Wirkung ebenfalls auf die einschlägigen Tatbestandsmerkmale der §§ 1 bis 31 GWB verweist.
Demzufolge verweist § 48 Abs. 2 S. 1 GWB mit "Wirkung" auf diejenigen Tatbestandsmerkmale der §§ 1 bis 31 GWB, welche die Beschränkung der Handlungsfreiheit definieren. Folglich ist Wirkung als Beschränkung der Handlungsfreiheit durch eine Marktbeeinflussung gem. §§ 1 i. V. m. §§ 2 bis 7, §§ 28 bis 31 GWB und gem. §§ 14 bis 17 GWB (vgl. (1)), als Beschränkung der Handlungsfreiheit durch ein wettbewerbsbeschränkendes Verhalten gem. §§ 19, 21 bis 23 GWB

(vgl. (2)), als Beschränkung der Handlungsfreiheit durch ein diskriminierendes Verhalten gem. § 20 GWB (vgl. (3)) oder als Beschränkung der Handlungsfreiheit durch eine Wettbewerbsregel gem. §§ 24 bis 27 GWB (vgl. (d)) zu definieren.

(1) Erfolg einer Marktbeeinflussung

(a) Beschränkung der Handlungsfreiheit gem. § 1 GWB

Die Beschränkung der Handlungsfreiheit durch eine Marktbeeinflussung besteht gem. § 1 GWB in der bezweckten oder bewirkten Verhinderung, Einschränkung oder Verfälschung des Wettbewerbs. Folglich ist die Wirkung einer Marktbeeinflussung gem. § 48 Abs. 2 S. 1 GWB i. V. m. § 1 GWB als bezweckte oder bewirkte Verhinderung, Einschränkung oder Verfälschung des Wettbewerbs definiert.

(b) Beschränkung der Handlungsfreiheit gem. § 14 GWB

Durch die Erstvereinbarung muss gem. § 14 GWB ein Unternehmen in seiner Freiheit auf dem Markt der Zweitvereinbarung beschränkt werden, Preise oder Geschäftsbedingungen in Vereinbarungen mit Dritten frei zu bestimmen[804]. Die Wirkung der Marktbeeinflussung besteht somit gem. § 48 Abs. 2 S. 1 GWB i. V. m. § 14 GWB in der Beschränkung des Wettbewerbs, d. h. in erster Linie des Preiswettbewerbs, auf dem relevanten Markt der Zweitvereinbarung[805].

(c) Beschränkung der Handlungsfreiheit gem. § 16 GWB

Nach § 16 GWB können Ausschließlichkeitsbindungen für unwirksam erklärt und verboten werden, die den Wettbewerb auf dem Markt für Waren oder gewerbliche Leistungen beschränken. Die Beschränkung der Handlungsfreiheit besteht somit in der Beschränkung des Wettbewerbs durch Ausschließlichkeitsbindungen auf

---

804 BGH WuW/E BGH 1787 (1789 f); BGH WuW/E BGH 1402 (1402); BGH WuW/E BGH 1168 (1171); OLG München WuW/E OLG 1789 (1790); Begründung zu dem Entwurf eines Gesetzes gegen Wettbewerbsbeschränkungen, BT-Drs. 2/1158 S. 36 Zu § 11 1. a); Klosterfelde/Metzlaff in: Langen/Bunte (Fn. 1), Band 1 § 14 Rn. 6, 19, 44 ff.

805 BGH WuW/E BGH 2909 (2912 f) mit Verweis auf OLG Frankfurt v. 03.12.1992 Az. 6 U (Kart) 31/82 Entscheidungsgründe III. 3., V.; BGH WuW/E BGH 2238 (2242); BGH WuW/E BGH 1787 (1789); BGH WuW/E BGH 877 (885); OLG München WuW/E OLG 1789 (1790); KG Berlin WuW/E OLG 1553 (1554 f); BKartA WuW/E BKartA 1583 (1585); Begründung zu dem Entwurf eines Gesetzes gegen Wettbewerbsbeschränkungen, BT-Drs. 2/1158 S. 36 Zu § 11 1. a).

dem Markt für gewerbliche Waren oder Leistungen[806]. Die Wirkung der Marktbeeinflussung besteht somit gem. § 48 Abs. 2 S. 1 GWB i. V. m. § 16 GWB in der Wettbewerbsbeschränkung durch die Ausschließlichkeitsbindung.

(d) Beschränkung der Handlungsfreiheit gem. § 17 f. GWB

Die Beschränkung der Handlungsfreiheit besteht gem. § 17 f. GWB in der Beschränkung des Erwerbers oder Lizenznehmers im Geschäftsverkehr[807]. Folglich besteht die Wirkung der Marktbeeinflussung gem. § 48 Abs. 2 S. 1 GWB i. V. m. § 17 f. GWB in der Beschränkung des Erwerbers oder Lizenznehmers im Geschäftsverkehr.

(2) Erfolg eines wettbewerbsbeschränkenden Verhaltens

(a) Beschränkung der Handlungsfreiheit gem. § 19 GWB

Die Beschränkung der Handlungsfreiheit besteht bei § 19 GWB in dem Missbrauch gem. § 19 Abs. 4 GWB.
Nach § 19 Abs. 4 Nr. 1 GWB liegt ein Missbrauch insbesondere dann vor, wenn ein marktbeherrschendes Unternehmen die Wettbewerbsmöglichkeiten anderer Unternehmen in einer für den Wettbewerb "auf dem Markt" erheblichen Weise beeinträchtigt.
Nach § 19 Abs. 4 Nr. 2, Nr. 3 GWB liegt der Missbrauch in dem Fordern von Entgelten oder sonstigen Geschäftsbedingungen.
Der Missbrauch gem. § 19 Abs. 4 Nr. 4 GWB besteht zum einen in der Verweigerung eines marktbeherrschenden Unternehmens, einem anderen Unternehmen gegen angemessenes Entgelt Zugang zu einer Infrastruktureinrichtung, z. B. zu einem Stromnetz zu gewähren[808]. Zum anderen liegt der Missbrauch auch in dem Ausschluss oder in dem drohenden Ausschluss des Wettbewerbs auf dem vor- oder nachgelagerten Markt[809].
Die Wirkung eines wettbewerbsbeschränkenden Verhaltens besteht somit gem. § 48 Abs. 2 S. 1 GWB in dem Missbrauch gem. § 19 Abs. 4 GWB.

---

806 Klosterfelde/Metzlaff in: Langen/Bunte (Fn. 1), Band 1 § 16 Rn. 109 ff, 112.
807 Emmerich in: Immenga/Mestmäcker (Fn. 714), § 17 Rn. 148.
808 OLG Düsseldorf WuW/E DE-R 774 (778); BKartA WuW/E DE-V 149 (151 ff); Emmerich (Fn. 386), S. 203.
809 BGH WuW/E BGH 2953 (2962 f); Hohmann, Die essential facilities doctrine im Recht der Wettbewerbsbeschränkungen, Baden-Baden 2001, S. 178, mit Verweis auf Haus, WuW 1999, 1190 (1191).

(b) *Beschränkung der Handlungsfreiheit gem. § 21 GWB*

Die Beschränkung der Handlungsfreiheit gem. § 21 Abs. 1 GWB liegt in der beabsichtigten unbilligen Beeinträchtigung eines bestimmten Unternehmens durch Aufforderung zu Liefer- oder Bezugssperren[810]. Die beabsichtigte Beeinträchtigung besteht darin, dass das boykottierte Unternehmen in seiner Wettbewerbsfähigkeit gegenüber nicht boykottierten Unternehmen eingeschränkt werden soll[811].
Die Beschränkung der Handlungsfreiheit eines wettbewerbsbeschränkenden Verhaltens gem. § 21 Abs. 2 GWB liegt in der Gefährdung des Wettbewerbs[812]. Die Gefährdung des Wettbewerbs besteht darin, dass Unternehmen durch die Androhung oder Zufügung von Nachteilen bzw. durch das Versprechen oder Gewähren von Vorteilen zu einem Verhalten veranlasst werden. Dieses Verhalten muss durch Vorschriften des GWB verboten sein, die für Vertragsbeziehungen gelten[813]. Folglich liegt die Beschränkung der Handlungsfreiheit des wettbewerbsbeschränkenden Verhaltens gem. § 21 Abs. 2 GWB in der Gefährdung des Wettbewerbs durch Umgehung z. B. des Verbots gem. § 1 GWB[814] oder des Verbots gem. §§ 14 f. GWB[815].
Die Beschränkung der Handlungsfreiheit gem. § 21 Abs. 3 GWB liegt darin, dass ein Unternehmen aufgrund der Beeinflussung der Entschlussfreiheit des Unternehmens einer Vereinbarung oder einem Beschluss gem. § 21 Abs. 3 Nr. 1 GWB beitritt, sich gem. § 21 Abs. 3 Nr. 2 GWB mit einem anderen Unternehmen zusammenschließt oder sich gem. § 21 Abs. 3 Nr. 3 GWB auf einem Markt gleichförmig verhält.
Die Beschränkung der Handlungsfreiheit gem. § 21 Abs. 4 GWB liegt in der Beschränkung der Wettbewerbsfähigkeit eines Unternehmens durch Zufügung eines Nachteils[816]. Wie bei § 21 Abs. 2 GWB muss der Nachteil wirtschaftlicher Natur sein[817].
Die Wirkung einer Marktbeeinflussung liegt somit nach § 48 Abs. 2 S.1 GWB i. V. m. § 21 Abs. 1 GWB in der beabsichtigen unbilligen Beeinträchtigung eines bestimmten Unternehmens durch Aufforderung zu Liefer- oder Bezugssperren,

---

810 Vgl. beispielsweise BGH WuW/E BGH 2069 (2070); BGH WuW/E BGH 509 (514); OLG Hamburg WuW/E OLG 2067 (2071).
811 BGH WuW/E BGH 3067 (3072); BGH WuW/E BGH 1666 (1668).
812 BGH WuW/E BGH 1736 (1738).
813 BGH WuW/E BGH 1736 (1738); BGH WuW/E BGH 690 (693); KG Berlin WuW/E OLG 5053 (5058).
814 BGH WuW/E BGH 1474 (1478).
815 BGH WuW/E BGH 690 (693); KG Berlin WuW/E OLG 1780 (1782 f).
816 OLG Düsseldorf WuW/E OLG 1822 (1823), das feststellt, dass sich durch Zufügung eines Nachteils die Wettbewerbslage des benachteiligten Unternehmens verschlechtert; Der Nachteil gem. § 21 Abs. 4 GWB wird wie der Nachteil gem. § 21 Abs. 2 GWB definiert, Schultz in: Langen/Bunte (Fn. 1), Band 1 § 21 Rn. 79.
817 Schultz in: Langen/Bunte (Fn. 1), Band 1 § 21 Rn. 79.

nach § 48 Abs. 2 S. 1 GWB i. V. m. § 21 Abs. 2 GWB in Gefährdung des Wettbewerbs durch Umgehung z. B. des Verbots gem. § 1 GWB oder des Verbots gem. §§ 14 f. GWB, nach § 48 Abs. 2 S. 1 GWB i. V. m. § 21 Abs. 3 GWB in der Beeinflussung der Entschlussfreiheit des Unternehmens und nach § 48 Abs. 2 S. 1 GWB i. V. m. § 21 Abs. 4 GWB in der Beschränkung der Wettbewerbsfähigkeit eines Unternehmens durch Zufügung eines Nachteils.

(c) Beschränkung der Handlungsfreiheit gem. § 22 GWB

Die Beschränkung der Handlungsfreiheit liegt gem. § 22 Abs. 1 S. 1, S. 2 GWB in der bezweckten oder bewirkten Umgehung eines Verbots gem. §§ 1 ff. GWB. Die Wirkung eines wettbewerbsbeschränkenden Verhaltens gem. § 48 Abs. 2 S. 1 GWB i. V. m. § 22 GWB besteht somit in der Beschränkung der Handlungsfreiheit gem. §§ 1 ff. GWB.

(d) Beschränkung der Handlungsfreiheit gem. § 23 GWB

Die Beschränkung der Handlungsfreiheit gem. § 23 Abs. 4 S. 1, S. 2 Nr. 1 bis Nr. 4 GWB liegt in dem Missbrauch der Freistellung einer unverbindlichen Preisempfehlung vom Verbot des § 22 Abs. 1 GWB.
Nach § 23 Abs. 4 S. 2 Nr. 1 GWB liegt insbesondere ein Missbrauch in der Verteuerung von Waren, dem Verhindern der Senkung von Preisen oder in der Beschränkung der Erzeugung oder des Absatzes. Nach § 23 Abs. 4 S. 2 Nr. 2 GWB liegt ein Missbrauch vor, wenn Verbraucher über den von der Mehrheit der Empfehlungsempfänger geforderten Preis getäuscht werden kann. Nach § 23 Abs. 4 S. 2 Nr. 3 liegt ein Missbrauch vor, wenn der empfohlene Preis in einer Mehrzahl von Fällen den tatsächlich geforderten Preis erheblich übersteigt. Schließlich liegt der Missbrauch gem. § 23 Abs. 4 S. 2 Nr. 4 GWB in dem ungerechtfertigten Ausschluss bestimmter Unternehmen oder Abnehmergruppen vom Vertrieb der Waren.
Die Wirkung eines wettbewerbsbeschränkenden Verhaltens gem. § 48 Abs. 2 S. 1 GWB i. V. m. § 23 GWB besteht somit in dem Missbrauch gem. § 23 Abs. 4 S. 1, S. 1 Nr. 1 bis Nr. 4 GWB.

(3) Erfolg eines diskriminierenden Verhaltens

Die Beschränkung der Handlungsfreiheit gem. § 20 Abs. 1 bis 6 GWB liegt in der Beeinträchtigung der Betätigungsmöglichkeiten eines Unternehmens im Wettbewerb[818]. Die Wirkung eines diskriminierenden Verhaltens gem. § 48 Abs. 2 S. 1 GWB i. V. m. besteht somit in der Beeinträchtigung der Betätigungsmöglichkeiten eines Unternehmens im Wettbewerb.

(4) Erfolg einer Wettbewerbsregel

Die Beschränkung der Handlungsfreiheit liegt gem. § 24, 26 Abs. 2 GWB in einer Wettbewerbsbeschränkung. Das Vorliegen der Wettbewerbsbeschränkung richtet sich gem. § 26 Abs. 2 GWB nach den einschlägigen Vorschriften des GWB, des UWG oder anderer Rechtsvorschriften[819]. Beispielsweise kann eine Wettbewerbsregel gem. § 26 Abs. 2 GWB i. V. m. § 1 GWB eine Verhinderung, Einschränkung oder Verfälschung des Wettbewerbs bezwecken oder bewirken, oder gem. § 26 Abs. 2 GWB i. V. m. § 20 Abs. 1 GWB ein Unternehmen durch unbillige Behinderung in seinen Betätigungsmöglichkeiten im Wettbewerb beeinträchtigen[820].
Die Wirkung einer Wettbewerbsregel gem. § 48 Abs. 2 S. 1 GWB i. V. m. §§ 24, 26 Abs. 2 GWB besteht somit in der Beschränkung der Handlungsfreiheit gem. §§ 1 ff. GWB.

cc) Genetische Auslegung

In den Materialien zu § 44 Abs. 1 Nr. 1 lit. d) GWB a. F.[821], der als § 36 Abs. 1 Nr. 1 lit. c) in den Gesetzesentwurf der Bundesregierung aufgenommen worden ist[822], definiert der Gesetzgeber das Tatbestandsmerkmal Wirkung durch die Begriffe "Auswirkung" und "Bedeutung" (vgl. (1)). BGH und BKartA haben ebenfalls die Wirkung als "Bedeutung" definiert (vgl. (2)). Dabei haben sie sich ausdrücklich auf die Begründung des Gesetzesentwurfes der Bundesregierung zu § 36 Abs. 1 Nr. 1 lit. c) bezogen. Zu prüfen ist, ob die Definition der Wirkung als "Bedeutung" zur Konkretisierung der Auslegung des § 48 Abs. 2 S. 1 GWB beiträgt (vgl. (3)). Das Ergebnis der genetischen Auslegung wird schließlich zusammengefasst (vgl. (4)).

---

818 Zu § 20 Abs. 1 bis 5 GWB: BGH WuW/E BGH 2977 (2980 f); BGH WuW/E BGH 2683 (2685); BGH WuW/E BGH 1238 (1240); BGH WuW/E BGH 407 (410); Markert in: Immenga/Mestmäcker (Fn. 714), § 20 Rn. 115; Mees, WRP 1992, 223 (228); Zu § 20 Abs. 6 GWB: BGH WuW/E BGH 288 (291); BGH WuW/E BGH 154 (156); OLG Düsseldorf WuW/E OLG 4698 (4699 f); OLG Karlsruhe WuW/E OLG 4313 (4314); BKartA WuW/E BKartA 2185 (2186 f).

819 Kellermann in: Immenga/Mestmäcker (Fn. 714), § 26 Rn. 4.

820 BGH WuW/E BGH 767 (778).

821 Gesetz gegen Wettbewerbsbeschränkungen vom 27.7.1957, BGBl. I S. 1081 ff.

822 Entwurf eines Gesetzes gegen Wettbewerbsbeschränkungen, BT-Drs. 2/1158 S. 72.

(1) Definition in Materialien

Zuerst verwendet der Gesetzgeber statt "Wirkung" auch den Begriff "Auswirkung"[823] und "Einwirkung"[824]. Aufgrund desselben Wortstamms der Begriffe kann ein inhaltlicher Unterschied nicht festgestellt werden.
Darüber hinaus setzt er "Wirkung" mit dem Begriff "Bedeutung" gleich, indem er feststellt, dass Angelegenheiten, deren Bedeutung über das Gebiet eines Landes hinausreichen, in die sachliche Zuständigkeit des Bundes fallen sollen[825]. Allerdings lässt er offen, was unter "Bedeutung" zu verstehen sein soll.

(2) Wirkung als "Bedeutung"

In der Rechtsprechung hat der BGH in dem Beschluss in der Rechtssache "Gasdurchleitung" den Begriff "Bedeutung" verwendet (vgl. (a)). In dem Beschluss in der Rechtssache "Berliner Stromdurchleitung" hat sich das BKartA auf diesen Beschluss bezogen (vgl. (b)).

(a) BGH Rs. "Gasdurchleitung"

(aa) Sachverhalt und Verfahren

Der Rechtssache "Gasdurchleitung" lag die Weigerung der Verbundnetz Gas AG (fortan: VNG) gegenüber der Wintershall Erdgas Handelshaus GmbH (fortan: WIEH) zu Grunde, Erdgas durch die Gasleitung des VNG-Leitungsnetzes hindurchzuleiten und einen entsprechenden Durchleitungsvertrag mit WIEH zu schließen[826]. Das Erdgas sollte nach Vorstellung der WIEH in der Slowakei in das Leitungsnetz eingespeist und in Deutschland dem Leitungsnetz entnommen werden[827].
Der BGH hatte zu prüfen, ob die Wirkung der Weigerung der VNG über das Gebiet eines Bundeslandes hinausreichte.

---

823 Begründung zu dem Entwurf eines Gesetzes gegen Wettbewerbsbeschränkungen, BT-Drs. 2/1158 S. 28 IV.: "§ 36 unterscheidet zwischen Wettbewerbsbeschränkungen, deren Auswirkungen auf das Gebiet eines Landes beschränkt bleibe, und solchen, deren Auswirkungen darüber hinausgehen.".

824 Entwurf eines Zweiten Gesetzes zur Änderung des Gesetzes gegen Wettbewerbsbeschränkungen, BT-Drs. 6/2520 S. 20.

825 Begründung zu dem Entwurf eines Gesetzes gegen Wettbewerbsbeschränkungen, BT-Drs. 2/1158 S. 28 IV. und S. 47 zu § 36 1.

826 BGH WuW/E BGH 2953 (2953 f).

827 BGH WuW/E BGH 2953 (2954 f).

(bb) Begründung

Der BGH hat die Wirkung gem. § 48 Abs. 2 S. 1 GWB mit der Feststellung bejaht, die "Bedeutung" der Weigerung der VNG reiche über das Gebiet eines Bundeslandes hinaus, da die Weigerung der VNG vom Ausland her auf den Inlandsmarkt "einwirke"[828]. Dies folge aus der Begründung der Bundesregierung zu dem Entwurf eines Gesetzes gegen Wettbewerbsbeschränkungen[829].

(b) BKartA Rs. "Berliner Stromdurchleitung"

(aa) Sachverhalt und Verfahren

In der Rechtssache "Berliner Stromdurchleitung" hatte sich die Berliner Kraft- und Licht (Bewag) AG Berlin (fortan: Bewag) geweigert, der RWE Energie AG (fortan: RWE) die Durchleitung von Strom durch ihr Elektrizitätsversorgungsnetz zu gewähren. Ferner hatte sich die Bewag geweigert, mit der RWE einen entsprechenden Durchlieferungsvertrag abzuschließen[830]. Nach Vorstellung der RWE sollte der durchzuleitende Strom außerhalb des Bundeslandes Berlin erzeugt und außerhalb des Bundeslandes Berlin in das Versorgungsnetz der Bewag eingespeist werden[831]. Das Versorgungsnetz der Bewag lag auf dem Gebiet West-Berlins[832]. Der Strom sollte dem Versorgungsnetz auf dem Gebiet Berlins entnommen und an die K.AG als Endverbraucher verkauft werden[833].
Die RWE regte daraufhin beim BKartA die Einleitung eines Untersagungsverfahrens gegen die Bewag an[834]. Das BKartA hatte also zu prüfen, ob die Wirkung der Weigerung der Bewag über das Gebiet eines Bundeslandes hinausreichte. Das BKartA hat die Weigerung als missbräuchliches Ausnutzen einer marktbeherrschenden Stellung gem. § 19 Abs. 1 i. V. m. Abs. 4 Nr. 4 GWB[835] und als Diskriminierung gem. § 20 Abs. 1 GWB qualifiziert[836].

---

828 BGH WuW/E BGH 2953 (2956).
829 BGH WuW/E BGH 2953 (2956).
830 BKartA WuW/E DE-V 149 (150).
831 BKartA WuW/E DE-V 149 (150).
832 BKartA WuW/E DE-V 149 (150).
833 BKartA WuW/E DE-V 149 (150).
834 BKartA WuW/E DE-V 149 (150).
835 BKartA WuW/E DE-V 149 (151 ff).
836 BKartA WuW/E DE-V 149 (156 f).

(bb) Begründung

Das BKartA hat das Vorliegen der "Wirkung" mit dem Verweis auf den Beschluss des BGH in der Rechtssache "Gasdurchleitung" bejaht. Der BGH habe festgestellt, § 48 Abs. 2 S. 1 GWB begründe entgegen dem Wortlaut die Zuständigkeit des BKartA für solche Angelegenheiten, deren Bedeutung über das Gebiet eines Landes hinausreiche[837]. Dies folge aus einer teleologischen Auslegung[838]. Die Bedeutung der Weigerung der Bewag reiche über das Gebiet des Bundeslandes Berlin hinaus. Sie nehme der RWE "die Möglichkeit, außerhalb Berlins erzeugten Strom zum Zwecke der Belieferung" der K.AG zu handeln[839].

(3) Stellungnahme

(a) Zur Wirkung als "Bedeutung"

In der Rechtssache "Gasdurchleitung" eignet sich der Begriff der "Bedeutung" nicht zur Definition des Tatbestandsmerkmals "Wirkung", da der BGH die "Bedeutung" wie ein Synonym zur "Wirkung" verwendet (vgl. (aa)).
Ferner bringt die Verwendung des Begriffs "Bedeutung" in der Rechtssache "Berliner Stromdurchleitung" bei der Auslegung des Tatbestandsmerkmals "Wirkung" keinen Erkenntnisgewinn, der nicht schon durch die wörtliche Auslegung erreicht werden kann. Auch das BKartA gibt daher keine geeignete Definition der "Wirkung" (vgl. (bb)).

(aa) Zu BGH Rs. "Gasdurchleitung"

Der BGH stellt hier zunächst fest, dass durch § 44 Abs. 1 Nr. 1 lit. d) GWB a. F. (§ 48 Abs. 2 S. 1 GWB) Angelegenheiten, deren "Bedeutung" über das Gebiet eines Landes hinausgehen, in die sachliche Zuständigkeit des Bundes fallen sollten[840]. Damit definiert der BGH das Tatbestandsmerkmal "Wirkung" durch den Begriff "Bedeutung". Jedoch zieht der BGH im nächsten Satz der Beschlussbegründung die Schlussfolgerung, das Bundeskartellamt sei für eine behördliche Maßnahme gegen ein Verhalten sachlich zuständig, welches die Bundesgrenze überschreitend vom Ausland her auf den Inlandsmarkt (ein-)"wirke"[841]. Das Tatbestandsmerkmal "Wirkung" ist in dem Verb "einwirken" enthalten. Der BGH definiert also in einem Satz "Wirkung" durch "Bedeutung", im darauf folgenden

---

837 BKartA WuW/E DE-V 149 (150).
838 BKartA WuW/E DE-V 149 (150).
839 BKartA WuW/E DE-V 149 (150).
840 BGH WuW/E BGH 2953 (2956).
841 BGH WuW/E BGH 2953 (2956).

Satz aber "Bedeutung" wieder durch "Wirkung". Der Begriff der "Bedeutung" wird somit neben dem Tatbestandsmerkmal "Wirkung" wie ein Synonym gebraucht. Folglich trägt die Definition der Wirkung durch die "Bedeutung" in dem Beschluss des BGH in der Rechtssache "Gasdurchleitung" nicht zur inhaltlichen Klärung der Auslegung der Wirkung in § 48 Abs. 2 S. 1 GWB bei.

(bb) Zu BKartA Rs. "Berliner Stromdurchleitung"

Das BKartA definiert parallel zum Beschluss des BGH in der Rechtsache "Gasdurchleitung" das Tatbestandsmerkmals "Wirkung" durch den Begriff "Bedeutung". Dazu stellt es fest, dass diese Definition der wörtlichen Auslegung der "Wirkung" gem. § 48 Abs. 2 S. 1 GWB widerspreche.
Diese Feststellung kann nur als unzutreffend bezeichnet werden, denn das BKartA legt der Sache nach das Tatbestandsmerkmal Wirkung wörtlich aus. Dem Wortlaut nach ist das Tatbestandsmerkmal "Wirkung", wie bereits gezeigt wurde, als Erfolg einer Wettbewerbsbeschränkung gemäß den Verbotsnormen des GWB zu definieren. Der Erfolg besteht in der Beschränkung der Handlungsfreiheit eines Unternehmens gemäß den Vorschriften der §§ 1 ff. GWB. Im vorliegenden Fall ist die Weigerung der Bewag als Missbrauch einer marktbeherrschenden Stellung und damit als Verstoß gegen die Verbotsnorm § 19 Abs. 1 i. V. m. Abs. 4 Nr. 4 GWB zu qualifizieren[842]. Nach dem Wortlaut des § 48 Abs. 2 S. 1 GWB ist die Wirkung folglich der Erfolg einer Wettbewerbsbeschränkung gem. § 19 Abs. 4 Nr. 4 GWB[843]. Die Bewag ist ein marktbeherrschendes Unternehmen, welches seine marktbeherrschende Stellung aufgrund der Weigerung gegenüber der RWE, einen Durchleitungsvertrag abzuschließen, gem. § 19 Abs. 4 Nr. 4 GWB missbräuchlich ausgenutzt hat[844]. Der Erfolg der Wettbewerbsbeschränkung liegt somit gem. § 19 Abs. 4 Nr. 4 GWB darin, dass RWE keinen Zugang zu dem beherrschten Markt für Infrastrukturdienstleistungen erhalten hat. Ferner liegt der Erfolg darin, dass RWE auf dem Berliner Markt für Stromhandel nicht in Wettbewerb mit anderen Unternehmen treten konnte. Somit wurde Bewag durch die Weigerung auf dem beherrschten Markt für Infrastrukturdienstleistungen und auf dem Berliner Markt für Stromhandel in ihrer Handlungsfreiheit beeinträchtigt. Nach der grammatischen und systematischen Auslegung des § 48 Abs. 2 S. 1 GWB ist die Wirkung in der Rechtssache "Berliner Stromdurchleitung" folglich als Beschränkung der Handlungsfreiheit gem. § 19 Abs. 4 Nr. 4 GWB zu definieren.
Das BKartA hatte festgestellt, dass die Bedeutung der Weigerung über das Gebiet des Bundeslandes Berlin hinausreiche, da Bewag der RWE die Möglichkeit nehme, außerhalb Berlins erzeugten Strom zu handeln. Das BKartA definiert

---

842 BKartA WuW/E DE-V 149 (151).
843 BKartA WuW/E DE-V 149 (156), Buchstabe b) der Gründe.
844 BKartA WuW/E DE-V 149 (151 ff).

"Bedeutung" folglich als die Unterbindung des Stromhandels durch die Bewag. Die Beseitigung der Möglichkeit, Strom zu handeln, ist nichts anderes als die Beschränkung der wirtschaftlichen Handlungsfreiheit der Bewag gem. § 19 Abs. 4 Nr. 4 GWB. Somit definiert das BKartA "Bedeutung" als Beschränkung der Handlungsfreiheit der Bewag, Zugang zum beherrschten Markt, folglich zum nachgelagerten Berliner Markt für Stromhandel zu erhalten.
Demzufolge legt das BKartA in der Rechtssache "Berliner Stromdurchleitung", ebenso wie der BGH in der Rechtssache "Gasdurchleitung", den Begriff "Bedeutung" nicht im Widerspruch zum Wortlaut des Tatbestandsmerkmals "Wirkung" aus. Vielmehr definiert das BKartA "Bedeutung" als Beschränkung der unternehmerischen Handlungsfreiheit. Folglich stimmt die Definition der "Bedeutung" und die grammatische Auslegung der "Wirkung" inhaltlich überein.
Demzufolge zeigt auch der Beschluss des BKartA in der Rechtssache "Berliner Stromdurchleitung", dass der Begriff der "Bedeutung" keinen über die grammatische und systematische Auslegung hinausgehenden Nutzen für die Definition der Wirkung in § 48 Abs. 2 S. 1 GWB hat.

(b) Fehlende Praktikabilität der "Bedeutung"

Weder der Rechtsprechung noch der Verwaltung gelingt es, die "Wirkung gem. § 48 Abs. 2 S. 1 GWB mit Hilfe des Begriffs "Bedeutung" präzise zu definieren. Dieses Ergebnis ist jedoch nicht überraschend. Schon dem Wortsinn nach ist "Bedeutung" ein ebenso unbestimmter Begriff wie das Tatbestandsmerkmal "Wirkung". In der Kommentarliteratur wird daher zu Recht davon gesprochen, dass die Verwendung des Begriffs "Bedeutung" in dem Beschluss des BGH in der Rechtssache "Gasdurchleitung" nicht praktikabel sei[845].
Die Materialien zu § 44 Abs. 1 Nr. 1 lit. d) GWB a. F. (§ 36 Abs. 1 Nr. 1 lit. c) GWB im Entwurf der Regierung) geben somit keine präzise Definition der "Wirkung".

dd) Zusammenfassung

Nach der grammatischen und der systematischen Auslegung ist das Tatbestandsmerkmal "Wirkung" als Erfolg einer Wettbewerbsbeschränkung zu definieren. Zur Definition des Erfolgs verweist § 48 Abs. 2 S. 1 GWB mit dem Tatbestandsmerkmal "Wirkung" auf die Tatbestandsmerkmale der §§ 1 bis 31 GWB. Der Erfolg der Wettbewerbsbeschränkung besteht in der Beschränkung der wirtschaft-

---

[845] Klaue in: Immenga/Mestmäcker (Fn. 714), § 48 Rn. 14; Hitzler WuW 1982, 509 (513) der sogar die "Wirkung" gegenüber der "Bedeutung" als präziseren Begriff einstuft.

lichen Handlungsfreiheit eines Unternehmens[846]. Die tatbestandlichen Voraussetzungen der Beschränkung der Handlungsfreiheit richten sich nach den einschlägigen Tatbestandsmerkmalen der §§ 1 bis 31 GWB.

b) Form der Wirkung

Nach der Definition des Tatbestandsmerkmals "Wirkung" stellt sich die Frage, in welcher Form die Wirkung gegeben sein muss. In Rechtsprechung und Literatur werden als mögliche Formen die tatsächliche, unmittelbare, mittelbare und die potentielle Wirkung unterschieden[847].
Paragraf 48 Abs. 2 S. 1 GWB unterscheidet dem Wortlaut nach nicht zwischen diesen Formen der Wirkung. Es stellt sich die Frage, ob diese Unterscheidung vorzunehmen ist. Hierzu sind zunächst die Rechtsprechung und Literatur zur tatsächlichen (vgl. aa)), zur unmittelbaren (vgl. bb)), zur mittelbaren (vgl. cc)) und zur potentiellen (vgl. dd)) Wirkung darzustellen. In einem zweiten Schritt ist im Rahmen einer Stellungnahme durch Auslegung zu ermitteln, ob und ggf. unter welchen Voraussetzungen im Rahmen des § 48 Abs. 2 S. 1 GWB zwischen der tatsächlichen, unmittelbaren, mittelbaren oder potentiellen Wirkung zu unterscheiden ist (vgl. ee)).

aa) Tatsächliche Wirkung

Die tatsächliche Wirkung wird als Grundfall der "Wirkung" gem. § 48 Abs. 2 S. 1 GWB angesehen[848]. In diesem Fall ist der Erfolg der Marktbeeinflussung, des wettbewerbsbeschränkenden Verhaltens, des diskriminierenden Verhaltens oder der Wettbewerbsregel gem. §§ 1 bis 31 GWB tatsächlich eingetreten. Das bedeutet, dass die Marktbeeinflussung, das wettbewerbsbeschränkende Verhalten, das diskriminierende Verhalten oder die Wettbewerbsregel zu einer konkreten Beschränkung der wirtschaftlichen Handlungsfreiheit nach den §§ 1 bis 31 GWB geführt haben.

---

846 In diesem Sinn auch Hitzler WuW 1979, 733 (734), nach dem die Wirkung über das Gebiet eines Bundeslandes hinausreicht, wenn die Auswirkungen eines Wettbewerbsverhaltens auf das von der jeweils anzuwendenden materiell-rechtlichen Norm geschützte Rechtsgut über das Gebiet eines Bundeslandes hinausreichen.

847 Vgl. z. B. Schultz in: Langen/Bunte (Fn. 1), Band 1 § 48 Rn. 11 f; Klaue in: Immenga/Mestmäcker (Fn. 714), § 48 Rn. 8.

848 Schultz in: Langen/Bunte (Fn. 1), Band 1 § 48 Rn. 11 f; Klaue in: Immenga/Mestmäcker (Fn. 714), § 48 Rn. 8 f.

bb) Unmittelbare Wirkung

Ebenso wie die "tatsächliche" wird die "unmittelbare" gegenüber der "mittelbaren" Wirkung als Grundfall betrachtet. Es wird angenommen, dass das Tatbestandsmerkmal "Wirkung" grundsätzlich eine unmittelbare, tatsächliche Wirkung beschreibe[849]. Trotz dieser Annahme bleibt die Frage offen, unter welchen Voraussetzungen eine "unmittelbare Wirkung" vorliegt. Hierzu ist die Definition der "Unmittelbarkeit" in Rechtsprechung (vgl. (1)) und in der Literatur (vgl. (2)) zu analysieren.

(1) Rechtsprechung

Obgleich die Rechtsprechung von der "ummittelbaren Wirkung" gem. § 48 Abs. 2 S. 1 GWB spricht, hat sie es bisher vermieden, den Begriff "Unmittelbarkeit" zu definieren. So stellt zwar das KG Berlin in dem Beschluss vom 11. März 1983 fest, dass es im Rahmen des § 48 Abs. 2 S. 1 GWB auf das Vorliegen einer unmittelbaren Wirkung eines missbräuchlichen Preisverhaltens ankomme[850]. Jedoch definiert das KG Berlin nicht, worin genau die "Unmittelbarkeit" der Wirkung besteht[851]. Ebenso unterlassen es das KG Berlin in der Rechtssache "Stadtwerke Frankfurt"[852] und das OLG München in dem Beschluss vom 5. April 1979[853], den Begriff der "unmittelbaren" Wirkung gem. § 48 Abs. 2 S. 1 GWB zu definieren.

(2) Literatur

In der Literatur wird der Begriff der "unmittelbaren" Wirkung durch systematische Auslegung des Tatbestandsmerkmals "Wirkung" im Vergleich mit dem Tatbestandsmerkmal "auswirken" in § 130 Abs. 2 GWB (§ 98 Abs. 2 GWB a. F.) definiert[854]. Nachfolgend wird daher zunächst die "unmittelbare Wirkung" gem. § 130 Abs. 2 GWB definiert (vgl. (a)). Danach wird die Definition des § 130 Abs. 2 GWB auf § 48 Abs. 2 S. 1 GWB übertragen (vgl. (b)).

---

849 Schultz in: Langen/Bunte (Fn. 1). Band 1 § 48 Rn. 11; Klaue in: Immenga/Mestmäcker (Fn. 714), § 48 Rn. 8; Bracher in: Glassen/v. Hahn/Kersten/Rieger (Fn. 76), Band II GWB 1999 § 48 Rn. 17; Hitzler, WuW 1979, 733 (735).

850 KG Berlin WuW/E OLG 3044 (3045).

851 KG Berlin WuW/E OLG 3044 (3045).

852 KG Berlin WuW/E OLG 2284 (2285).

853 OLG München WuW/E OLG 2156 (2157).

854 Hitzler WuW 1979, 733 (733 f).

(a) Unmittelbare Wirkung gem. § 130 Abs. 2 GWB

Paragraf 130 Abs. 2 GWB definiert den Anwendungsbereich des GWB. Das GWB findet nach dieser Vorschrift Anwendung auf alle Wettbewerbsbeschränkungen, die sich im Geltungsbereich des GWB auswirken, auch wenn sie außerhalb des Geltungsbereichs veranlasst sind. Zur inhaltlichen Begrenzung des Tatbestandsmerkmals "auswirken" wird in § 130 Abs. 2 GWB verlangt, dass die Auswirkung "unmittelbar" sein muss[855]. Zunächst ist das Kriterium der "Unmittelbarkeit" zu definieren (vgl. (aa)). Die Definition wird in einem Beispiel veranschaulicht (vgl. (bb)).

(aa) Definition der "Unmittelbarkeit"

Mit dem Erfordernis der "Unmittelbarkeit" soll die "uferlose Ausdehnung" des Anwendungsbereichs des GWB vermieden werden[856]. Die Auswirkung wird im Rahmen des § 130 Abs. 2 GWB als Kausalkette definiert[857]. Sie beginnt mit der Handlung der Unternehmen und endet mit dem Erfolg dieser Handlung[858]. Unter Handlung ist dabei eine Wettbewerbshandlung oder ein Mittel zur Wettbewerbsbeschränkung zu verstehen[859], z. B. die Vereinbarung gem. § 1 GWB oder die Ausnutzung einer marktbeherrschenden Stellung gem. § 19 GWB. Der Erfolg der

---

855 BGH WuW/E BGH 1613 (1615); KG Berlin WuW/E OLG 1339 (1346); KG Berlin WuW/E OLG 1219 (1223); KG Berlin WuW/E OLG 1061 (1063); Lindemann in: Glassen/v. Hahn/Kersten/Rieger (Fn. 76), Band II GWB 1999 § 130 Abs. 2 Rn. 22; Möhring in: Müller/Soell (Hrsg.), Rechtswissenschaft und Gesetzgebung, Fs. Wahl Heidelberg 1973, S. 427 (432 f); Rehbinder, Extraterritoriale Wirkungen des deutschen Kartellrechts, Baden-Baden 1965, S. 127; Meessen, Kollisionsrecht der Zusammenschlusskontrolle, Baden-Baden 1964, S. 15; Schwartz, Deutsches internationales Kartellrecht, Köln Berlin Bonn München 1962, S. 40; Würdinger, WuW 1960, 313 (316); AA Jungbluth in: Langen/Bunte (Fn. 1), Band 1 § 130 Abs. 2 Rn. 107, der auch mittelbare Auswirkungen als "Auswirkung" gem. § 130 Abs. 2 GWB qualifiziert; AA Rehbinder in: Immenga/Mestmäcker (Fn. 714), § 130 Abs. 2 Rn. 64, der feststellt, dass das Kriterium der "Unmittelbarkeit" für § 130 Abs. 2 GWB ohne Bedeutung ist, da § 130 Abs. 2 GWB mit dem Tatbestandsmerkmal "auswirken" auf die Sachnormen §§ 1 ff GWB verweise. Nach Rehbinder liegt folglich eine "Auswirkung" einer Vereinbarung oder der Ausnutzung einer marktbeherrschenden Stellung vor, wenn beispielsweise gem. § 1 GWB eine Einschränkung des Wettbewerbs oder gem. § 19 Abs. 1, Abs. 4 GWB ein Missbrauch auf dem inländischen, deutschen Markt gegeben ist; Rehbinder folgend: Kevekordes, Auslandszusammenschlüsse im internationalen und materiellen Kartellrecht, Heidelberg 1986, S. 123; Autenrieth, Die grenzüberschreitende Fusionskontrolle in Theorie und Praxis, Konstanz 1982, S. 100 f; Autenrieth, RIW 1980, 820 (824).

856 BGH GRUR 1974, 102 (103); Lindemann in: Glassen/v. Hahn/Kersten/Rieger (Fn. 76), Band II GWB 1999 § 130 Abs. 2 Rn. 19.

857 Kevekordes (Fn. 855), S. 122; Schwartz (Fn. 855), S. 40.

858 Kevekordes (Fn. 855), S. 122; Schwartz (Fn. 855), S. 40.

859 Schwartz (Fn. 855), S. 39.

Handlung ist nach der Unterscheidung zwischen Mittel und Erfolg der Wettbewerbsbeschränkung die Beschränkung der Handlungsfreiheit gem. §§ 1 ff. GWB[860], z. B. das Bezwecken oder Bewirken der Verhinderung, Einschränkung oder Verfälschung des Wettbewerbs gem. § 1 GWB oder der Missbrauch gem. § 19 Abs. 1, Abs. 4 GWB. Der Erfolg muss gem. § 130 Abs. 2 GWB auf dem Inlandsmarkt eintreten[861].
Die Auswirkung ist unmittelbar, wenn in der Kausalkette zwischen der Handlung und dem Erfolg der Handlung kein weiteres Zwischenglied gegeben ist[862]. Sie ist mittelbar, wenn ein solches Zwischenglied vorliegt. In letztgenanntem Fall ist der Erfolg lediglich eine Fernfolge der Handlung[863]. Statt von Fernfolge wird synonym auch von Fern-, Rück- oder Nebenwirkung der Handlung gesprochen[864]. Eine unmittelbare Auswirkung wird demzufolge in Abgrenzung zur mittelbaren Auswirkung bestimmt.

(bb) Beispiel

Als Beispiel sei angenommen, dass ein deutsches Unternehmen seine Exportquote für die Lieferung von Rohstoffen an französische Unternehmen aufgrund einer Vereinbarung gem. § 1 GWB beschränkt[865]. Das französische Unternehmen verarbeitet die Rohstoffe und liefert das Endprodukt wieder zurück nach Deutschland. Die Beschränkung der Exporte führt dazu, dass das französische Unternehmen nicht mehr dieselbe Rohstoffmenge verarbeiten kann. Folglich muss das französische Unternehmen die Produktionsquote senken. Somit muss es auch seine Exportquote für den Export des Endprodukts nach Deutschland senken. Die Senkung der Exportquote führt weiter zur Preiserhöhung bei den Endprodukten des französischen Unternehmens.
Für die rechtliche Beurteilung dieses Beispiels sei angenommen, dass die Beschränkung der Exporte des Rohstoffs die Handlungsfreiheit des französischen Unternehmens auf dem französischen Markt beschränkt, somit als Erfolg einer Wettbewerbsbeschränkung gem. § 1 GWB auf dem französischen Markt zu qualifizieren ist. Ferner sei angenommen, dass die Erhöhung der Preise für den Verkauf der Endprodukte auf dem deutschen Markt das französische Unternehmen in seiner wirtschaftlichen Handlungsfreiheit beschränkt, folglich als Erfolg

860 Schwartz (Fn. 855), S. 40 f.
861 Rehbinder in: Immenga/Mestmäcker (Fn. 714), § 130 Abs. 2 Rn. 59.
862 Kevekordes (Fn. 855), S. 122.
863 Rehbinder in: Immenga/Mestmäcker (Fn. 714), § 130 Abs. 2 Rn. 59,
864 Schwartz (Fn. 855), S. 41.
865 Beispiel nach Bär, Kartellrecht und Internationales Privatrecht, Karlsruhe 1966, S. 378 Fußnote 50.

einer Wettbewerbsbeschränkung gem. § 1 GWB auf dem deutschen Markt zu qualifizieren ist.
Wendet man das Bild der Kausalkette, das zur Definition der "Unmittelbarkeit" gegeben wird, auf dieses Beispiel an, liegt ihr Beginn in der Handlung des deutschen Unternehmens in Gestalt der Senkung der Exportquote durch Vereinbarung. Das nächste Glied der Kausalkette ist der Erfolg der Wettbewerbsbeschränkung gem. § 1 GWB auf dem französischen Markt. Dieser Erfolg ist ohne weitere Zwischenglieder der Kausalkette eingetreten. Folglich ist die Beschränkung der Handlungsfreiheit auf dem französischen Markt eine unmittelbare Wirkung der Vereinbarung gem. § 48 Abs. 2 S. 1 GWB i. V. m. § 1 GWB. Jedoch ist dieser Erfolg nicht auf dem deutschen Inlandsmarkt eingetreten. Damit wirkt sich die Erhöhung der Exporte durch Vereinbarung gem. § 130 Abs. 2 GWB nicht auf dem Inlandsmarkt aus. Das nächste Glied der Kausalkette ist der Erfolg der Wettbewerbsbeschränkung auf dem deutschen Markt. Der Erfolg der Wettbewerbsbeschränkung ist eine Inlandsauswirkung gem. § 130 Abs. 2 GWB[866]. Wendet man hier das Bild der Kausalkette an, liegt zwischen Handlung des Unternehmens und Erfolg der Wettbewerbsbeschränkung auf dem deutschen Markt der Erfolg der Wettbewerbsbeschränkung auf dem französischen Markt. Somit liegt zwischen Handlung und Erfolg auf dem deutschen Markt ein Zwischenglied. Die Auswirkung auf dem deutschen Markt ist damit nur eine mittelbare Auswirkung[867].
In dem Beispiel liegt dagegen eine unmittelbare Auswirkung auf dem deutschen Inlandsmarkt vor, wenn anstelle des deutschen Unternehmens das französische Unternehmen Rohstofflieferant gewesen wäre, und sich das französische Unternehmen aufgrund einer Vereinbarung gem. § 1 GWB geweigert hätte, an das den Rohstoff verarbeitende deutsche Unternehmen zu liefern. Es sei angenommen, dass die Weigerung des französischen Unternehmens auf dem deutschen Markt zu einem Erfolg der Wettbewerbsbeschränkung gem. § 1 GWB führt und sich damit gem. § 130 Abs. 2 GWB auf dem Inlandsmarkt auswirkt. Die Weigerung des französischen Unternehmens ist somit die Handlung und zugleich das erste Glied der Kausalkette. Der Erfolg der Wettbewerbsbeschränkung ist dann das zweite Glied der Kausalkette. Somit liegt zwischen Handlung und Erfolg kein weiteres Zwischenglied[868].

---

866 Schwartz (Fn. 855), S. 40.
867 Schwartz (Fn. 855), S. 40.
868 Vgl. auch die weiteren Beispiele bei Lindemann in: Glassen/v. Hahn/Kersten/Rieger (Fn. 76), Band II GWB 1999 § 130 Abs. 2 Rn. 22.

(b) Unmittelbare Wirkung gem. § 48 Abs. 2 S. 1 GWB

Das zu § 130 Abs. 2 GWB entwickelte Kriterium der "Unmittelbarkeit" wird auf § 48 Abs. 2 S. 1 GWB übertragen[869]. Unter Wirkung seien nur unmittelbare Wirkungen zu subsumieren[870]. Die Übertragung des Kriteriums wird nicht wie bei § 130 Abs. 2 GWB damit begründet, dass der Anwendungsbereich des § 48 Abs. 2 S. 1 GWB nach Sinn und Zweck der Vorschrift einzuschränken sei. Vielmehr wird darauf abgestellt, dass § 48 Abs. 2 S. 1 GWB als verfahrensrechtliche Norm dazu diene, die Effektivität der Verwaltung durch Vermeidung eines mehrfachen Verwaltungsaufwands zu steigern[871]. Die Feststellung einer mittelbaren Auswirkung erfordere umfangreiche Ermittlungen und eine umfassende materiellrechtliche Würdigung des Sachverhalts[872]. Folglich seien als "Wirkung" gem. § 48 Abs. 2 S. 1 GWB nur unmittelbare Auswirkungen zu subsumieren, die mit einem vertretbaren Verwaltungsaufwand festgestellt werden könnten[873].
Beispielsweise seien durch § 48 Abs. 2 S. 1 GWB nur die Wirkungen eines diskriminierenden Verhaltens auf die Wettbewerbsfähigkeit des Diskriminierten erfasst[874]. Nicht erfasst hingegen seien die Wirkungen dieser Diskriminierung auf den Diskriminierenden selbst, die sich als Rückwirkung aus der Auswirkung auf den Diskriminierten ergäben[875]. In diesem Beispiel beginnt die Kausalkette durch eine Handlung in Form einer diskriminierenden Verhaltensweise. Die Verhaltensweise zeitigt eine erste Wirkung gem. § 48 Abs. 2 S. 1 GWB, die in der Beschränkung der Handlungsfreiheit des Diskriminierten gem. § 20 Abs. 1 GWB besteht. Die zweite Wirkung gem. § 48 Abs. 2 S. 1 GWB besteht in der Beschränkung der Handlungsfreiheit des Diskriminierenden gem. § 20 Abs. 1 GWB. Diese Wirkung folgt als Rückwirkung aus der ersten Wirkung. Da in der Kausalkette zwischen diskriminierender Verhaltensweise und zweiter Wirkung eine weitere Wirkung als Zwischenglied vorliegt, ist die zweite als mittelbare Wirkung zu qualifizieren. Folglich ist nur die erste Wirkung, d. h. die Beschränkung der Handlungsfreiheit des Diskriminierten, als unmittelbare Wirkung gem. § 48 Abs. 2 S. 1 GWB i. V. m. § 20 GWB zu definieren.

---

[869] Mayer (Fn. 62), S. 212; Hitzler, WuW 1979, 733 (735).
[870] Mayer (Fn. 62), S. 212; Hitzler, WuW 1979, 733 (735).
[871] Hitzler, WuW 1979, 733 (735).
[872] Hitzler, WuW 1979, 733 (735).
[873] Hitzler, WuW 1979, 733 (735).
[874] Hitzler, WuW 1979, 733 (736 f).
[875] Hitzler, WuW 1979, 733 (736).

cc) Mittelbare Wirkung

Die Frage, ob § 48 Abs. 2 S. 1 GWB auch "mittelbare" Wirkungen von Marktbeeinflussungen, wettbewerbsbeschränkenden oder diskriminierenden Verhaltensweisen oder Wettbewerbsregeln erfasst, wird in Rechtsprechung und Literatur teilweise verneint (vgl. (1)). Im Gegensatz dazu finden sich Urteile und Stimmen in der Literatur, welche auch mittelbare Wirkungen unter § 48 Abs. 2 S. 1 GWB subsumieren (vgl. (2)).

(1) § 48 Abs. 2 S. 1 GWB erfasst nur unmittelbare Wirkungen

Das KG Berlin hat in der Rechtssache "Stadtwerke Frankfurt" festgestellt, dass es im Rahmen des § 48 Abs. 2 S. 1 GWB nur auf die unmittelbare Wirkung einer kartellrechtswidrigen Verhaltensweise ankomme[876]. Damit sind seiner Ansicht nach mittelbare Wirkungen nicht von § 48 Abs. 2 S. 1 GWB erfasst.
Das KG Berlin gibt jedoch für seine Feststellung keine Begründung[877]. Vielmehr verweist es zur Begründung auf die zur "unmittelbaren Auswirkung" genannten Erwägungen[878]. Es lehnt folglich die mittelbare Wirkung in § 48 Abs. 2 S. 1 GWB ab, weil die Feststellung dieser Form der Wirkung umfangreiche Ermittlungen und eine umfassende materiellrechtliche Würdigung des Sachverhalts erfordere. Dies würde jedoch dem Grundsatz der Effektivität der Verwaltung durch Vermeidung eines mehrfachen Verwaltungsaufwands widersprechen.
In Ergänzung zu dieser Begründung wird die Subsumtion der mittelbaren Wirkung unter § 48 Abs. 2 S. 1 GWB mit der Feststellung abgelehnt, die generelle Berücksichtigung mittelbarer Wirkungen führte dazu, dass aufgrund der starken Verflechtung des wirtschaftlichen Geschehens die Zuständigkeit der LKartB kaum noch gegeben wäre[879]. Diese Feststellung wird insofern eingeschränkt, als ausnahmsweise eine mittelbare Wirkung dann zulässig sei, wenn gerade die Unterbindung bestimmter mittelbarer Auswirkungen das Ziel des Verfahrens sei[880]. Jedoch wird nicht näher präzisiert, unter welchen Voraussetzungen eine "bestimmte mittelbare Auswirkung" vorliegt.

---

876 KG Berlin WuW/E OLG 2284 (2285); So auch KG Berlin WuW/E OLG 3044 (3045); OLG München WuW/E OLG 2156 (2157).
877 KG Berlin WuW/E OLG 2284 (2285).
878 KG Berlin WuW/E OLG 2284 (2285) mit Verweis auf Hitzler WuW 1979, 733 f.
879 Bracher in: Glassen/v. Hahn/Kersten/Rieger (Fn. 76), Band II GWB 1999 § 48 Rn. 17.
880 Bracher in: Glassen/v. Hahn/Kersten/Rieger (Fn. 76), Band II GWB 1999 § 48 Rn. 17.

(2) § 48 Abs. 2 S. 1 GWB erfasst auch mittelbare Wirkungen

Im Gegensatz zum Beschluss in der Rechtssache "Stadtwerke Frankfurt" hat das KG Berlin in der Rechtssache "Orientteppich-Importmesse" die "Wirkung" gem. § 48 Abs. 2 S. 1 GWB mit der mittelbaren Wirkung begründet (vgl. (a)). In dieser Rechtssache begründet das Kammergericht die mittelbare Wirkung mit dem Eintritt der Wirkung auf einem nachgelagerten Markt (vgl. (b)).

(a) Beispiel KG Berlin Rs. "Orientteppich-Importmesse"

In der Rechtssache "Orientteppich-Importmesse" hatte eine Gesellschaft, die eine Importmesse veranstalten wollte, ein Messegelände angemietet[881]. Nachdem die Vermieterin des Messegeländes (fortan: Eigentümerin) gegenüber den Gründern der Gesellschaft die Vermietung des Messegeländes bestätigt hatte, nahm sie die Bestätigung nach Eintragung der Gesellschaft wieder zurück[882]. Grund für die Rücknahme war, dass sich mehrere Textilverbände bei der Eigentümerin über die geplante Durchführung der Importmesse beschwert hatten[883]. Die Textilverbände befürchteten, ausländische Importeure könnten große Warenmengen auf der Messe billig verkaufen und damit den Markt stören[884].
Das BKartA qualifizierte die Rücknahme der Bestätigung der Vermietung des Messegeländes als Verweigerung des Abschlusses eines Vertrags zur Durchführung der Messe[885]. Die Verweigerung stellte aus seiner Sicht gem. § 26 Abs. 2 GWB a. F. (§ 20 Abs. 1 GWB) eine unbillige Behinderung der Gesellschaft und eine Ungleichbehandlung gegenüber gleichartigen Messeveranstaltern dar. Das BKartA untersagte diese Verstöße durch Beschluss[886]. Nachdem in dem Kartellverwaltungsverfahren die Hauptsache sich erledigt hatte, beantragte die Eigentümerin, dem BKartA die Kosten des Verfahrens aufzuerlegen[887]. Das BKartA hingegen beantragte, der Eigentümerin die Kosten des Verfahrens aufzuerlegen[888].
Das KG Berlin hatte zu prüfen, ob die Voraussetzungen des Tatbestandsmerkmals "Wirkung" gem. § 48 Abs. 2 S. 1 GWB erfüllt waren.
Es führt aus, die Wirkung im vorliegenden Fall könne nur in Gestalt einer mittelbaren Wirkung gegeben sein[889]. Die mittelbare Wirkung bestehe in der Beeinträchtigung der Importeure, die an der Messe teilnehmen wollten, und durch die Wei-

---

881 KG Berlin WuW/E OLG 2975 (2976).
882 KG Berlin WuW/E OLG 2975 (2976).
883 KG Berlin WuW/E OLG 2975 (2976).
884 KG Berlin WuW/E OLG 2975 (2976).
885 KG Berlin WuW/E OLG 2975 (2976).
886 KG Berlin WuW/E OLG 2975 (2976).
887 KG Berlin WuW/E OLG 2975 (2976).
888 KG Berlin WuW/E OLG 2975 (2976).
889 KG Berlin WuW/E OLG 2975 (2977).

gerung der Gesellschaft gem. § 20 Abs. 1 GWB diskriminiert wurden[890]. Das KG Berlin lässt offen, ob damit die Zuständigkeit des BKartA gem. § 48 Abs. 2 S. 1 GWB zu bejahen war, da aus seiner Sicht jedenfalls erhebliche Zweifel daran bestanden, dass die Gesellschaft durch die Weigerung der Eigentümerin gem. § 20 Abs. 1 GWB diskriminiert wurde[891].

(b) Analyse der Rechtsprechung

Zunächst definiert das KG Berlin die mittelbare Wirkung in Übereinstimmung mit den zu § 130 Abs. 2 GWB entwickelten Grundsätzen (vgl. (aa)). Darüber hinaus begründet es die mittelbare Wirkung damit, dass diese auf einem benachbarten sachlichen Markt eintrete (vgl. (bb)). Das Ergebnis der Analyse wird zusammengefasst (vgl. (cc)).

(aa) Mittelbare Wirkung nach § 130 Abs. 2 GWB

Wendet man das Bild der Kausalkette, mit dem die unmittelbare Wirkung gem. § 130 Abs. 2 GWB definiert wird, auf die Rechtssache "Orientteppich-Importmesse" an, liegt der Beginn der Kausalkette in der diskriminierenden Verhaltensweise der Eigentümerin gem. § 48 Abs. 2 S. 1 GWB. Die Weigerung der Eigentümerin, mit der Gesellschaft einen Vertrag zur Durchführung der Importmesse abzuschließen, ist damit der Anfang der Kausalkette. Das Ende der Kausalkette besteht in dem Erfolg der Wettbewerbsbeschränkung gem. § 20 Abs. 1 GWB. Der Erfolg der Wettbewerbsbeschränkung liegt darin, dass aufgrund der Weigerung der Eigentümerin den Importeuren die Möglichkeit genommen wird, auf der Messe auszustellen. Folglich liegt der Erfolg der Wettbewerbsbeschränkung in der Beschränkung der Handlungsfreiheit der ausländischen Importeure. Das Ende der Kausalkette ist somit als Wirkung gem. § 48 Abs. 2 S. 1 GWB zu beurteilen.
Zwischen Anfang und Ende der Kausalkette ist ein Zwischenglied geschaltet. Dieses ist die Beschränkung der Handlungsfreiheit der Veranstalterin der Importmesse. Es ist damit auch eine Wirkung gem. § 48 Abs. S. 1 GWB. Somit liegt zwischen der Wirkung zu Lasten der Importeure und der Handlung der Eigentümerin eine weitere Wirkung als Zwischenglied der Kausalkette. Die Wirkung zu Lasten der Importeure ist nach der zu § 130 Abs. 2 GWB verwendeten Definition als mittelbare Wirkung zu qualifizieren. Folglich begründet das KG Berlin die mittelbare Wirkung in Übereinstimmung mit den zu § 130 Abs. 2 GWB entwickelten Grundsätzen.

---

[890] KG Berlin WuW/E OLG 2975 (2976).
[891] KG Berlin WuW/E OLG 2975 (2976 f).

(bb) Mittelbare Wirkung auf benachbartem sachlichem Markt

In der Rechtssache "Orientteppich-Importmesse" kommt das KG Berlin zu dem Ergebnis, dass die unmittelbar diskriminierende Verhaltensweise gem. § 48 Abs. 2 S. 1 GWB in der Verweigerung des Abschlusses eines Vertrags zur Durchführung der Messe liegt. Damit bezieht sich die diskriminierende Verhaltensweise auf den sachlichen Markt für Organisation und Durchführung von Sportmessen.
Die mittelbare Wirkung der diskriminierenden Verhaltensweise besteht darin, dass es den Importeuren verwehrt bleibt, auf der Messe auszustellen. Diese Wirkung tritt nicht auf dem Markt für die Organisation und Durchführung von Sportmessen ein, da die Importeure selbst an der Organisation der Messe nicht beteiligt sind. Vielmehr bezieht sich die mittelbare Wirkung auf den sachlichen Markt für die Teilnahme an einer Messe. Der sachliche Markt für die Teilnahme an einer Messe ist als selbstständiger Markt zu beurteilen[892]. Folglich ist der Markt für die Organisation und Durchführung einer Messe von dem sachlichen Markt für die Teilnahme an einer Messe zu trennen.
Der Markt für die Teilnahme an einer Messe umfasst die Bereitstellung von Messeständen an Aussteller durch den Veranstalter[893]. Die Aussteller nehmen damit eine gewerbliche Leistung an, die es ihnen ermöglicht, ihr Warensortiment einem großen Interessentenkreis darzubieten[894]. Ferner besteht die Leistung darin, dass Aussteller sich selbst über das Angebot der Wettbewerber schnell und gründlich informieren können[895]. Schließlich umfasst die gewerbliche Leistung die Möglichkeit für Aussteller, mit den Besuchern der Ausstellung Kaufverträge abzuschließen[896].
Die "Mittelbarkeit" der Wirkung besteht also darin, dass diskriminierende Verhaltensweise und Wirkung sich auf jeweils unterschiedliche sachliche Märkte beziehen.

(cc) Zusammenfassung

Nach der Rechtsprechung wird die mittelbare Wirkung nach den zu § 130 Abs. 2 GWB entwickelten Grundsätzen definiert. Die Wirkung ist mittelbar, wenn sie durch eine vorgehende Wirkung gem. § 48 Abs. 2 S. 1 GWB verursacht wurde.
Ferner besteht nach der Rechtsprechung in der Rechtssache "Orientteppich-Importmesse" die "Mittelbarkeit" der Wirkung darin, dass diskriminierende

---

892 Möschel in: Immenga/Mestmäcker (Fn. 714), § 19 Rn. 34 Stichwort "Messen".
893 KG Berlin WuW/E OLG 907 (909), bestätigt durch BGH WuW/E 1027(1029).
894 KG Berlin WuW/E OLG 907 (909).
895 KG Berlin WuW/E OLG 907 (909).
896 KG Berlin WuW/E OLG 907 (909).

Verhaltensweise und Wirkung dieser Verhaltensweise sich auf getrennte sachliche Märkte beziehen.

dd) Potentielle Wirkung

In Rechtsprechung und Literatur wird einhellig angenommen, dass gem. § 48 Abs. 2 S. 1 GWB eine tatsächliche Wirkung gegeben sein muss, folglich eine potentielle Wirkung nicht ausreicht[897]. Dies wird mit dem Wortlaut des § 48 Abs. 2 S. 1 GWB begründet, der "Wirkung", nicht aber "Eignung" zur Wirkung verlange[898].

ee) Stellungnahme

Ob die Unterscheidung zwischen tatsächlicher, unmittelbarer, mittelbarer oder potentieller Wirkung für § 48 Abs. 2 S. 1 GWB von Bedeutung ist, und gegebenenfalls unter welchen Voraussetzungen diese Formen der Wirkung anzunehmen sind, ist durch grammatische (vgl. (1)), systematische (vgl. (2)), genetische (vgl. (3)) und teleologische (vgl. (4)) Auslegung des Tatbestandsmerkmals "Wirkung" zu bestimmen. Anschließend sind die Ansichten von Rechtsprechung und Schrifttum zu bewerten (vgl. (5)).

(1) Grammatische Auslegung

Dem Wortlaut nach unterscheidet § 48 Abs. 2 S. 1 GWB nicht nach tatsächlicher, unmittelbarer, mittelbarer oder potentieller Wirkung. Folglich gibt der Wortlaut des Tatbestandsmerkmals "Wirkung" keinen Aufschluss darüber, ob die Unterscheidung dieser Formen der Wirkung für die Auslegung von § 48 Abs. 2 S. 1 GWB von Bedeutung ist.

(2) Systematische Auslegung

Paragraf 48 Abs. 2 S. 1 GWB definiert die Wirkung als Erfolg einer Wettbewerbsbeschränkung gem. §§ 1 bis 31 GWB. Somit verweist er zur Definition des Erfolgs auf diejenigen Tatbestandsmerkmale der §§ 1 bis 31 GWB, welche die Beschränkung der Handlungsfreiheit des Unternehmens definieren. Hieraus folgt, dass eine tatsächliche, unmittelbare, mittelbare oder potentielle Wirkung eintritt,

---

[897] Schultz in: Langen/Bunte (Fn. 1), Band 1 § 48 Rn. 12; Klaue in: Immenga/Mestmäcker (Fn. 714), § 48 Rn. 8; Mayer (Fn. 62), S. 212.

[898] KG Berlin WuW/E OLG 1733 (1734).

wenn die Beschränkung der Handlungsfreiheit tatsächlich, unmittelbar, mittelbar oder potentiell ist. Das Vorliegen der Tatsächlichkeit, Unmittelbarkeit, Mittelbarkeit oder Möglichkeit kann aufgrund des Verweises des § 48 Abs. 2 S. 1 GWB auf die §§ 1 bis 31 GWB allein durch Auslegung der §§ 1 bis 31 GWB bestimmt werden. Folglich erfasst § 48 Abs. 2 S. 1 GWB mit dem Tatbestandsmerkmal "Wirkungen" dann potentielle Wirkungen, wenn die Beschränkung der Handlungsfreiheit z. B. gem. § 1 GWB potentiell ist. Dies ist beispielsweise der Fall, wenn gem. § 1 GWB die Einschränkung des Wettbewerbs bezweckt ist, so dass der Erfolg der Beschränkung der Handlungsfreiheit noch nicht eingetreten ist[899]. Ein weiteres Beispiel für eine potentielle Beschränkung der Handlungsfreiheit durch Gefährdung des Wettbewerbs gibt § 21 Abs. 2 GWB[900]. Die Beschränkung der Handlungsfreiheit muss auch hier noch nicht tatsächlich eingetreten sein.
Die Unterscheidung zwischen tatsächlicher, unmittelbarer, mittelbarer oder potentieller Wirkung ist somit für die Auslegung der §§ 1 bis 31 GWB von Bedeutung, nicht aber für die Auslegung des Tatbestandsmerkmals "Wirkung" in § 48 Abs. 2 S. 1 GWB. Nach systematischer Auslegung sind also unter das Tatbestandsmerkmal "Wirkung" tatsächliche, unmittelbare, mittelbare und potentielle Wirkungen zu subsumieren, vorausgesetzt, der Erfolg der Wettbewerbsbeschränkung, d. h. die Beschränkung der Handlungsfreiheit, ist gem. §§ 1 bis 31 GWB tatsächlich, unmittelbar, mittelbar oder potentiell.

(3) Genetische Auslegung

In der Begründung zum Entwurf des GWB stellt die Bundesregierung fest, dass es sich bei den in § 36 Abs. 1 Nr. 1 lit. c) RegE-GWB (§ 48 Abs. 2 S. 1 GWB) genannten Fällen um solche handele, bei denen "nach der Eigenart des Tatbestands" die Wirkung der Wettbewerbsbeschränkung unmittelbar oder mittelbar über das Gebiet eines Landes hinausreiche. Die Tatsache, dass die Bundesregierung die Wirkung "nach der Eigenart des Tatbestands" bestimmt, zeigt, dass aus ihrer Sicht die Wirkung gem. § 48 Abs. 2 S. 1 GWB durch die Tatbestände der §§ 1 ff. GWB definiert ist. Zur Bestimmung der unmittelbaren oder mittelbaren Wirkung verweist die Begründung somit auf die §§ 1 bis 31 GWB. Die Wirkung ist daher unmittelbar oder mittelbar, wenn nach den §§ 1 bis 31 GWB eine unmittelbare oder mittelbare Wirkung vorliegt.
Demzufolge richtet sich die Unmittelbarkeit oder Mittelbarkeit der Wirkung wie bei der systematischen Auslegung danach, ob die Beschränkung der Handlungsfreiheit gem. §§ 1 bis 31 GWB unmittelbar oder mittelbar ist. Somit ist unter § 48 Abs. 2 S. 1 GWB eine mittelbare Wirkung zu subsumieren, wenn die Beschränkung der Handlungsfreiheit gem. §§ 1 bis 31 GWB mittelbar ist. Die genetische

---

899 Emmerich (Fn. 386), S. 44 ff.
900 BGH WuW/E BGH 1736 (1738).

Auslegung führt also zu dem gleichen Ergebnis wie die systematische Auslegung. Folglich ergibt auch die genetische Auslegung der Wirkung in § 48 Abs. 2 S. 1 GWB, dass eine Unterscheidung zwischen tatsächlicher, unmittelbarer, mittelbarer oder potentieller Wirkung für die Auslegung des § 48 Abs. 2 S. 1 GWB ohne Bedeutung ist.

(4) Teleologische Auslegung

Auch die teleologische Auslegung bestätigt die systematische Auslegung. Die "Wirkung" ist nach Sinn und Zweck des § 48 Abs. 2 S. 1 GWB als Beschränkung der wirtschaftlichen Handlungsfreiheit eines Unternehmens definiert. Das Vorliegen der Beschränkung richtet sich nach den einschlägigen Tatbeständen der §§ 1 bis 31 GWB. Somit richtet sich das Vorliegen einer tatsächlichen, unmittelbaren, mittelbaren oder potentiellen Wirkung danach, ob die Beschränkung der Handlungsfreiheit gem. §§ 1 bis 31 GWB tatsächlich, unmittelbar, mittelbar oder potentiell ist.
Folglich ist auch nach teleologischer Auslegung des § 48 Abs. 2 S. 1 GWB die Unterscheidung zwischen tatsächlicher, unmittelbarer, mittelbarer oder potentieller Auslegung ohne Bedeutung.

(5) Kritik an Rechtsprechung und Literatur

Die Beschränkung der Wirkung aufgrund der Auslegung des § 48 Abs. 2 S. 1 GWB im Zusammenhang mit § 130 Abs. 2 GWB ist insofern zu kritisieren, als bei einem systematischen Vergleich stets auch der Sinn und Zweck der herangezogenen Norm vergleichbar sein muss.
Nach Sinn und Zweck soll § 130 Abs. 2 GWB die Anwendung des GWB auf Sachverhalte, die sich nicht im Inland auswirken, verhindern. Das Erfordernis der unmittelbaren Inlandsauswirkung in § 130 Abs. 2 GWB dient folglich dazu, eine uferlose Anwendung des GWB zu verhindern.
Im Gegensatz dazu soll durch § 48 Abs. 2 S. 1 GWB die Zuständigkeit des BKartA für alle Fälle einer überregionalen Wettbewerbsbeschränkung begründet werden. Paragraf 48 Abs. 2 S. 1 GWB dient somit nicht dem Ziel, die sachliche Zuständigkeit nur auf einige wenige, ausgewählte Fälle überregionaler Wettbewerbsbeschränkungen zu beschränken. Andernfalls wäre beispielsweise die LKartB für Fälle einer überregionalen mittelbaren Diskriminierung gem. § 48 Abs. 2 S. 2 GWB sachlich zuständig. Paragraf 48 Abs. 2 S. 1 GWB soll gerade verhindern, dass Länderkartellbehörden überregionale Diskriminierungen behandeln. Folglich ist die Auslegung des § 130 Abs. 2 GWB nicht auf § 48 Abs. 2 S. 1 GWB übertragbar, da die Vorschriften die dargestellten unterschiedlichen Zwecke verfolgen.

Auch das Argument, § 48 Abs. 2 S. 1 GWB erfasse nur unmittelbare Auswirkungen, die mit einem vertretbaren Verwaltungsaufwand festzustellen seien, kann nicht überzeugen. Es ist schon unklar, wie umfangreich die Ermittlungen noch sein dürfen, damit der Verwaltungsaufwand vertretbar bleibt. Der Umfang der Ermittlungen hängt von vielen Faktoren ab, die eine Definition des sog. "vertretbaren" Umfangs unmöglich machen. So hängt der Umfang und die Dauer der Ermittlungen davon ab, über welchen Zeitraum eine abgestimmte Verhaltensweise durchgeführt wurde, wie viele Unternehmen daran beteiligt waren, ob die beteiligten Unternehmen bei der Aufklärung des Sachverhalts kooperieren usw. Die Bestimmung der Vertretbarkeit ist aufgrund dieser Faktoren nicht verallgemeinerungsfähig, sondern einzelfallabhängig. Damit ist die "Vertretbarkeit" des Verwaltungsaufwands kein Kriterium, welches eine klare und praktikable Definition der Wirkung gem. § 48 Abs. 2 S. 1 GWB ermöglicht.
Die Unmöglichkeit, den "vertretbaren" Umfang der Ermittlungen zu bestimmen, hat darüber hinaus zur Folge, dass es einem Unternehmen ebenfalls unmöglich sein wird, die sachlich zuständige Behörde genau zu bestimmen. Im Zweifel wird das Unternehmen daher Anträge oder Anmeldungen sowohl beim BKartA als auch bei den LKartB einreichen, um in jedem Fall die sachlich zuständige Behörde zu erreichen. Die Begrenzung der Wirkung in § 48 Abs. 2 S. 1 GWB auf Auswirkungen, die mit vertretbarem Verwaltungsaufwand festgestellt werden, führt daher letztlich zu einem mehrfachen Verwaltungsaufwand, und damit genau zum Gegenteil, was mit dem Kriterium "Vertretbarkeit" des Verwaltungsaufwands erreicht werden soll.
Die Auslegung des Tatbestandsmerkmals "Wirkung" zeigt damit, dass die Unterscheidung zwischen tatsächlicher, unmittelbarer, mittelbarer oder potentieller Wirkung im Rahmen des § 48 Abs. 2 S. 1 GWB keine Bedeutung hat. Grund hierfür ist, dass § 48 Abs. 2 S. 1 GWB mit dem Tatbestandsmerkmal "Wirkung" auf die Tatbestände der §§ 1 bis 31 GWB verweist. Unter § 48 Abs. 2 S. 1 GWB sind daher tatsächliche, unmittelbare, mittelbare und potentielle Wirkungen zu subsumieren, wenn der Erfolg der Wettbewerbsbeschränkung, folglich die Beschränkung der Handlungsfreiheit eines Unternehmens, gem. §§ 1 bis 31 GWB tatsächlich, unmittelbar, mittelbar oder potentiell ist.

4. Über das Gebiet eines Landes hinausreichen

Schließlich ist das BKartA gem. § 48 Abs. 2 S. 1 GWB nur dann zuständig, wenn die Wirkung der Marktbeeinflussung, des wettbewerbsbeschränkenden oder diskriminierenden Verhaltens oder der Wettbewerbsregel "über das Gebiet eines Bundeslandes hinausreicht". Dabei reicht jede noch so geringe, über das Gebiet eines Bundeslandes hinausreichende Wirkung aus, um die Zuständigkeit des BKartA zu begründen[901].

Zu prüfen ist zunächst, in welchen Fällen die Voraussetzungen dieses Tatbestandsmerkmals erfüllt sind. Die Wirkung einer Marktbeeinflussung, eines wettbewerbsbeschränkenden oder diskriminierenden Verhaltens oder einer Wettbewerbsregel reicht dann über das Gebiet eines Bundeslandes hinaus, wenn die Wirkung in mindestens zwei Bundesländern festgestellt werden kann (vgl. a)). Daneben wird zum Teil das Hinausreichen über das Gebiet eines Bundeslandes auch für den Fall bejaht, dass die Wirkung nur in einem Bundesland und im Ausland festgestellt wird (vgl. b)).

a) Wirkung in mindestens zwei Bundesländern

Das Tatbestandsmerkmal "über das Gebiet eines Landes hinausreichen" steht im Mittelpunkt der Auslegung des § 48 Abs. 2 S. 1 GWB durch Rechtsprechung, Verwaltung und Literatur. Dennoch hat sich bis heute keine einheitliche Definition des Tatbestandsmerkmals durchsetzen können, wie Rechtsprechungs- und Verwaltungspraxis (vgl. aa)) zeigen. Die Definition des Tatbestandsmerkmals "über das Gebiet eines Landes hinausreichen" ist daher durch Auslegung zu ermitteln (vgl. bb)).

aa) Rechtsprechungs- und Verwaltungspraxis

(1) Marktbeeinflussung

Das Hinausreichen der Wirkung einer Marktbeeinflussung wird zum Teil damit begründet, dass der räumlich relevante Markt des Verfahrens über das Gebiet eines Bundeslandes hinausreicht (vgl. (a)). Zum anderen wird das Hinausreichen der Wirkung damit begründet, dass der Marktbeeinflussung eine länderübergreifende Strategie zu Grunde liegt (vgl. (b)).

(a) Definition durch räumlich relevanten Markt

In der Rechtsprechung haben das KG Berlin in der Rechtssache "Bockhorner Klinker" (vgl. (aa)) und das OLG Hamburg in der Rechtssache "Gloria-Filmtheater" (vgl. (bb)) das Hinausreichen der Wirkung einer Marktbeeinflussung

---

[901] BGH WuW/E BGH 1489 (1490); Bunte (Fn. 426), S. 292.

mit dem Hinausreichen des räumlich relevanten Markts über das Gebiet eines Bundeslandes begründet[902].

(aa) Beispiel 1: KG Berlin Rs. "Bockhorner Klinker"

In dem Verfahren in der Rechtssache "Bockhorner Klinker" hatte das KG Berlin einen Wettbewerbsverstoß durch eine Vereinbarung in Gestalt eines Gesellschaftsvertrags zwischen mehreren Unternehmen zu beurteilen[903]. Durch den Gesellschaftsvertrag wurde eine Gesellschaft bürgerlichen Rechts, die sog. Montagsgesellschaft, begründet[904]. Die Unternehmen waren auf dem Markt für den Vertrieb von Klinker-Bausteinen tätig[905]. In § 6 des Gesellschaftsvertrags hatten sie unter anderem vereinbart, jeder Gesellschafter solle seine Produktion an Klinker-Bausteinen zu einem Preis verkaufen, der durch die Montagsgesellschaft bestimmt wurde[906].

Das KG prüft das Hinausreichen der Wirkung eines Gesellschaftsvertrags im Rahmen der Definition des räumlich relevanten Markts der gehandelten Klinker-Bausteine[907]. Zur Definition des räumlich relevanten Markts analysiert es das Absatzgebiet der Gesellschafter der Montagsgesellschaft[908]. Dieses erstrecke sich nach einem im Verfahren nicht bestrittenen Sachverständigen-Gutachten über den nordwestdeutschen Raum der Bundesrepublik, d. h. über den Verwaltungsbezirk Oldenburg, den Regierungsbezirk Aurich, das Land Bremen und über das Emsland[909]. Die Bestimmung des Absatzgebietes sei durch das Herkommen, die Landschaftsverhältnisse und die in dem Absatzgebiet wurzelnden Anschauungen, sowie durch die Frachtintensität der Klinker-Bausteinen begründet[910].

Das KG Berlin kommt zu dem Ergebnis, der räumlich relevante Markt reiche über das Gebiet eines Bundeslandes hinaus, folglich sei das BKartA gem. § 44 Abs. 1 Nr. 1 lit. d) GWB a. F. (§ 48 Abs. 2 S. 1 GWB) zuständige Behörde.

BKartA[911] und die LKartB[912] begründen in weiteren Beschlüssen und Verfügungen das Hinausreichen der Wirkung der Marktbeeinflussung ebenfalls damit, dass das Absatzgebiet einer Ware über das Gebiet eines Bundeslandes hinausreicht.

---

902 So auch Schultz in: Langen/Bunte (Fn. 1), Band 1 § 48 Rn. 13.

903 KG Berlin WuW/E OLG 709 (710), bestätigt durch BGH WuW/E 726 (728 ff).

904 KG Berlin WuW/E OLG 709 (710).

905 KG Berlin WuW/E OLG 709 (711).

906 KG Berlin WuW/E OLG 709 (710).

907 KG Berlin WuW/E OLG 709 (712) bestätigt durch BGH WuW/E BGH 726 (729).

908 KG Berlin WuW/E OLG 709 (712).

909 KG Berlin WuW/E OLG 709 (710).

910 KG Berlin WuW/E OLG 709 (712).

911 BKartA WuW/E DE-V 209 (211), insoweit bestätigt in den nachfolgenden Instanzen KG Berlin WuW/E DE-R 628 (628) und BGH WuW/E DE-R 919 ff; BKartA WuW/E BKartA 2682 (2688); BKartA WuW/E BKartA 704 (707 f).

(bb) Beispiel 2: OLG Hamburg Rs. "Gloria-Filmtheater"

In der Rechtssache "Gloria-Filmtheater" hatte die Riech-Unternehmensgruppe (fortan: Riech-Gruppe) in der Bundesrepublik Deutschland Filmtheater betrieben[913], darunter auch in Hamburg[914]. Das Filmtheater war ein sog. Erstaufführungstheater. Erstaufführungstheater bedeutete, dass Spielfilme, die in der Bundesrepublik gesendet wurden, immer erst in Großstädten wie Hamburg, und dort in großen Theatern, wie dem Theater der Riech-Gruppe, abgespielt wurden[915]. Erst nachdem die Spielfilme in diesen Filmtheatern gezeigt worden sind, liefen sie in anderen Filmtheatern, den sog. Nachaufführungstheatern[916]. Durch das Einhalten dieser Abspielfolge sollten höchste Einnahmen und Werbewirkungen garantiert werden[917].

Die Riech-Gruppe vereinbarte mit einem Nachaufführungstheater, dem Gloria-Filmtheater-Zentrum GmbH & Co KG mit Sitz in Hamburg-Harburg (fortan: Gloria-Zentrum), es solle ebenfalls Erstaufführungen durchführen. In der Vereinbarung verpflichtete sich die Riech-Gruppe gegen Provision, dem Gloria-Zentrum Erst- und Nachaufführungen von Spielfilmen zu besorgen, die zeitlich vor Nachaufführungen anderer Filmtheater durchgeführt werden sollten.

Die LKartB Hamburg eröffnete ein Verfahren gem. § 37a Abs. 1, § 1 GWB a. F. (§§ 1, 32 GWB) zur Untersagung der Vereinbarung zwischen der Riech-Gruppe und dem Gloria-Zentrum[918]. Mit Verfügung vom 14.12.1987 forderte die LKartB die Riech-Gruppe gem. § 46 GWB a. F. (§ 59 GWB) dazu auf, Auskunft über die mit dem Gloria-Zentrum geschlossene Vereinbarung zu erteilen[919]. Gegen diese Verfügung legte die Riech-Gruppe Beschwerde ein[920]. Die LKartB hat daraufhin die Verfügung vom 14.12.1987 aufgrund geänderter Beweislage mit Verfügung vom 15.3.1988 aufgehoben[921].

Die Riech-Gruppe beantragte bei dem OLG Hamburg gem. § 70 Abs. 2 S. 2 GWB die Feststellung der Rechtswidrigkeit der Auskunftsverfügung vom 14.12.1987[922].

---

912 LKartB Baden-Württemberg WuW/E LKartB 143 (144); LKartB Bayern WuW/E LKartB 71 (74); LKartB Nordrhein-Westfalen WuW/E LKartB 49 (50); LKartB Baden-Württemberg WuW/E LKartB 43 (43); LKartB Baden-Württemberg WuW/E LKartB 22 (23); LKartB Bayern WuW/E LKartB 14 (15); Bayerisches Staatsministerium für Wirtschaft, Verkehr und Technologie, Kooperation und Wettbewerb, 5. Auflage 2001, abrufbar unter http://www.bayerische-landeskartellbehoerde.de, S. 35 f, 44 f, 49.

913 OLG Hamburg WuW/E OLG 4586 (4586 f).

914 OLG Hamburg WuW/E OLG 4586 (4587).

915 OLG Hamburg WuW/E OLG 4586 (4586 f).

916 OLG Hamburg WuW/E OLG 4586 (4587).

917 OLG Hamburg WuW/E OLG 4586 (4586).

918 OLG Hamburg WuW/E OLG 4586 (4587).

919 OLG Hamburg WuW/E OLG 4586 (4587).

920 OLG Hamburg WuW/E OLG 4586 (4587).

921 OLG Hamburg WuW/E OLG 4586 (4587).

922 OLG Hamburg WuW/E OLG 4586 (4587).

Im Rahmen des Beschwerdeverfahrens hatte das OLG zu prüfen, ob gem. § 44 Abs. 1 Nr. 1 lit. d) GWB a. F. (§ 48 Abs. 2 S. 1 GWB) das BKartA zuständig gewesen wäre, folglich die Verfügung vom 14.12.1987 unzulässig gewesen war.
Das OLG kommt zu dem Ergebnis, dass die Verfügung zulässig gewesen war[923]. Die LKartB sei gem. § 44 Abs. 1 Nr. 3 GWB a. F. (§ 48 Abs. 2 S. 2 GWB) zuständige Kartellbehörde gewesen[924].
Die Unzuständigkeit des BKartA gem. § 44 Abs. 1 Nr. 1 lit. d) GWB a. F. folge aus der Tatsache, dass der räumlich relevante Markt für den Verleih von Erstaufführungsfilmen nicht über das Gebiet Hamburgs hinausreiche[925]. Dies liege zum einen daran, dass die Verleiher von Spielfilmen Großstädte gegenüber anderen Städten vorrangig mit Spielfilmen belieferten, um so höchste Einnahmen und beste Werbewirkungen für den Spielfilm zu erzielen[926]. Folglich behandelten die Verleiher die Stadt Hamburg als eigenständigen räumlichen Markt[927]. Damit komme es auf den Sitz der Verleiher, der außerhalb dieses Marktes liege, nicht an[928]. Auch aus Sicht der Verbraucher, d. h. der Besucher des Filmtheaters sei der räumlich relevante Markt auf das Gebiet Hamburgs beschränkt[929]. Es sei zwar nicht auszuschließen, dass auch Verbraucher aus anderen Bundesländern das Gloria-Zentrum besuchten[930]. Jedoch erfolge der Besuch des Zentrums unabhängig davon, ob das Gloria-Zentrum Erstaufführungsfilme zeige[931]. Somit definiert das OLG den räumlich relevanten Markt sowohl angebotsorientiert, d. h. aus Sicht der Anbieter, als auch nachfrageorientiert, d. h. aus Sicht der Nachfrager[932].
Das OLG definiert damit das Hinausreichen gem. § 48 Abs. 2 S. 1 GWB mit Hilfe des räumlich relevanten Markts. Folglich reicht die Wirkung einer Marktbeeinflussung aus Sicht des OLG Hamburg gem. § 1 GWB über das Gebiet eines Bundeslandes hinaus, wenn der räumlich relevante Markt über das Gebiet eines Bundeslandes hinausreicht.

---

923 OLG Hamburg WuW/E OLG 4586 (4587).
924 OLG Hamburg WuW/E OLG 4586 (4587).
925 OLG Hamburg WuW/E OLG 4586 (4587).
926 OLG Hamburg WuW/E OLG 4586 (4587).
927 OLG Hamburg WuW/E OLG 4586 (4587).
928 OLG Hamburg WuW/E OLG 4586 (4587).
929 OLG Hamburg WuW/E OLG 4586 (4588).
930 OLG Hamburg WuW/E OLG 4586 (4588).
931 OLG Hamburg WuW/E OLG 4586 (4588).
932 Auf die nachfrageorientierte Definition des räumlichen Markts im Rahmen des § 48 Abs. 2 S. 1 GWB abstellend Schultz in: Langen/Bunte (Fn. 1), Band 1 § 48 Rn. 13 f, der die Ansicht vertritt, der Sitz der am Kartell beteiligten Unternehmen sei für die Auslegung von § 48 Abs. 2 S. 1 GWB ohne Bedeutung. Vielmehr komme es bei wettbewerbsbeschränkendem Verhalten gem. §§ 14 ff GWB darauf an, in welchem Gebiet das betroffene Unternehmen tätig sei.

(b) Definition durch länderübergreifende Strategie

Das Bundeskartellamt definiert das Hinausreichen der Wirkung einer Marktbeeinflussung in einem Beschluss vom 9.8.2001 damit, dass die an der Vereinbarung gem. § 1 GWB beteiligten Unternehmen mit der Vereinbarung eine länderübergreifende Strategie verfolgten[933].

Das BKartA hatte in dem Verfahren ein Informationssystem für Transportbeton zu beurteilen[934]. Das Informationssystem wurde zwischen einem Treuhänder und mehreren Unternehmen der Transportindustrie geschlossen, welche Transportbetonwerke im Bundesland Sachsen betreiben[935]. Die Vereinbarung sah vor, dass die Unternehmen die Höhe ihres Transportbetonabsatzes und die Erlöse aus dem Verkauf des Transportbetons an den Treuhänder melden mussten[936]. Der Treuhänder gab die gemeldeten Angaben an die an der Vereinbarung beteiligten anderen Unternehmen weiter[937]. Die gemeldeten Angaben der Transportbetonhersteller sollten jeweils für ein Meldegebiet abgegeben werden[938]. Als Meldegebiet war das Gebiet eines Kreises bzw. einer kreisfreien Stadt vorgesehen[939]. Die Meldegebiete eines Bundeslandes wurden zu einem Meldesystem zusammengefasst[940]. Die Beteiligten des Marktinformationssystems vereinbarten die Durchführung eines Meldesystems für die Bundesländer Sachsen, Bayern, Thüringen und Sachsen-Anhalt[941].

Innerhalb Sachsens wurde der Transportbeton nur auf Regionalmärkten geliefert[942]. Diese Märkte erstreckten sich räumlich auf das durch den Lieferradius des Transportbetons bestimmte Gebiet[943]. Der Lieferradius endete in 25 bis 30 km Entfernung von dem jeweiligen Transportbetonwerk[944]. Folglich reichten die Regionalmärkte nicht über das räumliche Gebiet des Bundeslandes Sachsen hinaus.

Der Treuhänder hatte das Meldesystem für das Bundesland Sachsen der LKartB Sachsen vorgelegt[945]. Die LKartB Sachsen hielt das Informationssystem zunächst kartellrechtlich für unbedenklich. Nach Rücksprache mit dem BKartA gab jedoch die LKartB das Verfahren an das BKartA ab[946]. Im Verfahren gem. §§ 1, 32 GWB

---

933 BKartA v. 09.08.2001, Az. B 1-63/00 (nicht veröffentlicht), Gründe A. 1.
934 BKartA v. 09.08.2001, Az. B 1-63/00 (nicht veröffentlicht), Gründe A. 1.
935 BKartA v. 09.08.2001, Az. B 1-63/00 (nicht veröffentlicht), Gründe A. 1.
936 BKartA v. 09.08.2001, Az. B 1-63/00 (nicht veröffentlicht), Gründe A. 1.
937 BKartA v. 09.08.2001, Az. B 1-63/00 (nicht veröffentlicht), Gründe A. 1.
938 BKartA v. 09.08.2001, Az. B 1-63/00 (nicht veröffentlicht), Gründe A. 1.
939 BKartA v. 09.08.2001, Az. B 1-63/00 (nicht veröffentlicht), Gründe A. 6.
940 BKartA v. 09.08.2001, Az. B 1-63/00 (nicht veröffentlicht), Gründe A. 6.
941 BKartA v. 09.08.2001, Az. B 1-63/00 (nicht veröffentlicht), Gründe A. 7.
942 BKartA v. 09.08.2001, Az. B 1-63/00 (nicht veröffentlicht), Gründe A. 2.
943 BKartA v. 09.08.2001, Az. B 1-63/00 (nicht veröffentlicht), Gründe A. 2.
944 BKartA v. 09.08.2001, Az. B 1-63/00 (nicht veröffentlicht), Gründe A. 2.
945 BKartA v. 09.08.2001, Az. B 1-63/00 (nicht veröffentlicht), Gründe A. 7.
946 BKartA v. 09.08.2001, Az. B 1-63/00 (nicht veröffentlicht), Gründe A. 7.

zur Untersagung des Meldesystems für Sachsen hat der Verfahrensbevollmächtigte des Treuhänders unter anderem die Zuständigkeit des BKartA gem. § 48 Abs. 2 S. 1 GWB bestritten[947].
Das BKartA hat seine Zuständigkeit zur Durchführung des Untersagungsverfahrens gegen die an der Vereinbarung beteiligten Unternehmen gem. § 48 Abs. 2 S. 1 GWB bejaht. Die Wirkung einer Vereinbarung reiche dann über das Gebiet eines Bundeslandes hinaus, wenn mehrere Handlungen eines Unternehmens als Bestandteil einer einheitlichen Verhaltensweise Auswirkungen in mehreren Bundesländern haben[948]. Dies sei vorliegend gegeben. Die an der Vereinbarung beteiligten Unternehmen beabsichtigten, jeweils ein Meldesystem in den Bundesländern Sachsen, Bayern, Thüringen und Sachsen-Anhalt zu installieren[949]. Mit diesem Informationssystem verfolgten die Unternehmen nach Ansicht des BKartA die Strategie, unabhängig von Ländergrenzen ein bundesweites Informationssystem zu errichten[950]. Die Meldesysteme seien damit Bestandteil eines einheitlichen Informationssystems für Transportbeton[951]. Somit seien die Meldesysteme in ihrer wettbewerbsrechtlichen Gesamtwirkung zu betrachten[952]. Die Gesamtwirkung des Informationssystems reicht nach Ansicht des BKartA über das Gebiet eines Bundeslandes hinaus[953]. Das OLG Düsseldorf hat im Verfahren des einstweiligen Rechtsschutzes zur Herstellung der aufschiebenden Wirkung der Beschwerde gegen den Untersagungsbeschluss des BKartA gegen die beteiligten Unternehmen ergänzt, es sei unerheblich, ob das Informationssystem zum Zeitpunkt seiner Anmeldung wettbewerbsrelevante Wirkungen ausschließlich im Gebiet des Bundeslandes Sachsen zeitige[954].
Das BKartA begründet also das Hinausreichen der Wirkung der Vereinbarung gem. § 1 GWB mit der länderübergreifenden Strategie der beteiligten Unternehmen, ein bundesweites Informationssystem zu errichten. Da die räumlich relevanten Märkte für Transportbeton nicht über das Gebiet eines Bundeslandes hinausreichten, weicht das BKartA bei der Begründung des Hinausreichens der Wirkung gem. § 48 Abs. 2 S. 1 GWB somit von der Rechtsprechung des KG Berlin in der Rechtssache "Bockhorner Klinker" und des OLG Hamburg in der Rechtssache "Gloria-Filmtheater" ab. Nach dieser Rechtsprechung wäre aufgrund der Annah-

947 BKartA v. 09.08.2001, Az. B 1-63/00 (nicht veröffentlicht), Gründe A. 7.
948 BKartA v. 09.08.2001, Az. B 1-63/00 (nicht veröffentlicht), Gründe B. 1.; So auch Schultz in: Langen/Bunte (Fn. 1), Band 1 § 48 Rn. 17; Klaue in: Immenga/Mestmäcker (Fn. 714), § 48 Rn. 10.
949 BKartA v. 09.08.2001, Az. B 1-63/00 (nicht veröffentlicht), Gründe B. 1.
950 BKartA v. 09.08.2001, Az. B 1-63/00 (nicht veröffentlicht), Gründe B. 1.; OLG Düsseldorf WuW/E DE-R 949 (950).
951 BKartA v. 09.08.2001, Az. B 1-63/00 (nicht veröffentlicht), Gründe B. 1.
952 BKartA v. 09.08.2001, Az. B 1-63/00 (nicht veröffentlicht), Gründe B. 1.
953 BKartA v. 09.08.2001, Az. B 1-63/00 (nicht veröffentlicht), Gründe B. 1.
954 OLG Düsseldorf WuW/E DE-R 949 (950).

me von Regionalmärkten das BKartA gem. § 48 Abs. 2 S. 1 GWB unzuständig gewesen. Zuständige Kartellbehörde wäre die LKartB Sachsen gewesen.

(2) Wettbewerbsbeschränkendes Verhalten

Das Hinausreichen der Wirkung eines wettbewerbsbeschränkenden Verhaltens wird zum einen abhängig von dem räumlich relevanten Markt definiert (vgl. (a)). Zum anderen wird angenommen, dass das Hinausreichen eines wettbewerbsbeschränkenden Verhaltens nach dem Sitz der betroffenen Unternehmen beurteilt werden müsse (vgl. (b)). Darüber hinaus wird das Hinausreichen unter der Bedingung bejaht, dass das wettbewerbsbeschränkende Verhalten über das Gebiet eines Bundeslandes hinausreicht (vgl. (c)). Schließlich bestimmt die Arbeitsgruppe Netznutzung Strom der Kartellbehörden des Bundes und der Länder das Hinausreichen der Wirkung gem. § 48 Abs. 2 S. 1 GWB mit Hilfe des räumlich relevanten Markts (vgl. (d)).

(a) Definition durch räumlich relevanten Markt

Zunächst nehmen BGH, KG Berlin und BKartA an, dass die Wirkung einer wettbewerbsbeschränkenden Verhaltensweise über das Gebiet eines Bundeslandes hinausreicht, wenn die Verhaltensweise auf einem räumlich relevanten Markt durchgeführt wurde, der über die Grenzen eines Bundeslandes hinausreicht.
In der Rechtssache "Hamburger Benzinpreise" hat das KG Berlin dies ausdrücklich festgestellt[955]. Bundesgerichtshof und BKartA definieren das Hinausreichen der Wirkung eines wettbewerbsbeschränkenden Verhaltens nicht ausdrücklich durch den räumlich relevanten Markt. Jedoch bejahen BGH[956] und BKartA[957] das Hinausreichen der Wirkung für den Fall, dass das Absatzgebiet der an dem wettbewerbsbeschränkenden Verhalten beteiligten Unternehmen über das Gebiet eines Bundeslandes hinausreicht. Da der räumliche Bereich des Absatzgebietes dazu dient, den räumlich relevanten Markt zu definieren[958], bejahen BGH und BKartA ebenfalls das Hinausreichen der Wirkung unter der Voraussetzung, dass der räumlich relevante Markt über die Grenzen eines Bundeslandes hinausreicht.

---

955 KG Berlin WuW/E OLG 4627 (4627).
956 BGH WuW/E BGH 1489 (1490) und Vorinstanz KG Berlin WuW/E OLG 1733 (1734).
957 BKartA WuW/E BKartA 1999 (2001); Möschel in: Immenga/Mestmäcker (Fn. 714), § 19 Rn. 37.
958 Möschel in: Immenga/Mestmäcker (Fn. 714), § 19 Rn 36 ff.

(b) Definition durch Sitz der betroffenen Unternehmen

In der Rechtssache "Raffinerie-Abnahmepreise" bejaht das KG Berlin das Hinauswirken der Wirkung eines wettbewerbsbeschränkenden Verhaltens, wenn durch die Verhaltensweise Unternehmen mit Sitz in zwei verschiedenen Bundesländern betroffen sind[959].
In dem Verfahren hatten zwei Unternehmen mit Sitz in Niedersachsen (Bad Pyrmont) und Nordrhein-Westfalen (Lügde) gegenüber dem BKartA eine wettbewerbsbeschränkende Verhaltensweise der Zweigniederlassung Hameln einer deutsche Mineralölgesellschaft, der Esso AG, behauptet[960]. Diese Verhaltensweise bestand nach Ansicht der beiden mit Heizöl handelnden Unternehmen darin, dass der Verkaufsleiter der Zweigniederlassung Heizöl unter dem Niveau der Raffinerieabgabepreise angeboten hatte[961]. Hierdurch wollte er neue Kunden gewinnen[962]. Die Unternehmen erklärten gegenüber dem BKartA, dass sie dieser Preispolitik nicht folgen könnten[963]. Das BKartA teilte der Esso AG mit, aufgrund der Behauptung der beiden Unternehmen prüfe es, ob die Zweigniederlassung Hameln Kunden mit Heizöl unter Raffinerieabgabepreisen beliefere[964]. Ferner teilte es mit, es bestehe der Verdacht des Missbrauchs einer marktbeherrschenden Stellung[965]. Da die Esso AG sich geweigert hatte, Auskünfte zu erteilen, erließ das BKartA einen Auskunftsbeschluss[966]. Gegen diesen Beschluss legte die Esso AG Beschwerde vor dem KG Berlin ein und rügte unter anderem die fehlende sachliche Zuständigkeit des BKartA gem. § 48 Abs. 2 S. 1 GWB[967].
Das KG Berlin hat die Zuständigkeit des BKartA gem. § 48 Abs. 2 S. 1, 59 GWB bejaht und den Auskunftsbeschluss aufgehoben, soweit er angefochten war[968].
Das BKartA sei gem. § 48 Abs. 2 S. 1 GWB zuständig für ein Verhalten, das sich in zwei Bundesländern auswirke[969]. Im vorliegenden Verfahren betreffe die wettbewerbsbeschränkende Verhaltensweise durch Senkung der Preise unter das Niveau der Raffinerieabgabepreise die beiden Unternehmen. Die Unternehmen hätten ihren Sitz in zwei Bundesländern, in Niedersachsen (Bad Pyrmont) und in Nordrhein-Westfalen (Lügde). Folglich liege der Begehungsort der wettbewerbs-

---

959 KG Berlin WuW/E OLG 2607 (2609).
960 KG Berlin WuW/E OLG 2607 (2607 f).
961 KG Berlin WuW/E OLG 2607 (2607 f).
962 KG Berlin WuW/E OLG 2607 (2607 f).
963 KG Berlin WuW/E OLG 2607 (2608).
964 KG Berlin WuW/E OLG 2607 (2608).
965 KG Berlin WuW/E OLG 2607 (2608).
966 KG Berlin WuW/E OLG 2607 (2608).
967 KG Berlin WuW/E OLG 2607 (2608).
968 KG Berlin WuW/E OLG 2607 (2609).
969 Die nachfolgende Begründung ist abgedruckt bei KG Berlin WuW/E OLG 2607 (2609). Die Begründung der Wirkung des wettbewerbsbeschränkenden Verhaltens gem. § 38 Abs. 2 Nr. 3 GWB a. F.(§ 22 Abs. 3 Nr. 2 GWB) durch den Sitz der betroffenen Unternehmen ablehnend: Klemp BB 1977, 1121 (1122).

beschränkenden Verhaltensweise in zwei verschiedenen Bundesländern. Die Wirkung dieser Verhaltensweise reiche damit gem. § 48 Abs. 2 S. 1 GWB über das Gebiet eines Bundeslandes hinaus. Nur wenn die wettbewerbsbeschränkende Verhaltensweise Unternehmen mit Sitz nur in einem Bundesland betreffe, liege der Begehungsort der Verhaltensweise nur in diesem Bundesland. Dann reiche die Wirkung der wettbewerbsbeschränkenden Verhaltensweise nicht über das Gebiet eines Bundeslandes hinaus. Folglich sei die LKartB des Bundeslandes zuständig, in dem der Begehungsort liege.

(c) Definition durch Verhalten der Unternehmen

In der Rechtssache "Berliner Stromdurchleitung" kommt das BKartA zu dem Ergebnis, dass es allein darauf ankomme, ob das zu beurteilende wettbewerbsbeschränkende Verhalten über die Grenze eines Bundeslandes hinausreiche.
Die Bewag weigerte sich nicht nur, mit der RWE einen entsprechenden Durchlieferungsvertrag abzuschließen. Die Bewag weigerte sich auch, RWE den Zugang zu einer 380 kV-Doppelleitung zu gewähren, die auf dem Gebiet des Bundeslandes Sachsen-Anhalt gelegen war[970]. Die Leitung war über die Kuppelstelle Teufelsbruch unmittelbar mit dem West-Berliner Versorgungsnetz der Bewag verbunden[971]. An dieser Doppelleitung hatte die Bewag weitgehende Nutzungsrechte[972].
Das BKartA hat seine Zuständigkeit gem. § 48 Abs. 2 S. 1 GWB bejaht[973]. Der BGH habe in seinem Beschluss in der Rechtssache "Gasdurchleitung" klargestellt, dass die Wirkung entgegen dem Wortlaut des § 48 Abs. 2 S. 1 GWB über das Gebiet eines Bundeslandes hinausgehe, wenn das Verhalten des verweigernden Unternehmens über die Grenzen des Bundeslandes hinausreiche[974]. Dies sei vorliegend der Fall. Die Weigerung der Durchleitung beziehe sich auch auf die Durchleitung des Stroms durch die Doppelleitung. Bewag stünden an der Doppelleitung weitgehende Nutzungsrechte zu[975]. Da die Doppelleitung außerhalb des

---

970 Volltext des Beschlusses v. 30.08.1999, Az. B8-40100-T-99/99, Gründe I., nicht abgedruckt bei BKartA WuW/E DE-V 149 ff.

971 Volltext des Beschlusses v. 30.08.1999, Az. B8-40100-T-99/99, Gründe I., nicht abgedruckt bei BKartA WuW/E DE-V 149 ff.

972 BKartA WuW/E DE-V 149 (150).

973 BKartA WuW/E DE-V 149 (150), mit Verweis auf BGH WuW/E BGH 2953 (2954, 2456).

974 Volltext des Beschlusses v. 30.08.1999, Az. B8-40100-T-99/99, Gründe II. 1., nicht abgedruckt bei BKartA WuW/E DE-V 149 ff, mit Verweis auf BGH WuW/E BGH 2953 (2956); Werner in: Wiedemann (Fn. 722), § 53 Rn. 9; Ebenso BKartA WuW/E BKartA 2843 (2844), das auf die länderübergreifenden Versorgungstätigkeit eines Energieversorgungsunternehmens abstellt. Dem Beschluss des BKartA WuW/E BKartA 2953 (2956) nachfolgend KG Berlin WuW/E OLG 5926 ff, das die Beschwerde gegen den Beschluss für unbegründet hält.

975 Volltext des Beschlusses v. 30.08.1999, Az. B8-40100-T-99/99, Gründe II. 1., nicht abgedruckt bei BKartA WuW/E DE-V 149 ff.

Bundeslandes Berlin verlaufe, reiche die Verhaltensweise der Bewag, d. h. die Weigerung, über die Grenzen des Bundeslandes Berlin hinaus[976].
Das BKartA leitet aus dem Beschluss des BGH weiter ab, die Zuständigkeit des BKartA hänge nicht davon ab, auf welchem Gebiet die Bewag tätig oder marktbeherrschend sei[977]. Folglich hängt die Definition des Hinausreichens der Wirkung des wettbewerbsbeschränkenden Verhaltens aus Sicht des BKartA nicht davon ab, dass die Bewag auf einem räumlich relevanten Markt beherrschend war, der sich entsprechend der geographischen Lage des Versorgungsnetzes der Bewag auf das Gebiet West-Berlins beschränkte[978]. Das BKartA prüft folglich nicht, ob die Wirkung gem. § 48 Abs. 2 GWB über das Gebiet eines Bundeslandes hinausreicht. Es stellt vielmehr darauf ab, ob das wettbewerbsbeschränkende Verhalten über die Grenze eines Bundeslandes hinausreicht.

(d) Definition durch Arbeitsgruppe Netznutzung Strom

Die Arbeitsgruppe Netznutzung Strom der Kartellbehörden des Bundes und der Länder hat in ihrem Bericht vom 19. April 2001 Grundsätze für die Bestimmung der Zuständigkeit gem. § 48 Abs. 2 S. 1 GWB für die Verfolgung von missbräuchlich überhöhten Netznutzungenentgelten aufgestellt[979]. Das Bundeskartellamt sei in diesen Fällen gem. § 48 Abs. 2 S. 1 GWB für die Verfolgung dieser Missbräuche zuständig, wenn die Wirkung des diskriminierenden Verhaltens über das Gebiet eines Landes hinausreiche[980]. Die Arbeitsgruppe versteht dabei unter "diskriminierendem Verhalten" die in §§ 19, 20 GWB genannten Verhaltensweisen[981]. Wie bereits gezeigt wurde, sind im Gegensatz zur Verwendung des Begriffs "diskriminierendes Verhalten", Verhaltensweisen gem. § 19 GWB nach § 48 Abs. 2 S. 1 GWB als "wettbewerbsbeschränkende Verhalten" zu bezeichnen.
Die Arbeitsgruppe kommt zu dem Ergebnis, das Hinausreichen der Wirkung eines Verhaltens sei in Abhängigkeit von dem räumlich relevanten Markt zu bestimmen[982]. Dieser sei durch die geographische Lage der Versorgungsnetze bestimmt,

---

976 Volltext des Beschlusses v. 30.08.1999, Az. B8-40100-T-99/99, Gründe II. 1., nicht abgedruckt bei BKartA WuW/E DE-V 149 ff.

977 Volltext des Beschlusses v. 30.08.1999, Az. B8-40100-T-99/99, Gründe II. 1., nicht abgedruckt bei BKartA WuW/E DE-V 149 ff; So auch BGH WuW/E BGH 2953 (2955 f).

978 Volltext des Beschlusses v. 30.08.1999, Az. B8-40100-T-99/99, Gründe II. 2. a) (1), nicht abgedruckt bei BKartA WuW/E DE-V 149 ff.

979 Bericht der Arbeitsgruppe Netznutzung Strom der Kartellbehörden des Bundes und der Länder vom 19.04.2001, abrufbar unter www.bundeskartellamt.de, S. 7; Der Bericht wird bestätigt durch das Diskussionspapier für die Sitzung des Arbeitskreises Kartellrecht vom 7.10.2002: "Marktöffnung und Gewährleistung von Wettbewerb in der leitungsgebundenen Energiewirtschaft", abrufbar unter www.bundeskartellamt.de, S. 10 Fußnote 44.

980 Bericht der Arbeitsgruppe Netznutzung Strom (Fn. 979), S. 7.

981 Bericht der Arbeitsgruppe Netznutzung Strom (Fn. 979), S. 6.

982 Bericht der Arbeitsgruppe Netznutzung Strom (Fn. 979), S. 7.

für welche die Nutzungsentgelte erhoben würden[983]. Liege das Versorgungsnetz des Betreibers, dem der Missbrauchsvorwurf gemacht werde, ausschließlich auf dem Gebiet eines Bundeslandes, sei die LKartB zuständig[984]. Liege dagegen das Versorgungsnetz des Betreibers in mindestens zwei Bundesländern, sei gem. § 48 Abs. 2 S. 1 GWB das BKartA zuständige Kartellbehörde[985].
Hervorzuheben ist zunächst, dass die Arbeitsgruppe im Gegensatz zu dem Beschluss des BKartA in der Rechtssache "Berliner Stromdurchleitung" die Zuständigkeit gem. § 48 Abs. 2 S. 1 GWB von dem Hinausreichen der Wirkung, nicht aber von dem Hinausreichen des wettbewerbsbeschränkenden Verhaltens abhängig macht. Darüber hinaus bestimmt sie das Hinausreichen der Wirkung eines wettbewerbsbeschränkenden Verhaltens bezüglich der Netznutzung mit Hilfe des räumlich relevanten Markts. Im Gegensatz hierzu ist das BKartA in der Rechtssache "Berliner Stromdurchleitung" für die Definition des Hinausreichens der Wirkung einer wettbewerbsbeschränkenden Verhaltensweise bezüglich des Netzzugangs zu dem Ergebnis gekommen, dass seine Zuständigkeit unabhängig von dem räumlich relevanten Markt zu bestimmen war.

(3) Diskriminierendes Verhalten

Das Hinausreichen der Wirkung eines diskriminierenden Verhaltens wird einerseits in Abhängigkeit von dem räumlich relevanten Markt bestimmt (vgl. (a)). Andererseits wird das Hinausreichen der Wirkung gem. § 48 Abs. 2 S. 1 GWB bejaht, wenn durch die diskriminierende Verhaltensweise Unternehmen mit Sitz in zwei verschiedenen Bundesländern betroffen sind (vgl. (b)). Ferner begründet das OLG Frankfurt in einem Beschluss das Hinausreichen der Wirkung einer diskriminierenden Verhaltenweise mit der länderübergreifenden Strategie, die das diskriminierende Unternehmen verfolgt hatte (vgl. (c)). Schließlich begründet die Arbeitsgruppe Netznutzung in ihrem Bericht vom 19.04.2001 das Hinausreichen der Wirkung einer diskriminierenden Verhaltensweise mit Hilfe des räumlich relevanten Markts (vgl. (d)).

---

[983] Bericht der Arbeitsgruppe Netznutzung Strom (Fn. 979), S. 7.
[984] Bericht der Arbeitsgruppe Netznutzung Strom (Fn. 979), S. 7 f.
[985] Bericht der Arbeitsgruppe Netznutzung Strom (Fn. 979), S. 8; BKartA WuW/E DE-V 750 (750).

(a) Definition durch räumlich relevanten Markt

In der Rechtssache "Das moderne Büro" hat das OLG Stuttgart das Hinausreichen der Wirkung eine diskriminierenden Verhaltensweise mit Hilfe des räumlich relevanten Markts bestimmt[986].

Die diskriminierende Verhaltensweise bestand darin, dass ein Fachverband bei der Durchführung einer Ausstellung in Stuttgart von Nichtmitgliedern des Verbands höhere Standmieten als von Mitgliedern verlangt hat[987]. Die LKartB Baden-Württemberg hatte dem Fachverband untersagt, künftig bei der Durchführung der Ausstellung von Nichtmitgliedern höhere Standmieten zu verlangen[988]. Der räumlich relevante Markt sei durch das Einzugsgebiet der Ausstellung bestimmt[989]. Das Einzugsgebiet sei regional begrenzt. Folglich sei nur ein regionaler Verkaufsbereich betroffen. Mithin reiche die Wirkung der diskriminierenden Verhaltensweise nicht über das Gebiet Baden-Württembergs hinaus. Gegen die Verfügung der LKartB hat der Fachverband Beschwerde beim OLG Stuttgart eingelegt[990].

Das OLG Stuttgart hat die Zuständigkeit der LKartB gem. § 48 Abs. 2 S. 2 GWB bejaht[991]. Bei der Feststellung des Hinausreichens der Wirkung komme es nicht auf die räumliche Ausdehnung der Marktbeherrschung und auch nicht auf den Sitz des marktbeherrschenden Unternehmens an[992]. Vielmehr sei der konkrete Diskriminierungsvorwurf entscheidend. Die LKartB habe zu Recht die Ausstellung als regional wirkende Werbe- und Verkaufsausstellung eingestuft. Die Aussteller seien weit überwiegend Unternehmen mit örtlich begrenztem Verkaufsbereich. Ferner sei der Fachverband als Beschwerdeführerin nicht auf das Vorbringen der LKartB Baden-Württemberg eingegangen, dass auch bei den großen Herstellern nur der regionale Verkaufsbereich betroffen war[993].

Das OLG begründet das Hinausreichen der Wirkung mit dem örtlich begrenzten Verkaufsbereich der Ausstellungsteilnehmer. Damit stellt es ebenso wie die LKartB Baden-Württemberg auf das Absatzgebiet der Waren ab, die auf der Ausstellung gezeigt werden. Im Rahmen des § 19 GWB wird der räumlich relevante Markt mit Hilfe der geographischen Ausdehnung des Absatzgebietes der

---

986 OLG Stuttgart WuW/E OLG 2381 (2382).

987 OLG Stuttgart WuW/E OLG 2381 (2382).

988 OLG Stuttgart WuW/E OLG 2381 (2382); LKartB Baden-Württemberg WuW/E LKartB 205 ff.

989 LKartB Baden-Württemberg WuW/E LKartB 205 (205) mit nachfolgender Begründung.

990 OLG Stuttgart WuW/E OLG 2381 (2382).

991 OLG Stuttgart WuW/E OLG 2381 (2382).

992 OLG Stuttgart WuW/E OLG 2381 (2382) mit nachfolgender Begründung.

993 So auch OLG Hamburg WuW/E OLG 1703 (1705), welches das Hinausreichen der Wirkung einer diskriminierende Verhaltensweise ebenfalls davon abhängig macht, ob der Verkaufsbereich auf das Gebiet eines Bundeslandes beschränkt ist.

marktbeherrschenden Unternehmen bestimmt[994]. Der räumlich relevante Markt beschreibt das Gebiet, auf dem ein Unternehmen gem. § 19 Abs. 2, Abs. 3, § 20 Abs. 1 GWB marktbeherrschend ist[995]. Die Grundsätze zur Bestimmung des räumlich relevanten Markts des § 19 GWB werden auch für die Marktabgrenzung im Rahmen des § 20 GWB herangezogen[996]. Somit bestimmt das OLG das Hinausreichen der Wirkung der diskriminierenden Verhaltensweise mit Hilfe des räumlich relevanten Markts. Es widerspricht sich also, wenn es einerseits feststellt, es komme nicht auf die räumliche Ausdehnung der Marktbeherrschung an, während es andererseits das Hinausreichen der Wirkung für den Fall bejaht, dass der räumlich relevante Markt über das Gebiet eines Bundeslandes hinausreiche.

(b) Definition durch Sitz der betroffenen Unternehmen

In der Rechtssache "Raffinerie-Abnahmepreise" hat das KG Berlin das wettbewerbsbeschränkende Verhalten zugleich auch als diskriminierendes Verhalten gem. § 20 GWB beurteilt. Das KG bezieht seine Definition des Hinausreichens gem. § 48 Abs. 2 S. 1 GWB auch auf diskriminierende Verhaltensweisen[997]. Folglich reicht nach dem Beschluss des KG die Wirkung einer diskriminierenden Verhaltensweise gem. § 48 Abs. 2 S. 1 GWB über das Gebiet eines Bundeslandes hinaus, wenn durch die Verhaltensweise Unternehmen mit Sitz in zwei verschiedenen Bundesländern betroffen sind[998]. In diesem Fall liegt der Begehungsort der Verhaltensweise in zwei Bundesländern[999]. Auch das OLG München hat das Hinausreichen der Wirkung auf diese Weise begründet[1000].
Dagegen reicht die Wirkung einer diskriminierenden Verhaltensweise nicht über das Gebiet eines Bundeslandes hinaus, wenn durch die Verhaltensweise nur Unternehmen mit Sitz in einem Bundesland betroffen sind[1001]. In diesem Fall liegt der Begehungsort nur in einem Bundesland[1002].

---

994 Möschel in: Immenga/Mestmäcker (Fn. 714), § 19 Rn. 36 ff.
995 Markert in: Immenga/Mestmäcker (Fn. 714), § 20 Rn. 23; Möschel in: Immenga/Mestmäcker (Fn. 714), § 19 Rn. 17 f.
996 Vgl. beispielsweise Markert in: Immenga/Mestmäcker (Fn. 714), § 20 Rn. 24.
997 KG Berlin WuW/E OLG 2607 (2609).
998 KG Berlin WuW/E OLG 2607 (2609).
999 KG Berlin WuW/E OLG 2607 (2609).
1000 OLG München WuW/E OLG 2156 (2157), die betroffenen Unternehmen hatten ihren Sitz in Bayern und in Nordrhein-Westfalen.
1001 KG Berlin WuW/E OLG 2607 (2609).
1002 KG Berlin WuW/E OLG 2607 (2609).

(c) Definition durch länderübergreifende Strategie

In der Rechtssache "Konzessionsvertrag Niedernhausen" begründet das OLG Frankfurt das Hinausreichen der Wirkung einer diskriminierenden Verhaltensweise mit der länderübergreifenden Strategie, welche das diskriminierende Unternehmen verfolgt hatte.

Ein regionales Energieversorgungsunternehmen (fortan: EVU) versorgte Städte und Gemeinden in Hessen und Rheinland-Pfalz mit elektrischer Energie[1003]. Das Versorgungsgebiet des EVU reichte damit über die Grenzen eines Bundeslandes hinaus. Zwischen dem EVU und einer Gemeinde im Rheingau-Taunus-Kreis bestand ein Konzessionsvertrag[1004]. Darin waren Konzessionsabgaben vereinbart, deren Höhe der Konzessionsabgaben durch die bis zum 31.12.1991 geltende Anordnung über die Zulässigkeit von Konzessionsabgaben begrenzt war[1005].

Die 1992 in Kraft getretene Konzessionsabgabeverordnung erlaubte, höhere Konzessionsabgaben zu vereinbaren[1006]. Das EVU bot der Gemeinde daraufhin den Abschluss eines neuen Konzessionsvertrages an[1007]. Der neue Vertrag sollte nach Vorstellung des EVU eine Laufzeit von 20 Jahren haben[1008]. Ferner sollte die nach neuem Recht maximal zulässige Konzessionsabgabe vereinbart werden[1009]. Die Gemeinde lehnte dieses Angebot ab[1010] und weigerte sich, einen neuen Konzessionsvertrag abzuschließen[1011]. Ferner forderte die Gemeinde das EVU auf, den bisher bestehenden Konzessionsvertrag dahingehend zu ändern, dass die maximal zulässige Konzessionsabgabe gezahlt werden sollte[1012]. Die Laufzeit des bisher bestehenden Konzessionsvertrags endete ca. 15 Jahre vor dem Ende der Laufzeit des Vertrags, der nach Vorstellung des EVU abgeschlossen werden sollte[1013].

Die LKartB Hessen forderte das EVU auf, der Forderung der Gemeinde nachzugeben. Folglich sollte das EVU die Koppelung der Konzessionsabgabe mit dem Abschluss eines neuen Konzessionsvertrags aufgeben[1014].

Das EVU kam dieser Aufforderung nicht nach. Es rügte unter anderem die fehlende Zuständigkeit der LKartB gem. § 48 Abs. 2 S. 1 GWB[1015]. Daraufhin erließ die LKartB eine Verfügung, in der sie dem EVU untersagte, die Anpassung des

---

1003 OLG Frankfurt WuW/E OLG 5416 (5417).
1004 OLG Frankfurt WuW/E OLG 5416 (5417).
1005 LKartB Hessen WuW/E LKartB 327 (328).
1006 OLG Frankfurt WuW/E OLG 5416 (5417).
1007 OLG Frankfurt WuW/E OLG 5416 (5417).
1008 OLG Frankfurt WuW/E OLG 5416 (5417).
1009 OLG Frankfurt WuW/E OLG 5416 (5417).
1010 OLG Frankfurt WuW/E OLG 5416 (5417).
1011 OLG Frankfurt WuW/E OLG 5416 (5417).
1012 OLG Frankfurt WuW/E OLG 5416 (5417).
1013 OLG Frankfurt WuW/E OLG 5416 (5417).
1014 OLG Frankfurt WuW/E OLG 5416 (5417).
1015 LKartB Hessen WuW/E LKartB 327 (330).

bestehenden Konzessionsvertrags zu verweigern[1016]. Zu ihrer Zuständigkeit gem. § 48 Abs. 2 S. 1 GWB stellte die LKartB fest, die Wirkung des diskriminierenden Verhaltens in Form der Weigerung der Vornahme der Vertragsanpassung gehe nicht über das Gebiet eines Bundeslandes hinaus[1017]. Ferner habe sie die diskriminierende Verhaltensweise nicht gegenüber anderen Gemeinden verfolgt[1018]. Somit habe das EVU keine länderübergreifende Strategie verfolgt[1019].
Das EVU hat gegen die Untersagungsverfügung Beschwerde beim OLG Frankfurt eingelegt[1020]. Die LKartB Hessen sei für den Erlass der Untersagungsverfügung unzuständig gewesen. Das EVU begründet dies damit, dass es außer der Gemeinde auch den anderen Gemeinden im gesamten Versorgungsgebiet in Hessen und Rheinland-Pfalz den Abschluss eines neuen Konzessionsvertrags angeboten habe[1021]. Zwar sei zutreffend, dass die LKartB nur bezüglich des Konzessionsvertrags mit der Gemeinde im Rheingau-Taunus-Kreis ein Untersagungsverfahren durchgeführt habe[1022]. Jedoch könne die LKartB seine Zuständigkeit nicht damit begründen, es gehe nur gegen die Weigerung bezüglich dieses Konzessionsvertrags vor[1023].
Das OLG Frankfurt bejaht die Zuständigkeit des BKartA gem. § 48 Abs. 2 S. 1 GWB. Grundsätzlich sei das Hinausreichen der Wirkung des diskriminierenden Verhaltens in Abhängigkeit von dem räumlich relevanten Markt zu bestimmen. Mit Verweis auf einen Beschluss des OLG München stellt das OLG Frankfurt fest, dass es entgegen dem Beschluss des OLG München nicht darauf ankomme, ob die betroffenen Unternehmen ihren Sitz in verschiedenen Bundesländern hätten[1024]. Die Wirkung einer diskriminierenden Verhaltensweise reiche gem. § 48 Abs. 2 S. 1 GWB über das Gebiet eines Bundeslandes hinaus, wenn der räumlich relevante Markt über das Gebiet des Bundeslandes hinausreiche[1025]. Da der räumlich relevante Markt auf das Gebiet der Gemeinde im Kreis Rheingau-Taunus begrenzt war[1026], konnte folglich der räumlich relevante Markt nach der Definition des OLG Frankfurt nicht über das Gebiet eines Bundeslandes hinausreichen.

1016 LKartB Hessen WuW/E LKartB 327 (343).
1017 LKartB Hessen WuW/E LKartB 327 (331).
1018 OLG Frankfurt WuW/E OLG 5416 (5424); LKartB Hessen WuW/E LKartB 327 (331).
1019 LKartB Hessen WuW/E LKartB 327 (331).
1020 OLG Frankfurt WuW/E OLG 5416 (5420).
1021 OLG Frankfurt WuW/E OLG 5416 (5420).
1022 OLG Frankfurt WuW/E OLG 5416 (5420).
1023 OLG Frankfurt WuW/E OLG 5416 (5420).
1024 OLG Frankfurt WuW/E OLG 5416 (5424) mit Verweis auf OLG München WuW/E OLG 2156 (2157). Das OLG München hat in dem Beschluss das Hinausreichen der Wirkung einer diskriminierenden Verhaltensweise mit der Feststellung bejaht, dass die Verhaltensweise Unternehmen mit Sitz in mehreren Bundesländern betreffe, WuW/E OLG 2156 (2157).
1025 OLG Frankfurt WuW/E OLG 5416 (5424).
1026 OLG Frankfurt WuW/E OLG 5416 (5431 f), nach dem sich der räumlich relevante Markt nach dem Gebiet bestimmt, für das der Konzessionsvertrag geschlossen wird. Da der Konzes-

Dennoch bejaht das OLG Frankfurt das Hinausreichen der Wirkung der Weigerung des EVU gem. § 48 Abs. 2 S. 1 GWB. Die Weigerung gegenüber der Gemeinde sei keine Einzelhandlung sondern Teil einer allgemeinen Vorgehensweise des EVU[1027]. Das EVU habe nicht nur gegenüber der Gemeinde im Rheingau-Taunus-Kreis, sondern auch gegenüber den anderen Gemeinden im Versorgungsgebiet die Zahlung der maximal zulässigen Konzessionsabgaben ohne Neuabschluss des Konzessionsvertrags verweigert[1028]. Ferner habe es die Zahlung der maximal zulässigen Konzessionsabgabe als "Lockmittel" eingesetzt, um durch die Verlängerung der Laufzeit des Vertrags eine längerfristige Bindung der Gemeinden und Städte zu erreichen[1029]. Die Verweigerung des EVU gegenüber der Gemeinde im Rheingau-Taunus-Kreis sei damit Bestandteil eines umfassenden Konzepts[1030]. Folglich habe das EVU eine einheitliche länderübergreifende Strategie verfolgt[1031].
Schließlich weist das OLG Frankfurt zu Recht die Begründung der LKartB zurück, nach der die Zuständigkeit der LKartB daraus folge, dass nur die Weigerung gegenüber der Gemeinde untersagt werde[1032]. Der Regelungsbereich einer Verfügung, so das OLG Frankfurt, entscheide nicht über die Zuständigkeitsverteilung gem. § 48 Abs. 2 S. 1 und S. 2 GWB. Andernfalls könne jede LKartB durch Eröffnung eines Untersagungsverfahrens die Zuständigkeit des BKartA entgegen § 48 Abs. 2 S. 1 GWB an sich ziehen[1033].
Zusammenfassend ist festzuhalten, dass das OLG Frankfurt das Hinausreichen der Wirkung eines diskriminierenden Verhaltens gem. § 48 Abs. 2 S. 1 GWB grundsätzlich in Abhängigkeit von dem räumlich relevanten Markt bestimmt. Die Wirkung reicht damit über das Gebiet eines Bundeslandes hinaus, wenn der räumlich relevante Markt über das Gebiet eines Bundeslandes hinausreicht. Von diesem Grundsatz macht das OLG eine Ausnahme, wenn das diskriminierende Unternehmen mit einer Verhaltensweise eine länderübergreifende Strategie verfolgt. Selbst wenn in einem Verfahren der räumlich relevante Markt nicht über das Gebiet eines Bundeslandes hinausreicht, folglich die Wirkung nach dem Grundsatz nicht über das Gebiet eines Landes hinausreicht, bejaht das OLG das Hinausreichen aufgrund der länderübergreifenden Strategie, die hinter der Verhaltensweise steht. Im Gegensatz zu den Beschlüssen des KG Berlin in der Rechtssa-

---

sionsvertrag mit der Gemeinde sich auf den Rheingau-Taunus-Kreis bezog, der in Hessen liegt, ist damit der räumlich relevante Markt auf diesen Kreis beschränkt.

1027 OLG Frankfurt WuW/E OLG 5416 (5424).

1028 OLG Frankfurt WuW/E OLG 5416 (5424).

1029 OLG Frankfurt WuW/E OLG 5416 (5424).

1030 OLG Frankfurt WuW/E OLG 5416 (5424).

1031 OLG Frankfurt WuW/E OLG 5416 (5424); Im Ergebnis dem OLG Frankfurt zustimmend Bracher in: Glassen/v. Hahn/Kersten/Rieger (Fn. 76), Band II GWB 1999 § 48 Rn. 20.

1032 OLG Frankfurt WuW/E OLG 5416 (5424).

1033 OLG Frankfurt WuW/E OLG 5416 (5424).

che "Raffinerie-Abgabepreise"[1034] und OLG München[1035] kommt es nach Ansicht des OLG Frankfurt allgemein nicht darauf an, ob Unternehmen mit Sitz in verschiedenen Bundesländern oder mit Sitz nur in einem Bundesland betroffen sind.

(d) Definition durch Arbeitsgruppe Netznutzung Strom

Die Arbeitsgruppe Netznutzung Strom der Kartellbehörden des Bundes und der Länder definiert in dem Bericht vom 19.April 2001 das Hinausreichen der Wirkung auch für diskriminierende Verhaltensweisen gem. § 20 GWB[1036]. Folglich reicht nach ihrem Bericht die Wirkung einer diskriminierenden Verhaltensweise über das Gebiet eines Bundeslandes hinaus, wenn der räumlich relevante Markt über das Gebiet eines Bundeslandes hinausreicht[1037].

(4) Wettbewerbsregel

Das Hinausreichen der Wirkung einer Wettbewerbsregel wird mit dem geographischen Tätigkeitsgebiet der Mitglieder dieser Vereinigungen begründet.
In der Rechtssache "Fliesenregeln" begründet die LKartB Nordrhein-Westfalen das Hinausreichen der Wirkung einer Wettbewerbsregel nicht in Abhängigkeit von dem geographischen Tätigkeitsbereich der Berufs- und Wirtschaftsvereinigung mit Sitz in Nordrhein-Westfalen.
Die Wirkung der Wettbewerbsregel reiche über das Gebiet eines Bundeslandes hinaus, wenn die Tätigkeit der Mitglieder der Vereinigung über das Gebiet eines Bundeslandes hinausreiche[1038]. Dies sei beispielsweise der Fall, wenn die dem Verband angehörenden Unternehmen Aufträge außerhalb Nordrhein-Westfalens übernähmen[1039]. Damit bejaht die LKartB das Hinausreichen der Wirkung einer Wettbewerbsregel, wenn das Absatzgebiet der Unternehmen über das Gebiet eines Bundeslandes hinausreicht. Folglich reicht die Wirkung nach Ansicht der LKartB über das Gebiet Nordrhein-Westfalens hinaus, wenn der räumliche Markt, auf dem die Unternehmen tätig sind, über das Gebiet Nordrhein-Westfalens hinausreicht[1040].

1034 KG Berlin WuW/E OLG 2607 (2609).
1035 OLG München WuW/E OLG 2156 (2157).
1036 Bericht der Arbeitsgruppe Netznutzung Strom (Fn. 979), S. 6.
1037 Bericht der Arbeitsgruppe Netznutzung Strom (Fn. 979), S. 7 f.
1038 LKartB Nordrhein-Westfalen WuW/E LKartB 63 (65).
1039 LKartB Nordrhein-Westfalen WuW/E LKartB 63 (65).
1040 So auch Schultz in: Langen/Bunte (Fn. 1), Band 1 § 48 Rn. 13, der den räumlichen Markt aus Sicht der Nachfrager bestimmt. Nach Schultz in: Langen/Bunte (Fn. 1), Band 1 § 48 Rn. 13 komme es daher nicht auf den Sitz der am Kartell beteiligten Unternehmen an.

(5) Zusammenfassung

Rechtsprechung und Verwaltung haben bisher noch zu keiner einheitlichen Auslegung des Tatbestandsmerkmals "über das Gebiet eines Landes hinausreicht" gem. § 48 Abs. 2 S. 1 GWB gefunden. Zwar wird das Hinausreichen der Wirkung einer Marktbeeinflussung ebenso wie das Hinausreichen der Wirkung eines wettbewerbsbeschränkenden Verhaltens und das Hinausreichen der Wirkung einer Wettbewerbsregel mit Hilfe des räumlich relevanten Markts bestimmt. Jedoch weichen Rechtsprechung und Verwaltung von dieser Auslegung des Hinausreichens in vielen Beschlüssen und Verfügungen ab. Dabei haben sie nicht erklärt, weshalb das Hinausreichen der Wirkung nicht durch den räumlich relevanten Markt, sondern durch die länderübergreifende Strategie oder durch den Sitz der betroffenen Unternehmen definiert wird. Ferner erklärt das KG Berlin in der Rechtssache "Berliner Stromdurchleitung" nicht, weshalb abweichend vom Wortlaut des § 48 Abs. 2 S. 1 GWB die Zuständigkeit des BKartA zu bejahen sein soll, wenn das Verhalten, nicht aber die Wirkung des Verhaltens des Unternehmens über das Gebiet eines Landes hinausreicht.

bb) Stellungnahme

Die Definition des Hinausreichens der Wirkung einer Marktbeeinflussung, eines wettbewerbsbeschränkenden Verhaltens, eines diskriminierenden Verhaltens oder einer Wettbewerbsregel ist durch grammatische (vgl. (1)), genetische (vgl. (2)), systematische (vgl. (3)) und teleologische (vgl. (4)) Auslegung des § 48 Abs. 2 S. 1 GWB zu ermitteln. Schließlich ist das Auslegungsergebnis der Rechtsprechungs- und Verwaltungspraxis gegenüberzustellen (vgl. (5)).

(1) Grammatische Auslegung

Paragraf 48 Abs. 2 S. 1 GWB stellt nach seinem Wortlaut darauf ab, dass die Wirkung über das Gebiet eines Bundeslandes hinausreicht. Damit ist zunächst festzustellen, dass es nach dem Wortlaut der Vorschrift nicht darauf ankommt, ob das Verhalten eines Unternehmens in Gestalt einer Marktbeeinflussung, eines wettbewerbsbeschränkenden Verhaltens oder eines diskriminierenden Verhaltens über das Gebiet eines Bundeslandes hinausreicht. Vielmehr bezieht sich das Hinausreichen auf die Wirkung dieser Verhaltensweisen sowie auf die Wirkung der Wettbewerbsregel.
Die Wirkung muss gem. § 48 Abs. 2 S. 1 GWB über das Gebiet eines Bundeslandes hinausreichen, also in mindestens zwei Bundesländern feststellbar sein. Das Tatbestandsmerkmal "Gebiet" bezeichnet dem Wortsinn nach den geographischen Raum, auf dem die Wirkung eintritt.

(2) Genetische Auslegung

Nach der Begründung zu dem Entwurf ist das Hinausreichen der Wirkung gem. § 36 Abs. 1 Nr. 1 lit. d) RegE-GWB (§ 48 Abs. 2 S. 1 GWB) nach der Eigenart des Tatbestandes der in §§ 1 ff. GWB geregelten Wettbewerbsbeschränkungen zu bestimmen[1041]. Das Hinausreichen der Wirkung sei zu bejahen, wenn die Kartellbehörde gegen vertikale Preisbindungen bei Markenartikeln und Verlagserzeugnissen gem. §§ 11, 12 RegE-GWB einschreiten wolle, da in diesem Fall die Interessen der Gesamtwirtschaft berührt seien[1042]. Grund hierfür sei der Markt für Markenartikel, der in der Regel über das Gebiet eines Bundeslandes hinausreiche. Ferner berührten alle Entscheidungen der Kartellbehörde, die beim Zusammenschluss zweier Unternehmen zu treffen seien, die Interessen der Gesamtwirtschaft. Dies ergebe sich ausdrücklich aus § 18 Abs. 2 RegE-GWB, der für die Beurteilung der Zulässigkeit eines Zusammenschlusses ausdrücklich auf die Wettbewerbsverhältnisse in der Bundesrepublik Deutschland abstelle[1043].
Die Begründung des Entwurfs eines GWB definiert damit das Tatbestandsmerkmal "über das Gebiet eines Bundeslandes hinausreichen" durch Auslegung der Tatbestandsmerkmale der §§ 1 bis 31 GWB. Folglich verweist § 48 Abs. 2 S. 1 GWB nach der Begründung des Entwurfs des GWB mit dem Tatbestandsmerkmal "über das Gebiet eines Landes hinausreicht" auf die einschlägigen Tatbestandsmerkmale der §§ 1 bis 31 GWB.
Fraglich ist, auf welche Tatbestandsmerkmale § 48 Abs. 2 S. 1 GWB verweist. Die Wirkung z. B. einer Vereinbarung reicht gem. § 1 GWB nach § 48 Abs. 2 S. 1 GWB über das Gebiet eines Landes hinaus, wenn der Erfolg der Wettbewerbsbeschränkung, d. h. die Beschränkung der Handlungsfreiheit gem. § 1 GWB über das Gebiet eines Landes hinausreicht. Die Beschränkung der Handlungsfreiheit besteht bei § 1 GWB beispielsweise in dem Bewirken der Verhinderung des Wettbewerbs. Aufgrund des Verweises in § 48 Abs. 2 S. 1 GWB ist somit in dem Beispiel durch Auslegung zu bestimmen, auf welchem räumlichen Gebiet die Beschränkung der Handlungsfreiheit, folglich der Erfolg einer Wettbewerbsbeschränkung gem. § 1 GWB eintritt. Reicht dieses räumliche Gebiet über das Gebiet eines Bundeslandes hinaus, reicht folglich die Wirkung der Marktbeeinflussung gem. § 48 Abs. 2 S. 1 GWB i. V. m. § 1 GWB über das Gebiet eines Landes hinaus.
Somit verweist § 48 Abs. 2 S. 1 GWB mit dem Tatbestandsmerkmal "über das Gebiet eines Bundeslandes hinausreicht" auf diejenigen Tatbestandsmerkmale der

---

1041 Begründung zu dem Entwurf eines Gesetzes gegen Wettbewerbsbeschränkungen, BT-Drs. 2/1158 S. 47 zu § 36 1.

1042 Begründung zu dem Entwurf eines Gesetzes gegen Wettbewerbsbeschränkungen, BT-Drs. 2/1158 S. 47 zu § 36 1.

1043 Begründung zu dem Entwurf eines Gesetzes gegen Wettbewerbsbeschränkungen, BT-Drs. 2/1158 S. 47 zu § 36 1.

§§ 1 bis 31 GWB, die definieren, auf welchem räumlichen Gebiet die Wirkung einer Marktbeeinflussung, die Wirkung eines wettbewerbsbeschränkenden Verhaltens, die Wirkung eines diskriminierenden Verhaltens oder die Wirkung einer Wettbewerbsregel eintritt.

(3) Systematische Auslegung

Paragraf 48 Abs. 2 S. 1 GWB begründet die sachliche Zuständigkeit des BKartA in Abhängigkeit von der Wirkung einer Marktbeeinflussung, eines wettbewerbsbeschränkenden oder diskriminierenden Verhaltens oder einer Wettbewerbsregel. Mit den Tatbestandsmerkmalen "Wirkung einer Marktbeeinflussung, eines wettbewerbsbeschränkenden oder diskriminierenden Verhaltens oder einer Wettbewerbsregel" verweist § 48 Abs. 2 S. 1 GWB auf die einschlägigen Tatbestände der §§ 1 bis 31 GWB. Mit dem Tatbestandsmerkmal "über das Gebiet eines Landes hinausreicht" knüpft § 48 Abs. 2 S. 1 GWB an eine Wirkung an. Die Wirkung muss über das Gebiet eines Bundeslandes hinausreichen, d. h. sie muss überregional sein. Die Überregionalität ist eine Eigenschaft der Wirkung. Da § 48 Abs. 2 S. 1 GWB mit dem Tatbestandsmerkmal "Wirkung" auf die Tatbestände der §§ 1 bis 31 GWB verweist, kann die Überregionalität folglich auch nur in Abhängigkeit von diesen Tatbeständen bestimmt werden.
Somit verweist § 48 Abs. 2 S. 1 GWB auch in systematischer Hinsicht mit dem Tatbestandsmerkmal "über das Gebiet eines Landes hinausreicht" auf die einschlägigen Tatbestände der §§ 1 bis 31 GWB, die das räumliche Gebiet definieren, auf dem die Wirkung eintritt. Folglich bestätigt die systematische Auslegung des § 48 Abs. 2 S. 1 GWB das Ergebnis der genetischen Auslegung.

(4) Teleologische Auslegung

Paragraf 48 Abs. 2 S. 1 GWB verweist auch nach Sinn und Zweck der Vorschrift mit den Tatbestandsmerkmalen "Wirkung" und "Marktbeeinflussung, wettbewerbsbeschränkendes oder diskriminierendes Verhalten oder Wettbewerbsregel" auf die einschlägigen Tatbestände der §§ 1 bis 31 GWB. Folglich gelten die zur systematischen Auslegung angestellten Überlegungen auch für die teleologische Auslegung des Tatbestandsmerkmals "über das Gebiet eines Landes hinausreicht". Somit bestätigt die teleologische Auslegung die genetische Auslegung.

(5) Auslegungsergebnis

Folglich ergeben die genetische, systematische und teleologische Auslegung, dass § 48 Abs. 2 S. 1 GWB auch mit dem Tatbestandsmerkmal "über das Gebiet eines

Landes hinausreicht" auf die einschlägigen Tatbestände der §§ 1 bis 31 GWB verweist, die das räumliche Gebiet definieren, auf dem die Wirkung eintritt. Reicht das räumliche Gebiet über das Gebiet eines Bundeslandes hinaus, ist folglich das BKartA gem. § 48 Abs. 2 S. 1 GWB zuständig. Reicht das räumliche Gebiet nicht über das Gebiet eines Bundeslandes hinaus, ist folglich die LKartB gem. § 48 Abs. 2 S. 2 GWB zuständig.
Damit stellt sich die weitere Frage, auf welchem räumlichen Gebiet die Wirkung einer Marktbeeinflussung, eines wettbewerbsbeschränkenden Verhaltens, eines diskriminierenden Verhaltens oder einer Wettbewerbsregel gem. §§ 1 bis 31 GWB eintritt. Dies ist durch Auslegung der §§ 1 bis 31 GWB zu ermitteln (vgl. (a)). Rechtsprechungs- und Verwaltungspraxis sind im Hinblick auf das Auslegungsergebnis zu bewerten (vgl. (b)).

(a) Räumliches Gebiet, auf dem die Wirkung eintritt

Die Auslegung der §§ 1 bis 31 GWB zeigt, dass das Gebiet, auf dem die Wirkung einer Marktbeeinflussung (vgl. (aa)), eines wettbewerbsbeschränkenden Verhaltens (vgl. (bb)), eines diskriminierenden Verhaltens (vgl. (cc)) oder einer Wettbewerbsregel (vgl. (dd)) eintritt, durch den räumlich relevanten Markt definiert ist.

(aa) Marktbeeinflussung

(aaa) Räumlicher Markt gem. § 1 GWB

Die Wirkung der Marktbeeinflussung besteht gem. § 48 Abs. 2 S. 1 GWB i. V. m. § 1 GWB in der bezweckten oder bewirkten Verhinderung, Einschränkung oder Verfälschung des Wettbewerbs. Der räumlich relevante Markt kennzeichnet in § 1 GWB das räumliche Gebiet, in dem ein Wettbewerb für bestimmte Waren oder Dienstleistungen besteht und auf dem die Verhinderung, Einschränkung oder Verfälschung des Wettbewerbs bezweckt oder bewirkt wird[1044]. Die Gerichte sprechen in diesem Zusammenhang davon, dass eine Vereinbarung "die Ein- oder Beschränkung des Wettbewerbs auf dem relevanten Markt"[1045] bezwecke, dass Absprachen und Verhaltensweisen "den Wettbewerb auf dem relevanten Markt"

[1044] BGH WuW/E DE-R 919 (923) mit Verweis auf Vorinstanz KG Berlin WuW/E DE-R 628 (631); OLG Düsseldorf WuW/E DE-R 585 (587); KG Berlin WuW/E DE-R 816 (821): Ausschluss des Wettbewerbs auf sachlich und räumlich relevantem Markt durch Vertriebskartell gem. § 28 Abs. 1 GWB; Benkendorff, WRP 1962, 146 (148).

[1045] BGH WuW/E DE-R 919 (923) mit Verweis auf Vorinstanz KG Berlin WuW/E DE-R 628 (631); BGH WuW/E BGH 1999 (2002); KG Berlin WuW/E OLG 2789 (2789).

nicht wesentlich beeinträchtigen oder nicht spürbar beeinflussen[1046] oder dass bei § 1 GWB auf die Wirkung der Wettbewerbsbeschränkung auf dem relevanten Markt abzustellen sei[1047]. Der räumlich relevante Markt wird in der Regel von Rechtsprechung und Verwaltung nur im Rahmen des ungeschriebenen Tatbestandsmerkmals "Spürbarkeit" geprüft[1048].
Das Gebiet, auf dem die Wirkung einer Marktbeeinflussung gem. § 1 GWB eintritt, ist somit durch den räumlich relevanten Markt definiert. Folglich reicht die Wirkung einer Marktbeeinflussung gem. § 48 Abs. 2 S. 1 GWB i. V. m. § 1 GWB über das Gebiet eines Bundeslandes hinaus, wenn der räumlich relevante Markt über das Gebiet hinausreicht.

(bbb) Räumlicher Markt gem. § 14 GWB

Durch die Erstvereinbarung muss gem. 14 GWB ein Unternehmen auf dem Markt der Zweitvereinbarung in seiner Freiheit beschränkt werden, Preise oder Geschäftsbedingungen in Vereinbarungen mit Dritten frei zu bestimmen[1049]. Die Wirkung der Erstvereinbarung besteht somit gem. § 48 Abs. 2 S. 1 GWB i. V. m. § 14 GWB in der Beschränkung des Wettbewerbs, d. h. in erster Linie des Preiswettbewerbs auf dem relevanten Markt der Zweitvereinbarung[1050]. Der räumlich relevante Markt der Zweitvereinbarung muss gem. § 14 GWB ein Inlandsmarkt sein, d. h. auf dem Gebiet der Bundesrepublik Deutschland liegen[1051]. Die Wirkung der Marktbeeinflussung tritt damit gem. § 48 Abs. 2 S. 1 GWB i. V. m. § 14 GWB auf dem räumlich relevanten Markt der Zweitvereinbarung ein, der auf dem Gebiet der Bundesrepublik Deutschland liegt[1052].

1046 BGH WuW/E BGH 1732 (1733 f); BGH WuW/E BGH 1458 (1462); OLG Celle NJW-RR 2002, 476 (477).

1047 OLG Celle WuW/E OLG 4023 (4024).

1048 BGH WuW/E DE-R 289 (295); BGH WuW/E BGH 2596 (2597); BGH WuW/E BGH 1458 (1462); OLG Düsseldorf WuW/E DE-R 585 (588); LG München I WuW/E DE-R 633 (636); Bunte in: Langen/Bunte (Fn. 1), Band 1 § 1 Rn. 174 ff, Rn. 188 ff; Zimmer in: Immenga/Mestmäcker (Fn. 714), § 1 Rn. 256 f.

1049 BGH WuW/E BGH 1787 (1789 f); BGH WuW/E BGH 1402 (1402); BGH WuW/E BGH 1168 (1171); OLG München WuW/E OLG 1789 (1790); Begründung zu dem Entwurf eines Gesetzes gegen Wettbewerbsbeschränkungen, BT-Drs. 2/1158 S. 36 Zu § 11 1. a); Klosterfelde/Metzlaff in: Langen/Bunte (Fn. 1), Band 1 § 14 Rn. 6, 19, 44 ff.

1050 BGH WuW/E BGH 2909 (2912 f) mit Verweis auf OLG Frankfurt v. 03.12.1992 Az. 6 U (Kart) 31/82 Entscheidungsgründe III. 3., V.; BGH WuW/E BGH 2238 (2242); BGH WuW/E BGH 1787 (1789); BGH WuW/E BGH 877 (885); OLG München WuW/E OLG 1789 (1790); KG Berlin WuW/E OLG 1553 (1554 f) BKartA WuW/E BKartA 1583 (1585); Begründung zu dem Entwurf eines Gesetzes gegen Wettbewerbsbeschränkungen, BT-Drs. 2/1158 S. 36 Zu § 11 1. a).

1051 BGH WuW/E BGH 1168 (1171); OLG München WuW/E OLG 1789 (1790); Klosterfelde/Metzlaff in: Langen/Bunte (Fn. 1), Band 1 § 14 Rn. 19 ff.

1052 BGH WuW/E BGH 1787 (1790); OLG München WuW/E OLG 1789 (1790).

Das räumliche Gebiet, auf dem die Wirkung einer Marktbeeinflussung gem. § 14 GWB eintritt, ist somit durch den räumlich relevanten Markt der Zweitvereinbarung definiert. Damit reicht die Wirkung einer Marktbeeinflussung gem. § 48 Abs. 2 S. 1 GWB i. V. m. § 14 GWB über das Gebiet eines Bundeslandes hinaus, wenn der räumlich relevante Markt der Zweitvereinbarung auf dem Gebiet der Bundesrepublik Deutschland liegt und über die Grenze eines Bundeslandes hinausreicht.

(ccc) Räumlicher Markt gem. § 16 GWB

Nach § 16 GWB können Ausschließlichkeitsbindungen für unwirksam erklärt und verboten werden, welche den Wettbewerb auf dem Markt für Waren oder gewerbliche Leistungen beschränken. Die Wirkung der Marktbeeinflussung, d. h. die Wettbewerbsbeschränkung durch die Ausschließlichkeitsbindung, tritt somit gem. § 48 Abs. 2 S. 1 GWB i. V. m. § 16 GWB auf dem räumlich relevanten Markt der Waren oder Leistungen ein[1053]. Dabei kann die Wirkung zum einen auf dem relevanten Markt der durch die Ausschließlichkeitsbindung gebundenen Waren oder gewerblichen Leistungen eintreten[1054]. Zum anderen kann die Wirkung auch auf sog. Drittmärkten, d. h. Märkten für andere Waren und gewerbliche Leistungen eintreten[1055]. Dies ist beispielsweise der Fall, wenn in der Ausschließlichkeitsbindung die Verwendung von Vorprodukten einer bestimmten Ware, und dadurch der Wettbewerb auf dem Markt für das Endprodukt beschränkt wird[1056].
Das räumliche Gebiet, auf dem die Wirkung einer Marktbeeinflussung gem. § 16 GWB eintritt, ist damit durch den räumlich relevanten Markt oder den Drittmarkt definiert. Folglich reicht die Wirkung einer Marktbeeinflussung gem. § 48 Abs. 2 S. 1 GWB i. V. m. § 16 GWB über das Gebiet eines Bundeslandes hinaus, wenn der räumlich relevante Markt über das Gebiet hinausreicht.

(ddd) Räumlicher Markt gem. § 17 GWB

Die Beschränkung der Handlungsfreiheit besteht gem. § 17 f. GWB in der Beschränkung des Erwerbers oder Lizenznehmers im Geschäftsverkehr[1057]. Die Wirkung der Marktbeeinflussung besteht somit gem. § 48 Abs. 2 S. 1 GWB i. V. m. § 17 f. GWB in der Beschränkung des Erwerbers oder Lizenznehmers im Geschäftsverkehr. Die Lizenzverträge gem. § 17 Abs. 1 GWB verursachen damit

1053 Klosterfelde/Metzlaff in: Langen/Bunte (Fn. 1), Band 1 § 16 Rn. 109 ff, 112.
1054 Emmerich in: Immenga/Mestmäcker (Fn. 714), § 16 Rn. 107.
1055 Emmerich in: Immenga/Mestmächer (Fn. 714), § 16 Rn. 107.
1056 Emmerich in: Immenga/Mestmäcker (Fn. 714), § 16 Rn. 107.
1057 Emmerich in: Immenga/Mestmäcker (Fn. 714), § 17 Rn. 148.

gem. § 17 Abs. 1, Abs. 3 GWB Wettbewerbsbeschränkungen auf dem räumlich relevanten Markt[1058].

Das räumliche Gebiet, auf dem die Wirkung einer Marktbeeinflussung gem. § 17 GWB eintritt, ist somit durch den räumlich relevanten Markt definiert. Folglich reicht die Wirkung einer Marktbeeinflussung gem. § 48 Abs. 2 S. 1 GWB i. V. m. § 17 GWB über das Gebiet eines Bundeslandes hinaus, wenn der räumlich relevante Markt über das Gebiet hinausreicht.

(bb) Wettbewerbsbeschränkendes Verhalten

Zur Definition des räumlichen Gebiets, auf dem die Wirkung eines wettbewerbsbeschränkenden Verhaltens eintritt, ist zwischen dem wettbewerbsbeschränkenden Verhalten gem. § 19 GWB (vgl. (aaa)), gem. § 21 GWB (vgl. (bbb)), gem. § 22 GWB (vgl. (ccc)) und gem. § 23 GWB (vgl. (ddd)) zu unterscheiden.

(aaa) Räumlicher Markt gem. § 19 GWB

Die Wirkung besteht bei § 19 GWB in dem Missbrauch einer marktbeherrschenden Stellung. Für die Bestimmung des räumlichen Gebiets, auf dem der Missbrauch eintritt, ist zu unterscheiden zwischen dem Missbrauch nach § 19 Abs. 4 Nr. 1 GWB (vgl. (α)), dem Missbrauch gem. § 19 Abs. 4 Nr. 2 GWB (vgl. (β)), dem Missbrauch gem. § 19 Abs. 4 Nr. 3 GWB (vgl. (γ)) und dem Missbrauch gem. § 19 Abs. 4 Nr. 4 GWB (vgl. (δ)).

(α) § 19 Abs. 4 Nr. 1 GWB

Nach § 19 Abs. 4 Nr. 1 GWB liegt ein Missbrauch insbesondere vor, wenn ein marktbeherrschendes Unternehmen die Wettbewerbsmöglichkeiten anderer Unternehmen in einer für den Wettbewerb „auf dem Markt" erheblichen Weise beeinträchtigt. Der Missbrauch kann somit gem. § 19 Abs. 4 Nr. 1 GWB auf dem beherrschten Markt oder auf einem Drittmarkt vorliegen[1059]. Ein Drittmarkt ist in diesem Zusammenhang als Markt definiert, auf dem das handelnde Unternehmen

---

1058 Emmerich in: Immenga/Mestmäcker (Fn. 714), § 17 Rn. 148.

1059 BGH WuW/E BGH 1965 (1965 f); OLG Düsseldorf WuW/E DE-R 880 (883); OLG Düsseldorf WuW/E DE-R 867 (869); KG Berlin WuW/E OLG 3124 (3129); Emmerich (Fn. 386), S. 187; Schultz in: Langen/Bunte (Fn. 1), Band 1 § 19 Rn. 132; Möschel in: Immenga/Mestmäcker (Fn. 714), § 19 Rn. 114.

beispielsweise als Anbieter von Waren auftritt, ohne auf diesem Markt beherrschend zu sein[1060].

Das räumliche Gebiet, auf dem die Wirkung eines wettbewerbsbeschränkenden Verhaltens gem. § 19 Abs. 4 Nr. 1 GWB eintritt, ist folglich durch den räumlich relevanten Markt oder den räumlichen Drittmarkt definiert. Damit reicht die Wirkung eines wettbewerbsbeschränkenden Verhaltens gem. § 48 Abs. 2 S. 1 GWB i. V. m. § 19 Abs. 1, Abs. 4 Nr. 1 GWB über das Gebiet eines Bundeslandes hinaus, wenn der räumlich relevante Markt oder der räumliche Drittmarkt über das Gebiet eines Bundeslandes hinausreicht.

(β) § 19 Abs. 4 Nr. 2, Nr. 3 GWB

Im Rahmen der § 19 Abs. 4 Nr. 2, Nr. 3 GWB wird das Bestehen eines Missbrauchs in Gestalt der Forderung von Entgelten oder sonstigen Geschäftsbedingungen durch Vergleich des beherrschten Markts mit einem vergleichbaren Markt ermittelt (sog. Vergleichsmarktkonzept)[1061]. Der Missbrauch wird somit gem. § 19 Abs. 4 Nr. 2, Nr. 3 GWB auf dem beherrschten Markt festgestellt[1062].

Beispielsweise hat der BGH in dem Beschluss in der Rechtssache „Valium II“ den beherrschten deutschen Markt der als Tranquilizer wirkenden Benzodiazepinpräparate mit dem holländischen Markt verglichen[1063]. Er hat in der Rechtssache durch Anwendung des Vergleichsmarktkonzepts geprüft, ob auf dem deutschen Markt gem. § 19 Abs. 4 Nr. 2 GWB ein Missbrauch gegeben war[1064].

Das Gebiet, auf dem die Wirkung eines wettbewerbsbeschränkenden Verhaltens gem. § 19 Abs. 4 Nr. 2, Nr. 3 GWB eintritt, ist folglich durch den beherrschten, räumlich relevanten Markt definiert. Damit reicht die Wirkung eines wettbewerbsbeschränkenden Verhaltens gem. § 48 Abs. 2 S. 1 GWB i. V. m. § 19 Abs. 4 Nr. 2, Nr. 3 GWB über das Gebiet eines Bundeslandes hinaus, wenn der beherrschte, räumlich relevante Markt über das Gebiet eines Bundeslandes hinausreicht.

[1060] OLG Düsseldorf WuW/E DE-R 880 (883); KG Berlin WuW/E OLG 3124 (3129).

[1061] BGH WuW/E BGH 2309 (2311); BGH WuW/E BGH 2103 (2104 f); BGH WuW/E BGH 1678 (1682).

[1062] Vgl. beispielsweise BGH WuW/E DE-R 375 (376 ff); BGH WuW/E BGH 2309 (2311); BGH WuW/E BGH 1678 (1682 f); Schultz in: Langen/Bunte (Fn. 1), Band 1 § 19 Rn. 94, 96; Möschel in: Immenga/Mestmäcker (Fn. 714), § 19 Rn. 153 ff, 163 ff.

[1063] BGH WuW/E BGH 1678 (1681, 1683).

[1064] BGH WuW/E BGH 1678 (1682 f).

(γ) § 19 Abs. 4 Nr. 4 GWB

Der Missbrauch gem. § 19 Abs. 4 Nr. 4 GWB besteht zum einen in der Weigerung eines marktbeherrschenden Unternehmens, einem anderen Unternehmen gegen angemessenes Entgelt Zugang zu einer Infrastruktureinrichtung, z. B. zu einem Stromnetz zu gewähren[1065]. Das marktbeherrschende Unternehmen weigert sich also, gegenüber dem anderen Unternehmen eine Dienstleistung zu erbringen, die in der Bereitstellung des Netzes oder der Infrastruktureinrichtung besteht[1066]. Folglich bezieht sich die Weigerung auf den Markt für die Inanspruchnahme des Netzes oder der Infrastrukturdienstleistung[1067]. Der Missbrauch liegt somit auf diesem Markt vor[1068].
Zum anderen liegt der Missbrauch auch im Ausschluss oder in dem drohenden Ausschluss des Wettbewerbs auf dem vor- oder nachgelagerten Markt[1069]. Der Missbrauch ist damit auch auf dem vorgelagerten räumlichen Markt oder auf dem nachgelagerten räumlichen Markt gegeben. Jedoch hat der BGH zur Begründung des Missbrauchs der marktbeherrschenden Stellung in Übereinstimmung mit dem vorinstanzlichen Beschluss des KG Berlin allein auf die missbräuchliche Ausnutzung der marktbeherrschenden Stellung auf dem Durchleitungsmarkt, d. h. dem Markt für die Inanspruchnahme des Erdgasnetzes abgestellt[1070].
Das räumliche Gebiet, auf dem die Wirkung eines wettbewerbsbeschränkenden Verhaltens gem. § 19 Abs. 4 Nr. 4 GWB eintritt, ist folglich durch den beherrschten, räumlich relevanten Markt definiert. Somit reicht die Wirkung eines wettbewerbsbeschränkenden Verhaltens gem. § 48 Abs. 2 S. 1 GWB i. V. m. § 19 Abs. 4 Nr. 4 GWB über das Gebiet eines Bundeslandes hinaus, wenn der beherrschte, räumlich relevante Markt für die Inanspruchnahme des Netzes oder der Infrastrukturdienstleistung über das Gebiet eines Bundeslandes hinausreicht.

(bbb) Räumlicher Markt gem. § 21 GWB

Für die Bestimmung des Gebiets, auf dem die Wirkung eines wettbewerbsbeschränkenden Verhaltens gem. § 21 GWB eintritt, ist zu unterscheiden zwischen der Wirkung des wettbewerbsbeschränkenden Verhaltens gem. § 21 Abs. 1 GWB

1065 OLG Düsseldorf WuW/E DE-R 774 (778); BKartA WuW/E DE-V 149 (151 ff); Emmerich (Fn. 386), S. 203.
1066 BGH WuW/E DE-R 703 (707).
1067 BGH WuW/E DE-R 703 (707).
1068 BGH WuW/E 2953 (2960, 2962) mit Bestätigung des Beschlusses des KG Berlin WuW/E OLG 5165 (5179).
1069 BGH WuW/E BGH 2953 (2962 f); Hohmann (Fn. 809), S. 178, mit Verweis auf Haus, WuW 1999, 1190 (1191).
1070 BGH WuW/E BGH 2953 (2956, 2960, 2962) mit Bestätigung des Beschlusses des KG Berlin WuW/E OLG 5165 (5179).

(vgl. (α)), der Wirkung eines wettbewerbsbeschränkenden Verhaltens gem. § 21 Abs. 2 GWB (vgl. (β)), der Wirkung eines wettbewerbsbeschränkenden Verhaltens gem. § 21 Abs. 3 GWB (vgl. (γ)) und der Wirkung eines wettbewerbsbeschränkenden Verhaltens gem. § 21 Abs. 4 GWB (vgl. (δ)).

(α) § 21 Abs. 1 GWB

Die Wirkung eines wettbewerbsbeschränkenden Verhaltens gem. § 21 Abs. 1 GWB liegt in der beabsichtigten unbilligen Beeinträchtigung eines bestimmten Unternehmens durch Aufforderung zu Liefer- oder Bezugssperren[1071]. Die beabsichtigte Beeinträchtigung besteht darin, dass das boykottierte Unternehmen in seiner Wettbewerbsfähigkeit gegenüber nicht boykottierten Unternehmen eingeschränkt werden soll[1072]. Die Beeinträchtigung liegt damit auf dem relevanten Markt vor, auf welchem der Wettbewerb zwischen dem boykottierten Unternehmen und anderen Unternehmen eingeschränkt werden soll[1073].
Beispielsweise hat in der Rechtssache „Denkzettel-Aktion" ein Unternehmen mehrere Fachhändler und Einkaufsverbände dazu veranlasst, Hersteller von Markenartikeln dazu aufzufordern, bestimmte Verbrauchermärkte nicht mehr mit Markenartikeln zu beliefern[1074]. Hierdurch sollte erreicht werden, dass die Verbrauchermärkte die Markenartikel nicht mehr an seine Endkunden weiterverkaufen konnten[1075]. Durch die Liefersperre sollte die Wettbewerbsfähigkeit der Verbrauchermärkte gegenüber Fachhändlern geschwächt werden, die ebenfalls die Markenartikel weiterverkauften[1076]. Damit sollte die Wettbewerbsfähigkeit auf dem Markt für den Weiterverkauf der Markenartikel eingeschränkt werden. Die beabsichtigte unbillige Beeinträchtigung der Verbrauchermärkte liegt somit auf diesem Markt vor.
Das räumliche Gebiet, auf dem die Wirkung eines wettbewerbsbeschränkenden Verhaltens gem. § 21 Abs. 1 GWB eintritt, ist somit durch den räumlich relevanten Markt definiert. Folglich tritt die Wirkung eines wettbewerbsbeschränkenden Verhaltens gem. § 48 Abs. 2 S. 1 GWB i. V. m. § 21 Abs. 1 GWB auf dem räumlich relevanten Markt ein, auf dem die beabsichtigte Beeinträchtigung des boykottierten Unternehmens vorliegt. Die Wirkung des wettbewerbsbeschränken-

---

[1071] Vgl. beispielsweise BGH WuW/E BGH 2069 (2070); BGH WuW/E BGH 509 (514); OLG Hamburg WuW/E OLG 2067 (2071).
[1072] BGH WuW/E BGH 3067 (3072); BGH WuW/E BGH 1666 (1668).
[1073] BGH WuW/E DE-R 395 (396 ff); BGH WuW/E BGH 3067 (3072); BGH WuW/E BGH 509 (514); OLG Düsseldorf WuW/E OLG 3550 (3557); KG Berlin WuW/E OLG 2023 (2024); OLG Celle WuW/E OLG 1001 (1002); OLG Düsseldorf WuW/E OLG 725 (727).
[1074] BGH WuW/E BGH 1666 (1667 f).
[1075] BGH WuW/E BGH 1666 (1668).
[1076] BGH WuW/E BGH 1666 (1668).

den Verhaltens reicht damit über das Gebiet eines Bundeslandes hinaus, wenn dieser räumlich relevante Markt über das Gebiet eines Bundeslandes hinausreicht.

(β) § 21 Abs. 2 GWB

Die Wirkung eines wettbewerbsbeschränkenden Verhaltens gem. § 21 Abs. 2 GWB besteht in der Gefährdung des Wettbewerbs[1077]. Die Gefährdung des Wettbewerbs besteht darin, dass Unternehmen durch die Androhung oder Zufügung von Nachteilen bzw. dem Versprechen oder Gewähren von Vorteilen zu einem Verhalten veranlasst werden, welches durch Vorschriften des GWB verboten ist, die für Vertragsbeziehungen gelten[1078]. Folglich besteht die Wirkung des wettbewerbsbeschränkenden Verhaltens gem. § 21 Abs. 2 GWB in der Gefährdung des Wettbewerbs durch Umgehung z. B. des Verbots gem. § 1 GWB[1079] oder des Verbots gem. §§ 14 f. GWB[1080]. Der Wettbewerb wird damit auf dem gem. §§ 1 ff., §§ 14 ff. GWB räumlich relevanten Märkten gefährdet.
Ein Beispiel für die Gefährdung des Wettbewerbs auf dem räumlich relevanten Markt gem. § 1 GWB gibt der Beschluss des BGH in der Rechtssache "markt-intern"[1081]. Dort hat der BGH die Aufforderung eines Unternehmens an Bekleidungshersteller, die Bekleidung nur noch an den Fachhandel zu liefern, als Androhung von Nachteilen gem. § 21 Abs. 2 GWB qualifiziert[1082]. Durch diese Androhung, so der BGH, habe das auffordernde Unternehmen das Verbot des § 1 GWB umgehen wollen[1083]. Die vertragliche Verpflichtung zur ausschließlichen Belieferung der Fachhändler gem. § 1 GWB dürfe nicht zum Gegenstand der vertraglichen Bindung gem. § 1 GWB gemacht werden[1084]. Durch die ausschließliche Verpflichtung habe das auffordernde Unternehmen das Preisgefüge auf dem relevanten Markt unverändert erhalten wollen[1085]. Hierdurch seien die Verhältnisse des relevanten Markts spürbar beeinflusst worden[1086]. Der BGH kommt zu dem Ergebnis, dass die Androhung auf dem relevanten Markt für den Absatz der gelieferten Bekleidung zu einer Gefährdung des Wettbewerbs zwischen den Unternehmen des Fachhandels und den Unternehmen des Nichtfachhandels führt.

1077 BGH WuW/E BGH 1736 (1738).
1078 BGH WuW/E BGH 1736 (1738); BGH WuW/E BGH 690 (693); KG Berlin WuW/E OLG 5053 (5058).
1079 BGH WuW/E BGH 1474 (1478).
1080 BGH WuW/E BGH 690 (693); KG Berlin WuW/E OLG 1780 (1782 f).
1081 BGH WuW/E BGH 1736 (1738).
1082 BGH WuW/E BGH 1736 (1736, 1738).
1083 BGH WuW/E BGH 1736 (1738).
1084 BGH WuW/E BGH 1736 (1738).
1085 BGH WuW/E BGH 1736 (1738); So auch KG Berlin WuW/E OLG 1775 (1776).
1086 BGH WuW/E BGH 1736 (1738).

Folglich ist das räumliche Gebiet, auf dem die Wirkung eines wettbewerbsbeschränkenden Verhaltens gem. § 21 Abs. 2 GWB eintritt, durch den räumlich relevanten Markt definiert. Die Wirkung eines wettbewerbsbeschränkenden Verhaltens gem. § 48 Abs. 2 S. 1 GWB i. V. m. § 21 Abs. 2 GWB tritt somit auf diesem räumlich relevanten Markt ein.

(γ) § 21 Abs. 3 GWB

Die Wirkung eines wettbewerbsbeschränkenden Verhaltens gem. § 21 Abs. 3 GWB liegt darin, dass ein Unternehmen aufgrund der Beeinflussung seiner Entschlussfreiheit entweder einer Vereinbarung oder einem Beschluss gem. § 21 Abs. 3 Nr. 1 GWB beitritt, sich gem. § 21 Abs. 3 Nr. 2 GWB mit einem anderen Unternehmen zusammenschließt oder sich auf einem Markt gleichförmig verhält[1087]. Die Wirkung tritt somit auf dem Markt ein, auf dem das beeinflusste Unternehmen gem. § 21 Abs. 3 Nr. 1 GWB zu einer Vereinbarung oder einem Beschluss beitritt. Sie tritt ferner auf dem Markt ein, auf dem gem. § 21 Abs. 3 Nr. 2 GWB der Zusammenschluss vorgenommen wird. Schließlich tritt sie auf dem Markt ein, auf dem sich das beeinflusste Unternehmen gem. 21 Abs. 3 Nr. 3 GWB gleichförmig verhält.
Das räumliche Gebiet, auf dem die Wirkung eines wettbewerbsbeschränkenden Verhaltens gem. § 21 Abs. 3 GWB eintritt, ist somit durch den räumlich relevanten Markt definiert. Die Wirkung des wettbewerbsbeschränkenden Verhaltens gem. § 48 Abs. 2 S. 1 GWB i. V. m. § 21 Abs. 3 GWB reicht somit über das Gebiet eines Bundeslandes hinaus, wenn der räumlich relevante Markt über das Gebiet eines Bundeslandes hinausreicht.

(δ) § 21 Abs. 4 GWB

Die Wirkung eines wettbewerbsbeschränkenden Verhaltens gem. § 21 Abs. 4 GWB besteht in der Beschränkung der Wettbewerbsfähigkeit eines Unternehmens durch Zufügung eines Nachteils[1088]. Wie bei § 21 Abs. 2 GWB muss der Nachteil wirtschaftlicher Natur sein[1089]. Beispiele sind die Kontingentierung von Waren[1090] oder die Unterbietung von Preisen[1091]. Aufgrund des Nachteils wird das Unter-

---

[1087] Zu den in § 21 Abs. 3 Nr. 1 bis 3 GWB genannten Wettbewerbsbeschränkungen vgl. Schultz in: Langen/Bunte (Fn. 1), Band 1 § 21 Rn. 72.
[1088] OLG Düsseldorf WuW/E OLG 1822 (1823); Der Nachteil gem. § 21 Abs. 4 GWB wird wie der Nachteil gem. § 21 Abs. 2 GWB definiert, Schultz in: Langen/Bunte (Fn. 1), Band 1 § 21 Rn. 79.
[1089] Schultz in: Langen/Bunte (Fn. 1), Band 1 § 21 Rn. 79.
[1090] OLG Hamburg WuW/E OLG 352 (353).
[1091] OLG Düsseldorf WuW/E OLG 1822 (1822).

nehmen in seiner Wettbewerbsfähigkeit auf einem bestimmten Markt beschränkt. Wird beispielsweise ein Unternehmen dadurch benachteiligt, dass es nicht mehr mit Waren beliefert wird, hat dies zur Folge, dass das Unternehmen diese Waren auf dem Absatzmarkt nicht mehr anbieten kann[1092]. Das benachteiligte Unternehmen wird folglich im Wettbewerb mit anderen Unternehmen beschränkt, die gleichartige Waren auf dem Absatzmarkt anbieten[1093]. Durch die Zufügung eines wirtschaftlichen Nachteils gem. § 21 Abs. 4 wird das benachteiligte Unternehmen somit in seiner Wettbewerbsfähigkeit auf dem Absatzmarkt beschränkt.
Demzufolge ist das räumliche Gebiet, auf dem die Wirkung eines wettbewerbsbeschränkenden Verhaltens gem. § 21 Abs. 4 GWB eintritt, durch den räumlich relevanten Markt definiert. Die Wirkung des wettbewerbsbeschränkenden Verhaltens gem. § 48 Abs. 2 S. 1 GWB i. V. m. § 21 Abs. 4 GWB reicht somit über das Gebiet eines Bundeslandes hinaus, wenn dieser räumlich relevante Markt über das Gebiet eines Bundeslandes hinausreicht.

(ccc) Räumlicher Markt gem. § 22 GWB

Die Wirkung eines wettbewerbsbeschränkenden Verhaltens, d. h. einer Empfehlung gem. § 22 Abs. 1 S. 1, S. 2 GWB besteht in der bezweckten oder bewirkten Umgehung eines Verbots gem. §§ 1 ff. GWB[1094]. Die Wirkung der Empfehlung gem. § 22 Abs. 1 GWB besteht damit beispielsweise in der bezweckten oder bewirkten Verhinderung, Einschränkung oder Verfälschung des Wettbewerbs gem. § 22 Abs. 1 S. 1 GWB i. V. m. § 1 GWB oder in der beabsichtigten Beschränkung des Wettbewerbs auf dem Markt der Zweitvereinbarung gem. § 14 GWB[1095]. Die Wirkung gem. § 22 Abs. 1 GWB tritt damit auf dem Markt ein, auf dem die Wettbewerbsbeschränkung nach dem Tatbestand der umgangenen Norm des GWB eintritt[1096].
Beispielsweise wirkt sich eine Preisempfehlung durch eine Unternehmensvereinigung an ihre Mitglieder auf dem räumlich relevanten Kohlemarkt aus, wenn die Empfehlung als Beschluss gem. § 1 GWB die Beschränkung des Wettbewerbs auf dem Kohlemarkt bezweckt oder bewirkt[1097]. Die Empfehlung stellt in diesem Fall eine Umgehung des Verbots des § 1 GWB dar[1098]. Folglich tritt die Wirkung eines

---

1092 OLG Hamburg WuW/E OLG 352 (353).
1093 OLG Hamburg WuW/E OLG 352 (353).
1094 BGH WuW/E BGH 369 (370 f).
1095 Zu § 1 GWB: BGH WuW/E BGH 2923 (2924 ff); Zu § 14 GWB: BGH WuW/E DE-R 264 (268).
1096 Zu § 1 GWB: BGH WuW/E BGH 2923 (2925 f); BGH WuW/E BGH 2469 (2470); OLG Düsseldorf WuW/E DE-R 183 (185); KG Berlin WuW/E OLG 4914 (4917 f); Zu § 14 GWB: BGH WuW/E DE-R 264 (268); KG Berlin WuW/E OLG 1265 (1266 f).
1097 BGH WuW/E BGH 369 (370 f).
1098 BGH WuW/E BGH 369 (369 f).

wettbewerbsbeschränkenden Verhaltens gem. § 22 Abs. 1 GWB auf dem räumlich relevanten Markt ein, auf dem die Wirkung gem. § 1 GWB eintritt[1099].
Folglich ist das räumliche Gebiet, auf dem die Wirkung eines wettbewerbsbeschränkenden Verhaltens gem. § 22 GWB eintritt, durch den räumlich relevanten Markt definiert. Die Wirkung eines wettbewerbsbeschränkenden Verhaltens gem. § 48 Abs. 2 S. 1 GWB i. V. m. § 22 GWB reicht somit über das Gebiet eines Bundeslandes hinaus, wenn räumlich relevante Markt über das Gebiet eines Bundeslandes hinausreicht.

(ddd) Räumlicher Markt gem. § 23 GWB

Die Wirkung eines wettbewerbsbeschränkenden Verhaltens gem. § 23 GWB besteht in dem Missbrauch der Freistellung einer unverbindlichen Preisempfehlung vom Verbot des § 22 Abs. 1 GWB.
Der Missbrauch tritt gem. § 23 Abs. 4 S. 1, S. 2 Nr. 1 bis Nr. 4 GWB auf dem relevanten Markt ein, auf dem die Markenwaren gehandelt werden, auf die sich die unverbindliche Preisempfehlung bezieht[1100]. Bezieht sich die Preisempfehlung beispielsweise auf die Weiterveräußerung der Markenmargarine "Die junge Rama" und übersteigt die unverbindliche Preisempfehlung gem. § 23 Abs. 4 S. 2 Nr. 3 GWB den auf einem bestimmten Markt geforderten Preis, liegt durch die Preisempfehlung ein Missbrauch vor[1101].
Der Missbrauch tritt somit gem. § 23 Abs. 4 S. 2 N. 1 GWB auf dem Markt ein, auf dem die Waren verteuert, das Sinken der Preise für eine Ware verhindert oder auf dem die Erzeugung oder der Absatz der Ware beschränkt werden sollen[1102]. Nach § 23 Abs. 4 S. 2 Nr. 2 GWB tritt der Missbrauch auf dem Markt ein, auf dem der Endabnehmer der Ware über den von der Mehrheit der Empfehlungsempfänger geforderten Preis getäuscht werden soll[1103]. Nach § 23 Abs. 4 S. 2 Nr. 3 GWB tritt der Missbrauch auf dem Markt ein, auf dem der empfohlene Preis der Ware den in der Mehrzahl der Fälle geforderten Preis erheblich übersteigt[1104]. Schließlich tritt der Missbrauch gem. § 23 Abs. 4 S. 2 Nr. 4 GWB auf dem Markt

---

1099 Vgl. beispielsweise BGH WuW/E BGH 2469 (2470); BGH WuW/E BGH 2411 (2413).
1100 Sauter in: Immenga/Mestmäcker (Fn. 714), § 23 Rn. 73; KG Berlin WuW/E OLG 1593 (1594).
1101 Sauter in: Immenga/Mestmäcker (Fn. 714), § 23 Rn. 73; KG Berlin WuW/E OLG 1593 (1594).
1102 KG Berlin WuW/E OLG 1596 (1597); Sauter in: Immenga/Mestmäcker (Fn. 714), § 23 Rn. 78 ff.
1103 Sauter in: Immenga/Mestmäcker (Fn. 714), § 23 Rn. 90 ff; Belke, ZHR 138 (1974), 413 (442).
1104 KG Berlin BB 1975, 848 (849); Sauter in: Immenga/Mestmäcker (Fn. 714), § 23 Rn. 101; Belke, ZHR 138 (1974), 413 (443).

ein, auf dem bestimmte Unternehmen oder Unternehmergruppen von dem Vertrieb der Ware ausgeschlossen sind[1105].
Somit ist das räumliche Gebiet, auf dem die Wirkung eines wettbewerbsbeschränkenden Verhaltens gem. § 23 Abs. 3 GWB eintritt, durch den räumlich relevanten Markt definiert. Die Wirkung eines wettbewerbsbeschränkenden Verhaltens gem. § 48 Abs. 2 S. 1 GWB i. V. m. § 23 GWB reicht also über das Gebiet eines Bundeslandes hinaus, wenn dieser räumlich relevante Markt über das Gebiet eines Bundeslandes hinausreicht.

(cc) Diskriminierendes Verhalten

Die Wirkung eines diskriminierenden Verhaltens gem. § 20 Abs. 1 bis 6 GWB besteht in der Beeinträchtigung der Betätigungsmöglichkeiten eines Unternehmens im Wettbewerb[1106]. Die Wirkung tritt auf dem relevanten Markt ein, auf dem das betroffene Unternehmen durch die Diskriminierung in seinen Betätigungsmöglichkeiten im Wettbewerb beeinträchtigt wird[1107].
Ist ein marktbeherrschendes oder ein marktmächtiges Unternehmen Normadressat gem. § 20 Abs. 1 bis Abs. 5, kann die unbillige Behinderung oder die sachlich nicht gerechtfertigte Ungleichbehandlung sowohl auf dem beherrschten als auch auf einem nicht beherrschten Markt eintreten. Voraussetzung ist, dass das betroffene Unternehmen sowohl auf dem beherrschten als auch auf dem nicht beherrschten Markt tätig ist[1108]. Ist dagegen das betroffene Unternehmen nur auf dem nicht beherrschten Markt tätig, kann es eine Diskriminierung durch das marktbeherrschende Unternehmen auf dem nicht beherrschten Markt nicht geltend machen, da andernfalls der Anwendungsbereich für einen Unterlassungsanspruch des betroffenen Unternehmens gem. § 33 GWB zu weit gefasst wäre[1109].
Folglich ist das räumliche Gebiet, auf dem die Wirkung eines diskriminierenden Verhaltens gem. § 20 GWB eintritt, durch den räumlich relevanten beherrschten

---

1105 Sauter in: Immenga/Mestmäcker (Fn. 714), § 23 Rn. 102 f; Belke, ZHR 138 (1974), 413 (445).

1106 BGH WuW/E BGH 1238 (1240); BGH WuW/E BGH 407 (410); Markert in: Immenga/Mestmäcker (Fn. 714), § 20 Rn. 116 ff.

1107 Zu § 20 Abs. 1 bis 5 GWB: BGH WuW/E BGH 2977 (2980 f); BGH WuW/E BGH 2683 (2685); BGH WuW/E BGH 1238 (1240); BGH WuW/E BGH 407 (410); Markert in: Immenga/Mestmäcker (Fn. 714), § 20 Rn. 115; Mees, WRP 1992, 223 (228); Zu § 20 Abs. 6 GWB: BGH WuW/E BGH 288 (291); BGH WuW/E BGH 154 (156); OLG Düsseldorf WuW/E OLG 4698 (4699 f); OLG Karlsruhe WuW/E OLG 4313 (4314); BKartA WuW/E BKartA 2185 (2186 f).

1108 BGH WuW/E BGH 2483 (2490); BGH WuW/E BGH 1911 (1914); Markert in: Immenga/Mestmäcker (Fn. 714), § 20 Rn. 256 f, Rn. 283.

1109 BGH WuW/E BGH 2483 (2490); KG Berlin WuW/E DE-R 165 (168); KG Berlin WuW/E OLG 5439 (5446); KG Berlin WuW/E OLG 3183 (3184); AA z. B. Markert in: Immenga/Mestmäcker (Fn. 714), § 20 Rn. 29.

oder nicht beherrschten Markt definiert, auf dem das betroffene Unternehmen in seinen Betätigungsmöglichkeiten im Wettbewerb beeinträchtigt wird. Die Wirkung eines diskriminierenden Verhaltens gem. § 48 Abs. 2 S. 1 GWB i. V. m. § 20 GWB reicht somit über das Gebiet eines Bundeslandes hinaus, wenn dieser räumlich relevante Markt über das Gebiet eines Bundeslandes hinausreicht.

(dd) Wettbewerbsregel

Die Wirkung einer Wettbewerbsregel besteht gem. §§ 24, 26 Abs. 2 GWB in einer Wettbewerbsbeschränkung. Das Vorliegen der Wettbewerbsbeschränkung richtet sich gem. § 26 Abs. 2 GWB nach den einschlägigen Vorschriften des GWB, des UWG oder anderer Rechtsvorschriften[1110].
Beispielsweise kann eine Wettbewerbsregel gem. § 26 Abs. 2 GWB i. V. m. § 1 GWB eine Verhinderung, Einschränkung oder Verfälschung des Wettbewerbs bezwecken oder bewirken[1111]. Die Wirkung tritt hierbei gem. § 26 Abs. 2 GWB i. V. m. § 1 GWB auf dem relevanten Markt ein, auf dem die Verhinderung, Einschränkung oder Verfälschung des Wettbewerbs bezweckt oder bewirkt wird[1112]. Ferner kann eine Wettbewerbsregel gem. § 26 Abs. 2 GWB i. V. m. § 20 Abs. 1 GWB ein Unternehmen durch unbillige Behinderung in seinen Betätigungsmöglichkeiten im Wettbewerb beeinträchtigen[1113]. Die Wirkung tritt hierbei auf dem relevanten Markt ein, auf dem das Unternehmen gem. § 26 Abs. 2 GWB i. V. m. § 20 Abs. 1 GWB in seinen Betätigungsmöglichkeiten im Wettbewerb beeinträchtigt wird[1114]. Die Wirkung einer Wettbewerbsregel tritt somit auf dem relevanten Markt ein, auf dem die Wirkung der Wettbewerbsbeschränkung gem. § 26 Abs. 2 GWB i. V. m. §§ 1 bis 31 GWB eintritt[1115].
Das räumliche Gebiet, auf dem die Wirkung einer Wettbewerbsregel eintritt, ist somit durch den räumlich relevanten Markt definiert, auf dem die Wirkung der Wettbewerbsbeschränkung gem. §§ 1 ff. GWB eintritt. Demzufolge reicht die Wirkung einer Wettbewerbsregel gem. § 48 Abs. 2 S. 1 GWB i. V. m. § 26 Abs. 2 GWB über das Gebiet eines Bundeslandes hinaus, wenn dieser räumlich relevante Markt über das Gebiet eines Bundeslandes hinausreicht.

[1110] Kellermann in: Immenga/Mestmäcker (Fn. 714), § 26 Rn. 4.
[1111] BGH WuW/E BGH 767 (778, 781); Benisch, WuW/E BGH 789 (793).
[1112] BGH WuW/E BGH 767 (778, 781); Benisch, WuW/E BGH 789 (793).
[1113] BGH WuW/E BGH 767 (778).
[1114] BGH WuW/E BGH 767 (778 f).
[1115] BGH WuW/E BGH 767 (778); Kellermann in: Immenga/Mestmäcker (Fn. 714), § 26 Rn. 20.

(b) Kritik an Rechtsprechungs- und Verwaltungspraxis

(aa) Zur Definition durch Verhalten

Die Auslegung des § 48 Abs. 2 S. 1 GWB zeigt zunächst, dass sich das Tatbestandsmerkmal "über das Gebiet eines Bundeslandes hinausreicht" auf die Wirkung, nicht aber auf ein Verhalten von Unternehmen bezieht. Wie gezeigt wurde, beschreiben die Tatbestandsmerkmale "Marktbeeinflussung, wettbewerbsbeschränkendes oder diskriminierendes Verhalten oder Wettbewerbsregel" Mittel in Form eines Verhaltens oder einer Wettbewerbsregel. Das Tatbestandsmerkmal "Wirkung" beschreibt den Erfolg einer Wettbewerbsbeschränkung gem. §§ 1 bis 31 GWB. Würde das Tatbestandsmerkmal "Wirkung" entgegen dem Wortlaut abstrakt als ein Verhalten definiert werden, müsste beispielsweise die "Wirkung eines wettbewerbsbeschränkenden Verhaltens" gem. § 48 Abs. 2 S. 1 GWB als "Verhalten eines wettbewerbsbeschränkenden Verhaltens" definiert werden. Die Definition der Wirkung als ein Verhalten trägt somit nicht zur Konkretisierung der Tatbestandsauslegung des § 48 Abs. 2 S. 1 GWB bei. Folglich ist die Definition des Hinausreichens in Abhängigkeit von dem Ort, an dem ein Verhalten eintritt, abzulehnen.

(bb) Zur Definition durch Sitz der betroffenen Unternehmen

Zur Definition des Hinausreichens gem. § 48 Abs. 2 S. 1 GWB durch den Sitz der betroffenen Unternehmen als Begehungsort der Wettbewerbsbeschränkung ist festzustellen, dass Begehungsort der Wettbewerbsbeschränkung nicht der Sitz des betroffenen Unternehmens sondern der räumliche Markt ist, auf welchem das betroffene Unternehmen tätig ist. Unterbietet beispielsweise ein marktbeherrschendes Unternehmen auf dem Markt für Transportbeton gezielt die Preise in der Absicht, andere Anbieter von Transportbeton vom Markt zu verdrängen, werden die anderen Anbieter gem. § 19 Abs. 1, Abs. 4 Nr. 1 GWB auf diesem Markt in ihren Wettbewerbsmöglichkeiten beeinträchtigt. Der Begehungsort der Wettbewerbsbeschränkung in Gestalt eines Behinderungsmissbrauchs ist hier schon nach dem Wortlaut des § 19 Abs. 4 Nr. 1 GWB der relevante Markt, nicht aber der Sitz des betroffenen Unternehmens.
Somit ist die Annahme unzutreffend, Begehungsort einer Wettbewerbsbeschränkung sei der Ort, an dem das betroffene Unternehmen seinen Sitz habe. Folglich kann auch die Definition des Hinausreichens durch den Sitz des betroffenen Unternehmens nicht überzeugen.

(cc) Zur Definition durch länderübergreifende Strategie

Die Besonderheit bei der Definition des Hinausreichens der Wirkung durch die länderübergreifende Strategie besteht darin, dass die Zuständigkeit des BKartA mit der Feststellung begründet wird, dass das Marktinformationssystem bundesweit durchgesetzt werden sollte. Die Marktbeeinflussung bestand in dem Fall gem. § 48 Abs. 2 S. 1 GWB i. V. m. § 1 GWB in einer Vereinbarung und einer abgestimmten Verhaltensweise in Gestalt des Marktinformationssystems. Folglich begründen BKartA und OLG Düsseldorf das Hinausreichen der Wirkung mit der bundesweiten Durchführung der Marktbeeinflussung.
Bundeskartellamt und OLG Düsseldorf begründen somit die Zuständigkeit des BKartA mit dem Hinausreichen der Marktbeeinflussung über das Gebiet eines Bundeslandes, nicht aber mit dem Hinausreichen der Wirkung der Marktbeeinflussung. Folglich wird hier das Tatbestandsmerkmal "Wirkung" durch das Tatbestandsmerkmal "Marktbeeinflussung" definiert. Dies widerspricht der ausdrücklichen Unterscheidung zwischen "Wirkung" und "Marktbeeinflussung" im Tatbestand des § 48 Abs. 2 S. 1 GWB. Darüber hinaus hat diese Definition der Wirkung zur Folge, dass die Definitionen der Tatbestandsmerkmale "Wirkung" und "Marktbeeinflussung" identisch sind, somit die Tatbestandsmerkmale als Synonyme qualifiziert werden müssen. Dies kann jedoch nicht im Sinn des Gesetzgebers gewesen sein, der schon dem Wortlaut nach zwischen der "Wirkung" einerseits und der "Marktbeeinflussung" andererseits unterscheidet. Folglich ist die Definition des Hinausreichens durch eine länderübergreifende Strategie abzulehnen.

(dd) Zusammenfassung

Es ist festzuhalten, dass die Definition des Hinausreichens unter Bezugnahme auf ein Verhalten ebenso wenig überzeugt wie die Definition des Hinausreichens durch den Sitz der betroffenen Unternehmen oder durch eine länderübergreifende Strategie.
Dagegen führt die Definition des Hinausreichens durch den räumlich relevanten Markt, auf dem die Wirkung einer Marktbeeinflussung, eines wettbewerbsbeschränkenden oder diskriminierenden Verhaltens oder einer Wettbewerbsregel eintritt, zu einer einheitlichen Auslegung des § 48 Abs. 2 S. 1 GWB. Eine einheitliche Auslegung bedeutet sowohl für die Unternehmen als auch für die Kartellbehörden ein hohes Maß an Rechtssicherheit. Demzufolge reicht die Wirkung einer Marktbeeinflussung, eines wettbewerbsbeschränkenden Verhaltens, eines diskriminierenden Verhaltens oder einer Wettbewerbsregel gem. § 48 Abs. 2 S. 1 GWB über das Gebiet eines Landes hinaus, wenn der gem. §§ 1 bis 31 GWB räumlich relevante Markt oder räumliche Drittmarkt, auf dem die Wirkung eintritt, über das Gebiet eines Bundeslandes hinausreicht.

b) Wirkung nur in einem Bundesland und im Ausland

Nach § 48 Abs. 2 S. 1 GWB ist das BKartA nur dann sachlich zuständig, wenn die Wirkung einer Marktbeeinflussung, eines wettbewerbsbeschränkenden oder diskriminierenden Verhaltens oder einer Wettbewerbsregel über das Gebiet eines Bundeslandes hinausreicht. Fraglich ist, ob die Zuständigkeit des BKartA auch für den Fall gegeben ist, dass die Wirkung nur in einem Bundesland und zusätzlich im Ausland eintritt.
Die Rechtsprechung hat diese Frage bisher nicht beantwortet. In der Rechtssache "Gasdurchleitung" hat der BGH lediglich festgestellt, dass bei der Bestimmung der Zuständigkeit des BKartA Verhaltensweisen zu berücksichtigen sind, die auf einem ausländischen Markt vorgenommen werden und zu einer Wirkung im inländischen deutschen Markt führen[1116]. Er hat jedoch offengelassen, ob im Fall des Eintretens der Wirkung nur in einem Bundesland auf einem ausländischen Markt die Zuständigkeit des BKartA gem. § 48 Abs. 2 S. 1 GWB gegeben ist[1117].
In der Literatur wird zum Teil angenommen, dass das BKartA auch in diesen Fällen sachlich zuständige Behörde gem. § 48 Abs. 2 S. 1 GWB sei (vgl. aa)). Im Gegensatz hierzu wird die Zuständigkeit des BKartA in teilweise auch verneint (vgl. bb)). Welche Kartellbehörde gem. § 48 Abs. 2 GWB zuständig ist, wenn die Wirkung nur in einem Bundesland und im Ausland eintritt, ist durch Auslegung des § 48 Abs. 2 S. 1 GWB zu beantworten (vgl. (3)).

aa) Zuständigkeit des BKartA

Zum einen wird angenommen, dass die Zuständigkeit des BKartA gem. § 48 Abs. 2 S. 1 GWB auch dann gegeben ist, wenn die Wirkung einer Marktbeeinflussung, eines wettbewerbsbeschränkenden oder diskriminierenden Verhaltens oder einer Wettbewerbsregel in einem Bundesland und im Ausland eingetreten ist[1118]. Grundsätzlich sei gem. § 48 Abs. 2 S. 1 GWB die Zuständigkeit des BKartA zu bejahen, wenn die Wirkung über das Gebiet eines Bundeslandes hinausreiche. Wenn die Wirkung in einem Bundesland und im Ausland eintrete, sei diese tatbestandliche Voraussetzung erfüllt, da die Wirkung hier über ein Bundesland ins Ausland hinausreiche[1119]. Somit wird angenommen, dass jeder ins Gewicht fallende Auslandsbezug gem. § 48 Abs. 2 S. 1 GWB die Zuständigkeit des BKartA begründe[1120].

[1116] BGH WuW/E BGH 2953 (2956).
[1117] BGH WuW/E BGH 2953 (2956); Schultz in: Langen/Bunte (Fn. 1), Band 1 § 48 Rn. 13; Klaue in: Immenga/Mestmäcker (Fn. 714), § 48 Rn. 10.
[1118] Schultz in: Langen/Bunte (Fn. 1), Band 1 § 48 Rn. 13.
[1119] Klaue in: Immenga/Mestmäcker (Fn. 714), § 48 Rn. 14.
[1120] Schultz in: Langen/Bunte (Fn. 1), Band 1 § 48 Rn. 13.

bb) Zuständigkeit der LKartB

Zum anderen wird die Zuständigkeit des BKartA gem. § 48 Abs. 2 S. 1 GWB im Fall der Wirkung in einem Bundesland und im Ausland verneint[1121]. Paragraf 48 Abs. 2 S. 1 GWB sei im systematischen Zusammenhang mit § 130 Abs. 2 GWB auszulegen[1122]. Nach § 130 Abs. 2 GWB seien die Kartellbehörden nur dann zuständig, wenn sich ein Wettbewerbsverhalten auf dem Inlandsmarkt der Bundesrepublik Deutschland auswirke[1123]. Die Kartellbehörden seien dagegen nicht befugt, gegen Auswirkungen vorzugehen, die auf einem ausländischen Markt eingetreten seien[1124]. Damit seien gem. § 130 Abs. 2 GWB Auswirkungen eines Wettbewerbsverhaltens auf einem ausländischen Markt der Beurteilung durch die deutschen Kartellbehörden entzogen[1125]. Übertrage man diese Erkenntnis auf die Auslegung des § 48 Abs. 2 S. 1 GWB, könne die Wirkung eines Wettbewerbsverhaltens, die auf einem ausländischen Markt eintrete, nicht der Zuständigkeitsverteilung zwischen BKartA und LKartB zu Grunde gelegt werden[1126]. Folglich sei die Wirkung eines Wettbewerbsverhaltens im Ausland bei der Bestimmung der Zuständigkeit des BKartA gem. § 48 Abs. 2 S. 1 GWB nicht zu berücksichtigen[1127]. Wirke sich das Wettbewerbsverhalten nur in einem Bundesland und im Ausland aus, sei folglich gem. § 48 Abs. 2 S. 2 GWB die LKartB zuständig[1128].

cc) Stellungnahme

Die Frage ist durch grammatische (vgl. (1)), systematisch-genetische (vgl. (2)) und teleologische Auslegung (vgl. (3)) des § 48 Abs. 2 S. 1 GWB zu beantworten. Das Auslegungsergebnis wird zusammengefasst (vgl. (4)).

[1121] Bechtold (Fn. 744), § 48 Rn. 7; Bracher in: Glassen/v. Hahn/Kersten/Rieger (Fn. 76), Band II GWB 1999 § 48 Rn. 21; Hitzler WuW 1979, 733 (734).

[1122] Hitzler WuW/E 1979, 733 (734).

[1123] Hitzler WuW/E 1979, 733 (734).

[1124] Hitzler WuW/E 1979, 733 (734).

[1125] Hitzler WuW/E 1979, 733 (734).

[1126] Hitzler WuW/E 1979, 733 (734).

[1127] Hitzler WuW 1979, 733 (734) mit Verweis auf LKartB Baden-Württemberg WuW/E LKartB 43 (43), nach dessen Ansicht Lieferungen ins Ausland im Hinblick auf § 130 Abs. 2 GWB bei der Frage der Zuständigkeit des BKartA gem. § 48 Abs. 2 S. 1 GWB nicht zu berücksichtigen sind.

[1128] Hitzler WuW/E 1979, 733 (734).

(1) Grammatische Auslegung

Paragraf 48 Abs. 2 S. 1 GWB bestimmt dem Wortlaut nach, dass die Wirkung über das Gebiet eines Bundeslandes hinausreichen muss. Das Hinausreichen ist nach dem Wortsinn der Vorschrift gegeben, wenn die Wirkung nicht nur in einem Bundesland eintritt. Tritt die Wirkung in einem Bundesland und im Ausland ein, ist somit das Hinausreichen zu bejahen.
Folglich ergibt die grammatische Auslegung des § 48 Abs. 2 S. 1 GWB, dass die Wirkung eines Wettbewerbsverhaltens über das Gebiet eines Bundeslandes hinausreicht, wenn die Wirkung in einem Bundesland und im Ausland eintritt.

(2) Systematisch-genetische Auslegung

Nach § 73 Abs. 2 des RegE-GWB (§ 130 Abs. 2 GWB) findet das GWB auch auf Unternehmen mit Sitz oder Geschäftsleitung im Ausland Anwendung, soweit sich die Wirkungen ihrer Geschäftstätigkeit auf das Bundesgebiet der Bundesrepublik Deutschland erstrecken[1129]. Das GWB soll damit nur auf Wirkungen eines Wettbewerbsverhaltens Anwendung finden, welche sich auf dem Gebiet eines oder mehrerer Bundesländer auswirken.
Überträgt man diese Vorgabe auf die Auslegung des § 48 Abs. 2 S. 1 GWB, ist die Vorschrift gem. § 130 Abs. 2 GWB ebenfalls nur auf Wirkungen anwendbar, die auf einem oder mehreren Bundesländern eintreten. Damit sind unter das Tatbestandsmerkmal "über das Gebiet eines Landes hinausreicht" gem. § 48 Abs. 2 S. 1 GWB nur Wirkungen zu subsumieren, die in einem oder in mehreren Bundesländern eintreten. Folglich kann das BKartA gem. § 48 Abs. 2 S. 1 GWB nur für diejenigen Fälle zuständig sein, bei denen die Wirkung in mindestens zwei Bundesländern eintritt. Da das GWB auf Wirkungen nicht anwendbar ist, die im Ausland eintreten, kann das Tatbestandsmerkmal "über das Gebiet eines Landes hinausreicht" gem. § 48 Abs. 2 S. 1 GWB folglich keine Sachverhalte erfassen, in denen die Wirkung eines Wettbewerbsverhaltens im Ausland eintritt.
Hat ein Wettbewerbsverhalten Wirkungen in einem Bundesland und im Ausland, ist somit das GWB auf die Wirkung im Ausland nicht anwendbar. Das GWB ist in diesem Fall nur auf die Wirkung anwendbar, die in einem Bundesland eintritt. Folglich reicht die Wirkung gem. § 48 Abs. 2 S. 1 GWB nicht über das Gebiet eines Bundeslandes hinaus, so dass die LKartB gem. § 48 Abs. 2 S. 2 GWB die zuständige Kartellbehörde ist.

1129 Entwurf eines Gesetzes gegen Wettbewerbsbeschränkungen BT-Drs. 2/1158, S. 17, 55.

(3) Teleologische Auslegung

Paragraf 48 Abs. 2 S. 1 GWB hat den Zweck, die Zuständigkeit des BKartA für überregionale Wettbewerbsbeschränkungen zu begründen. Bei Vorliegen einer überregionalen Wirkung einer Marktbeeinflussung, eines wettbewerbsbeschränkenden oder diskriminierenden Verhaltens oder einer Wettbewerbsregel soll das BKartA die vom GWB den Kartellbehörden übertragenen Aufgaben und Befugnisse wahrnehmen. Die Zuständigkeit nach § 48 Abs. 2 S. 1 GWB, gegen ein Wettbewerbsverhalten vorzugehen, macht nur dann Sinn, wenn das BKartA die ihm zugewiesenen Aufgaben und Befugnisse auch tatsächlich ausüben kann. Da das GWB auf Wettbewerbsbeschränkungen, die sich nur im Ausland auswirken, gem. § 130 Abs. 2 GWB nicht anwendbar ist, kann das BKartA somit gegen diese Wettbewerbsbeschränkungen keine Maßnahmen z. B. nach § 32 GWB ergreifen. Somit macht es keinen Sinn, für diese Wettbewerbsbeschränkungen die Zuständigkeit des BKartA zu begründen. Demzufolge fallen derartige Wettbewerbsbeschränkungen nicht unter den Tatbestand dieser Vorschrift. Tritt die Wirkung in einem Bundesland und im Ausland ein, kann damit gem. § 48 Abs. 2 S. 1 GWB nur die Wirkung, die in einem Bundesland eintritt, unter das Tatbestandsmerkmal "Wirkung" subsumiert werden. Da die Wirkung nur in einem Bundesland eintritt, sind die tatbestandlichen Voraussetzungen des § 48 Abs. 2 S. 1 GWB nicht erfüllt. Folglich ergibt auch die teleologische Auslegung des § 48 Abs. 2 S. 1 GWB, dass die LKartB gem. § 48 Abs. 2 S. 2 GWB für Sachverhalte zuständig ist, bei denen die Wirkung nur in einem Bundesland und im Ausland eintritt.
Somit ist nach systematischer und teleologischer Auslegung gem. § 48 Abs. 2 S. 1, S. 2 GWB die LKartB zuständige Kartellbehörde, wenn die Wirkung nur in einem Bundesland und im Ausland eintritt.

II Fehlen des Hinausreichens der Wirkung einer Marktbeeinflussung, eines wettbewerbsbeschränkenden oder diskriminierenden Verhaltens oder einer Wettbewerbsregel über das Gebiet eines Bundeslandes

Eine Marktbeeinflussung, ein wettbewerbsbeschränkendes oder diskriminierendes Verhalten oder eine Wettbewerbsregel ist zu verneinen, wenn kein Mittel zur Wettbewerbsbeschränkung gegeben ist. Unter Mittel zur Wettbewerbsbeschränkung ist eine Wettbewerbshandlung oder eine Wettbewerbsregel gem. § 24 GWB zu subsumieren. Die Wettbewerbshandlung oder die Wettbewerbsregel ist nicht gegeben, wenn die einschlägigen Tatbestandsmerkmale gem. § 48 Abs. 2 S. 1 GWB i. V. m. §§ 1 bis 31 GWB nicht erfüllt sind. Dies ist durch Auslegung der §§ 1 bis 31 GWB zu ermitteln.

Die Wirkung ist zu verneinen, wenn gem. § 48 Abs. 2 S. 1 GWB i. V. m. §§ 1 bis 31 GWB kein Erfolg einer Wettbewerbsbeschränkung gegeben ist. Der Erfolg der Wettbewerbsbeschränkung fehlt, wenn gem. §§ 1 bis 31 GWB keine Beschränkung der Handlungsfreiheit eines Unternehmens vorliegt. Dies ist durch Auslegung der einschlägigen Tatbestandsmerkmale der §§ 1 bis 31 GWB zu bestimmen.
Die Wirkung einer Marktbeeinflussung, eines wettbewerbsbeschränkenden oder diskriminierenden Verhaltens oder einer Wettbewerbsregel reicht gem. § 48 Abs. 2 S. 1 GWB nicht über das Gebiet eines Bundeslandes hinaus, wenn der einschlägige räumlich relevante Markt oder räumliche Drittmarkt, auf dem die Wirkung eintritt, nicht über das Gebiet eines Bundeslandes hinausreicht. Die Bestimmung des räumlich relevanten Markts richtet sich nach den §§ 1 bis 31 GWB.

B. Zwischenergebnis

I. Keine Wirkung einer Marktbeeinflussung, eines wettbewerbsbeschränkenden oder diskriminierenden Verhaltens oder einer Wettbewerbsregel

Die Wirkung einer Marktbeeinflussung, eines wettbewerbsbeschränkenden oder diskriminierenden Verhaltens oder einer Wettbewerbsregel ist zu verneinen, wenn kein Mittel zur Wettbewerbsbeschränkung (d. h. keine Wettbewerbshandlung oder Wettbewerbsregel gem. § 24 GWB) und kein Erfolg einer Wettbewerbsbeschränkung (d. h. keine Beschränkung der Handlungsfreiheit eines Unternehmens) gegeben ist. Dies ist durch Auslegung der einschlägigen Tatbestandsmerkmale gem. § 48 Abs. 2 S. 1 GWB i. V. m. §§ 1 bis 31 GWB zu ermitteln.

II. Kein Hinausreichen über das Gebiet eines Bundeslandes

Die Wirkung einer Marktbeeinflussung, eines wettbewerbsbeschränkenden oder diskriminierenden Verhaltens oder einer Wettbewerbsregel reicht nicht über das Gebiet eines Bundeslandes hinaus, wenn der einschlägige räumlich relevante Markt oder räumliche Drittmarkt, auf dem die Wirkung eintritt, nicht über das Gebiet eines Bundeslandes hinausreicht. Der räumlich relevante Markt ist durch Auslegung der §§ 1 bis 31 GWB zu ermitteln.

Teil 3:

Rechtsvergleich zwischen europäischer und deutscher Zwischenstaatlichkeitsklausel

Wie in der Einleitung dargestellt wurde, bezieht sich die Kritik an der "extensiven Interpretation" und "laschen Handhabung" der europäischen Zwischenstaatlichkeitsklausel darauf, dass nach der Auslegung des EuGH und der Kommission die tatbestandlichen Voraussetzungen der europäischen Zwischenstaatlichkeitsklausel in nahezu jedem Fall erfüllt seien[1130]. Vor dem Hintergrund dieser Kritik ist das Ziel des Rechtsvergleichs, die Auslegung der europäischen Zwischenstaatlichkeitsklausel hinsichtlich der tatbestandlichen Voraussetzungen für das Fehlen der Eignung zur Beeinträchtigung des zwischenstaatlichen Handels zu konkretisieren. Es ist zu prüfen, ob die tatbestandlichen Voraussetzungen für das Fehlen der Eignung zur Beeinträchtigung des zwischenstaatlichen Handels gem. Art. 81 f. EGV mit Hilfe der Auslegungsgrundsätze, die zu § 48 Abs. 2 S. 1 GWB ermittelt wurden, konkretisiert werden können.

Hierzu ist zunächst zu klären, welche Tatbestandsmerkmale der europäischen und der deutschen Zwischenstaatlichkeitsklausel miteinander verglichen werden können. Die Vergleichbarkeit hinsichtlich der tatbestandlichen Voraussetzung der überörtlichen Wirkung wurde bereits in der Einführung zu dieser Arbeit bejaht[1131]. Bei Art. 81 f. EGV wird die überörtliche Wirkung im Rahmen des Tatbestandsmerkmals "Beeinträchtigung" unter dem Aspekt der Veränderung der Richtung grenzüberschreitender Handelsströme geprüft[1132]. In § 48 Abs. 2 S. 1 GWB wird das Vorliegen einer überörtlichen Wirkung an den Tatbestandsmerkmalen "Wirkung" und "über das Gebiet eines Landes hinausreicht" geprüft[1133]. Überörtlichkeit bedeutet hierbei, dass die Wirkung in mindestens zwei Bundesländern festgestellt wird[1134]. Somit sind die Auslegungsgrundsätze, die gem. Art. 81 f. EGV für das Tatbestandsmerkmal "Beeinträchtigung des zwischenstaatlichen Handels" gelten, mit den Auslegungsgrundsätzen zu vergleichen, die gem. § 48 Abs. 2 S. 1 GWB für das Tatbestandsmerkmal "Wirkung", die "über das Gebiet eines Landes hinausreicht" gelten. Fraglich ist, welche Unterschiede (vgl. A.) und Gemeinsamkeiten (vgl. B.) zwischen den Auslegungsgrundsätzen für diese Tatbestandsmerkmale bestehen[1135].

[1130] Siehe oben, Einführung, 1..
[1131] Siehe oben, Einführung, 3. b).
[1132] Siehe oben, Teil 1, A. I. 2. a) bb) (a) (aa) und (bb).
[1133] Siehe oben, Teil 2, A. I. 3. und 4..
[1134] Siehe oben, Teil 2, A. I. 4. a) und b).
[1135] Siehe oben, Einführung, 3..

A. Unterschiede zwischen europäischer und deutscher Zwischenstaatlichkeitsklausel

Zwischen europäischer und deutscher Zwischenstaatlichkeitsklausel bestehen Unterschiede im Hinblick auf die zielorientierte Auslegung des Tatbestandsmerkmals "Beeinträchtigung" in Art. 81 f. EGV (vgl. I.). Ferner bestehen Unterschiede im Hinblick auf die Auslegung des Tatbestandsmerkmals "Wirkung" in § 48 Abs. 2 S. 1 GWB als Verweis auf die §§ 1 bis 31 GWB (vgl. II.).

I. Zielorientierte Auslegung der Beeinträchtigung

Nach Art. 81 f. EGV liegt keine Beeinträchtigung vor, wenn die Auswirkung auf den zwischenstaatlichen Handel nicht gegen wettbewerbsrechtliche Ziele verstößt. Ferner liegt keine Beeinträchtigung vor, wenn die Vereinbarung oder die Ausnutzung der marktbeherrschenden Stellung, folglich deren Auswirkung auf den zwischenstaatlichen Handel der Verwirklichung eines nicht-wettbewerbsrechtlichen Ziels dient und dieses Ziel gegenüber dem wettbewerbsrechtlichen Ziel vorrangig ist.

Diese zielorientierte Auslegung hat im europäischen Recht eine zentrale Bedeutung. Die Ziele dienen nicht nur als Auslegungsmaßstab für die Art. 81 f. EGV[1136]. Vielmehr soll durch die zielorientierte Auslegung eine dynamische Rechtsentwicklung ermöglicht werden[1137]. Die wettbewerbsrechtlichen Ziele dienen damit insbesondere zur Rechtsfortbildung des europäischen Kartellrechts[1138]. Somit führt die zielorientierte Auslegung zur Vervollkommnung der Rechtsordnung[1139].

Bei der Auslegung des § 48 Abs. 2 S. 1 GWB hat das wettbewerbsrechtliche Ziel dagegen keine solche zentrale Bedeutung. Zwar ist die Zielsetzung des GWB, eine Beschränkung der unternehmerischen Handlungsfreiheit zu verhindern, auch bei der Auslegung der "Wirkung" zu berücksichtigen. So ist die "Wirkung" gem. § 48 Abs. 2 S. 1 GWB als Erfolg einer Wettbewerbsbeschränkung definiert, wobei der Erfolg gem. § 48 Abs. 2 S. 1 GWB i. V. m. §§ 1 bis 31 GWB in der Beschränkung der Handlungsfreiheit besteht. Jedoch haben die Ziele bei der Auslegung des deutschen Rechts nicht wie im europäischen Recht die zentrale Aufgabe, zur dynamischen Rechtsentwicklung, zur Rechtsfortbildung und damit zur Vervollkommnung der Rechtsordnung beizutragen.

Somit unterscheiden sich die Art. 81 f. EGV und § 48 Abs. 2 S. 1 GWB hinsichtlich der zielorientierten Auslegung der "Beeinträchtigung".

1136 Von Bogdandy in: Grabitz/Hilf (Rn. 26), Band I EGV Art. 2 Rn. 14.
1137 Von Bogdandy in: Grabitz/Hilf (Rn. 26), Band I EGV Art. 2 Rn. 15.
1138 Von Bogdandy in: Grabitz/Hilf (Rn. 26), Band I EGV Art. 2 Rn. 15.
1139 Von Bogdandy in: Grabitz/Hilf (Rn. 26), Band I EGV Art. 2 Rn. 15.

II. Auslegung der Wirkung als Verweis auf §§ 1 bis 31 GWB

Die "Wirkung" ist gem. § 48 Abs. 2 S. 1 GWB i. V. m. §§ 1 bis 31 GWB zu verneinen, wenn nach den §§ 1 bis 31 GWB keine Beschränkung der unternehmerischen Handlungsfreiheit und somit kein Erfolg einer Wettbewerbsbeschränkung gegeben ist. Aufgrund des Verweises des § 48 Abs. 2 S. 1 GWB auf die §§ 1 bis 31 GWB richtet sich die Definition der Wirkung nach den einschlägigen Tatbestandsmerkmalen der §§ 1 bis 31 GWB.
Der Verweis auf diese Tatbestandsmerkmale zeigt, dass § 48 Abs. 2 S. 1 GWB bezüglich der "Wirkung" ein unvollständiger Rechtssatz ist[1140]. In methodischer Hinsicht wiederholt § 48 Abs. 2 S. 1 GWB lediglich die einschlägigen Tatbestandsmerkmale der §§ 1 bis 31 GWB[1141]. Folglich trifft § 48 Abs. 2 S. 1 GWB mit dem Tatbestandsmerkmal "Wirkung" selbst keine Aussage über die Definition der "Wirkung"[1142].
Das Tatbestandsmerkmal "Wirkung" gem. § 48 Abs. 2 S. 1 GWB findet seine Entsprechung in der Auswirkung auf den zwischenstaatlichen Handel, die im Tatbestandsmerkmal "Beeinträchtigung" gem. Art. 81 f. EGV geprüft wird. Im Gegensatz zu § 48 Abs. 2 S. 1 GWB verweisen Art. 81 f. EGV zur Definition der Auswirkung nicht auf andere Rechtsvorschriften des EGV. Vielmehr ist die "Auswirkung" als Veränderung der Richtung der Handelsströme (Fallgruppe 1), als Marktabschottung (Fallgruppe 2) oder als Veränderung der Wettbewerbsstruktur (Fallgruppe 3) definiert.
Somit unterscheiden sich § 48 Abs. 2 S. 1 GWB und Art. 81 f. EGV in methodischer Hinsicht dadurch, dass § 48 Abs. 2 S. 1 GWB hinsichtlich der Definition der "Wirkung" auf die Vorschriften der §§ 1 bis 31 GWB, dagegen Art. 81 f. EGV zur Definition der Auswirkung nicht auf andere Vorschriften des EGV verweist.

B. Gemeinsamkeiten zwischen europäischer und deutscher Zwischenstaatlichkeitsklausel

Zwischen europäischer und deutscher Zwischenstaatlichkeitsklausel besteht insofern eine Gemeinsamkeit, als sich beide Tatbestandsmerkmale bei der Definition der Beeinträchtigung des zwischenstaatlichen Handels auf den räumlich relevanten Markt beziehen (vgl. I.). Nach § 48 Abs. 2 S. 1 GWB reicht die Wirkung nicht über das Gebiet eines Landes hinaus, wenn der räumlich relevante Markt nicht über das Gebiet eines Landes hinausreicht. Fraglich ist, ob aufgrund

---

1140 Larenz/Canaris, Methodenlehre der Rechtswissenschaft, 3. Auflage Berlin Heidelberg New York 1995, S. 78, 81.
1141 Larenz/Canaris (Fn. 1140), S. 82.
1142 Larenz/Canaris (Fn. 1140), S. 78.

der Gemeinsamkeit die Beeinträchtigung des zwischenstaatlichen Handels gem. Art. 81 f EGV durch Rechtsvergleich mit dem deutschen Recht so auszulegen ist, dass die Beeinträchtigung zu verneinen ist, wenn der räumlich relevante Markt nicht über das Gebiet eines Mitgliedstaats hinausreicht (vgl. II.). Schließlich ist vor dem Hintergrund des Rechtsvergleichs zur Kritik an der "extensiven Auslegung" der europäischen Zwischenstaatlichkeitsklausel Stellung zu beziehen (vgl. III.).

I. Gemeinsamkeit: Bezug von Wirkung und Beeinträchtigung auf räumlich relevanten Markt

Nach Artikel 81 f. EGV tritt die Auswirkung auf den zwischenstaatlichen Handel auf dem relevanten Markt ein. Nach § 48 Abs. 2 S. 1 GWB reicht die Wirkung nicht über das Gebiet eines Bundeslandes hinaus, wenn der räumlich relevante Markt nicht über das Gebiet eines Bundeslandes hinausreicht. Damit ist sowohl bei Art. 81 f. EGV als auch bei § 48 Abs. 2 S. 1 GWB die Auswirkung der Vereinbarung oder der Ausnutzung einer marktbeherrschenden Stellung auf einem bestimmten räumlichen Markt zu prüfen.

II. Vergleich: Definition des Fehlens der Beeinträchtigung des zwischenstaatlichen Handels durch räumlich relevanten Markt

Fraglich ist, ob aus der Gemeinsamkeit auch für die Auslegung der europäischen Zwischenstaatlichkeitsklausel folgt, dass die Beeinträchtigung des zwischenstaatlichen Handels zu verneinen ist, wenn der räumlich relevante Markt, auf dem die Auswirkung gem. Art. 81 f. EGV eintritt, nicht über das Gebiet eines Mitgliedstaats hinausreicht.

Nach Ansicht von Rechtsprechung und Literatur liegt eine Beeinträchtigung des zwischenstaatlichen Handels auch dann vor, wenn der räumlich relevante Markt nur auf das Gebiet eines Mitgliedstaats begrenzt ist[1143].

Diese Ansicht steht im Widerspruch zur Definition des räumlich relevanten Markts in Art. 81 f. EGV. So definiert die Kommission den räumlich relevanten Markt in der Bekanntmachung über die Definition des relevanten Marktes[1144] als ein Gebiet, auf dem die beteiligten Unternehmen die relevanten Produkte oder Dienstleistungen anbieten, in dem die Wettbewerbsbedingungen hinreichend homogen sind und das sich von benachbarten Gebieten durch spürbar unterschied-

---

[1143] Siehe oben, Teil 1, A. I. 2. a) bb) (1) (a) (aa) (aaa) (γ) (ββ).

[1144] Bekanntmachung der Kommission über die Definition des relevanten Marktes im Sinne des Wettbewerbsrechts der Gemeinschaft, ABl. 1997 Nr. C 372/5.

liche Wettbewerbsbedingungen unterscheidet[1145]. Die Struktur der Handelsströme und die ihnen zu Grunde liegende Logik vermittelten nützliche Erkenntnisse und Informationen über die räumliche Ausdehnung des Gebiets, auf das sich der räumlich relevante Markt erstrecke[1146]. Somit geht die Kommission davon aus, dass das räumliche Gebiet, auf das sich der räumlich relevante Markt erstreckt, durch das Gebiet definiert ist, auf dem Handelsströme bestehen. Erstreckten sich die Handelsströme nur auf das Gebiet eines Mitgliedstaats, müsse dies nicht bedeuten, dass der räumlich relevante Markt auf das Gebiet dieses Mitgliedstaats beschränkt sei[1147]. Allerdings sei der räumlich relevante Markt auf das Gebiet eines Mitgliedstaats beschränkt, wenn zwischen den Mitgliedstaaten Handelsschranken bestünden[1148]. Als Beispiel für eine Handelsschranke nennt die Kommission die Transportkosten, die ein Unternehmen für zwischenstaatliche Importe und Exporte aufbringen muss[1149]. Sind die Transportkosten für ein Produkt, das auf einem mitgliedstaatlichen Markt hergestellt wird, so hoch, dass der Export des Produkts nicht mehr gewinnbringend durchgeführt werden kann, ist nach Ansicht der Kommission der räumlich relevante Markt auf das Gebiet zu begrenzen, auf welchem die Transportkosten entsprechend gering sind[1150]. Ist dieses Gebiet das Gebiet der Bundesrepublik Deutschland, ist der räumlich relevante Markt für dieses Produkt auf das Gebiet der Bundesrepublik Deutschland begrenzt. Weitere Handelsschranken können beispielsweise aufgrund technischer Faktoren gegeben sein[1151]. Die Kommission hat in der Rechtssache "Decca Navigator System" den relevanten Markt für die Übertragung von Funksignalen auf das Gebiet begrenzt,

---

[1145] Bekanntmachung der Kommission über die Definition des relevanten Marktes im Sinne des Wettbewerbsrechts der Gemeinschaft, ABl. 1997 Nr. C 372/5, Rn. 8; EuGH Slg. 1978, 207 – United Brands Company u. a./Kommission, Rn. 45/56.

[1146] Bekanntmachung der Kommission über die Definition des relevanten Marktes im Sinne des Wettbewerbsrechts der Gemeinschaft, ABl. 1997 Nr. C 372/5, Rn. 31, 49.

[1147] Bekanntmachung der Kommission über die Definition des relevanten Marktes im Sinne des Wettbewerbsrechts der Gemeinschaft, ABl. 1997 Nr. C 372/5, Rn. 50.

[1148] Bekanntmachung der Kommission über die Definition des relevanten Marktes im Sinne des Wettbewerbsrechts der Gemeinschaft, ABl. 1997 Nr. C 372/5, Rn. 50, die Kommission spricht von "Hindernissen" und "Schranken" für Handelsströme; Emmerich in: Dauses (Fn. 9), Band 2 H.I § 1 Rn. 327, spricht von "Handelsschranken", die den räumlichen Markt begrenzen; Schröter in: Groeben/Thiesing/Ehlermann (Fn. 3), Band 2/I Artikel 86 Rn. 124.

[1149] Bekanntmachung der Kommission über die Definition des relevanten Marktes im Sinne des Wettbewerbsrechts der Gemeinschaft, ABl. 1997 Nr. C 372/5, Rn. 50.; So auch EuGH Slg. 1978, 207 – United Brands Company u. a./Kommission, Rn. 45/56; Dirksen in: Langen/Bunte (Fn 1), Band 1 Art. 82 Rn. 33; Weitere Beispiele für Handelsschranken bei Emmerich in: Dauses (Fn. 9), Band 2 H.I § 1 Rn. 127, Rn. 327 f.; Jung in: Grabitz/Hilf (Fn. 26), Band I EGV Art. 82 Rn. 44.

[1150] Bekanntmachung der Kommission über die Definition des relevanten Marktes im Sinne des Wettbewerbsrechts der Gemeinschaft, ABl. 1997 Nr. C 372/5, Rn. 50.

[1151] Schröter in: Groeben/Thiesing/Ehlermann (Fn. 3), Band 2/I Artikel 86 Rn. 123 f. mit weiteren Beispielen für Handelsschranken.

auf dem die Funksignale übertragen wurden[1152]. Hier ist eine technische Handelsschranke gegeben, da die Funksignale nicht über das Gebiet hinaus gesendet werden können. Folglich nimmt die Kommission an, dass der räumlich relevante Markt auf das Gebiet eines Mitgliedstaats beschränkt ist, wenn zwischen Mitgliedstaaten Handelsschranken bestehen, aufgrund derer keine zwischenstaatlichen Handelsströme vorliegen[1153].

Nach der Rechtsprechung des EuGH ist der zwischenstaatliche Handel zu verneinen, wenn zwischen Mitgliedstaaten wirtschaftliche, technische oder rechtliche Handelsschranken bestehen. Aufgrund der Handelsschranken bestanden keine zwischenstaatlichen Handelsströme[1154]. Die Begründung der Ablehnung der Beeinträchtigung des zwischenstaatlichen Handels ist mit der Begründung der Begrenzung des räumlich relevanten Markts identisch. Sowohl in der Rechtssache "Hugin Kassaregister AB u. a./Kommission" als auch in der Bekanntmachung der Kommission über die Definition des relevanten Markts wird festgestellt, dass aufgrund von Handelsschranken keine zwischenstaatlichen Handelsströme bestehen. Der EuGH begründet das Fehlen zwischenstaatlichen Handels mit dem Bestehen von Handelsschranken, die zwischenstaatliche Handelsströme verhindern. Die Kommission begründet die Begrenzung des räumlich relevanten Markts auf das Gebiet eines Mitgliedstaats damit, dass aufgrund von Handelsschranken keine zwischenstaatlichen Handelsströme bestehen. Demzufolge stellt der EuGH in der Rechtssache "Hugin Kassaregister AB u. a./Kommission" der Sache nach fest, dass kein zwischenstaatlicher Handel gem. Art. 81 f. EGV gegeben ist, wenn der räumlich relevante Markt, auf dem die Auswirkung nach den drei Fallgruppen eintritt, auf das Gebiet eines Mitgliedstaats begrenzt ist. Die Auslegung der europäischen Zwischenstaatlichkeitsklausel im systematischen Zusammenhang mit dem Tatbestand des Marktes ergibt somit, dass das Vorliegen des Tatbestandsmerkmal "zwischenstaatlicher Handel" zu verneinen ist, wenn der räumlich relevante Markt auf das Gebiet eines Mitgliedstaats begrenzt ist.

Folglich ergibt der Rechtsvergleich zwischen europäischer und deutscher Zwischenstaatlichkeitsklausel, dass die Beeinträchtigung des zwischenstaatlichen Handels gem. Art. 81 f. EGV zu verneinen ist, wenn der räumlich relevante Markt, auf dem die Auswirkung, folglich die Beeinträchtigung eintritt, auf das Gebiet eines Mitgliedstaats begrenzt ist. In diesem Fall ist der Tatbestand des "zwischenstaatlichen Handels" nicht erfüllt. Liegt ein Fall der mittelbaren Auswirkung vor, tritt die Auswirkung auf einem benachbarten Markt ein. In diesem

---

1152 KOMM ABl. 1989 Nr. L 43/27 – Decca Navigator System, Rn. 4, 12.

1153 Vgl. dazu Schröter in: Groeben/Thiesing/Ehlermann (Fn. 3), Band 2/I Artikel 86 Rn. 124: "Unterschiedliche Steuersätze, Wirtschaftsstrukturen der Währungsverhältnisse schließen es dagegen nicht aus, mehrere Gemeinschaftsländer zu einem einzigen räumlich relevanten Markt zusammenzufassen. Voraussetzung hierfür ist jedoch, dass die sich aus solchen Unterschieden möglicherweise ergebenden Hindernisse die Entwicklung innergemeinschaftlicher Handelsströme nicht aufgehalten haben.".

1154 Siehe oben, Teil 1, A. II. 1. a) bis c).

Fall ist das Tatbestandsmerkmal "zwischenstaatlicher Handel" dann nicht erfüllt, wenn der benachbarte räumliche Markt nicht über das Gebiet eines Mitgliedstaats hinausreicht.

III. Bewertung der "extensiven Auslegung" der europäischen Zwischenstaatlichkeitsklausel

Die Auslegung der Art. 81 f. EGV im Rechtsvergleich mit der deutschen Zwischenstaatlichkeitsklausel zeigt, dass der Vorwurf, Rechtsprechung und Kommission interpretierten die Zwischenstaatlichkeitsklausel "extensiv", nur zum Teil berechtigt ist.
Die Auslegung der europäischen Zwischenstaatlichkeitsklausel durch Rechtsprechung und Kommission ist insoweit zu extensiv, als die Eignung zur Beeinträchtigung des zwischenstaatlichen Handels in Fällen bejaht wird, in denen der räumlich relevante Markt nicht über das Gebiet eines Mitgliedstaats hinausreicht[1155]. Die rechtsvergleichende Auslegung der europäischen Zwischenstaatlichkeitsklausel unter Berücksichtigung der Auslegungsgrundsätze, die für die deutsche Zwischenstaatlichkeitsklausel gelten, hat gezeigt, dass bei den Sachverhalten, bei denen der räumlich relevante Markt nicht über das Gebiet eines Mitgliedstaats hinausreicht, der zwischenstaatliche Handel nicht beeinträchtigt sein kann[1156]. Demzufolge sind die Ansichten von Rechtsprechung und Kommission abzulehnen, die Eignung zur Beeinträchtigung des zwischenstaatlichen Handels sei auch dann zu bejahen, wenn der räumlich relevante Markt auf das Gebiet eines Mitgliedstaats begrenzt sei[1157]. Die Auslegung der europäischen Zwischenstaatlichkeitsklausel ist damit beispielsweise in der Rechtssache "Merci Convenzionali Porto di Genova SpA/Siderurgica Gabrielli Spa" zu extensiv, da der EuGH die Eignung zur Beeinträchtigung des zwischenstaatlichen Handels bejaht, obgleich sich der räumlich relevante Markt auf das Gebiet des Hafens von Genua, folglich auf das Gebiet eines Mitgliedstaats beschränkte.
Darüber hinaus kommen jedoch Rechtsprechung und Kommission vor allem durch die Anwendung ökonomischer Definitionen zu einer nachvollziehbaren Auslegung der Tatbestandsmerkmale "Eignung zur Beeinträchtigung des zwischenstaatlichen Handels" in Art. 81 f. EGV. Legen beispielsweise Unternehmen in einer Vereinbarung Preise für den zwischenstaatlichen Handel eines Erzeugnisses fest, wird hierdurch der ökonomische Faktor Preis auf dem Markt verändert. Die Veränderung dieses Faktors führt zur Veränderung der Richtung der zwischenstaatlichen Handelsströme. Die Vereinbarung wirkt sich damit auf den

---

1155 Zu weitgehend deshalb z. B. EuGH Slg. 1991, I-5889 – Merci Convenzionali Porto di Genova SpA/Siderurgica Gabrielli SpA, Rn. 15, 20.

1156 Siehe oben, Teil 3, B. II..

1157 Siehe oben Teil 1, A. I. 2. a) bb) (1) (a) (aa) (aaa) (γ) (ββ).

zwischenstaatlichen Handel aus und ist bei Verstoß gegen wettbewerbsrechtliche Ziele als Beeinträchtigung gem. Art. 81 f. EGV zu qualifizieren.
Schließlich ermöglicht beispielsweise die Rechtsprechung des EuGH in der Rechtssache "Albany International BV/Stichting Bedrijfspensioenfonds Textielindustrie" eine sachgerechte zielorientierte Auslegung der Zwischenstaatlichkeitsklausel. Nach der Rechtsprechung sind Zielkonflikte zwischen wettbewerbsrechtlichen und nicht-wettbewerbs-rechtlichen Zielen nach den Grundsätzen praktischer Konkordanz zu lösen. Die Abwägung zwischen den Zielen und die Vorgabe, eine möglichst optimale Wirksamkeit der konfligierenden Ziele zu erreichen, ermöglicht es dem EuGH, zu Auslegungsergebnissen zu gelangen, die wichtige nicht-wettbewerbsrechtliche Ziele wie z. B. das sozialpolitische Ziel, angemessen berücksichtigen.

Gesamtergebnis

Der Rechtsvergleich zwischen europäischer und deutscher Zwischenstaatlichkeitsklausel führt somit zu einer Konkretisierung der Auslegung der "Eignung zur Beeinträchtigung des zwischenstaatlichen Handels" gem. Art. 81 f. EGV. Die Konkretisierung besteht darin, dass kein "zwischenstaatlicher Handel" gegeben ist, wenn der räumlich relevante Markt nicht über das Gebiet eines Mitgliedstaats hinausreicht. Die Eignung zur Beeinträchtigung des zwischenstaatlichen Handels ist somit zu verneinen, wenn der räumlich relevante Markt, auf dem die Beeinträchtigung eintritt, nicht über das Gebiet eines Mitgliedstaats hinausreicht.

Insgesamt sind folgende Ergebnisse festzuhalten:

I. Ergebnisse zu Teil 1

1.

Die Voraussetzungen des Tatbestandsmerkmals "zwischenstaatlicher Handel" sind nicht erfüllt, wenn der räumlich relevante Markt nicht über das Gebiet eines Mitgliedstaats hinausreicht. Liegt ein Fall der mittelbaren Auswirkung vor, tritt die Auswirkung auf einem benachbarten Markt ein. In diesem Fall ist das Tatbestandsmerkmal "zwischenstaatlicher Handel" nicht erfüllt, wenn der benachbarte räumliche Markt nicht über das Gebiet eines Mitgliedstaats hinausreicht.

2.

Die Voraussetzungen des Tatbestandsmerkmals "Beeinträchtigung" sind nicht erfüllt, wenn keine Auswirkung vorliegt oder die Auswirkung nicht gegen wettbewerbsrechtliche Ziele verstößt. Die Beeinträchtigung ist auch dann zu verneinen, wenn die Vereinbarung oder die Ausnutzung einer marktbeherrschenden Stellung, folglich deren Auswirkung der Verwirklichung eines nichtwettbewerbsrechtlichen Ziels dient.

3.

Die Auswirkung ist zu verneinen, wenn eine Vereinbarung oder die Ausnutzung einer marktbeherrschenden Stellung gem. Art. 81 f. EGV nicht zu einer Veränderung der Richtung der Handelsströme (Fallgruppe 1), zu einer Marktabschottung (Fallgruppe 2) oder zu einer Veränderung der Wettbewerbsstruktur (Fallgruppe 3) führt.

4.

Die Veränderung der Richtung der Handelsströme, die Marktabschottung und die Veränderung der Wettbewerbsstruktur sind nach ökonomischen Grundsätzen zu bestimmen.

5.

Die Auswirkung ist nicht als Beeinträchtigung zu qualifizieren, wenn sie nicht gegen das wettbewerbsrechtliche Ziel der Art. 2, Art. 3 Abs. 1 lit. g) EGV verstößt.

6.

Verstößt die Auswirkung gegen das wettbewerbsrechtliche Ziel, ist sie dann nicht als Beeinträchtigung zu qualifizieren, wenn die Auswirkung der Verwirklichung eines nicht-wettbewerbsrechtlichen Ziels dient und bei der Auslegung des Tatbestandsmerkmals das nicht-wettbewerbsrechtliche Ziel als alleiniger Auslegungsmaßstab zu verwenden ist. Hierfür ist zunächst Voraussetzung, dass zwischen wettbewerbsrechtlichem und nicht-wettbewerbsrechtlichem Ziel ein Zielkonflikt besteht. Das nicht-wettbewerbsrechtliche Ziel ist dann alleiniger Auslegungsmaßstab, wenn es gegenüber dem wettbewerbsrechtlichen Ziel vorrangig ist. Der Rang ist entweder durch ausdrückliche Normen oder nach den Grundsätzen praktischer Konkordanz zu bestimmen.

7.

Die Voraussetzungen des Tatbestandsmerkmals "Eignung" sind nicht erfüllt, wenn auf dem relevanten Markt aufgrund von Handelsschranken zukünftig keine zwischenstaatlichen Handelsströme bestehen. Dies ist durch eine ökonomische Analyse der Richtung der Handelsströme zu bestimmen.

8.

Des Weiteren fehlt die Eignung, wenn die Auswirkung nicht mit hinreichender Wahrscheinlichkeit eintreten wird.

9.

Die hinreichende Wahrscheinlichkeit des Eintritts der Wirkung ist zu verneinen, wenn die ökonomische Analyse der Handelsströme und der Wettbewerbsstruktur und die Analyse der potentiellen Auswirkungen rechtlicher Verpflichtungen auf dem relevanten Markt ergeben, dass eine Vereinbarung oder die Ausnutzung einer marktbeherrschenden Stellung nicht zu einer Veränderung der Richtung der Handelsströme, Marktabschottung oder Veränderung der Wettbewerbsstruktur führen wird.

II. Ergebnisse zu Teil 2

1.

Die deutsche Zwischenstaatlichkeitsklausel verweist mit den Tatbestandsmerkmalen "Wirkung", "Marktabschottung, wettbewerbsbeschränkendes oder diskriminierendes Verhalten oder Wettbewerbsregel" und "über das Gebiet eines Landes hinausreicht" auf die Tatbestandsmerkmale der §§ 1 bis 31 GWB.

2.

Die Voraussetzungen der Tatbestandsmerkmale "Marktabschottung", "wettbewerbsbeschränkendes Verhalten", "diskriminierendes Verhalten" und "Wettbewerbsregel" gem. § 48 Abs. 2 S. 1 GWB sind nicht erfüllt, wenn kein Mittel einer Wettbewerbsbeschränkung gegeben ist. Unter Mittel einer Wettbewerbsbeschränkung ist eine Wettbewerbshandlung oder eine Wettbewerbsregel zu verstehen. Paragraf 48 Abs. 2 S. 1 GWB verweist zur Definition des Mittels auf die Tatbestandsmerkmale der §§ 1 bis 31 GWB.

3.

Die Voraussetzungen des Tatbestandsmerkmals "Wirkung" sind nicht erfüllt, wenn kein Erfolg einer Wettbewerbsbeschränkung gegeben ist. Unter Erfolg einer Wettbewerbsbeschränkung ist die Beschränkung der Handlungsfreiheit eines Unternehmens zu verstehen. Zur Definition der Beschränkung der Handlungsfreiheit verweist § 48 Abs. 2 S. 1 GWB auf die einschlägigen Tatbestände der §§ 1 bis 31 GWB.

4.

Die Voraussetzungen des Tatbestandsmerkmals "über das Gebiet eines Landes hinausreicht" sind nicht erfüllt, wenn die Wirkung auf einem räumlich relevanten Markt eintritt, der nicht über das Gebiet eines Bundeslandes hinausreicht.

5.

Tritt die Wirkung nur auf dem Gebiet eines Bundeslandes und im Ausland ein, ist die LKartB zuständige Kartellbehörde.

III. Ergebnisse zu Teil 3

1.

Der Rechtsvergleich zwischen europäischer und deutscher Zwischenstaatlichkeitsklausel ergibt, dass die Eignung zur Beeinträchtigung des zwischenstaatlichen Handels zu verneinen ist, wenn der räumlich relevante Markt oder der benachbarte räumliche Markt nicht über das Gebiet eines Mitgliedstaats hinausreicht.

2.

Die Auslegung der Rechtsprechung und der Kommission ist insofern zu "extensiv", als die Eignung zur Beeinträchtigung des zwischenstaatlichen Handels auch in Fällen bejaht wird, in denen der räumlich relevante Markt oder der benachbarte räumliche Markt nicht über das Gebiet eines Mitgliedstaats hinausreicht.

Literaturverzeichnis

Autenrieth, Karlheinz: Die Anzeigepflicht beim Zusammenschluss ausländischer Unternehmen, Recht der Internationalen Wirtschaft (RIW) 1980, S. 820 ff.

- Die grenzüberschreitende Fusionskontrolle in Theorie und Praxis, Diss. Universität Konstanz 1982, Konstanz 1982.

Baardman, Bernard: Observations (Cour de justice, 13 juillet 1966, Affaire n° 32/65, gouvernement de la République italienne c/ Conseil et Commission de la CEE, Cahiers de droit européen (CDE) 1966, S. 669 ff.

Bach, Thomas: Der Einfluss von Prognosen auf die Rechtsprechung des Bundesverfassungsgerichts, Diss. Universität Würzburg 1983, Würzburg 1983.

Baden Fuller, C. W.: Article 86 EEC: economic analysis of the existence of a dominant position, European Law Review (ELRev) 1979, S. 423 ff.

Bär, Rolf: Kartellrecht und Internationales Privatrecht, Habil. Universität Bern 1964, Karlsruhe 1965.

Ballerstedt, Kurt: Handlungsunwert oder Erfolgsunwert im Gesetz gegen Wettbewerbsbeschränkungen? in: Coing, Helmut; Kronstein, Heinrich; Mestmäcker, Ernst-Joachim (Hrsg.), Wirtschaftsordnung und Rechtsordnung, Festschrift Franz Böhm zum 70. Geburtstag Karlsruhe 1965, S. 169 ff.

Basedow, Jürgen: Zielkonflikte und Zielhierarchien im Vertrag über die Europäische Gemeinschaft, in: Due, Ole (Hrsg.), Festschrift für Ulrich Everling, 1. Auflage Baden-Baden 1995, S. 49 ff.

Bayerisches Staatsministerium für Wirtschaft, Verkehr und Technologie: Kooperation und Wettbewerb, 5. Auflage München 2001, abrufbar unter www.bayerische-landeskartellbehoerde.de.

Bechthold, Rainer: Kartellgesetz, München 1993.

- Kartellgesetz, 3. Auflage München 2002.

Becker-Çelik, Astrid: Europäisches Wettbewerbsrecht – ein Konzept?, Europäisches Wirtschafts- und Steuerrecht (EWS) 1997, 334 ff.

Belke, Rolf: Die vertikalen Wettbewerbsbeschränkungen nach der Kartellgesetznovelle 1973, Zeitschrift für das gesamte Handelsrecht und Wirtschaftsrecht (ZHR) 138 (1974), S. 413 ff.

Bellis, Jean-François: "Nouvelles frontières" and EEC Competition Law in the Air Transport Sector: A Restatement of Classical Jurisdictional Rules, Swiss Review of International Competition Law (SwissRICL) 1986, S. 51 ff.

Benisch, Werner: Anmerkung zu BGH Beschluss vom 14. Januar 1960 – KRB 12/59 – ("Kohleplatzhandel"), Wirtschaft und Wettbewerb-Entscheidungssammlung (WuW/E) BGH 373 ff.

- Anmerkung zu BGH Beschluss vom 15. Juli 1966 – KVR 3/65 – ("Bauindustrie"), Wirtschaft und Wettbewerb-Entscheidungssammlung (WuW/E) BGH 789 ff.

Benkendorff, G.: Was ist unter "Beeinflussung der Marktverhältnisse" in § 1 des Gesetzes gegen Wettbewerbsbeschränkungen zu verstehen?, Wettbewerb in Recht und Praxis (WRP) 1962, S. 146 ff.

Berg, Werner: Neue Entscheidungen des EuGH zur Anwendung des EG-Kartellrechts im Bereich der sozialen Sicherheit, Europäische Zeitschrift für Wirtschaftsrecht (EuZW), 2000, S. 170 ff.

Bericht der Arbeitsgruppe Netznutzung Strom der Kartellbehörden des Bundes und der Länder vom 19.04.2001, abrufbar unter www.bundeskartellamt.de.

Berrisch, Georg M.: Zum "Bananen"-Urteil des EuGH vom 5.10.1994 – Rs. C-280/93, Deutschland ./. Rat der Europäischen Union, Europarecht (EuR) 1994, S. 461 ff.

Bethge, Herbert: Zur Problematik von Grundrechtskollisionen, Habil. Universität zu Köln 1976, München 1977.

Bischoff, Jean-Marie; *Huet,* André : Note: Cour de Justice des Communautés européennes – 30 avril 1986 – Affaire 209 à 213/84 – Ministère public et Lucas Asjes et autres – Affaire des Tarifs aériens, Journal du droit international (JDI) 1987, S. 462 ff.

Blaise, Jean-Bernard: Droit de la concurrence, Revue trimestrielle de droit européen (RTDE) 1987, S. 671 ff.

Blaise, Jean-Bernard; *Robin-Delaine,* Catherine: Jurisprudence de la Cour de Justice et du Tribunal de Première Instance (Septembre-Octobre 1994), Revue des Affaires Européennes (RevAE) 1994, S. 125 ff.

Blanke, Thomas: Anmerkung zu EuGH Slg. 1999, I-5751 ff – Albany International BV/Stichting Bedrijfspensioenfonds Textielindustrie, Arbeit und Recht (AuR) 2000, S. 26 ff.

Börner, Bodo: Die Rechtsprechung des Gerichtshofs der Gemeinschaften zur Bedeutung der allgemeinen Ziele der europäischen Verträge für den Wettbewerb, in: Börner, Bodo (Hrsg.), Studien zum deutschen und europäischen Wirtschaftsrecht, Band 26 Köln Berlin Bonn München 1977, S. 39 ff.

- Wirtschaftswissenschaftliche Begriffe im Gesetz gegen Wettbewerbsbeschränkungen?, in: Forschungsinstitut für Wirtschaftsverfassung und Wettbewerb e. V. Köln (Hrsg.), Wettbewerbsordnung im Spannungsfeld von Wirtschafts- und Rechtswissenschaft, Festschrift für Günther Hartmann Köln Berlin Bonn München 1976, S. 77 ff.

Borchert, Manfred: Außenwirtschaftslehre, 7. Auflage Wiesbaden 2001.

Braxator, Kamil: Die Zwischenstaatlichkeitsklausel in den Wettbewerbsvorschriften des EWG-Vertrages und des Freihandelsabkommens Schweiz-EWG, Diss. Universität St. Gallen, Bern Frankfurt am Main 1982.

Bruhin, Roland: Die Zwischenstaatlichkeitsklausel des europäischen Wettbewerbsrechtes in der Rechtsprechung des Gerichtshofes, Diss. Universität Freiburg (Schweiz) 1993, Bern 1994.

Büdenbender, Ulrich: Anmerkung zu EuGH Slg. 1999, I-5751 ff – Albany International BV/Stichting Bedrijfspensioenfonds Textielindustrie, Zeitschrift für Wirtschaftsrecht und Insolvenzpraxis (ZIP) 2000, S. 44 ff.

Bunte, Hermann-Josef: Kartellrecht, München 2003.

Calliess, Christian; Ruffert, Matthias (Hrsg.): Kommentar des Vertrages über die Europäische Union und des Vertrages zur Gründung der Europäischen Gemeinschaft – EUV/EGV –, 2. Auflage Neuwied Kriftel 2002.

Catalano, Nicola: La jurisprudence de la Cour de Justice à l'égard des contrats dits <<d'exclusivité>>, Cahiers de droit européen (CDE) 1967, S. 20 ff.

Crut, Danielle: Coopérative et clause d'exclusivité d'achat en droit européen, La Vie Judiciaire (LaVJ) 1981, S. 6.

Daig, Hans-Wolfram: Zu Rechtsvergleichung und Methodenlehre im Europäischen Gemeinschaftsrecht, in: Bernstein, Herbert; Drobnig, Ulrich; Kötz, Hein (Hrsg.), Festschrift für Konrad Zweigert, Tübingen 1981, S. 395 ff.

Dashwood, Alan: New light on Article 86 in the banana case, European Law Review (ELRev) 1978, S. 314 ff.

Dashwood, Alan; *Guy,* Diana; *Laddie,* Hugh; *Leigh,* Guy I. F.: The sugar industry marathon, European Law Review (ELRev) 1976, S. 479 ff.

Dauses, Manfred A. (Hrsg.): Handbuch des EU-Wirtschaftsrechts (Stand: März 2002), München, Band 1, Band 2.

Deckert, Martina Renate: Folgenorientierung in der Rechtsanwendung, Diss. Universität München 1994, München 1995.

Delanney, Philippe: Note: Arrêt du 14 février 1978, aff. 27/76, United Brands Company c/ Commission des C. E. (Chiquita), Revue trimestrielle de droit européen (RTDE) 1978, S. 294 ff.

Deringer, Arved: Alleinvertriebsverträge im Wettbewerbsrecht des Gemeinsamen Marktes, Neue Juristische Wochenschrift (NJW) 1966, 1585 ff.

- Annotation on Cases No. 56/65 "Maschinenbau Ulm GmbH/Société Technique Minière (MBU)", No. 32/65 "Italien/Rat u. a." and No. 19/65 "Grundig-Verkaufs-GmbH/Kommission", Common Market Law Review (CMLR) 1966/67, 220 ff.

Deringer, Arved; *Tessin*, Claus: Anmerkung zu BGH, Beschluss vom 17.12.1970 – KRB 1/70 – Teerfarben, Neue Juristische Wochenschrift (NJW) 1971, S. 521 ff.

De Richemont, Jean: Concentrations et abus de positions dominantes, Revue trimestrielle de droit européen (RTDE) 1973, S. 463 ff.

Diskussionspapier für die Sitzung des Arbeitskreises Kartellrecht vom 07.10.2002: "Marktöffnung und Gewährleistung von Wettbewerb in der leitungsgebundenen Energiewirtschaft", abrufbar unter: www.bundeskartellamt.de.

Dony, Marianne: L'affaire des bananes, Cahiers de droit européen (CDE) 1995, S. 461 ff.

Dreher, Meinrad: Der Rang des Wettbewerbs im europäischen Gemeinschaftsrecht, Wirtschaft und Wettbewerb (WuW) 1998, S. 656 ff.

Droste, Karl : Die Wettbewerbsregeln der Europäischen Wirtschaftsgemeinschaft, Neue Juristische Wochenschrift (NJW) 1962, S. 1937 ff.

Dubois, Jean-Pierre: Droit de la concurrence. Art. 85 et 86 C.E.E. Pratique concertée et abus de position dominante, Droit et pratique du commerce international (DPCI) 1976, S. 335 ff.

Dutheil de la Rochère, Jacqueline: (Note) Application des règles de concurrence du Traité C.E.E. à la fixation des tarifs de transport aérien, Revue trimestrielle de droit européen (RTDE), 1986, S. 519 ff.

Ebel, Hans-Rudolf: Anmerkung zu EuGH, Urteil vom 27.4.1994 . Rs. C.393/92; Gemeinde Almelo u. a./N.V. Energijbedrijf Ijsselmij, Europäisches Wirtschafts- & Steuerrecht (EWS) 1994, S. 241 ff.

Ehlermann, Claus Dieter: Der Beitrag der Wettbewerbspolitik zum Europäischen Binnenmarkt, Wirtschaft und Wettbewerb (WuW) 1992, S. 5 ff.

Ehlers, Dirk (Hrsg.): Europäische Grundrechte und Grundfreiheiten, Berlin 2003.

Eichler, Helmut: Handelsbeeinträchtigung und Wettbewerbsbeschränkung, Diss. Universität Mannheim 1991, Bern Frankfurt a. M. 1972.

Emmerich, Volker: Die höchstrichterliche Rechtsprechung zum GWB, Zeitschrift für das gesamte Handelsrecht und Wirtschaftsrecht (ZHR) 139 (1975), S. 501 ff.

- Kartellrecht, 9. Auflage München 2001.

Erlinghagen, Peter: Zur Verwendbarkeit wirtschaftswissenschaftlicher Theorien als Beweismittel im Kartellverfahren, in: Forschungsinstitut für Wirtschaftsverfassung und Wettbewerb e. V. Köln (Hrsg.), Wettbewerbsordnung im Spannungsfeld von Wirtschafts- und Rechtswissenschaft, Festschrift für Günther Hartmann Köln Berlin Bonn München 1976, S. 95 ff.

Everling, Ulrich: Probleme der Rechtsangleichung zur Verwirklichung des europäischen Binnenmarktes, in: Baur, Jürgen F.; Hopt, Klaus J.; Mailänder, K. Peter (Hrsg.), Festschrift für Ernst Steindorff, Berlin New York 1990, S. 1155 ff.

- Zur Wettbewerbskonzeption in der neueren Rechtsprechung des Gerichtshofs der Europäischen Gemeinschaften, Wirtschaft und Wettbewerb (WuW) 1990, S. 995 ff.

- Zur neueren EuGH-Rechtsprechung zum Wettbewerbsrecht, Europarecht (EuR), 1982, S. 301 ff.

Fehn, Bernd J.: Grundrechtskollisionen in der Praxis, Juristische Ausbildung (JA) 1987, S. 12 ff.

Fikentscher, Wolfgang: Neuere Entwicklungen der Theorie zum Tatbestandsmerkmal der Wettbewerbsbeschränkung § 1 GWB, Wirtschaft und Wettbewerb (WuW) 1961, S. 788 ff.

Fleischer, Holger: Tarifverträge und Europäisches Wettbewerbsrecht, Der Betrieb (DB), 2000, S. 821 ff.

Forrester, Ian S.: Software licensing in the light of current EC competition law considerations, European Competition Law Review (ECLR) 1992, S. 5 ff.

Gamm, Otto-Friedrich Frhr. v.: Rechtswahl für internationale Wettbewerbsbeschränkungen und zwingendes Recht, Neue Juristische Wochenschrift (NJW) 1997, S. 1555 ff.

Garner, S. Scott: Hoffmann-La Roche and dominant position in the EEC, The Journal of International Law and Economics (TJILE) 1980, S. 485 ff.

Glassen, Helmut; *von Hahn*, Helmuth; *Kersten*, Hans-Christian; *Rieger*, Harald (Hrsg.): Frankfurter Kommentar zum Kartellrecht (Stand Mai 2002), Köln, Band II (Kurzdarstellungen; §§ 1 bis 60 GWB n. F.), Band VI (EG-Kartellrecht; Sachregister).

Gleiss, Alfred: Anmerkung zum Urteil des Europäischen Gerichtshofes vom 12.Dezember 1967 – Rechtssache 23/67 ("Brasserie de Haecht II"), Wirtschaft und Wettbewerb (WuW) 1968, S. 206 ff.

- Fusionskontrolle im EWG-Kartellrecht?, Außenwirtschaftsdienst des Betriebs-beraters/Recht der Internationalen Wirtschaft (RIW) 1973, S. 268 ff.

- Zwei bedeutsame Urteile des Europäischen Gerichtshofs, Wettbewerb in Recht und Praxis (WRP) 1967, S. 163 ff.

Gleiss, Alfred; Hirsch, Martin (Hrsg.): Kommentar zum EG-Kartellrecht, 4. Auflage Heidelberg 1993, Band 1 (Art. 85 und Gruppenfreistellungsverordnungen).

Grabitz, Eberhard; *Hilf*, Meinhard (Hrsg.): Das Recht der Europäischen Union (Stand Februar 2002), München, Band I (EUV/EGV).

Grabitz, Eberhard: Über die Verfassung des Binnenmarktes, in: Baur, Jürgen F.; Hopt, Klaus J.; Mailänder, K. Peter (Hrsg.), Festschrift für Ernst Steindorff, Berlin New York 1990, S. 1229 ff.

Grabitz, Eberhard; *von Bogdandy*, Armin: Vom Gemeinsamen Markt zum Binnenmarkt – Statik und Dynamik des Europäischen Marktes, Juristische Schulung (JuS) 1990, S. 170 ff.

Groeben, Hans von der; *Thiesing*, Jochen; *Ehlermann*, Claus-Dieter (Hrsg.): Kommentar zum EU-/EG-Vertrag, 5. Auflage Baden-Baden 1997 (Band 1 Artikel A-F EUV, 1-84 EGV; Band 5 Artikel 210-248 EGV; Artikel H-S EUV), 5. Auflage Baden-Baden 1999 (Band 2/I Artikel 85 – 87 EGV).

Günther, Eberhard: Die Auslegung unbestimmter Rechtsbegriffe des GWB, in: Forschungsinstitut für Wirtschaftsverfassung und Wettbewerb e. V. Köln (Hrsg.), Wettbewerbsordnung im Spannungsfeld von Wirtschafts- und Rechtswissenschaft, Festschrift für Günther Hartmann Köln Berlin Bonn München 1976, S. 123 ff.

Gyselen, Luc: Case note: Case C-67/96, Albany v. Stichting Bedrijfspensioenfonds Textielindustrie; Joined Cases C-115-117/97, Brentjens' Handelsonderneming v. Stichting Bedrijfspensioenfonds voor de handel mit bouwmaterialien; and Case C-219/97, Drijvende Bokken v. Stichting Pensioenfonds voor de vervoer- en havenbedrijven. Judgments of the Full Court of 21 September 1999, not yet reported, Common Market Law Review (CMLR), 2000, S. 425 ff.

Hamon, Francis: Note: Cour de justice des Communautés européennes – 27 avril 1994 – Aff.: Commune d'Almelo et autres – No C-393/92, L'actualité juridique (L'AJ) 1994, S. 637 ff.

Hancher, Leigh: Annotation: Case C-393/92, Gemeente Almelo and Others v. Energiebedrijf Ijsselmij NV, Judgment of 27 April 1994 (full court), Common Market Law Review (CMLR) 1995, S. 305 ff.

Haus, Florian C.: Stromdurchleitung bei der Bewag – ein Präjudiz für § 19 IV Nr. 4 GWB?, Wirtschaft und Wettbewerb (WuW) 1999, S. 1190 ff.

Hauschka, Christoph E.: Zielkonflikte zwischen Unternehmenskontrolle und Wirtschaftsförderung in den wettbewerbspolitischen Programmaussagen der EG-Kommission, Wirtschaft und Wettbewerb (WuW) 1990, S. 205 ff.

Haverkate, Görg/*Weiss*, Manfred; *Huster*, Stefan: Casebook zum Arbeits- und Sozialrecht der EU, 1. Auflage Baden-Baden 1999.

Heermann, Peter W.: Professionelle Sportligen auf der Flucht vor dem Kartellrecht, RabelsZ 2003, S. 106 ff.

Helios, Marcus: Anmerkung zu EuG, Urt. v. 2003 – Rs. T-319/99 (Federación Nacional de Empresas, Instrumentación Científica, Médica, Técnica y Dental [FENIN]/Kommission der Europäischen Gemeinschaften), Europäische Zeitschrift für Wirtschaftsrecht (EuZW) 2003, S. 283 ff.

Henrotte-Estienne, Elizabeth: (Observations) Les règles de concurrence du Traité CEE s'appliquent au transport aérien, Cahiers de droit européen (CDE) 1986, S. 361 ff.

Herdzina, Klaus: Wettbewerbspolitik, 5. Auflage Stuttgart 1999.

Hermitte, Marie-Angèle: Note: Cour de Justice des Communautés européennes – 3 décembre 1987 – Affaire 136/86 – BNIC, Journal du droit international (JDI) 1989, S. 432.

- Note: Cour de Justice des Communautés européennes – 28 avril 1998 – Affaire C-306/96 – Yves St-Laurent-Javico, Journal du droit international (JDI) 1999, S. 583 f.

Hesse, Konrad: Grundzüge des Verfassungsrechts der Bundesrepublik Deutschland, 20. Auflage Heidelberg 1995.

Hildebrandt, Bernd: Die Beeinträchtigung des zwischenstaatlichen Handels, eine Untersuchung zu Art. 85 EWG-Vertrag, Diss. Ruprecht-Karl-Universität Heidelberg 1965, Berlin 1965.

Hitzler, Gerhard: Die Abgrenzung der Zuständigkeitsbereiche des Bundeskartellamts und der Landeskartellbehörden nach § 44 Abs. 1 Nr. 1 d) GWB, Wirtschaft und Wettbewerb (WuW) 1979, S. 733 ff.

- Die Beteiligung der Kartellbehörden an Kartellrechtsstreitigkeiten nach § 90 GWB, Wirtschaft und Wettbewerb (WuW) 1982, S. 509 ff.

Hohmann, Holger: Die essential facilities doctrine im Recht der Wettbewerbsbeschränkungen, Diss. Universität Tübingen 2001, Baden-Baden 2001.

Hootz, Christian: Alleinvertriebsverträge mit absolutem Gebietsschutz im EWG-Kartellrecht, Neue Juristische Wochenschrift (NJW) 1966, S. 2249 ff.

Hübner, Ulrich: Anmerkung zu EuGH, Urteil v. 27.1.1987 – Rechtssache 45/85, Juristenzeitung (JZ) 1987, S. 461 ff.

- Das Europäische Recht und die Versicherungswirtschaft in: Börner, Bodo; Jahrreiß, Hermann; Stern, Klaus (Hrsg.), Einigkeit und Recht und Freiheit, Festschrift für Karl Carstens Band 1 Köln Berlin Bonn München 1984, S. 139 ff.

Immenga, Ulrich; *Mestmäcker,* Ernst-Joachim (Hrsg.): EG-Wettbewerbsrecht, München 1997, Band I.

- GWB, Gesetz gegen Wettbewerbsbeschränkungen, München 1981.
- GWB, Gesetz gegen Wettbewerbsbeschränkungen, 2. Auflage München 1992.
- GWB, Gesetz gegen Wettbewerbsbeschränkungen, 3. Auflage München 2001.

Ipsen, Hans Peter: Europäisches Gemeinschaftsrecht, Tübingen 1972.

Kerber, Markus: Anmerkung zu Gerichtshof der Europäischen Gemeinschaften, Urteil vom 30.4.1986 – Rechtssachen 209 bis 213/84, Außenwirtschaftsdienst des Betriebsberaters/Recht der Internationalen Wirtschaft (RIW) 1986, S. 633 ff.

Kevekordes, Johannes: Auslandszusammenschlüsse im internationalen und materiellen Kartellrecht, Diss. Universität Münster 1985, Heidelberg 1986.

Kirschstein, Friedrich: Beurteilung von Alleinvertriebsverträgen nach EWG-Kartellrecht, Wirtschaft und Wettbewerb (WuW) 1966, S. 777 ff.

Klemp, Wolfram: Kartellrechtliche Anmeldung von Konditionenempfehlungen nach § 38 Abs. 2 Nr. 3 GWB und das AGB-Gesetz, Betriebs-Berater (BB) 1977, S. 1121 ff.

Kloepfer, Michael: Umweltschutz als Kartellprivileg?, Juristenzeitung (JZ) 1980, S. 781 ff.

Koch, Eckhart: Der Anwendungsbereich der Wettbewerbsregeln des EWG-Vertrages in der europäischen Praxis – Beginn einer Fehlentwicklung?, Der Betrieb (DB) 1969, 1541 ff.

Koenigs, Folkmar: Die Beeinträchtigung des Handels zwischen Mitgliedstaaten als Abgrenzungskriterium zwischen dem EWG-Kartellrecht und dem nationalen Recht der Mitgliedstaaten, in: Gamm, Otto Friedrich Freiherr von; Raisch, Peter; Tiedemann, Klaus (Hrsg.), Strafrecht, Unternehmensrecht, Anwaltsrecht, Festschrift für Gerd Pfeiffer Köln Berlin Bonn München 1988.

Korah, Valentine: Abuse of a Dominant Position under Article 86 of the Treaty of Rome, The Journal of Business Law (TJBL) 1974, S. 253 ff.

Kovar, Robert: Annotation: Cour de Justice des Communautés européennes – 6 mars 1974 – Affaires 6 et 7-73 – Istituto Chemioterapico Italiano S.p.A. et Commercial Solvents Corporation c/ Commission des Communautés européennes – Recueil, 1974, 223 s., Journal du droit international (JDI) 1976, S. 229 ff.

- Annotation: Cour de Justice des Communautés européennes – 25 novembre 1971 – Affaire 22-71 – Beguelin, Import Co c/ S:A:G:L: Import-Export (demande de décision préjudicielle formée par le Tribunal de commerce de Nice), Journal du droit international (JDI) 1973, S. 531 ff.

Küsters, Hanns Jürgen: Die Gründung der Europäischen Wirtschaftsgemeinschaft, 1. Auflage Baden-Baden 1982.

Kuyper, P. J.: Case note: Joined Cases 209 to 213/84, Ministère public (Public prosecutor) v. Lucas Asjes et al., Andrew Gray et al., Jacques Maillot et al., and Leo Ludwig et al. Preliminary Ruling of 30 April 1986 requested by the Tribunal de Police, Paris (not yet reported) on the interpretation of Article 84 (2) and Article 85 et seq. of the EEC Treaty, Common Market Law Review (CMLR) 1986, S. 661 ff.

Langen, Eugen: Kommentar zum Kartellgesetz, 6. Auflage Neuwied Kriftel 1982.

Langen, Eugen; *Bunte*, Hermann-Josef (Hrsg.): Kommentar zum deutschen und europäischen Kartellrecht, 9. Auflage Neuwied Kriftel Berlin 2001, Band 1.

Lanz, Christoph: Wettbewerbsbeeinträchtigung, Zwischenstaatlichkeitsklausel & De Minimis, Diss. Universität Linz 2002, Linz 2002.

Larenz, Karl; *Canaris*, Claus-Wilhelm: Methodenlehre der Rechtswissenschaft, 3. Auflage Berlin Heidelberg New York 1995.

Lenz, Carl Otto (Hrsg.): EG-Vertrag, 2. Auflage Köln 1999.

Le Tallec, Georges: Die Wettbewerbsregeln in der Europäischen Wirtschaftsgemeinschaft nach der Rechtsprechung des Gerichtshofs, Außenwirtschaftsdienst des Betriebsberaters/Recht der Internationalen Wirtschaft (RIW) 1966, S. 437 ff.

- Les règles de concurrence précisées par la Cour de Justice – Les conséquences pour les contrats d'exclusivité, Revue trimestrielle de droit européen (RTDE) 1966, S. 611 ff.

Lorenz, Werner: Rechtsvergleichung am Gerichtshof der Europäischen Gemeinschaften, in: Dietz, Rolf; Hübner, Heinz (Hrsg.), Festschrift für Hans Carl Nipperdey, Band II S. 797 ff., München und Berlin 1965.

Lovergne, Jacques: Commentaire: Arrêt de la CJCE du 27 janvier 1987, Affaire No. 45/85; Assurance Incendie, Revue de la concurrence et de la consommation (RevCC) 1987, S. 46 f.

Lübbert, Hans-Dieter: Anmerkung zum Urteil des BGH vom 13. Dezember 1983, Aktz.: KRB 3/83, Gewerblicher Rechtsschutz und Urheberrecht (GRUR) 1984, S. 380.

Lukes, Rudolf: Stromlieferverträge in der Bundesrepublik und im EG-Wettbewerbsrecht, Europäisches Wirtschafts- & Steuerrecht (EWS) 1999, S. 441 ff.

- Zum Verständnis des Wettbewerbs und des Marktes in der Denkkategorie des Rechts, in: Coing, Helmut; Kronstein, Heinrich; Mestmäcker, Ernst-Joachim (Hrsg.), Wirtschaftsordnung und Rechtsordnung, Festschrift Franz Böhm, Karlsruhe 1965.

Lutz, Helmut: Die Beurteilung von Einkaufskooperationen nach deutschem Wettbewerbsrecht, Wettbewerb in Recht und Praxis (WRP) 2002, S. 47 ff.

Maasch, Beate: Auslegung von Normen – ein spezifisches Problem im Kartellrecht?, Zeitschrift für das gesamte Handelsrecht und Wirtschaftsrecht (ZHR) 150 (1986), S. 354 ff.

Mailänder, Peter K.: Anmerkung zu Rechtssachen 56 und 58/64 (Grundig/Consten gegen EWG-Kommission), Betriebs-Berater (BB) 1966, S. 836 ff.

Markert, Kurt: Anmerkung zu Gerichtshof der Europäischen Gemeinschaften, Urteil vom 25.11.1971, Rechtssache 22/71; betr. das dem Gerichtshof auf Grund von Art. 177 EWGV vom Tribunal de commerce Nizza in dem vor diesem Gericht anhängigen Rechtsstreit Gesellschaft Béguelin Import Co., Brüssel, u. a. gegen Aktiengesellschaft G. L. Import Export, Nizza u. a. vorgelegte Ersuchen um Vorabentscheidung, Europarecht (EuR) 1972, S. 163 ff.

Matthes, Norbert: Handelsströme, Diss. Universität Siegen 1990, München 1991.

Maurer, Hartmut: Staatsrecht I, 2. Auflage München 2001.

Mayer, Kerstin: Die Zwischenstaatlichkeitsklausel als Abgrenzungskriterium zwischen europäischem und nationalem Kartellrecht, Diss. Freie Universität Berlin, Mannheim 1999/2001.

Meessen, Karl Matthias: Kollisionsrecht der Zusammenschlusskontrolle, Baden-Baden 1984.

Mees, Hans-Kurt: Preisunterbietungen als Behinderungen aus wettbewerbsrechtlicher und kartellrechtlicher Sicht in der Rechtsprechung des Bundesgerichtshofs, Wettbewerb in Recht und Praxis (WRP) 1992, S. 223 ff.

Mestmäcker, Ernst-Joachim: Offene Märkte im System unverfälschten Wettbewerbs in der Europäischen Wirtschaftsgemeinschaft, in: Coing, Helmut; Kronstein, Heinrich; Mestmäcker, Ernst-Joachim (Hrsg.), Wirtschaftsordnung und Rechtsordnung, Festschrift für Franz Böhm, Karlsruhe 1965, S. 345 ff

Möhring, Philipp: Das nicht angemeldete Exportkartell, in: Müller, Klaus; Soell, Hermann (Hrsg.), Rechtswissenschaft und Gesetzgebung, Festschrift für Eduard Wahl zum siebzigsten Geburtstag, Heidelberg 1973.

Möschel, Wernhard: Subsidiaritätsprinzip und europäisches Kartellrecht, Neue Juristische Wochenschrift (NJW) 1995, S. 281 ff.

Müller, Friedrich: Juristische Methodik, 7. Auflage Berlin 1997.

Müller-Henneberg, Hans; *Schwartz,* Gustav (Hrsg.): Gesetz gegen Wettbewerbsbeschränkungen und Europäisches Kartellrecht, 2. Auflage Köln Berlin Bonn München 1963.

Nicklisch, Fritz: Der verbandsrechtliche Aufnahmezwang und die Inhaltskontrolle satzungsmäßiger Aufnahmevoraussetzungen, Juristenzeitung (JZ) 1976, S. 105 ff.

Niebel, Rembert: Das Kartellrecht der Markenlizenz unter besonderer Berücksichtigung des Europäischen Gemeinschaftsrechts, Wettbewerb in Recht und Praxis (WRP) 2003, S. 482 ff.

Norton, Joseph Jude: The European Court of Justice judgment in United Brands: Extraterritorial jurisdiction and abuse of dominant position, The Denver Journal of International Law and Policy (TDJILP) 1979, S. 379 ff.

Novak, Meinhard: Wirtschaftsrechtliche Grundsatzentscheidung des EuGH, in: European Law Reporter (ELRep) 2000, S. 2 ff.

Oberender, Peter; *Okruch,* Stefan: Gegenwärtige Probleme und zukünftige Perspektiven der europäischen Wettbewerbspolitik, Wirtschaft und Wettbewerb (WuW) 1994, S. 507.

Olten, Rainer: Wettbewerbstheorie und Wettbewerbspolitik, 2. Auflage München 1998.

Oppermann, Thomas: Europarecht, 2. Auflage München 1999.

Ossenbühl, Fritz: Die Kontrolle von Tatsachenfeststellungen und Prognoseentscheidungen durch das Bundesverfassungsgericht, in: Starck, Christian (Hrsg.), Bundesverfassungsgericht und Grundgesetz, FG aus Anlass des 25jährigen Bestehens des Bundesverfassungsgerichts Tübingen 1976, I. Band S. 458 ff.

Pfeifer, Manfred: Anmerkung zu Gerichtshof der Europäischen Gemeinschaften, Urteil v. 13.7.1966 – verbundene Rechtssachen 56 und 58/64 (Grundig-Consten ./. EWG-Kommission), Juristenzeitung (JZ) 1966, S. 677 ff.

Pfeiffer, Gerd: Grundfragen der Rechtskontrolle im Kartellverfahren, in: Forschungsinstitut für Wirtschaftsforschung und Wettbewerb e. V. Köln (Hrsg.), Schwerpunkte des Kartellrechts 1978/79, Köln Berlin Bonn München 1980.

Philippi, Klaus Jürgen: Tatsachenfeststellungen des Bundesverfassungsgerichts, Diss. Universität Saarbrücken 1971, Köln Berlin Bonn München 1971.

Pieroth, Bodo; *Schlink,* Bernhard: Grundrechte, 17. Auflage Heidelberg 2001.

Rabels, Peter: Anmerkung zu Gerichtshof der Europäischen Gemeinschaften, Urt. vom 12.12.1967, Rechtssache 23/67, betr. ein Ersuchen um Vorabentscheidung auf Grund von Art. 177 EWGV, vorgelegt vom Tribunal de Commerce Lüttich in dem vor ihm anhängigen Rechtsstreit der Aktiengesellschaft Brasserie de Haecht gegen Hernn Oskar Wilkins und Frau Marie Janssen, Europarecht (EuR) 1968, S. 221 ff.

Raisch, Peter: Methodische Bedenken gegen Generalklauseln im Kartellrecht am Beispiel der Missbrauchsaufsicht über marktbeherrschende Unternehmen, Juristenzeitung (JZ) 1965, S. 625 ff.

Randolph, Fergus: How not to behave as a dominant undertaking: A View from the Court of First Instance – BPB Industries and British Gypsum v Commission, European Competition Law Review (ECLR) 1993, S. 220 ff.

Rapp-Jung, Barbara: Der Energiesektor zwischen Marktwirtschaft und öffentlicher Aufgabe, Europäische Zeitschrift für Wirtschaftsrecht (EuZW) 1994, S. 464 ff.

Rehbinder, Eckard: Extraterritoriale Wirkungen des deutschen Kartellrechts, Diss. Universität Frankfurt am Main 1964, Baden-Baden 1965.

Rinck, Gerd: Wirtschaftswissenschaftliche Begriffe in Rechtsnormen, in: Ule, Carl-Hermann; Schwab, Karl Heinz; Nipperdey, Hans Carl; Ulmer, Eugen; Seidl-Hohenveldern, Ignaz, Recht im Wandel, Festschrift Hundertfünfzig Jahre Carl Heymanns Verlag KG Köln Berlin Bonn München 1965, S. 361 ff.

Rittner, Fritz: Wirtschaftsrecht mit Wettbewerbs- und Kartellrecht, Heidelberg Karlsruhe 1979.

- Wettbewerbs- und Kartellrecht, 6. Auflage Heidelberg 2001.

Rook, Kersten: Umweltschutz und Wettbewerb im EG-Recht, Diss. Universität Osnabrück 1997, Osnabrück 1998.

Rose, Klaus; *Sauernheimer,* Karlhans: Theorie der Außenwirtschaft, 13. Auflage, München 1999.

Rüfner, Wolfgang: Grundrechtskonflikte, in: Starck, Christian (Hrsg.), Bundesverfassungsgericht und Grundgesetz, FG aus Anlass des 25jährigen Bestehens des Bundesverfassungsgerichts Tübingen 1976, II. Band S. 453 ff.

Sachs, Michael (Hrsg.): Grundgesetz, 2. Auflage, München 1999.

Saint-Esteben, Robert: Développements récents des droits français et communautaires de la concurrence, Droit et pratique du commerce international (DPCI) 1989, S. 151 ff.

Sandrock, Otto: Grundbegriffe des Gesetzes gegen Wettbewerbsbeschränkungen, Habil. Universität Bonn 1965, München 1968.

Sauter, Herbert: Die Bagatelle im Kartellrecht der Europäischen Gemeinschaften und § 1 GWB, in: Gutzler, Helmut (Hrsg.), Wettbewerb im Wandel, Festschrift Eberhard Günther zum 65. Geburtstag, Baden-Baden 1976, S. 361 ff.

Schapira, Jean: L'article 85 du Traité de Rome devant la Cour de Justice des Communautés, Journal du droit international (JDI) 1967, S. 323 ff.

Schmidt, Ingo: Wettbewerbspolitik und Kartellrecht, 7. Auflage Stuttgart 2001.

Schneider, Harald: Die Güterabwägung des Bundesverfassungsgerichts bei Grundrechtskonflikten, 1. Auflage Baden-Baden 1979.

Schneider, Mark A.: European Communities – Restrictive Practices – Commission of the European Communities may order specific relief to cure abuse of a dominant market position under Article 86, Vanderbilt Journal of Transnational Law (VanderbiltJTL) 1975, S. 769 ff.

Schnichels, Dominik: Marktabschottung durch langfristige Gaslieferverträge, Europäische Zeitschrift für Wirtschaftsrecht (EuZW) 2003, S. 171 ff.

Scholl, Nicolas: Europäisches und nationales Wettbewerbsrecht, Bern Zürich 1998.

Schröter, Helmuth: Alleinvertriebsabkommen im Wettbewerbsrecht der EWG, Wettbewerb in Recht und Praxis (WRP) 1967, S. 110 ff.

Schröter, Helmuth; *Jakob,* Thinam; *Mederer,* Wolfgang (Hrsg.): Kommentar zum Europäischen Wettbewerbsrecht, Baden-Baden 2003.

Schubert, Thure: Der Gemeinsame Markt als Rechtsbegriff – Die allgemeine Wirtschaftsfreiheit des EG-Vertrages, Diss. Universität München 1999, München 1999.

Schulze, Rainer; Hoeren, Thomas (Hrsg.): Dokumente zum Europäischen Recht, Berlin Heidelberg New York 1999, Band 1: Gründungsverträge.

Schwacke, Peter: Grundrechtliche Spannungslagen, Stuttgart Berlin Köln Mainz 1975.

Schwartz, Ivo E.: Deutsches internationales Kartellrecht, Diss. Universität Freiburg (Breisgau) 1962, 2. Auflage Köln Berlin Bonn München 1968.

Schwarze, Jürgen: Daseinsvorsorge im Lichte des europäischen Wettbewerbsrechts, Europäische Zeitschrift für Wirtschaftsrecht (EuZW) 2001, S. 334 ff.

Schwarze, Jürgen (Hrsg.): EU-Kommentar, 1. Auflage Baden-Baden 2000.

Schwintowski, Hans-Peter: Der private Versicherungsvertrag zwischen Recht und Markt, habil. Universität Göttingen 1986, Baden-Baden 1987.

Sedemund, Jochim; *Montag*, Frank: Liberalisierung des Luftverkehrs durch europäisches Wettbewerbsrecht?, Neue Juristische Wochenschrift (NJW) 1986, S. 2146 ff.

Shaw, Josephine: A healthy monopoly for a dying trade?, European Law Review (ELRev) 1988, S. 422 ff.

Steckhan, Rainer: Die "Zwischenstaatlichkeitsklausel" des Art. 85 EWG im Lichte der amerikanischen Handelsklauselrechtsprechung, Diss. Universität des Saarlandes, Hannover-Kirchrode 1962/1963.

Stein, Ekkehart; *Frank*, Götz: Staatsrecht, 17. Auflage Tübingen 2000.

Streinz, Rudolf: Europarecht, 5. Auflage Heidelberg 2001.

Ströbele, Wolfgang; *Wacker*, Holger: Außenwirtschaft, 2. Auflage München Wien 2000.

Stumpf, Cordula: Aufgabe und Befugnis – Das wirtschaftsverfassungsrechtliche System der europäischen Gemeinschaftsziele; dargestellt in seinen Auswirkungen auf die Freistellung vom Kartellverbot, Habil. Universität Heidelberg 1996/1997, Frankfurt am Main 1999.

Teichmann, Arndt: Die Zwischenstaatlichkeitsklausel in Art. 85 Abs. 1 EWG-Vertrag, Wirtschaft und Wettbewerb (WuW) 1969, S. 671 ff.

Tessin, Claus: Alleinvertriebsverträge im EWG-Kartellrecht, Der Betrieb (DB) 1966, S. 1261 ff.

Tostmann, Stefan: Anmerkung zu EuGH, Urt. v. 9.7.1992, Rs C-2/90 (Kommission/Königreich Belgien), Europäische Zeitschrift für Wirtschaftsrecht (EuZW) 1992, S. 579 f.

Väth, Andreas: Die Wettbewerbskonzeption des Europäischen Gerichtshofs, Diss. Universität Bayreuth, Bayreuth 1987.

Vajda, Christopher: Observations: Cour de Justice, 29 octobre 1980, Affaires jointes n°s 209 à 215 et 218/78, Heintz van Landewyck, FEDETB, Etablissements Gosset, BAT Benelux, CINTA, Weltab, Jubilé, Vander Elst soutenues par l'Association des Détaillants en Tabac (ATAB), l'Association Nationale des Grossistes en Produits Manufacturés du Tabac (AGROTAB), la Fédération Nationale des Négociants en Journaux, Publications, Librairie et Articles Connexes (FNJ) contre la Commission des Communautés européennes soutenue par Mestdagh Frères e. a., Fédération Belge du Commerce Alimentaire (FBCA) et GB-INNO-BM, Cahiers de droit européen (CDE) 1982, S. 263 ff.

Van Miert, Karel: Wettbewerbspolitik und die Zusammenarbeit zwischen den Kartellbehörden in der Europäischen Union, in: Gerken, Lüder (Hrsg.), Europa zwischen Ordnungswettbewerb und Harmonisierung, Berlin Heidelberg New York 1995, S. 219 ff.

Walsh, Kevin: Air transport and the EEC competition rules, International Business Lawyer (IBL) 1986, S. 223 f.

Wertenbruch, Johannes: Die zentrale Vermarktung von Fußball-Fernsehrechten als Kartell nach § 1 GWB und Art. 85 EGV, Zeitschrift für Wirtschaftsrecht und Insolvenzpraxis (ZIP) 1996, S. 1417 ff.

Wertheimer, H. W.: The Haecht II judgment and its repercussions, Common Market Law Review (CMLR) 1973, S. 386 ff.

White, Eric L.: Some Important Aspects of the Hoffman-La Roche Judgment, The Law Society's Gazette (TLSGazette) 1980, S. 246 f.

Wiedemann, Gerhard (Hrsg.): Handbuch des Kartellrechts, München 1999.

Winter, Jan A.; *Curtin,* Deirdre M.; *Kellermann,* Alfred E.; *De Witte,* Bruno (Hrsg.): Reforming the Treaty on European Union, Den Haag 1996.

Würdinger, Hans: Anmerkung zu Gerichtshof der Europäischen Gemeinschaften, Urt. v. 13.7.1966, verbundene Rechtssachen 56 und 58/64; Aktiengesellschaft Consten, Courbevoie/Seine und Grundig-Verkaufs-GmbH, Fürth/Bayern, gegen Kommission der EWG, Europarecht (EuR) 1966, S. 283 ff.

- Exportkartell und EWG, Wirtschaft und Wettbewerb (WuW) 1960, S. 313 ff.

Zuleeg, Manfred: Die Wirtschaftsverfassung der europäischen Gemeinschaften, In: Dürr, Ernst (Hrsg.), Wirtschaftspolitische und gesellschaftspolitische Ordnungsprobleme der Europäischen Gemeinschaften, 1. Auflage Baden-Baden 1978, S. 73 ff.

Zweigert, Konrad; *Kötz,* Hein: Einführung in die Rechtsvergleichung, 2. Auflage Tübingen 1984, Band I (Grundlagen).

Entscheidungsverzeichnis

(geordnet nach dem Jahr der Veröffentlichung)

1. Entscheidungen des Gerichtshofs in der amtlichen Sammlung

1966, 282 ff. – Société Technique (LTM)/Maschinenbau Ulm (MBU), 30.06.1966, Rs. 56/65.

1966, 322 ff. – Consten GmbH u. a./Kommission, 13.07.1966, Rs. 56 und 58/64.

1967, 544 ff. – Aktiengesellschaft Brasserie de Haecht/Herrn Oscar Wilkin und Frau Marie Janssen, 12.12.1967, Rs. 23/67.

1971, 949 ff. – Béguelin Import Co. u. a./S.A.G.L. Import Export u. a., 25.11.1971, Rs. 22/71.

1972, 977 ff. – Vereeniging van Cementhandelaren/Kommission, 11.10.1972, Rs. 8/72.

1973, 215 ff. – Europemballage Corporation u. a./Kommission, 21.02.1973, Rs. 6/72.

1974, 223 ff. – Istituto Chemioterapico Italiano S.p.A. u. a./Kommission, 22.01.1974, Rs. 6/73, 7/73.

1975, 563 ff. – Nederlandse Vereniging voor de Fruit en Groentenimporthandel en Nederlandse Bond van Grossiers in Zuidvruchten en ander geimporteerd Fruit "Frubo"/Kommission u. a., 15.05.1975, Rs. 71/74.

1975, 1491 ff. – Groupement des Fabricants de Papiers Peints de Belgique u. a./Kommission, 26.11.1975, Rs. 73/74.

1975, 1663 ff. – Coöperatieve Vereniging "Suiker Unie" u. a./Kommission, 16.12.1975, vb. Rs. 40-48, 50, 54-56, 111, 113 und 114/73.

1976, 811 ff. – EMI Records Limited/CBS United Kingdom Limited, 15.06.1976, Rs. 51/75.

1977, 1875 ff. – Metro SB-Großmärkte GmbH & Co KG/Kommission, 25.10.1977, Rs. 26/76.

1978, 131 ff. – Miller International Schallplatten GmbH/Kommission, 01.02.1978, Rs. 19/77.

1978, 207 ff. – United Brands Company u. a./Kommission, 14.02.1978, Rs. 27/76.

1978, 1391 ff. – Theal BV/Kommission, 20.06.1978, Rs. 28/77.

1979, 461 ff. – Hoffmann-La Roche und Co. AG/Kommission, 13.02.1979, Rs. 85/76.

1979, 1869 ff. – Hugin Kassaregister AB u. a./Kommission, 31.05.1979, Rs. 22/78.

1979, 2435 ff. – BMW Belgium SA u. a./Kommission, 12.07.1979, Rs. 32/78 und 36 bis 82/78.

1979, 3275 ff. – Greenwich Film Productions/Société des Auteurs, Compositeurs et Editeurs de Musique (SACEM), 25.10.1979, Rs. 22/79.

1980, 3125 ff. – Heintz van Landewyck u. a./Kommission, 29.10.1980, Rs. 209 bis 215 und 218/78.

1980, 3393 ff. – Maizena GmbH/Rat, 29.10.1980, Rs. 139/79.

1981, 851 ff. – Coöperatieve Stremsel – en Kleurselfabriek/Kommission, 25.03.1981, Rs. 61/80.

1981, 2021 ff. – Gerhard Züchner/Bayerische Vereinsbank AG, 14.07.1981, Rs. 172/80.

1982, 1409 ff. – Gaston Schul Douane Expéditeur B. V./Inspecteur der Invoerrechten en Accijnzen Roosendaal, 05.05.1982, Rs. 15/81.

1983, 483 ff. – Gesellschaft zur Verwertung von Leistungsschutzrechten mbH (GVL)/Kommission, 02.03.1983, Rs. 7/82.

1983, 3151 ff. – Allgemeine Elektricitäts-Gesellschaft AEG-Telefunken AG/Kommission, 25.10.1983, Rs. 107/82.

1983, 3461 ff. – N. V. Nederlandsche Banden – Industrie – Michelin/Kommission, 09.11.1983, Rs. 322/81.

1984, 19 ff. – De Vereeniging ter Bevordering van het vlaamsche Boekwezen u. a./Kommission, 17.01.1984, Rs. 43/82, 63/82.

1984, 1679 ff. – Compagnie Royale Asturienne des Mines S. A. u.a./Kommission, 28.03.1984, vb. Rs. 29/83 und 30/83.

1985, 363 ff. – BAT Cigaretten-Fabriken GmbH/Kommission, 30.01.1985, Rs. 35/83.

1985, 2545 ff. – Remia B.V. u. a./Kommission, 11.07.1985, Rs. 42/84.

1986, 559 ff. – Bulk Oil (Zug) AG/Sun International Limited u. a., 18.02.1986, Rs. 174/84.

1986, 1425 ff. – Ministère Public/Lucas Asjes u. a., 30.04.1986, Rs. 209 bis 213/84.

1987, 405 ff. – Verband der Sachversicherer e. V./Kommission, 27.01.1987, Rs. 45/85.

1987, 4789 ff. – Bureau National Interprofessionnel de Cognac/Yves Aubert, 03.12.1987, Rs. 136/86.

1988, 2479 ff. – Corinne Bodson/SA Pompes funèbres des régions libérées, 04.05.1988, Rs. 30/87.

1988, 5193 – "Zellstoff"/Kommission, 27.09.1988, Rs. 89, 104, 114, 116, 117 und 125 bis 129/85.

1988, 5249 ff. – Bayer AG u. a./Heinz Suellhoefer, 27.09.1988, Rs. 65/86.

1988, 5987 ff. – Alsatel Société Alsacienne et Lorraine de Télécommunications et d'Electronique/S. A. Novasam, 05.10.1988, Rs. 247/86.

1991, I-1979 ff. – Höfner u. Elser/Macotron, 23.04.1991, Rs. C-41/90.

1991, I-5889 ff – Merci Convenzionali Porto di Genova SpA/Siderurgica Gabrielli SpA, 10.12.1991, Rs. C-179/90.

1993, I-637 ff. – Christian Poucet/Assurances générales de France (AGF) u. a. und Daniel Pistre/Caisse autonome nationale de compensation de l'assurance vieillesse des artisans (Cancava), 17.02.1993, Rs. C-159/91 und C-160/91.

1994, I-1477 ff. – Gemeente Almelo u. a./ NV Energijbedrijf Ijsselmij, 27.04.1994, Rs. C-393/92.

1994, I-1829 ff. – Französische Republik/Kommission, 17.05.1994, Rs. C-41/93.

1995, I-743 ff. – Radio Telefis Eireann (RTE) u. a./Kommission, 06.04.1995, Rs. C-241/91 P und C-242/91 P.

1995, I-3115 ff. – The Queen/Minister of Agriculture, Fisheries and Food ex parte National Federation of Fishermen's Organizations, 17.10.1995, Rs. C-44/94.

1995, I-3439 ff. – Bayerische Motorenwerke AG/ALD Auto-Leasing D GmbH, 24.10.1995, Rs. C-70/93.

1995, I-3477 ff. – Bundeskartellamt/Volkswagen AG u. a., 24.10.1995, Rs. C-266/93.

1995, I-4013 ff. – Fédération Française des Sociétés d'Assurance u. a./Ministère de l'Agriculture et de la Pêche, 16.11.1995, Rs. C-244/94.

1997, I-4411 ff. – Ferriere Nord SpA/Kommission, 17.07.1997, Rs. C-219/95 P.

1997, I-7119 ff. – Job Centre coop. arl, 11.12.1997, Rs. C-55/96.

1998, I-1983 ff. – Javico International u. a./Yves Saint Laurent Parfums SA (YSLP), 28.04.1998, Rs. C-306/96.

1998, I-3111 ff. – John Deere Ltd/Kommission, 28.05.1998, Rs. C-7/95 P.

1999, I-135 ff. – Carlo Bagnasco u. a./Banca Popolare di Novara soc. coop. arl. (BNP), 21.01.1999, Rs. C-215/96 und C-216/96.

1999, I-4539 ff. – Montecatini SpA/Kommission, 08.07.1999, Rs. C-235/92 P.

1999, I-5751 ff. – Albany International BV/Stichting Bedrijfspensioenfonds Textilindustrie, 21.09.1999, Rs. C-67/96.

2000, I-1365 ff. – Compagnie maritime belge des transports SA u. a./Kommission, 16.03.2000, Rs. C-395/96 P und C-396/96 P.

2001, I-5333 ff. – Irish Sugar plc/Kommission, 10.07.2001, Rs. C-497/99 P.

2001, I-8089 ff – Firma Ambulanz Glöckner/Landkreis Südwestpfalz, 25.10.2001, Rs. C-475/99.

2. Entscheidungen des Gerichts erster Instanz in der amtlichen Sammlung

1991, II-485 ff. – Radio Telefis Eireann/Kommission, 10.07.1991, Rs. T-69/89.

1992, II-1155 ff. – Montedipe SpA/Kommission, 10.03.1992, Rs. T-14/89.

1993, II-389 ff. – BPB Industries plc u. a./Kommission, 01.04.1993, Rs. T-65/89.

1994, II-957 ff. – John Deere Ltd/Kommission, 27.10.1994, Rs. T-35/92.

1995, II-289 ff. – Vereniging van Samenwerkende Prijsregelende Organisaties in de Bouwnijverheid u. a./Kommission, 21.02.1995, Rs. T-29/92.

1995, II-791 ff. – Tréfileurope Sales SARL, 06.04.1995, Rs. T-141/89.

1995, II-867 ff. – Usines Gustave Boel SA/Kommission, 06.04.1995, Rs. T-142/89.

1996, II-1201 ff. – Compagnie maritime belge des transports SA u. a./Kommission, 08.10.1996, Rs. T-24/93, T-25/93, T-26/93 und T-28/93.

1999, II-2969 ff. – Irish Sugar plc/Kommission, 07.10.1999, Rs. T-228/97.

2002, II-1647 ff. – KE KELIT Kunststoffwerk GmbH, 20.03.2002, Rs. T-17/99.

3. Entscheidungen der Kommission im Amtsblatt der Europäischen Gemeinschaften

1971 Nr. L 134/15 ff. – GEMA, 02.06.1971, IV/26.760, (71/224/EWG).

1972 Nr. L 13/34 ff. – Vereeniging van Cementhandelaren, 16.12.1971, IV/324, (72/22/EWG).

1974 Nr. L 237/3 ff. – Papiers Peints de Belgique, 23.07.1974, IV/426, (74/431/EWG).

1976 Nr. L 6/8 ff. – AOIP/Beyrard, 02.12.1975, IV/26.949, (76/29/EWG).

1978 Nr. L 242/15 ff. – Centraal Stikstof Verkoopkantoor, 20.07.1978, IV/26.186, (8/732/EWG).

1981 Nr. L 353/33 ff. – Bandengroothandel Frieschebrug B. V./N. V. Nederlandsche Banden Industrie Michelin, 07.10.1981, IV/29.491, (81/969/EWG).

1985 Nr. L 19/17 ff – Grohe Vertriebssystem, 10.12.1984, IV/30.299, (85/44/EWG).

1985 Nr. L 35/1 ff. – Peroxyd-Produkte, 23.11.1984, IV/30.907, (85/74/EWG).

1985 Nr. L 35/20 ff. – Feuerversicherung, 05.12.1984, IV/30.307, (85/75/EWG).

1985 Nr. L 35/35 ff. – Milchförderungsfonds, 07.12.1984, IV/28.930, (85/76/EWG).

1985 Nr. L 85/1 ff. – Zellstoff, 19.12.1984, IV/29.725, (85/202/EWG).

1985 Nr. L 374/1 ff. – ECS/AKZO, 14.12.1985, IV/30.698, (85/609/EWG).

1986 Nr. L 230/1 ff. – Polypropylen, 23.04.1986, IV/31.149, (86/389/EWG).

1988 Nr. L 78/34 ff. – Konica, 18.12.1987, IV/31.503, (88/172/EWG).

1988 Nr. L 305/33 ff. – Continental/Michelin, 10.11.1988, IV/32.173, (88/555/EWG).

1989 Nr. L 43/27 ff – Decca Navigator System, 21.12.1988, IV/30.979 und 31.394, (89/113/EWG).

1991 Nr. L 152/16 ff. – Soda-Solvay und CFK, 19.12.1990, IV/33.133-B, (91/298/EWG).

1992 Nr. L 134/1 ff. – Reederausschüsse in der Frankreich-Westafrika-Fahrt, 01.04.1992, IV/32.450, (92/262/EWG).

1994 Nr. L 376/1 ff. – Transatlantic Agreement, 31.12.1994, IV/34.446, (94/980/EG).

1994 Nr. L 378/45 ff. – Tretorn u. a., 21.12.1994, IV/32.948 - IV/34.590, (94/987/EG).

1995 Nr. L 272/16 ff. – BASF Lacke + Farben AG und Accinauto S.A., 12.07.1995, IV/33.802, (95/477/EG).

1996 Nr. L 201/1 ff. – ADALAT, 10.01.1996, IV/34.279/F3, (96/478/EG).

1997 Nr. L 258/1 ff. – Irish Sugar, 14.05.1997, IV/34.621 und 35.059/F-3, (97/624/EWG).

1999 Nr. L 69/31 ff. – Portugiesische Flughäfen, 10.02.1999, IV/35.703, Az. K(1999) 243, (1999/199/EG).

1999 Nr. L 76/1 ff. – British Sugar plc u. a., 14.10.1998, IV/F-3/33.708, IV/F-3/33.709 und IV/F-3/33.711, Az. K(1998) 3061, (1999/210/EG).

2000 Nr. L 268/1 ff. – Far East Trade Tariff Charges and Surcharges Agreement (FETTCSA), 16.05.2000, IV/34.018, Az. K(2000) 1170, (2000/627/EG).

2001 Nr. L 262/14 ff. – Volkswagen, 29.06.2001, COMP/F-2/36.693, Az. K(2001) 1698, (2001/711/EG).

2002 Nr. L 61/32 ff. – De Post – La Poste, 05.12.2001, COMP/37.859, Az. K(2001) 3644 CORR., (2002/180/EG).

2002 Nr. L 100/1 ff. – Graphitelektroden, 18.07.2001, COMP/E-1/36.490, Az. K(2001) 1986, (2002/271/EG).

2002 Nr. L 143/1 ff. – Michelin, 20.06.2001, COMP/E-2/36.041/PO, Az. K(2001) 1582, (2002/405/EG).

2002 Nr. L 239/18 ff. – Zitronensäure, 05.12.2001, COMP/E-1/36.604, Az. K(2001) 3923, (2002/742/EG).

2002 Nr. L 257/1 ff. – Mercedes-Benz, 10.10.2001, COMP/36.264, Az. K(2001) 3028, (2002/758/EG).

4. Bekanntmachungen/Mitteilungen der Kommission im Amtsblatt der Europäischen Gemeinschaften

Bekanntmachung der Kommission über die Definition des relevanten Marktes im Sinne des Wettbewerbsrechts der Gemeinschaft, ABl. 1997 Nr. C 372/5, Az. 97/C 372/03.

Mitteilung der Kommission an das Europäische Parlament und den Rat "Die Strategie für den europäischen Binnenmarkt", Az. KOM (1999) 464 endg..

5. Entscheidungen des Bundesverfassungsgerichts in der amtlichen Sammlung

E 28, 243 ff., 26.05.1970, Az. 1 BvR 83, 244 und 345/69.

E 35, 202 ff., 05.06.1973, Az. 1 BvR 536/72.

E 93, 1 ff., 16.05.1995, Az. 1 BvR 1087/91.

6. Entscheidungen des BGH in Wirtschaft und Wettbewerb/Entscheidungssammlung (WuW/E)

WuW/E BGH 154 ff. – Darmimporteure, 25.05.1956, Az. VI ZR 66/55.
WuW/E BGH 251 ff. – 4711, 08.10.1958, Az. 1/58.
WuW/E BGH 288 ff. – Großhändlerverband II, 25.02.1959, Az. KZR 2/58.
WuW/E BGH 369 ff. – Kohleplatzhandel, 14.01.1960, Az. KRB 12/59.
WuW/E BGH 451 ff. – Export ohne WBS, 26.10.1961, Az. KZR 3/61.
WuW/E BGH 486 ff. – SPAR, 07.06.1962, Az. KZR 6/60.
WuW/E BGH 509 ff. – Original-Ersatzteile, 16.10.1962, Az. KZR 2/62.
WuW/E BGH 605 ff. – Flussspat, 01.07.1964, Az. KZR 12/61.
WuW/E BGH 690 ff. – Brotkrieg II, 24.06.1965, Az. KZR 7/64.
WuW/E BGH 726 ff. – Klinker, 27.01.1966, Az. KRB 2/65.
WuW/E BGH 767 ff. – Bauindustrie, 15.07.1966, Az. KVR 3/65.
WuW/E BGH 810 ff. – Zimcofot, 20.05.1966, Az. KZR 10/64.
WuW/E BGH 877 ff. – Shell-Tankstelle, 15.12.1967, Az. KZR 6/66.
WuW/E BGH 1168 ff. – Blitzgeräte, 29.10.1970, Az. KZR 9/69.
WuW/E BGH 1238 ff. – Registrierkassen, 26.10.1972, Az. KZR 54/71.
WuW/E BGH 1337 ff. – Aluminium-Halbzeug, 29.01.1975, Az. KRB 4/74.
WuW/E BGH 1402 ff. – EDV-Zubehör, 23.09.1975, Az. KZR 14/74.
WuW/E BGH 1458 ff. – Fertigbeton, 14.10.1976, Az. KZR 36/75.
WuW/E BGH 1474 ff. – Architektenkammer, 16.12.1976, Az. KVR 5/75.
WuW/E BGH 1489 ff. – Brotindustrie, 01.06.1977, Az. KRB 3/76.
WuW/E BGH 1613 ff. – Organische Pigmente, 29.05.1979, Az. KZR 2/78.
WuW/E BGH 1666 ff. – Denkzettel-Aktion, 13.11.1979, Az. KZR 1/79.
WuW/E BGH 1678 ff. – Valium II, 24.06.1980, Az. KZR 22/79.
WuW/E BGH 1736 ff. – markt-intern, 14.07.1980, Az. KRB 6/79.
WuW/E BGH 1787 ff. – Garant, 27.01.1981, Az. KVR 4/80.
WuW/E BGH 1911 ff. – Meierei-Zentrale, 23.03.1982, Az. KZR 5/81.

WuW/E BGH 1965 ff. – gemeinsamer Anzeigenteil, 09.11.1982, Az. KVR 9/81.

WuW/E BGH 1999 ff. – Beistand bei Kostenangeboten, 14.04.1983, Az. KRB 4/82.

WuW/E BGH 2050 ff. – Bauvorhaben Schramberg, 13.12.1983, Az. KRB 3/83.

WuW/E BGH 2069 ff. – Kundenboykott, 02.02.1984, Az. I ZR 4/82.

WuW/E BGH 2103 ff. – Favorit, 06.11.1984, Az. KVR 13/83.

WuW/E BGH 2238 ff. – EH-Partner-Vertrag, 15.04.1986, Az. KVR 3/85.

WuW/E BGH 2309 ff. – Glockenheide, 21.10.1986, Az. KVR 7/85.

WuW/E BGH 2411 ff. – Personenbeförderung ab Stadtkreisgrenze, 30.06.1987, Az. KZR 12/86.

WuW/E BGH 2469 ff. – Brillenfassungen, 23.02.1988, Az. KRB 4/87.

WuW/E BGH 2483 ff. – Sonderungsverfahren, 23.02.1988, Az. KZR 17/86.

WuW/E BGH 2596 f – Eisenbahnschwellen, 20.06.1989, Az. KZR 13/88.

WuW/E BGH 2683 ff. – Zuckerrübenanlieferungsrecht, 13.11.1990, Az. KZR 25/89.

WuW/E BGH 2909 ff. – Pronuptia II, 08.02.1994, Az. KZR 2/93.

WuW/E BGH 2923 ff. – Mustermietvertrag, 22.03.1994, Az. KVR 23/93.

WuW/E BGH 2953 ff. – Gasdurchleitung, 15.11.1994, Az. KVR 29/93.

WuW/E BGH 2977 ff. – Hitlisten-Platten, 04.04.1995, Az. KZR 34/93.

WuW/E BGH 3067 ff. – Fremdleasingboykott II, 02.07.1996, Az. KZR 20/91.

WuW/E DE-R 115 ff. – Carpartner, 13.01.1998, Az. KVR 40/96.

WuW/E DE-R 289 ff. – Lottospielgemeinschaft, 09.03.1999, Az. KVR 20/97.

WuW/E DE-R 375 ff. – Flugpreisspaltung, 22.07.1999, Az. KVR 12/98.

WuW/E DE-R 395 ff. – Beteiligungsverbot für Schilderpräger, 28.09.1999, Az. KZR 18/98.

WuW/E DE-R 703 ff. – Puttgarden II, 08.05.2001, Az. KVZ 23/00.

WuW/E DE-R 919 ff. – Stellenmarkt für Deutschland II, 09.07.2002, Az. KVR 1/01.

WuW/E DE-R 977 ff. – Fährhafen Puttgarden, 24.09.2002, Az. KVR 15/01.

7. Entscheidungen des BGH in Neue Juristische Wochenschrift (NJW)

NJW 1971, 521 ff. – Teerfarben, 17.12.1970, Az. KRB 1/70.

8. Entscheidungen des BGH in Gewerblicher Rechtsschutz und Urheberrecht (GRUR)

GRUR 1974, S. 102 ff. – Rohrlieferungen, 12.07.1973, Az. KRB 2/72.

9. Entscheidungen der Oberlandesgerichte in Wirtschaft und Wettbewerb/Entscheidungssammlung (WuW/E)

Bayerisches Oberstes Landgericht (BayObLG) WuW/E OLG 344 ff., 31.05.1960, Az. KV 1/59.

OLG Düsseldorf WuW/E OLG 725 ff. – Marktfreie Milcherzeugnisse, 19.05.1965, Az. 20 U (Kart) 222/65.

OLG Frankfurt WuW/E OLG 956 ff., 20.04.1967, Az. 6 U 84/66.

OLG Celle WuW/E OLG 1001 ff. – Hauswirtschaftsausstellung, 20.06.1969, Az. 13 U (Kart) 30/69.

OLG Hamburg WuW/E OLG 1703 ff., 11.12.1975, Az. 3 W 127/75.

OLG München WuW/E OLG 1789 ff. – Flötzinger Bräu, 22.10.1976, Az. Kart 1/76.

OLG Düsseldorf WuW/E OLG 2032 ff. – Interessengebiet für Transportbeton-Produktion, 07.06.1977, Az. U Kart 2/77.

OLG Hamburg WuW/E OLG 2067 ff. – Werbeaktion mit Kaffeegeschirren, 02.03.1978, Az. 3 U 149/77.

OLG München WuW/E OLG 2156 ff., 05.04.1979, Az. Kart 2/79.

OLG Stuttgart WuW/E OLG 2381 ff. – Das moderne Büro, 03.10.1980, Az. 2 Kart 2/80.

OLG München WuW/E OLG 2738 ff. – Wertkauf, 22.07.1982, Az. Kart 6/82.

OLG Düsseldorf WuW/E OLG 3550 ff. – Kupferrohr-Bestellungen, 07.05.1985, Az. U (Kart) 25/84.

OLG Celle WuW/E OLG 4023 ff. – Spielkarten, 18.03.1987, Az. 13 U (Kart) 197/86.

OLG Karlsruhe WuW/E OLG 4313 ff. – Tankuntersuchung, 11.05.1988, Az. 6 U 259/86 Kart.

OLG Hamburg WuW/E OLG 4586 ff. – Gloria-Filmtheater, 11.05.1989, Az. 3 V Kart 1/88.

OLG Düsseldorf WuW/E OLG 4698 ff. – Gütegemeinschaft Kachelöfen, 25.07.1989,
Az. U (Kart) 16/88.

OLG Frankfurt WuW/E OLG 5416 ff. – Konzessionsvertrag Niedernhausen, 09.05.1995, Az. 11 VA (Kart) 1/94.

OLG Düsseldorf WuW/E DE-R 183 ff. – Berliner Positivliste, 02.09.1997, Az. U (Kart) 11/97.

OLG Düsseldorf WuW/E DE-R 585 ff. – Kfz-Werkstätten, 18.10.2000, Az. U (Kart) 5/00.

OLG Düsseldorf WuW/E DE-R 774 ff. – Kramer Progetha, 08.08.2001, Az. U (Kart) 20/01.

OLG Düsseldorf WuW/E DE-R 867 ff. – Germania, 27.03.2002, Az. Kart 7/02 (V).

OLG Düsseldorf WuW/E DE-R 880 ff. – Strom & Fon, 21.02.2001, Az. U (Kart) 33/00.

OLG Düsseldorf WuW/E DE-R 949 ff. – Transportbeton Sauerland, 26.07.2002, Az. Kart 37/01 (V).

10. Entscheidungen der Oberlandesgerichte in Neue Juristische Wochenschrift Rechtsprechungs-Report (NJW-RR)

OLG Celle NJW-RR 2002, S. 476 ff., 31.05.2001, Az. 13 U (Kart) 248/98.

11. Entscheidungen der Oberlandesgerichte im Volltext

OLG Frankfurt vom 03.12.1992, Az. 6 U (Kart) 31/82.

12. Entscheidungen des Kammergerichts Berlin in Wirtschaft und Wettbewerb/Entscheidungssammlung (WuW/E)

WuW/E OLG 709 ff. – Bockhorner Klinker, 16.10.1964, Az. Kart B 1/63.

WuW/E OLG 907 ff. – Sportartikelmesse, 22.07.1968, Az. Kart 2/68.

WuW/E OLG 1061 ff., 08.07.1969, Az. U (Kart) 9/68.

WuW/E OLG 1219 ff. – Ölfeldrohre, 12.11.1971, Az. Kart B 12/71.

WuW/E OLG 1265 ff. – Zahnpasten, 14.01.1972, Az. Kart B 23/71.

WuW/E OLG 1339 ff. – Linoleum, 28.11.1972, Az. Kart 4/72.

WuW/E OLG 1553 ff. – Kalkulationsklausel II, 10.10.1974, Az. Kart 19/74.

WuW/E OLG 1596 ff. – Dauerbackwaren, 14.03.1975, Az. Kart 147/75.

WuW/E OLG 1733 ff., 16.06.1976, Az. Kart 5/76.

WuW/E OLG 1775 ff., 28.05.1976, Az. Kart 165/75.

WuW/E OLG 1780 ff. – Krawatten, 07.07.1976, Az. Kart 166/75.

WuW/E OLG 2023 ff. – Drogisten-Fachzeitschrift, 09.03.1978, Az. Kart 26/76.

WuW/E OLG 2284 ff. – Stadtwerke Frankfurt, 06.05.1980, Az. Kart 1/80.

WuW/E OLG 2607 ff. – Raffinerie-Abnahmepreise, 13.11.1981, Az. Kart 36/81.

WuW/E OLG 2789 ff., 25.03.1982, Az. Kart 43/81.

WuW/E OLG 2975 ff. – Orientteppich-Importmesse, 09.11.1982, Az. Kart 31/81.

WuW/E OLG 3044 ff., 11.03.1983, Az. Kart15/82.

WuW/E OLG 3124 ff. – Milchaustauschfuttermittel, 09.11.1983, Az. Kart 35/82.

WuW/E OLG 3183 ff. – Versicherung von Fernsehreparaturkosten, 21.03.1984, Az. Kart U 3017/83.

WuW/E OLG 4627 ff. – Hamburger Benzinpreise, 08.11.1990, Az. Kart 19/90.

WuW/E OLG 4914 ff. – Mustermietvertrag II, 11.12.1991, Az. Kart 7/91.

WuW/E OLG 5053 ff. – Einflussnahme auf die Preisgestaltung, 17.09.1992, Az. Kart 12/91.

WuW/E OLG 5165 ff. – Gasdurchleitung, 09.06.1993, Az. Kart 19/92.

WuW/E OLG 5439 ff. – Kraftwerkkomponenten, 10.04.1995, Az. Kart U 7605/94.

WuW/E OLG 5926 ff. – Spreegas, 15.01.1997, Az. Kart 25/95.

WuW/E DE-R 165 ff. – BVS, 20.05.1998, Az. Kart U 6148/97.

WuW/E DE-R 628 ff. – Stellenmarkt für Deutschland II, 19.07.2000, Az. Kart 49/99.

WuW/E DE-R 816 ff. – Rübenzucker, 10.10.2001, Az. Kart 30/99.

13. Entscheidungen des Kammergerichts Berlin in Wettbewerb in Recht und Praxis (WRP)

1981, S. 148 ff., 21.10.1980, Az. 5 U 4696/79.

14. Entscheidungen des Kammergerichts Berlin in Betriebs-Berater (BB)

1975, S. 848 ff., 02.04.1975, Az. Kart 42/74.

15. Entscheidungen der Landgerichte in Wirtschaft und Wettbewerb/Entscheidungssammlung (WuW/E)

LG München I WuW/E DE-R 633 ff. – Deggendorfer Transportbeton, 23.08.2000, Az. 21 O 16924/99.

16. Beschlüsse des Bundeskartellamts in Wirtschaft und Wettbewerb/Entscheidungssammlung (WuW/E)

WuW/E BKartA 60 ff. – Melitta, 26.06.1959, Az. B4-511100-R-25/59.

WuW/E BKartA 704 ff. – Verwertungsgesellschaften, 15.07.1963, Az. B4-748100-A-244/60 und B4-366381-A-246/60.

WuW/E BKartA 1583 ff. – Metro, 23.09.1975, Az. B7-711910-TV-159/74.

WuW/E BKartA 1771 ff. – Transportbetonvertrieb, 21.09.1978, Az. B6-253600-U-184/77.

WuW/E BKartA 1983 ff. – Favorit, 20.11.1981, Az. B8-825000-TX-74/81.

WuW/E BKartA 1999 ff. – Hamburger Benzinpreise, 06.08.1982, Az. B8-2210000-T-67/82.

WuW/E BKartA 2185 ff. – Latex, 11.02.1985, Az. B3-592232-W-76/82.

WuW/E BKartA 2297 ff. – Heidelberger Zement – Malik, 27.07.1988, Az. B1-253100-U-107/87.

WuW/E BKartA 2682 ff. – Fußball-Fernsehübertragungsrechte I, 02.09.1994, Az. B6-747000-A-105/92.

WuW/E DE-V 149 ff. – Berliner Stromdurchleitung, 30.08.1999, Az. B8-40100-T-99/99.

WuW/E DE-V 209 ff. – Stellenmarkt für Deutschland II, 25.08.1999, Az. B6-22131-M-49/99.

WuW/E DE-V 599 ff. – Radio L 12, 25.04.2002, Az. B6-159/01.

WuW/E DE-V 750 ff – RWE Net, 13.02.2003, Az. B 11-20/02.

17. Beschlüsse des Bundeskartellamts im Volltext

30.08.1999, Az. B8-40100-T-99/99.

09.08.2001, Az. B1-63/00.

18. Entscheidungen der Landeskartellbehörden in Wirtschaft und Wettbewerb/Entscheidungssammlung (WuW/E)

LKartB Bayern (Bayerischer Staatsminister für Wirtschaft und Verkehr) WuW/E LKartB 14 ff. – Kalkwerke, 12.04.1960, Az. 7631e-JU/c-17420.

LKartB Baden-Württemberg (Wirtschaftsministerium Baden-Württemberg) WuW/E LKartB 22 ff. – Hartstein-Union, 10.08.1960, Az. 3732-S18/43.

LKartB Hessen (Hessischer Minister für Wirtschaft und Verkehr) WuW/E LKartB 28 ff. – Kreiswerke I, 17.01.1961, Az. IIId-823000-N-(517/10/58-535/1/58)-I/60.

LKartB Baden-Württemberg WuW/E LKartB 43 ff. – Granit-Union, 07.08.1961.

LKartB Nordrhein-Westfalen (Minister für Wirtschaft, Mittelstand und Verkehr des Landes Nordrhein-Westfalen) WuW/E LKartB 49 ff. – Grauwacke, 14.08.1961,
Az. I/C2-73-16/2.

LKartB Nordrhein-Westfalen (Nordrhein-Westfälischer Minister für Wirtschaft, Mittelstand und Verkehr) WuW/E LKartB 63 ff. – Fliesenregeln, 01.03.1962, Az. I/C 2-75-16/8.

LKartB Bayern (Bayerischer Staatsminister für Wirtschaft und Verkehr) WuW/E LKartB 71 ff. – Bayerische Düngekalk-Gesellschaft, 05.06.1961, Az. 6731 e-JU/e-29266.

LKartB Niedersachsen WuW/E LKartB 77 ff. – Niedersächsische Brauereien, 26.09.1963, Az. I/1 (PK) b-22.22-27/63.

LKartB Nordrhein-Westfalen WuW/E LKartB 93 ff. – Nordrheinische Kraftfahrlehrer, 01.08.1965, Az. I/C-2-75-17.

LKartB Baden-Württemberg WuW/E LKartB 143 ff. – Feuerwehrschutzanzüge, 10.08.1970, Az. Nr. 3764.7/33.

LKartB Baden-Württemberg WuW/E LKartB 205 ff. – Das moderne Büro, 01.04.1980, Az. IV 3748.19-V 93.1/9.

LKartB Hessen (Hessisches Ministerium für Umwelt, Energie und Bundesangelegenheiten) WuW/E LKartB 327 ff. – Konzessionsvertrag Niedernhausen, 15.12.1993,
Az. VIB-78k-20-01/504-18.

19. Materialien zum Gesetz gegen Wettbewerbsbeschränkungen

Begründung zu dem Entwurf eines Gesetzes gegen Wettbewerbsbeschränkungen, BT-Drs. 2/1158 S. 21 ff., 22.01.1955.

Entwurf eines Zweiten Gesetzes zur Änderung des Gesetzes gegen Wettbewerbsbeschränkungen, BT-Drs. 6/2520, 18.08.1971.

Stichwortverzeichnis

E

F

G

H

I

K

L

M

O

P

R

S

V

W

Z

Norbert Pannagl

Der Tankstellenvertrag im Kartellrecht

Eine rechtswissenschaftliche Analyse über die Zulässigkeit von vertikalen Vertriebsbindungen in der Mineralölwirtschaft

Frankfurt am Main, Berlin, Bern, Bruxelles, New York, Oxford, Wien, 2002.
XXVII, 263 S.
Europäische Hochschulschriften: Reihe 2, Rechtswissenschaft. Bd. 3488
ISBN 3-631-39741-0 · br. € 45.50*

Die Treibstoffpreise sind nahezu täglich in den Medien vertreten. Sie sind als bedeutender Wirtschaftsfaktor ein ständiges Thema der politischen Diskussion. Da die Mineralölwirtschaft in fast allen Staaten Europas oligopolistisch geprägt ist, tritt eine deutliche Abschwächung des Wettbewerbs ein. Dies lenkt die Betrachtung auf die vertikalen Vertriebsbindungen der Branche. Die Arbeit behandelt die zivilrechtliche Einordnung von Tankstellenverträgen sowie deren kartellrechtliche Zulässigkeit. Dabei stellt sich heraus, dass der typische Tankstellenvertrag nur wenig Gemeinsamkeiten mit einem Handelsvertretervertrag hat. Vielmehr werden Risiken übernommen, die einem Vertragshändler gleichen. Daher ist die bestehende Bestimmung der Treibstoffabgabepreise durch die Mineralölfirmen problematisch.

Aus dem Inhalt: Überblick über den Mineralölmarkt in Österreich · Volkswirtschaftliche Fragen · Typische Vertragsklauseln eines Tankstellenvertrages und dessen Rechtsnatur · Kartellrechtliche Analyse nach Europäischem und Österreichischem Recht

FSC
www.fsc.org
MIX
Papier | Fördert gute Waldnutzung
FSC® C083411

Kolibri 360 GmbH
Ferdinand-Jühlke-Straße 7
99095 Erfurt, Deutschland
produktsicherheit@kolibri360.de

Druck:
CPI Druckdienstleistungen GmbH
im Auftrag der
Kolibri 360 GmbH
Ferdinand-Jühlke-Str. 7
99095 Erfurt